U0930975

新时代旅游职业教育内涵式发展研究

广西旅游职业教育集团论文集

主编／林　娜　程道品　林伯明

合肥工業大學出版社

图书在版编目(CIP)数据

新时代旅游职业教育内涵式发展研究：广西旅游职业教育集团论文集/林娜，程道品，林伯明主编．—合肥：合肥工业大学出版社，2019.10
ISBN 978－7－5650－4674－2

Ⅰ.①新… Ⅱ.①林…②程…③林… Ⅲ.①旅游教育—职业教育—教学研究—广西—文集 Ⅳ.①F592－4

中国版本图书馆CIP数据核字(2019)第237780号

新时代旅游职业教育内涵式发展研究
——广西旅游职业教育集团论文集

林　娜　程道品　林伯明　主编　　　　责任编辑　朱移山

出　版	合肥工业大学出版社	版　次	2019年10月第1版
地　址	合肥市屯溪路193号	印　次	2019年11月第1次印刷
邮　编	230009	开　本	710毫米×1010毫米　1/16
电　话	人文编辑部：0551－62903310	印　张	20　　彩　插　0.75印张
	市场营销部：0551－62903198	字　数	386千字
网　址	www.hfutpress.com.cn	印　刷	安徽联众印刷有限公司
E-mail	hfutpress@163.com	发　行	全国新华书店

ISBN 978－7－5650－4674－2　　　　定价：68.00元

论文集编委会

自治区文化和旅游厅党组书记、厅长，广西旅游职业教育集团理事长甘霖在中国旅游协会旅游教育分会第二届三次理事会上讲话

自治区文化和旅游厅党组书记、厅长，广西旅游职业教育集团理事长甘霖在桂林旅游学院调研

桂林旅游学院党委书记林娜在中国旅游协会旅游教育分会第二届三次理事会上讲话

桂林旅游学院党委书记林娜参加广西职业技术学院“职业教育活动周”揭幕仪式

桂林旅游学院校长、广西旅游职业教育集团副理事长程道品在集团 2018 年年会上致辞

桂林旅游学院副校长林伯明主持集团 2018 年年会

广西旅游职业教育集团 2018 年年会合影

参加集团理事单位——广西职业技术学院“职业教育活动周”的部分代表合影

广西旅游职业教育集团成员应聘担任桂林旅游学院创业导师

集团副秘书长周其厚参加“第五届产教融合发展战略国际论坛”并作发言

“昊华股份杯”桂林旅游学院 2018 年“互联网+”大学生创新创业大赛校赛决赛获奖同学合影留念

广西旅游职业教育集团成员赴红树林生态保护区进行旅游调研

广西旅游职业教育集团成员赴北海市中等职业学校参观考察

广西旅游职业教育集团成员赴北海市中等职业学校参观考察

序　言

2018年3月17日，十三届全国人大一次会议表决通过了关于国务院机构改革方案，批准文化部、国家旅游局合并为文化和旅游部。两者的合并，旨在增强和彰显文化自信，统筹文化事业、文化产业发展和旅游资源开发，提高国家文化软实力和中华文化影响力，推动文化事业、文化产业和旅游业融合发展。广西将紧紧把握机构合并的重要机遇，想方设法，多措并举，推动文化和旅游融合发展迈上新的台阶，以满足人民日益增长的对美好生活需要。

近年来，随着我国进入新的发展阶段，产业升级和经济结构调整不断加快，各行各业对技术技能人才的需求越来越紧迫，职业教育的重要地位和作用也越来越凸显。《国家职业教育改革实施方案》指出，要以习近平新时代中国特色社会主义思想为指导，把职业教育摆在教育改革创新和经济社会发展中更加突出位置；从2019年开始，在职业院校、应用型本科高校启动“学历证书+若干职业技能等级证书”制度试点工作；要加强党对职业教育工作的全面领导，做好职业教育改革组织实施和相关保障工作。

广西将进一步完善条件和政策保障，鼓励“大众创业，万众创新”，全力推动旅游职业教育改革，促进校企合作、校政合作和校校合作，培养适应国家和广西旅游产业发展的旅游人才，进一步推动全区旅游业的创新发展。通过广西旅游职业集团各成员单位的努力和辛勤工作，汇聚更多的人才，集中各方的智慧，为广西旅游业发展贡献“智慧锦囊”。

广西旅游职业教育集团坚持以服务发展为宗旨，以促进就业为导向，以建设现代化旅游职业教育体系为引领，以提高技术技能人才培养质量为核心，以深化产教融合、校企合作、创新技术技能人才培养机制为重点，促进旅游教育链与旅游产业链的有机融合。通过全面对接旅游职业教育集团内企业和院校，为集团内的有关行业部门、企业界人士、职业院校的教学科研人员建立起一个互通信息、交流经验、切磋技艺、更新理念的平台，以形成合力，实现共赢。

本书是广西旅游职业教育集团对旅游职业教育研究的成果，根据内容大致分为理论指导篇、专业研究篇、实习实训篇、产业探索篇；对于广西旅游业界和教育界了解和把握广西旅游产业、旅游职业教育的现状，具有重要的参考价值。我们真诚希望，这本论文集能对广西旅游强区建设，推动广西旅游业的跨越发展、和谐发展，起到积极的作用。

自治区文化和旅游厅党组书记、厅长
广西旅游职业教育集团理事长　甘　霖

2019 年 4 月

目　录

理论指导篇

专业研究篇

实习实训篇

产业探索篇

附　录

理论指导篇

推动文化和旅游融合发展迈上新台阶

甘　霖

文化是旅游的灵魂，旅游是文化的载体。文化与旅游相辅相成，共生共荣。近年来，广西立足山水文化、民族文化、红色文化、海洋文化、边关文化、长寿文化等独特资源的优势，推动文化和旅游联动发展，打造特色文化旅游品牌，取得了积极成效。但囿于部门条块分割、资源配置分散等因素，广西文化和旅游的融合领域和融合层次还有待拓展提升。为此，广西将紧紧把握机构合并的重要机遇，想方设法，多措并举，推动文化和旅游融合发展迈上新的台阶，以满足人民日益增长的对美好生活需要。

用新发展理念指导融合发展。贯彻“创新、协调、绿色、开放、共享”的发展理念，加强战略研究和制度设计，坚持宜融则融、能融尽融的原则，着力推动文化和旅游真融合、深融合。一方面，依托旅游的产业化、市场化手段丰富文化产品的供给类型和供给方式，利用旅游渠道为文化的对外传播和繁荣发展搭建更广阔的平台，进一步提升桂风壮韵的吸引力和影响力。另一方面，用文化的养分滋养旅游，丰富旅游的内涵，让更多文化资源、文化要素转化为旅游产品，不断拓展旅游的空间，进一步推动广西旅游特色化、优质化、效益化发展。通过深化改革，重点促进广西文化和旅游在资源、产业、市场、公共服务、对外开放等领域的深度融合。

深化文化和旅游管理体制改革。不折不扣把机构改革任务落实到位，推动文化和旅游行业在发展理念、机构队伍、工作平台、保障体系等方面的融合。深化文化和旅游领域简政放权和“放管服”改革，构建服务型政府部门，优化文旅融合发展的营商环境。推动全区国有文艺院团深化改革，推进国有演艺企业社会效益评价考核工作，促进重点文化惠民工程资源整合和创新发展。狠抓桂林国际旅游胜地、防城港边境旅游试验区、中越德天—板约瀑布跨境旅游合作区、巴马国家级旅游业改革创新先行区的建设和涠洲岛旅游区综合改革，推动全域旅游示范区发展。坚持问题导向，以文化旅游资源分属不同部门而不利于保护和开发的矛盾为切入点，切实推进文化和旅游管理体制改革。继续发扬广西在创造实景演出《印象·刘三姐》、公共文化服务“来宾模式”、全域旅游“广西实践”上所表现的首创精神，推动文化和旅游融合的顶层设计落地生根、开花结果。

着力促进资源的融合。旅游资源与文化资源具有一定重合性，旅游资源既包括山水林田湖等自然景观，也包括楼台亭馆榭等人文景观。自然景观是有限的，而人文创造是无限的，文化资源为旅游业发展提供了最丰富、最深厚、最具魅力的元素。要充分运用先进技术挖掘、保护、传承和开发有形文化资源和非物质文化遗产，打通资源壁垒，把资源优势转化为经济社会发展新动能。要深入挖掘山水广西背后的文化内涵，打造一批像桂林逍遥楼、东西巷等新的文化地标，推动"山水之乐"向"文化之乐"升级。以世界遗产花山岩画、世界灌溉工程遗产灵渠、世界非物质文化遗产壮族霜降节为抓手，将大量处于原始资源状态的文化遗产"唤醒"，打造成游客喜闻乐见的旅游产品。通过开发特色旅游商品、推出地方风味菜肴、建设文化主题酒店、提供特色交通服务、打造精品演艺活动，推动文化元素全面融入旅游各个环节，让旅游变得更有魅力。

着力促进产业的融合。近年来，广西文化发展在公益性和普惠性方面取得了很大的成就，旅游发展则在产业化、市场化方面取得了重要进展。文化和旅游在融合过程中，要通过扬长避短和取长补短，实现协同发展。针对广大游客个性化、多样化的文化消费发展趋势，通过在旅游城市和知名景区打造精品演艺项目，做好民族工艺品与旅游纪念品的研发、设计、生产和营销融合等举措，推动演艺、娱乐、艺术品、工艺美术、创意设计、动漫、游戏、会展等文化产业旅游化发展，培育充满活力的文化消费市场，形成新的文化消费增长空间。通过借鉴旅游业成熟的产业思维和市场观念，全面提升文化产业创新能力和核心竞争力，促进广西文化产业转型升级。同时，逐步探索文化和旅游两个领域的产业项目同步规划、同步申报、同步立项、同步建设，实施文化和旅游两个市场的共同培育和统一管理，打造一批有影响力的文化旅游企业和文化旅游品牌，促成广西"大文化旅游产业"的形成。

着力促进公共服务的融合。在公共服务的对象定位上，文化和旅游一向各有侧重，前者主要是本地居民，后者主要是外来游客。随着大众旅游时代的到来，二者的分界开始打破，文化和旅游在公共服务领域的融合势在必行。特别是旅游城市和旅游热点区域，要在公共文化服务设施规划、建设的过程中充分考虑旅游的需要。博物馆、展示馆、文化馆等既是公共文化服务的重要阵地，又是旅游发展的重要载体。可以从博物馆、展示馆、文化馆等公共文化设施入手，增加、完善其旅游服务功能，加快其与旅游市场的对接。在此基础上，进一步推进其他公共服务的融合发展，最终解决文化和旅游在公共服务上各自单干的问题。同时，针对旅游公共服务投入不稳定情况，积极探索将其纳入整个公共服务体系，以形成可持续发展的投入机制。

着力促进对外开放的融合。作为"一带一路"有机衔接的重要门户，广西在构建“南向、北联、东融、西合”全面开放新格局的基础上，重点围绕国际陆海贸易新通道，深耕东南亚市场，做好旅游对外开放大文章。精心经营中国—东盟博览会旅游展、联合国世界旅游组织/亚太旅游协会旅游趋势与展望国际论坛（桂林论坛）、中国—东盟传统医药健康旅游国际论坛（巴马论坛），中国—东盟文化论坛、中国—东盟（南宁）戏剧周等合作平台，形成全方位、多层次、多领域的对外文化旅游交流新格局。以中越德天—板约瀑布跨境旅游合作区和防城港边境旅游试验区建设为契机，推动文化和旅游的深度融合，培育具有产业带动力和文化影响力的示范项目，打造边境旅游发展新典范。推进海外中国文化交流和旅游推介机构建设，探索文化交流项目和旅游活动融合新途径。对文化和旅游的外宣资源进行整合，构建立体化、全方位的大宣传体系。通过“旅游引进来”，实现“文化走出去”，达到传播文明、交流文化、增进友谊的效果。

（作者为广西壮族自治区文化和旅游厅党组书记、厅长）

应用技术型大学有为才有位

林　娜

当前,我国已步入经济新常态,正在大力推进供给侧结构性改革。高等教育供给侧结构性改革应着力从满足社会需求到引领社会需求、从引领社会需求到创造社会需求进行观念转变,向社会提供更高质量的教育产品。在此背景下,应用技术型大学成为一种新类型大学,其目的就是要培养出更加适合社会需求的技术技能型人才。

提高社会服务质量是高等教育供给侧改革的根本目的

高等院校承担着人才培养、科学研究、文化传承创新、社会服务四大职能。从供给侧角度而言,无论是人才培养、科学研究,还是文化传承创新,其根本目的就是服务社会,向社会提供合格人才、智力支持等服务,促进和引领社会发展。

但是,随着我国经济结构深入调整、产业升级加快步伐、社会文化建设不断推进特别是创新驱动发展战略的实施,毕业生就业难与企业用工荒,科研成果转化率低与地方经济发展缺乏技术支撑,高等院校发展定位与国家战略不能有效契合等供给与需求的结构性矛盾更加凸显。而这些矛盾产生的根本原因就在于,高等院校对服务社会职能的内涵及重要意义认识不够,有的高等院校还存在不正确的认识,用狭隘的、功利主义的观点来看待高等院校的社会服务。

教育部明确提出要建设“应用技术型大学”,其实质就是要进行中国高等教育供给侧结构性改革。作为应用技术型大学,应紧紧围绕如何向社会提供更高质量的服务,重新思考和认识学校的发展定位和人才培养理念,改革人才培养模式,科学界定科研方向,主动服务企业行业,服务地方经济社会发展,服务国家战略,大力提高高等教育服务质量和效率。

科学合理的定位是提高社会服务质量的重要前提

应用技术型大学应当明确发展定位，既不好高骛远，也不妄自菲薄。它既不同于研究型大学，也不同于职业类院校。研究型大学的优势在于理论研究，通过理论创新引导社会发展；职业类院校的优势在于培养技能型人才，为各类行业提供高质量的一线工人；而应用技术型大学的优势在于理论应用和技术创新，通过技术创新推动社会发展。因此，无论哪种类型的学校，都应成为推动社会发展的重要力量，关键在于对学校的发展科学定位。

社会分工越来越细化，需要不同类型的服务，建设"双一流大学"是国家战略，建设应用型大学同样是国家战略；利用高水平科研条件进行国家核心技术的研发是服务国家战略，利用地方特色优势学科条件进行精准扶贫同样是服务国家战略。应用技术型大学应明确发展定位，发挥自身的区位优势、特色学科优势，主动融入地方产业转型升级和创新驱动发展大局，对接国家需要，积极融入和服务国家战略，从而解决高等院校发展定位与国家战略不能有效契合的供需矛盾。

创新人才培养模式是提高社会服务质量的核心内容

人才培养质量是衡量高校社会服务质量的核心指标。为化解毕业生就业难与企业用工荒的供需矛盾，应用技术型大学应主动服务行业企业，创新人才培养模式，深化产教融合、校企合作的人才培养模式改革，培养出企业需要的高素质应用型人才。

一是人才培养目标对接行业企业需求，"实现人才培养规格与产业行业发展和用人部门实际需求无缝对接"；二是专业设置与新产业、新业态、新技术发展趋势对应，"形成地方（行业）急需、优势突出、特色鲜明的应用性专业集群"；三是课程建设与职业岗位需求对应，"以产业技术进步驱动课程体系教学内容改革"。

提供有效技术支持是提高社会服务质量的重要途径

主动服务地方经济社会发展是高校应该承担的社会责任。它要求高校深入研究地方优势和特色产业发展动态与趋势，通过校地合作、产业研究基地和协同创新平台等建设，提高科研成果转化率，促进地方特色和优势产业的科技进步与全面创新，引领发展，为地方经济社会发展提供新的经济增长点。

当前已进入全域旅游、大众旅游时代。桂林旅游学院党委明确"行业性、国际化、开放式、应用型”发展方向，努力提升学校社会服务能力和质量。一是主动服务国家战略，积极打造国际化办学特色。充分发挥广西区位优势，利用学校作为世界旅游组织、中国—东盟旅游人才教育培训基地、亚洲开发银行高端旅游人才培训合作院校的优势条件，为东盟国家提供高质量的旅游培训。与瑞士洛桑酒店管理学院开展深度合作，成为全球获得瑞士洛桑酒店管理学院学术体系认证的10所院校之一。二是主动服务广西经济社会发展。学校承担完成的“广西游客满意度调查”和广西旅游人力资源调查，填补了广西旅游服务质量和从业人员素质精准化数据的空白。积极服务桂林国际旅游胜地建设，积极参与和主导桂林市旅游行业标准和旅游规划的制定，引领行业发展。三是主动服务行业，为行业输送高质量人才。学校对应旅游要素布局设置专业群，形成了与产业结构相匹配的旅游专业体系，根据旅游行业的新业态，进行校企合作，设置养生、休闲、邮轮乘务、高铁动车乘务等新兴专业或方向，取得“多赢”结果。

应用型大学建设之路任重而道远，既需要深入地研究理论，也需要大胆地实践探索，服务决定地位，有为才有位。我们应勇于推进理论创新、实践创新、制度创新、文化创新，努力探索适合自己的应用型大学建设之路。

（作者为桂林旅游学院党委书记）

推进旅游创新型高素质旅游人才队伍建设

——在广西旅游职业教育集团 2018 年年会开幕式上的讲话

程道品

尊敬的各位领导,老师们、同学们

大家上午好!

今年是我们值得纪念的一个年份,因为今年是我国改革开放 40 周年。我们的旅游教育就诞生在改革开放年代,成长在改革开放年代也壮大在改革开放年代。中国的改革开放第二个 40 年,用国家领导人的话来讲,我们是进入中国改革开放的 2.0 时代。那么在这个 2.0 时代旅游教育会随着中国旅游产业的发展壮大,我们的旅游教育也会变大变强,因为旅游教育旅游产业需要旅游教育提供各种人才的支撑。那么今年也是广西各族人民喜迎广西建设 60 周年大庆的日子。今天,我们在这里举行深入贯彻落实党的十九大精神、推进新时代旅游职业教育内涵式发展专题培训暨广西旅游职业教育集团 2018 年会,作为我们集团的秘书部单位,我代表旅游学院对此次会议的顺利召开表示热烈的祝贺,同时也对一年来对集团大力发展支持的各位领导、各位同仁表示衷心的感谢。尤其是要对北海市中等职业技术学校对本次会议的精心筹办和付出表示崇高的敬意。

同志们,今年是贯彻党的十九大精神的开局之年。首先要认真学习和领会习总书记在今年全国教育大会上的讲话精神。习总书记指出教育是国之大计,党之大计。教育兴,则国兴;教育强,则国强。教育是民族振兴、社会进步的重要基石,是功在当代利在千秋的德政工程,是实现中华民族伟大复兴的重要基础工程。职业教育是我国国民教育体系中的重要组成部分之一,它承担着培养大量高素质的劳动者和专业技术人员的重任,是我国社会发展和国民经济的重要基础。发达国家的经验告诉我们,无论未来的经济如何发达,社会所需要的人才都是以职业技术人才为基础。今年国家文化和旅游部副部长李金早同志在全国旅游工作会议上指出:推动我国以高速旅游增长向优质旅游发展转变,其中一个重要举措就是要强化人才培养,大力推进旅游创新型高素质旅游人才队伍建设。

发展旅游职业教育就是要围绕培养什么人、怎样培养人、为谁培养人这一根本问题，在"九个坚持"基础上，在坚定理想信念上下功夫，在增长知识和见识上下功夫，在培养奋斗精神上下功夫，在增强综合素质上下功夫，努力培养德智体美劳全面发展的中国特色社会主义事业的合格接班人，为实现两个百年奋斗目标做出应有贡献。

广西旅游职业教育集团是我们全区旅游职业院校、行业企业，以及政府管理部门等组织为实现资源共享、优势互补、合作发展、互利共赢的教育团体，也是为加快广西职业教育办学机制改革，促进优质资源开放共享的重要平台。从集团成立、运作的一年多实践来看，这个平台在促进我区职业教育高质量发展中发挥了很好的作用。广西旅游职业教育集团坚持以服务发展为宗旨，以促进就业为导向，以建设现代化旅游职业教育体系为引领，以提高技术技能人才培养质量为核心，以深化产教融合、校企合作、创新技术技能人才培养机制为重点，促进了旅游教育链与旅游产业链的有机融合。应该说我们广西职业教育集团为广西从旅游大省向旅游强省建设奋斗目标做出了应有的贡献。

那么作为秘书长单位，我借此机会给大家介绍一下我们学校今年的三个亮点：第一个是我们今年获得教育部旅游职业教育的一等奖。我们建校 30 年已经获得了两个国家级一等奖，在广西到目前为止是唯一一个。第二个亮点就是为了实现教育发展三步目标，我们成立了国际顾问委员会，这是我们桂林旅游学院的高端智库，是全球旅游学界的大咖、业界的大咖，用这些来支撑学校高起点的发展。第三个是我们的国际教育以东盟为突破口，今年实现了在国外办学、境外办学。我们在哈萨克斯坦、印尼设立分校区，开设我们桂林旅游学院的教育。我们响应习总书记的号召，让旅游教育走出国门，从而输出我们中国旅游教育模式，传承和弘扬中国的旅游教育文化。

最后我预祝此次会议圆满成功。谢谢大家！

（作者为桂林旅游学院校长）

旅游院校“双师型”师资队伍建设的思考

——以桂林旅游学院为例

林伯明

摘　要：通过对我国旅游院校（高职高专专业）“双师型”师资队伍建设的基本情况分析和不同国家（地区）高职院校（专业）师资队伍建设的比较，在总结桂林旅游学院“双师型”师资队伍建设实践的基础上，提出了旅游院校“双师型”师资队伍建设的基本思路，并列出了可供参考的途径和措施。

关键词：旅游院校；高职高专；双师型；师资队伍建设

教育部《关于加强高职高专教育人才培养工作的意见》中指出，高职高专教育要“培养拥护党的基本路线，适应生产、建设、管理、服务第一线需要的，德、智、体、美等方面全面发展的高等技术应用型专门人才”。这一培养目标决定了高职高专在人才培养上具有不同于本科教育和其他教育的特色，也决定了高职高专学校或高职高专专业的教师应该具备“双师”素质，因为“双师型”教师队伍建设是提高高职高专教育教学质量的关键。他们既要具备扎实的基础理论知识和较高的教学水平，又要具有较强的专业实践能力和丰富的实际工作经验。本文以桂林旅游学院为例，并通过对不同国家（地区）师资队伍建设及管理实践的比较分析，研究旅游院校（高职高专专业）“双师型”教师队伍建设的诸多问题，探讨旅游院校（高职高专专业）构建实践教学体系在师资队伍建设方面的一般途径和方法。

一、我国“双师型”师资队伍建设的分析

（一）“双师型”教师概念的提出

原国家教委 1998 年制定的《面向 21 世纪深化职业教育教学改革的意见》中首次明确提出了“双师型”教师的概念。“双师型”教师概念的提出，是在以往职业教育中重理论、轻实践，重知识的传授、轻能力培养和知识的应用，师资队伍建设和评价上偏重理论水平的情况下，为了强调实践性教学环节的重要性，促使理论教学和实践教学正确定位，有机结合，适应以能力培养为主线的职教理念而提出来的。

（二）“双师型”教师的界定

对“双师型”教师，学界众说纷纭，概念模糊。这不仅影响了高职高专教育“双师型”教师队伍的建设，而且也影响到高职高专培养目标的实现。因而，弄清“双师型”教师的内涵是“双师型”教师队伍建设的前提。

一般来说，“双师型”教师既有教师资格，又有相关行业实际工作的从业资格或丰富经历。从外延上看，“双师型”教师属专业教师，是具备各相应行业职业态度、知识和技能的专业教师；从形式上看，“双师型”教师持有“双证”即教师资格证和职业技能等级证；从实质上即能力和素质的角度看，首先，“双师型”教师是教师，必须具备教师的基本能力和素质。其次，“双师型”教师是教师中的特殊部分，有着特殊的能力和素质要求，应具有较强的专业实践能力和丰富的实际工作经验。

旅游院校（高职高专专业）“双师型”教师可以理解为既有教师资格，能较好地从事教学工作，又具有丰富的实际工作经验或较强的专业实践能力的旅游类专业课或专业基础课的教师。

（三）我国“双师型”师资队伍建设的现状

我国目前高职高专学校教师大部分是在学科型人才培养模式下造就出来的，从学校到学校，缺少企业或其他实际工作经历，这一点特别是旅游院校表现更为突出。因为在我国，真正的高等旅游类专业的开办应该是 20 世纪 80 年代初的事，时值改革开放，旅游业快速发展，专业人才需求大增，供需矛盾突出，高校旅游专业师资的供需矛盾更为明显，国家虽采取了专业深造、先培训后转行、引进等多条途径，解决了部分师资，但因人才培养周期等原因，旅游院校专业师资的供应一直落后于需求，特别是“既要具备扎实的基础理论知识和较高的教学水平，又要具有较强的专业实践能力和丰富的实际工作经验”的高职高专“双师型”教师队伍至今仍然是难解的结。

基于上述分析，我国目前旅游院校（高职高专专业）的“双师型”师资队伍主要存在下列一些问题，现状不容乐观：

1. 学历相对偏低

关于高校教师的任职资格，国家有相应的规定。《中华人民共和国教师法》第十一条规定：取得高等学校教师资格，应当具备研究生或者大学本科毕业学历；教育部《高职高专院校人才培养工作水平评估方案（试行）》规定：高职高专院校青年教师中研究生学历或硕士及以上学位比例应达到 15%。而我国目前旅游院校（高职高专专业）的“双师型”师资队伍不仅与具备研究生学历的要求相距甚远，而且距离全部达到本科学历的任职资格要求也存在较大差距。据资料统计，在经济和教育比较发达的江苏省，高职教师中本科生比例才达到 2/3，作为经济、教育尚不发达的中、西部部分地区，情况会更差一些。高专院校，尤其本科院校高职高专专业的教师学历要好些，但全国旅游院校（高职高专专业）的“双师型”师资队伍的整体学历水平还没有达到教师法规定的最低水平。

2. 队伍结构不合理

教育部《高职高专院校人才培养工作水平评估方案(试行)》规定:专业基础课和专业课中双师素质教师比例应达到50%。但在我国部分旅游院校(高职高专专业)的师资队伍中,理论教师偏多,实习指导教师不足,这一点本科院校高职高专专业的情况比高职高专院校更加突出。

3. 高级职称的比例过低

教育部《高职高专院校人才培养工作水平评估方案(试行)》规定:高级职称的教师比例应达到20%。目前,我国因职称评定政策不配套,高职高专教师职称的评定在绝大多数地区尚无政策,其标准是参照普通高校本科教师的标准,或说本专科遵循同一个标准,过分强调科研论文的数量与质量。这样一来,高职院校的教师处在教学(理论、技能)、科研双重压力之下,精力相对不济,不但职称上不去,动手能力难以提高,知识更新也不够。此外,部分教师来自企业、机关等,相对于高校而言原来对职称的重视程度不够,这不仅影响到职称,而且在学历方面也存在同样问题。

可喜的是,从今年开始,广西等地已将高职高专教师职称评定与本科分开,单独标准,单独评审。

二、不同国家(地区)"双师型"师资队伍建设的比较

国际上高职院校(专业)因发展较早,在师资队伍建设方面,积累了许多成功经验。这对于我国高职高专教育特别是师资队伍建设来说,有着十分重要的借鉴价值。

1. 教师结构

国际上,兼职教师是高等职业教育师资的重要组成部分。美国社区学院兼职教师占教师总数的1/3,德国高职院校兼职教师也占有很大比重,澳大利亚TAFE学院兼职教师所占比例也在逐年增加,在加拿大兼职教师甚至占到教师总数的80%以上。

不仅如此,很多专职教师都有丰富的工作经历,或在完成教学任务之余,又有相关的"兼职"工作。

2. 教师学历

在教师学历方面,美国社区学院教师特别是专职教师当中硕士及以上学位占80%。20世纪末我国台湾地区的专科学校和技术学院教师中,硕士以上所占比例也都已在80%以上。美国及我国台湾地区高职师资中,学士以下(包括学士)所占比重较小。德国的科技大学和职业学院教师学历水平主要为硕士以上学位。

3. 教师职称

在职称上,不同的国家(地区)有着很大的区别。美国社区学院专职教师中,

助理教授以上所占的比例将近一半，而在兼职教师当中，讲师所占比重达到2/3以上。20世纪末中国台湾地区高职院校教师讲师要占到2/3以上；助理教授以上所占比例不高，专科学校为15%左右，而技术学院也不到30%。

各国（地区）高职学校（专业）在教师学历、职称、工作经历等方面情况或要求见下表：

<table>
<tr><th></th><th>资格要求</th><th>职称与聘任</th></tr>
<tr><td>德国</td><td>科技大学须具备博士学位；有5年以上的工作经历，至少在相应专业岗位上工作3年；有2年以上教学经历，通过国家教师资格统一考试；有较强的科研能力。职业学院教师须达硕士学位，2年以上企业工作经验，然后再接受2～3年的师范类教育</td><td>科技大学教师主要有教授、讲师或工作助手职称。聘用与大学一样。教授最高等级为C3，且不能带博士生，而在综合大学则为C4。只有教授才能上大课，而讲师只能上小班课，或讨论课。通常每个教研室或专业方向只设有1个教授职位，在全国招聘，竞争上岗，享有终身资格</td></tr>
<tr><td>美国</td><td>在教师证方面，各学院要求不太一致，有的学院需要，有的则不需要，但多数学院都希望新教师要接受过正规的师范类教育。另外，专职教师要达到硕士以上学位。兼职教师须有一定的教学、工作经验</td><td>职称上分教授、副教授、助理教授和讲师4个级别。专职教师多采用任期制，通常签有聘用合同。讲师为1～2年，助理教授为3年，副教授为5年。教授实行终身聘用制度。新教师需有试用期</td></tr>
<tr><td>英国</td><td>教师的任职资格或要求由技术学院自己确定。英国法律没有要求学院教师须持有教师证。学士学位是最起码的条件，有的则要求硕士学位。继续教育学院专职教师均拥有教师证</td><td>技术学院教师职称分为教授、副教授和讲师。讲师有高级和一般之分。一般讲师必须经过预备期，通常为5年。继续教育学院教师多来自工商界，职称分高级讲师、主要讲师和副讲师</td></tr>
<tr><td>法国</td><td colspan="2">高级技术员班的教师必须持有中等教师证书或技术教师证，学士以上学位，并要有4年工作经验。大学技术学院教师至少获得硕士学位。教师职称分为教授、讲师和助教3个等级。讲师分二等9级，教授分三等11级。一般是通过公开竞聘来录用教师。属国家公务员</td></tr>
<tr><td>澳大利亚</td><td colspan="2">在教师最低资格要求方面，各地及学院不尽相同。在有的学院，只要求教师拥有大学或培训机构颁发的教学证书，而在另外一些学院，专职教师则必须获得教学文凭或教育学士学位。据调查，1998年大多数教师都拥有教师资格证书或培训证书（公立的为82%，私立的92%）。有企业工作经验和高水平职业资格的教师非常受欢迎</td></tr>
<tr><td>加拿大</td><td colspan="2">法律没有规定学院教师须接受任职前的师资培训。大多数教师未曾接受过这类培训。有些学院要求教师必须接受正规的师资培训，否则不予提升工资。多数教师来自工商企业界，有着长期的工作经历和技术专长</td></tr>
</table>

资料来源：《职教论坛》2003年第5期

在中国台湾地区,教师资格要求:实行教师资格证制度,须满足相应的资格和职称要求后,才能上岗执教。教学助手一般要有学士以上学位。职称与聘任要求:与美国相类似,分教授、副教授、助理教授和讲师4个级别。在任期方面,初聘为1年,续聘第一次为1年,以后续聘每次均为2年。

三、桂林旅游学院“双师型”师资队伍建设的实践

桂林旅游学院成立于1985年,自建校至今,学校始终把师资队伍建设放在非常重要的位置,特别是根据学校的“旅游”性质定位,在“双师型”师资队伍建设方面进行了卓有成效的探索。目前,全校“双师型”教师占专任教师总数比例超过40%,专业基础课和专业课中双师素质教师比例超过70%,而且全校教师研究生以上学历者占教师总数的40%多,高级职称教师数占教师总数的30%以上。

(一)具体措施

总结桂林旅游学院的“双师型”师资队伍建设的实践,具体主要采取了以下几方面的措施:

1. 从生产、科研单位引进教师

《教育部办公厅关于加强高等职业(高专)院校师资队伍建设的意见》指出:“要重视从企事业单位引进既有工作实践经验,又有较扎实理论基础的高级技术人员和管理人员充实教师队伍。”我校凭借桂林旅游企事业(包括科研单位)多的优势,不断从这些单位选调一些实践经验丰富的具有本科以上学历的相关人员,把他们充实到专业课和专业基础课教师队伍中来。因为在企业工作的具有较高理论基础的人才不但掌握现代企业的发展形势和对人才的需求情况,而且拥有较强的实践能力和一定的教学与科研能力。由他们来从事理论和实践教学,不仅能发挥自身的优势,同时还能带动其他教师努力提高实践能力,从而有利于形成学校良好的实践氛围。在科研单位工作过的人员,有较好的理论功底、有较强的科研能力和一定的教学与实践能力,特别是其高学历、高职称很适合在高校工作,可作为学术带头人,成为科学研究、规划设计等领域的领军人物。

目前,我校的“双师型”师资队伍中,大部分来自酒店、景区、旅行社、研究所、广告公司、规划设计院和旅游行政机关等,约占“双师型”师资队伍的一半。

2. 选派教师到实际工作单位或岗位进行锻炼

高职高专院校的许多教师,基本上是从学校到学校,没有接受过实践的锻炼,而且高职高专院校的教研、科研项目相对较少,特别是年轻的新教师到校后很少有锻炼的机会,这对于实现人才培养目标极为不利。为此,必须加强他们的实践能力培养。

我校在规范管理的前提下，鼓励教师到社会上开展与本专业相关的技术服务；到旅游企事业单位挂职锻炼；充分利用校内实践教学基地进行培养；鼓励教师参加各类应用技术研究或参与校内实践教学设施建设；参加各类职业技能资格或等级证的考核，并在实践中应用且不断提高实践能力；等等。目前，约有 20% 的青年教师曾经到企业挂职或任职。

3. 强化教学基本功并提升学历与职称水平

旅游院校（高职高专专业）的教师主体来源于非师范院校，多数缺乏教学理论和锻炼，为此要把对教师的教学基本功训练作为一项重要工作来抓；让他们掌握心理学、教育学的基本理论，熟悉教学规律，了解基本的教学方法，实现由经理、厨师长、导游员、设计师等向教师角色的转变。作为一名教师，不论是因为教师法等法律有明文规定，相关评估方案有要求，还是出于自身知识的增加与能力提高的需要，都应该不断提升自己的学历与职称水平。

我校出台了一系列相关政策，对岗前培训、教科研究、课程进修、学历提升、职称评审等进行了规定，以完善的制度加以严格的约束，并配合一定的激励机制，使教师特别是青年教师从当助教和开始上课就意识到研究教学规律和教学方法的重要性，鼓励教师提升学历、帮助教师提高职称，从而建立一支业务素质较强的教学队伍。

4. 根据教学需要做好兼职教师的聘任工作

《教育部办公厅关于加强高等职业（高专）院校师资队伍建设的意见》中指出："积极从企事业单位聘请兼职教师，实行专兼结合，改善学校师资结构"。由于历史的原因和当前学校面临的教师紧缺的实际困难，要彻底改变专职教师专业实践能力普遍较弱和实际工作经验不足的问题，难度是可想而知的。聘用一定数量的兼职教师不但可以有效地改善师资队伍的能力结构，而且对于学校的发展和建设具有相当重要的作用。但聘任兼职教师必须本着学校的实际情况，根据教学需要，有的放矢，实施规范管理，才能收到理想的效果。

（1）校外兼职教师

借鉴国际上多数高职学校的做法，从企事业单位聘请一些兼职教师，既能改善当前教师能力结构，又有利于跟踪现代技术、掌握行业信息和密切产学合作，特别是在人员编制非常紧张的情况下，还能在一定程度上减轻学校人员负担，可以说是一举多得的事。我们必须善于利用这一社会力量为学校的教育教学服务。当然，必须加强对兼职教师的管理，包括：把好入口关，挑选有较高学历层次和较强的专业技术能力且有精力完成一定的教学、科研或专业建设等任务的人员；把好质量关，对专兼职教师教学方面的要求要实行同一标准，不能因为任何原因而放松对兼职教师的要求，从而切实保证教学质量。

如上所述，桂林是国际著名的旅游城市，旅游企事业单位（包括科研单位）众多，并拥有一定数量的高校，我校凭借这一优势，根据教学需要，每年聘任几十位兼职教师担任学校的教学任务，其中大部分为具有较强的专业实践能力和丰富的实际工作经验的“双师型”教师。

（2）校内兼职教师

高校中的许多领导干部和行政人员都是教师出身，有多年承担教学工作的经验，又经过较长时间的实际工作的磨炼，聘任他们担任教学工作，既有利于学生综合素质的提高，也有利于干部了解教学一线的情况和学生的思想动态，对实现培养目标大有裨益。

但需要注意的是，无论是哪一级领导和哪方面人员，只要承担教学任务，就要完全按照教师的要求去严格管理，不能碍于情面，疏于管理。

我校是一所年轻学校，很多行政人员、中层干部，甚至校级领导都来自教学一线，而且在从事教学工作之前，大部分人都有过专业实际工作经历，以前或现在也主持或参加了专业应用技术研究，取得了较好的成绩。这部分人员适当承担一些教学任务不管对于学生、学校还是个人都是有益的。

（二）主要经验

我校“双师型”师资队伍建设的实践经验，可以归结为以下几点：

1. 学校领导和相关部门、教学系高度重视

自 1985 年至今，学校的领导和师资管理部门、有关教学系都非常重视“双师型”师资队伍建设工作，特别是从 2002 年以来，在师资引进、岗前培训、实际工作岗位锻炼、进修提高等多方面都制订了相关政策并贯彻于工作之中。

2. “双师型”师资队伍建设的途径多种多样

我校通过多条途径建设“双师型”师资队伍，现选其中两例以做参考：

图例 1

相关专业学校或综合大学相关专业毕业

↓

到相关行业参加实践工作若干年

↓

进修教育理论，进行教育实习

↓

从事专业基础课和专业课的教学

↓

不断提升学历和职称水平

↓

再研究或到实际工作中锻炼

图例2

相关专业学校或综合大学相关专业毕业

↓

直接到学校从事教学工作

↓

进修教育理论,进行教育实习

↓

到实际工作单位或岗位进行锻炼

↓

不断提升学历和职称水平

↓

再研究或到实际工作中锻炼

3. 重视教师队伍理论和教学水平的提高

旅游院校(高职高专专业)"双师型"师资队伍的建设,不仅是教师队伍的专业实践能力的培养,更重要的是教师队伍理论和教学水平的提高,因为他首先是教师,其次才是特殊的教师,是具有较强专业实践能力的教师。而且,一般来说,专业实践能力的提高比理论和教学水平的提升要相对容易些。

在旅游院校(高职高专专业)"双师型"师资队伍的建设这个问题上,我们通过对我国的基本情况分析和不同国家(地区)的比较,并在总结桂林旅专近20年实践的基础上,不难发现,我国旅游院校(高职高专专业)"双师型"师资队伍建设的问题不少,与国际上高职教育做得比较好的国家(包括我国台湾地区)相比存在一定的差距,发展的空间较大,可采取的途径和措施很多,如对现有教师进行相关职业培训,从生产、科研第一线引进高素质的专业人员以及制定利于教师向"双师"方向发展的政策等。不管是站在国家或地方的高度,还是从各高校的层面考虑,都应该根据《意见》的有关规定,不断改善办学条件,提高师资队伍建设水平,加快改革进程,力争经过几年的努力,建设一支师德高尚、教育观念新、改革意识强、具有较高教学水平和较强实践能力、专兼结合的教师队伍。

参考文献:

[1] 全国人民代表大会常务委员会. 中华人民共和国教师法.

[2] 中华人民共和国国家教育委员会. 面向21世纪深化职业教育教学改革

的意见.

[3] 中华人民共和国教育部. 教育部关于加强高职高专教育人才培养工作的意见.

[4] 中华人民共和国教育部. 高职高专院校人才培养工作水平评估方案(试行).

[5] 中华人民共和国教育部. 教育部办公厅关于加强高等职业(高专)院校师资队伍建设的意见.

[6] 中国高职高专教育网.

(作者单位:桂林旅游学院副校长)

推进全区文化和旅游事业大发展、大繁荣

——在广西旅游职业教育集团2018年年会开幕式上的讲话

贾玉成

各位领导、各位嘉宾,老师们、同学们:

大家早上好!

非常高兴来到我们美丽的滨海旅游城市参加广西旅游职业教育集团的2018年的年会。在此,我谨代表广西文化和旅游厅对本次会议的召开表示祝贺,对关心支持广西旅游职业教育集团发展的各界人士以及为承办本次年会付出辛勤努力的同志们,表示衷心的感谢!

广西旅游职业教育集团从筹办、成立到开展工作,已历时两年多的时间。先后举办了《关于深化产教融合的若干意见》系列研修班、西南地区旅游和健康教育扶贫实验项目课题研究中期报告会、民族村落旅游学术论坛、湘南桂北发展论坛首届峰会等重大活动,并出版了广西旅游职业教育集团第一本论文集。可以说,在全域旅游发展、旅游产业结构调整和转型升级的新形势下,广西旅游教育集团在各成员共同努力下,做了一系列行之有效的工作,对于广西旅游强区建设和广西旅游业的跨越发展,发挥了积极的作用。

当前,中国特色社会主义进入了新时代,旅游正日益成为人民群众对美好生活的向往和需求,旅游业逐步成为促进人的全面发展和全体人民共同富裕的重要渠道,成为服务人民美好生活的重要事业。我们要不断提高政治站位,牢固树立"四个意识",坚定"四个自信",坚决维护习近平总书记的核心地位,不断深化文化和旅游融合发展体制机制,充分整合文旅资源,以文化充实旅游内涵,以旅游带动文化繁荣发展,全面贯彻落实创新、协调、绿色、开放、共享五大发展理念,着力推进全区文化和旅游事业大发展、大繁荣。为此,我建议广西旅游职业教育集团,首先是加快高素质旅游人才的培养。各成员单位要全力推动旅游职业教育改革促进校企合作、校政合作和校校合作。加快培养适应广西旅游产业发展的旅游人才以促进广西文化和旅游产业的发展。二是深化产教融合。各成员单位要根据国务院办公厅关于深化产教融合的若干意见精神,在深化职业教育改革、高等教育改革中充分

发挥企业重要作用。促进人才培养供给侧改革和产业需求侧改革、要全方位融合，把培养大批高素质的创新人才和技术技能人才作为指导思想的主要内容，把逐步提高行业企业参与办学承诺、健全多元化办学体制、全面推行校企协同育人作为重要目标，用行业企业、职业教育共同担当、共同管理、共同培育旅游产业优质人才。三是充分发掘广西文化和旅游资源的新品牌。广西旅游资源丰富，旅游业在拉动广西经济增长作用非常明显。在文化和旅游融合发展的背景下我们要把握广西旅游发展的新地位并发掘广西优秀的文化和旅游的新资源，当好为广西的旅游业发展贡献智慧的锦囊。

即将到来的2019年，是我国全面实现小康社会的关键之年。希望全区旅游界教育界的同志们以党的十九大精神为指引，以新时代新思想新举措为统领，为打造高质量的旅游产品提高全区旅游品质做出自己应有的贡献。

谢谢大家！

（作者为广西壮族自治区文化和旅游厅巡视员）

推动旅游职业院校与行业企业之间的深度合作发展

——在广西旅游职业教育集团2018年年会上的致辞

陈鸿立

尊敬的贾厅长、程校长,各位领导、各位嘉宾,老师们、同学们:

大家上午好!

今天广西旅游职业教育集团2018年年会在北海举办我们深感荣幸,这是对北海旅游工作的大力支持!在此我谨代表北海市旅游发展委员会对本次盛会的举办,表示热烈祝贺!对各位领导和嘉宾的到来,表示热烈欢迎!

旅游是北海最闪亮的城市名片。十里银滩、百年老街、千顷红林、万年海岛,名闻遐迩、蜚声海外。北海旅游资源丰富,独特旅游市场潜力巨大,旅游开发前景广阔。2017年4月19日至21日,习近平总书记视察广西,首站到北海,要求我们打造好向海经济,写好新世纪海上丝绸之路新篇章,给北海发展特别是旅游发展注入了强力推进剂。近年来,我们以创建"国家全域旅游示范区"建设为抓手,实施全域旅游城市建设大会战和三年行动计划,改造提升银滩,强化"+旅游"和项目支撑,旅游大开发大建设大发展热潮正在形成。我们制定出台了高端酒店扶持政策,希尔顿、万豪、洲际、悦榕庄等一批国际品牌酒店纷纷进驻北海,形成了高端酒店建设的"北海效应"。

今年9月11日,第十五届中国东盟博览会举办之际,我们在南宁举办了北海市重大文旅项目发布会暨签约仪式,集中签约重大文旅项目17个,总投资达1340亿元,形成了旅游投资新一轮热潮。去年以来,北海旅游在城市、景区、酒店住宿、美食方面的全网热度均名列广西第二位,旅游产业呈现出红火兴旺高速发展的态势。截至今年11月30日,全市接待国内游客3600万人次,比上年增长27%;北海机场接待旅客吞吐量达到208万人次,增幅35.6%。北海还即将拥有自己的航空公司,"北海航空"即将在蓝天上翱翔。北海旅游大发展的春天已经到来!随着一批重大旅游项目的落地、建设、运营,两三年后,一个面貌全新、脱胎换骨的银滩,一个旅游兴、人气旺的北海,一个功能齐全、更富魅力的旅游城市,将展现在世人面前！此次在北海举办广西旅游职业教育集团2018年年会，对北海旅游创新人才培养模式、提高旅游人才培养质量，推动旅游职业院校与行业企业之间的深度合作发展意义深远。

我们衷心希望参会的各位领导、各位朋友在北海多看看、多走走，深切感受和体会北海旅游的魅力。也希望通过此次会议，与会领导、专家学者能对北海旅游在校企校政和校校深度融合发展方面多提宝贵意见。最后，衷心祝愿本次年会圆满成功！

谢谢大家！

（作者为北海市旅游发展委员会党组书记）

深度推进产教融合、校企合作创新校企合作机制

——在广西旅游职业教育集团2018年年会开幕式上的致辞

穆家庆

尊敬的各位领导、各位嘉宾,老师们、同学们:

上午好!

今天和风拂面,冬日暖阳。在这个格外美好的日子里,我们欢聚在美丽的南国之滨北海,隆重举行广西旅游职业教育集团2018年年会开幕式,这是一件值得庆贺的大喜事。为此,请允许我代表北海市中等职业技术学校,对各位领导和嘉宾的到来表示热烈地欢迎!对长期以来关心和支持我校工作的各位领导和同仁表示衷心的感谢!对为本次活动辛勤付出的各位工作人员致以诚挚的问候。

北海市中等职业技术学校创办于1981年,占地300亩,现有专任教师419人,在校学生7136人,开设有21个特色专业和品牌专业。学校坚持以“立德树人”为根本,以“培养工匠精神、成就出彩人生”为宗旨,以“为北海经济转型与升级培养和提供更多更好应用技术型人才及智力支撑”为办学目标,坚持“办适合学生发展的职业教育,为每位学生出彩而幸福的人生奠定基础”的办学理念,积极探索“教、学、研、产、销、创”一体化的办学模式,走内涵式发展道路,努力把学校办成“中国特色、国际水准”的人民满意的职业教育学校。学校先后荣获首批“国家中等职业教育改革发展示范学校”“全国文明单位”“全国教育系统先进集体”等荣誉。

近几年来,学校从实际出发,创新校企合作机制,深度推进产教融合、校企合作,目前开设有高星级酒店运营与管理、旅游工艺品设计与制作、中餐烹饪、西餐烹饪等旅游类专业,并与北京商鲲教育集团、上海亚湾酒店管理公司、广西香海船务有限公司等知名企业合作开设了高铁乘务、邮轮乘务、国际高端酒店等多个专业订单班。建设有茶艺、调酒、咖啡、中餐、中式面点等十多个先进的校内实训室,先后建设了北海市教育局、北海中学、北海市政协、和安商港等8个集“教、学、研、产、销、创”为一体的校外实训基地。目前我们学校旅游类专业在校生2000多人,专业教师90多人,其中高级教师、技师10多人,国家级烹饪大师3人,广西烹饪大师4人,双师型教师比例达到80%以上。学校历来重视旅游专业建设与教学改革,并

取得了丰硕的成果。教学成果《基于现代学徒制培养贝雕手工艺人才的研究与实践》荣获 2014 年职业教育国家级教学成果二等奖,《烹饪专业“教学研、产销创”一体化实训模式的研究与实践》荣获 2017 年广西职业教育教学成果三等奖。学校旅游服务与管理专业、烹饪专业分别荣获 2014 年度、2016 年度广西职业教育示范特色专业建设项目;2018 年烹饪专业又获批为广西职业教育第一批专业发展研究基地。学校还是第一批广西民族文化传承创新职业教育基地建设学校,通过南珠文化传承创新职业教育基地建设,传承与创新贝雕传统技艺,服务当地社会经济发展需求。党的十九大以来,学校贯彻落实“产教融合,校企合作”的职业教育方针,遵照北海市人民政府印发的《北海市全域旅游城市建设大会战方案》的精神,按照全域旅游发展的总体要求,积极创建了“蛋家小镇校外创业创新实训基地”,以实际行动推进“城市旅游化、全域景区化、生活休闲化、发展生态化、设施体验化”,为建设北海市特色鲜明的滨海休闲度假产品体系,促进旅游业全区域、全要素、全产业链发展做出了应有的贡献。

各位领导、各位嘉宾,“日出江花红胜火,春来江水绿如蓝”。今天,广西旅游职业教育集团 2018 年年会在我校召开,这是对我们学校加快现代化职业教育发展步伐的关怀与关心,是对我校广大师生的厚爱与激励。我们相信,在广西旅游职业教育集团各位领导的关心、支持和指导下,我们学校必将迎来职业教育改革又一个明媚的春天。同时,我们坚信,在集团各理事成员的共同努力下,广西旅游职业教育集团一定会办出精神,办出品牌,引领着广西旅游职业教育向更高的水平迈进!我衷心地祝愿各位领导、各位嘉宾在北海交流期间身体健康、工作顺利、生活愉快,真诚地希望各位专家领导对我们学校的建设发展提出宝贵的意见和建议。最后,祝本次旅游职业教育集团年会取得圆满成功!

谢谢大家!

(作者为北海市中等职业技术学校校长)

专业研究篇

以学生为核心的学生学习成效驱动机理与教改对策研究*

郭英之　徐宁宁　周其厚　熊敬锴　张玲玲　林立军

摘　要：党的十八大对我国提升高校教学质量提出更高标准，要求在我国教学改革与提升教学质量水平的过程中，关注教学质量，以学生为核心、从学生角度审视教学水平、发现教学过程中存在的不足。基于此，本文（项目）重点对本科生感兴趣的教学项目、教学模式进行创新，在提高学生学习态度积极性的同时，提升教学满意度。本研究的结论为本科生的教学改革提供了理论基础，并且从多个角度为本科生的教学改革提出了相应的对策，有一定的实践意义。

关键词：学习成效；学习兴趣；学习压力；教学满意度；教学改革

一、引言

我国《国家教育事业发展"十三五"规划》提出要"完善高等教育质量保障体系"，这要求在我国教学改革与提升教学质量水平的过程中，关注教学质量，以学生为核心、从学生角度审视教学水平、发现教学过程中存在的不足。在供给侧改革背景下，我国高等教育不断发展，但我国高校仍存在本科生人才培养模式、培养质量等与市场需求脱节的问题，高校本科人才难以满足我国各行业发展的巨大需求。因此，改进教学模式，提高教学质量，对于改善当前高校本科生人才培养模式与教改对策具有现实意义。

国内这方面的研究，主要围绕职业教育的发展、职业院校的办学模式、教学改革等方面展开。国内学者主要以定性研究为主，对于实际问题的解决能力有待考究。国外研究主要围绕教育国际化、差异化研究、行业发展与学业的关系研究、学生的认知及学情研究等。国外学者更多的是通过定量研究，用数据来说明问题的真实性和迫切性，并且常常将教育研究与经济和文化挂钩，通过统计数据分析、构建结构方程等方式揭示其背后隐藏的教育问题。综上所述，国内外关于职业教育

基金项目：国家自然科学基金项目（71373054）、复旦大学本科生教改重点项目（IAH6222038/049）、广西教改项目（GXGXJG2015A018）和桂林旅游学院教改项目（JG15A01）。

的研究关注点在于教育本身，而较少从学生的角度去考究学生目前选择专业的动机如何，学生选择本专业的兴趣在何处，学生对本专业的学习效果是怎样的认知，在这个过程中学生面临怎样的学习压力，以及学生对各个方面的教学满意度如何等，虽然这些方面都是与教育教学质量息息相关的。因此，本文对学生的学习动机、学习态度、学习兴趣、学习效果、学习压力、教学满意度进行相关研究，并且对这些变量之间的关系进行探索，构建学生学习成效等与教学满意度的“六钻”模型，以期对本科学习的教育教学提出切实可行的建议。

二、文献综述

学习动机是指引发与维持学生的学习行为，并使之指向一定学业目标的一种动力倾向。国内外主要研究包括高校大学生学习动机现状及改进办法、英语专业大学生学习动机、学习动机与教师效能感之间的关系、学习动机对学习过程的影响、学习动机与年龄等因素的关系、学习外语与内在动机之间的关系、学习动机与学习倦怠的关系等。学习动机推动着学生的学习活动，能激发学生的学习兴趣，同样也会使得学生产生更加积极的学习态度；动机具有加强学习的作用，高动机水平的学生，其成就也高，亦即学习动机对学习效果有显著正向影响。

学习态度指学习者对学习较为持久的肯定或否定的行为倾向或内部反应的准备状态。国内外主要研究包括当代大学生学习态度及成因研究、学习态度和措施研究、学习态度对教学效果的影响、基于科技的移动学习态度研究、在线学习态度和远程教育研究等。学生学习态度的好坏与其学习效果密切相关。在学校情境里，如果其他条件基本相等，学习态度好的学生，其学习效果总是远胜于学习态度差的。学习态度好的学生更能收获好的学习效果，进而具有较高的教学满意度。亦即学习态度对学习效果和教学满意度具有正向显著影响。

学习兴趣是指一个人对学习的积极认识倾向与情绪状态，国内外主要研究包括影响英语学习兴趣因素及改进办法、学习兴趣的发生机制及与环境的关系、学习兴趣模型构建、教学方法对学习兴趣的影响、学习动机对学习兴趣的影响和学习兴趣的影响因素。学习兴趣不仅是学习的成因，也是学习的结果，也就是学生能够主动学习来自学生对该专业的兴趣，而学生的学习兴趣又能促使学生专心致志地钻研它。教学过程中教师的上课方式、教材的趣味性、学习成效等，均会使得学生产生强烈的学习兴趣。亦即学习兴趣会影响学习动机的形成，学习兴趣会影响学生的学习态度和最后的学习效果。

学习效果是指学生在理论教学、实践教学、交流合作等各方面的成绩。国内外主要研究包括教学效果与评估量表构建研究、不同教学模式对教学效果的影响、教学质量评价体系研究、高校人才培养模式研究、教学效果现状研究、影响学生学习效果模型研究等。学生最后所得的学习成绩影响到学生的成就感以及对自己的肯定,必然会影响到学生对学习成绩、理论教学、实践教学、教学设备等各方面的满意度,亦即学习效果会正向影响学生的教学满意度。

学习压力是指学生在学习活动中所承受的精神负担,主要来源于家长方面、学校方面以及社会方面。国内外主要研究包括学习压力的测量、学习压力的来源、学习压力的分类、学习压力的应对等方面。适当的学习压力会激发学生的学习动力,促进学生学习,但是过度的压力会使得学生产生消极怠慢情绪。因此,学生的学习压力对学生的效果会有显著影响,进而对教学满意度产生显著影响。

教学满意度是指在课堂教学实施过程中学生对教学质量、教学设备等方面所进行的评价活动。国内外主要研究包括课程教学满意度指标和模型研究、教学满意度与学生参与度之间的关系研究、高等院校教学满意度现状和因素分析、教学满意度影响因素研究、提高教学质量措施和提升教学满意度研究等。学生的学习动机、学习兴趣、学习态度、学习效果、学习压力等,均会对学生的教学满意度产生显著影响。

根据以上综述,本文提出以下假设:H1:学习压力对学习动机有显著影响;H2:学习兴趣对学习动机有显著影响;H3:学习动机对学习态度有显著影响;H4:学习压力对学习态度有显著影响;H5:学习兴趣对学习态度有显著影响;H6:学习动机对学习效果有显著影响;H7:学习态度对学习效果有显著影响;H8:学习兴趣对学习效果有显著影响;H9:学习压力对学习效果有显著影响;H10:学习态度对教学满意度有显著影响;H11:学习动机对教学满意度有显著影响;H12:学习效果对教学满意度有显著影响;H13:学习压力对教学满意度有显著影响;H14:学习兴趣对教学满意度有显著影响;H15:学习动机对学习兴趣有显著影响。

三、研究设计

(一)概念测量与问卷设计

在对已有研究进行总结的基础上,邀请教育学界8位专家学者进行头脑风暴,20个经过专业培训的大学生进行深度访谈和头脑风貌,在此基础上,得出学习压力的问卷。问卷主要分为两部分:第一部分包括学习动机、学习态度、学习兴趣、学习效果、学习压力、教学满意度等变量,学习动机包括46个测量问项,学习态度包括10个测量问项,学习兴趣包括24个测量问项,学习效果包括34个测量问项,学习压力包括23个测量问项,教学满意度包括44个测量问项;第二部分包括性别、院校性质、学制、年级、高中科别、生源地、家庭月收入以及选择专业时影响最大的人等基本信息。

(二)问卷调查与数据收集

在进行正式的样本收集之前,选取复旦大学50个学生进行预调查,通过对预调查的结果进行信度和效度分析,发现问卷具有较高的信度和效度。本研究的正式调查由经过训练调查小组于2017年五一黄金周和十一黄金周前后进行，调研地点选择主要为教育部直属的复旦大学等东中西部不同高等院校，非教育部直属的上海外国语大学、江西师范大学、甘肃河西学院、贵州师范大学等东中西部地区不同院校，并且涉及不同年级、不同专业的大学、高职、中专、中职以及大专院校的学生。共计发放问卷1200份，剔除无效问卷后获得有效问卷1184份，有效率为98.7%。

四、研究结果

(一)样本人口统计学特征分析

本研究选取的调查样本中，大部分来自本科院校，且受访者大多数为女生。学生学制主要为四年制，就读年级涉及大一到大四等不同学习阶段；高中学习文科的学生占到48.4%，学习理科的学生占到51.6%；关于学生生源地，55%的学生来自于城镇，45%的学生来自农村；家庭月收入集中在8001元以上和2001元到4000元之间；51.8%的学生表示选择专业时更多的在于自己的选择，而25.4%的学生表示选择本专业主要来自父母的影响。

表1　学生受访者的社会人口统计学特征(N=1184)

变量	类别	受访者比例(%)	变量	类别	受访者比例(%)
性别	男	31.8	家庭月收入(元)	1000以下	5.4
	女	68.2		1001-2000	9.8
院校性质	中职/高职/中专	0.3		2001-3000	14.5
	大专	9.2		3001-4000	10.3
	本科	89.5		4001-5000	8.2
学制	两年制	1.0		5001-6000	8.9
	三年制	9.9		6001-7000	9.9
	四年制	85.5		7001-8000	6.4
	五年制	2.8		8001以上	26.6
	其他	0.8	选择专业时影响最大的人	自己	51.8
年级	一年级	27.8		父母	25.4
	二年级	28.4		同学	2.2
	三年级	30.9		朋友	3.5
	四年级	12.9		在此行业工作的熟人	2.7
高中科别	文科	48.4		亲戚	4.0
	理科	51.6		老师	4.7
生源地	农村	45.0		其他	5.6
	城镇	55.0			

（二）探索性因子分析

将所获得样本的因子分析的数据，先借助 SPSS 软件进行 KMO 取样适当性因子分析以及巴氏球形因子分析，KMO 值大于 0.7，说明数据适合进行因子分析。通过因子分析之后，再用因子分析中的主成分分析来抽取共同因子，根据特征值大于其 1 为选取共同因子个数的原则，再经过最大方差法，对选出的因子进行转轴，使各因子的代表意义更明显且更易于解释。

（1）学习动机的探索性因子分析

据研究果可知，学习动机的 KMO 值为 0.948，球形检验的显著性为 0.000，说明量表适合进行因子分析，根据特征值大于 1 的原则，共选取九个主要公因子，总计可解释方差的 65.108%；根据变量项的因子载荷，可将九个因子命名为专业兴趣、行业前景、专业潜力、国外文化、专业易学、能力提升、专业实用、客观选择和被动选择（表 2）。

表 2　学生受访者关于本专业的学习动机探索性因子分析

公因子	变量项	因子载荷	特征值	方差贡献率（%）	累计方差贡献率（%）	Cronbach's α 系数	均值
专业兴趣	您对此专业的学习更感兴趣	.788	15.066	32.752	32.752	.783	3.40
	此专业适合自身的性格特点	.751					
	此行业的工作发展前景很好	.750					
	为了通过专业实现自我价值	.749					
	对此专业课程内容更感兴趣	.733					
	因为您十分喜欢学习此专业	.710					
	可以在此专业学习更多东西	.671					
	从事该行业能获得更多乐趣	620					
	此行业的工作社会地位很高	.535					

（续表）

公因子	变量项	因子载荷	特征值	方差贡献率（%）	累计方差贡献率（%）	Cronbach's α 系数	均值
行业前景	此行业的工作发展前景很好	.830	3.750	8.152	40.904	.777	3.38
	行业现在发展形势朝气蓬勃	.813					
	行业未来具有很大发展潜力	.798					
	此行业的工作社会地位很高	.622					
	毕业后，此行业就业率很高	.600					
	此行业受到地方政府的重视	.539					
	毕业后有各种各样工作机会	.535					
	认为此行业的工资收入较高	.528					
专业潜力	争取能在好企业/好单位工作	.768	2.571	5.589	46.493	.760	3.05
	通过学习争取找到高薪工作	.767					
	不辜负父母/亲朋好友的期望	.706					
	能考取相关的职业资格证书	.678					
	毕业之后能在本行业内就业	.652					
国外文化	有更多接触国外文化的机会	.813	2.337	5.080	51.573	.766	3.01
	选择此专业是因为喜欢外语	.745					
	有更多机会到国外参加活动	.720					

（续表）

公因子	变量项	因子载荷	特征值	方差贡献率（%）	累计方差贡献率（%）	Cronbach's α系数	均值
专业易学	学习此专业相对而言更容易	.824	1.516	3.296	54.869	.792	2.76
	此专业可以获得更高的分数	.813					
能力提升	通过学习丰富个人综合知识	.681	1.287	2.798	57.667	.779	3.56
	通过学习提升自身综合素质	.671					
	通过学习获得更多实践技能	.598					
	通过学习提升自身实践能力	.576					
	通过学习提升自身理论能力	.503					
专业实用	因为学习此专业实用性很强	.670	1.124	2.638	60.306	.788	3.42
	当时的考试成绩适合此专业	.609					
客观选择	当时的考试成绩适合此专业	.738	1.142	2.482	62.797	.777	3.10
	他人推荐（如父母、同学）	.690					
被动选择	选择此专业是专业调剂所致	.748	1.068	2.322	65.108	.819	2.37
	选择专业是为了让父母高兴	.711					

（2）学习态度的探索性因子分析

学习态度的 KMO 值为 0.897，球形检验的显著性为 0.000，说明量表适合进行因子分析。根据特征值大于 1 的原则，共选取两个主要公因子，总计可解释方差的 63.182%。公因子一在积极补充学习知识、积极关注本行业的发展、积极与老师沟通等积极的态度方面,故将公因子一命名为态度积极;公因子二由上课不旷课、认真听讲等相关程度较高的变量构成,故将公因子二命名为态度端正(表3)。

表3 学生受访者关于本专业的学习态度探索性因子分析

公因子	变量项	因子载荷	特征值	方差贡献率(%)	累计方差贡献率(%)	Cronbach's α 系数	均值
态度积极	在课外能积极补充学习知识	.821	5.687	51.702	51.702	–	3.43
	您能积极关注本行业的发展	.782					
	上课前后能与老师积极沟通	.780					
	在课外能积极补充相关知识	.764					
	能认真完成要求的实践活动	.628					
	愿意帮助同学解决学习困难	.598					
态度端正	上课从不无故旷课、迟到等	.859	1.263	11.480	63.182	–	3.72
	日常上课时一直能认真听讲	.819					
	能认真完成要求的课外作业	.702					
	日常上课时能积极参与发言	.591					

(3)学习压力的探索性因子分析

学习压力的 KMO 值为 0.932,球形检验的显著性为 0.000,说明量表适合进行因子分析。根据特征值大于 1 的原则,共选取五个主要公因子,总计可解释方差的 67.025%。公因子一在课程老师的要求、上课时的压力感等题项方面的因子载荷较高,故将公因子一命名为专业要求;公因子二在觉得不会合理利用时间、觉得自己的学习效率低下等题项的因子载荷较高,故将公因子二命名为学习效率;公因子三在身体健康状况、有情绪波动等题项的因子载荷较高，故将公因子三命名为身心压力；公因子四在社会对学生的能力要求提高、希望找到好工作等题项的因子载荷较高，故将公因子四命名为职业要求；公因子五在我认为分数很重要、身边人认为分数很重要等题项的因子载荷较高，故将公因子五命名为成绩竞争（表4）。

表4　学生受访者关于本专业的学习压力探索性因子分析

公因子	变量项	因子载荷	特征值	方差贡献率（%）	累计方差贡献率（%）	Cronbach's α 系数	均值
专业要求	您觉得课程老师的要求过多	.836	9.183	39.927	39.927	.505	2.69
	每天按时上课让您有压力感	.793					
	您觉得毕业的学分要求过多	.785					
	觉得不适应现在的学习环境	.733					
	您常觉得学习任务比较繁重	.715					
	您常觉得自己不喜欢本专业	.613					
	您觉得学习内容很难以理解	..589					
学习效率	觉得自己不会合理利用时间	.804	2.211	9.611	49.539	.480	2.99
	您觉得自己的学习效率低下	.798					
	您觉得缺乏有效的学习方法	.783					
	您觉得自己的学习动力不足	.766					
	您觉得自己学习方面不用心	.760					
	自己的学习成绩一直不理想	.668					

（续表）

公因子	变量项	因子载荷	特征值	方差贡献率（%）	累计方差贡献率（%）	Cronbach's α 系数	均值
身心压力	觉得自己身体健康状况不佳	.802	1.689	7.342	56.881	.486	2.64
	您觉得自己经常有情绪波动	.775					
	觉得自己受到不公平的待遇	.622					
职业要求	社会对学生的能力要求提高	.869	1.272	5.529	62.411	.590	3.72
	家人希望自己能找到好工作	.846					
	您觉得自己对未来感到担忧	.619					
成绩竞争	我认为分数很重要	.760	1.061	4.614	67.025	.753	3.15
	身边其他人认为分数很重要	.758					
	生活压力影响了自己的学习	.506					

(4)学习兴趣的探索性因子分析

学习兴趣的KMO值为0.858,球形检验的显著性为0.000,说明量表适合进行因子分析。根据特征值大于1的原则,共选取三个主要公因子,总计可解释方差的64.224%。公因子一在理论方法、理论内容和参考书目等方面的因子载荷较高,将公因子一命名为理论教学;公因子二在实习活动、实践活动、实践案例、实践展示等方面的因子载荷较高,将公因子二命名为实践教学;公因子三在与国内外大学的交流、与校内外老师的交流以及将理论与实践的结合等方面的因子载荷较高,故将公因子三命名为交流合作(表5)。

表5　学生受访者关于本专业的学习兴趣探索性因子分析

公因子	变量项	因子载荷	特征值	方差贡献率（%）	累计方差贡献率（%）	Cronbach's α 系数	均值
理论教学	对使用的理论方法很感兴趣	.815	11.772	49.052	49.052	.734	3.25
	对讲授的理论内容很感兴趣	.797					
	对课程的参考书目很感兴趣	.786					
	对本专业课程设置很感兴趣	.726					
	对清晰的讲课思路很感兴趣	.714					
	对讲授的前沿知识很感兴趣	.700					
	对老师的理论展示很感兴趣	.688					
	对上课进行的研讨很感兴趣	.651					
	对课后的理论作业很感兴趣	.647					
	对理论教学的新技术感兴趣	.545					
实践教学	对实践案例教学法很感兴趣	.797	2.450	10.208	59.260	.767	3.49
	对提供的实习活动很感兴趣	.791					
	对安排的实践活动很感兴趣	.779					
	对讲授的实践案例很感兴趣	.779					
	对课堂的实践研讨很感兴趣	.774					
	对实践与案例性讲座感兴趣	.729					
	对老师的实践展示很感兴趣	.725					
	对网络案例与实践很感兴趣	.712					
	对与对口企业的合作感兴趣	.684					

（续表）

公因子	变量项	因子载荷	特征值	方差贡献率（%）	累计方差贡献率（%）	Cronbach's α 系数	均值
交流合作	对与国外大学的交流感兴趣	.770	1.191	4.964	64.224	.767	3.53
	对校内外老师指导很感兴趣	.737					
	对将理论与实践结合感兴趣	.686					

(5)学习效果的探索性因子分析

学习效果的KMO值为0.974,球形检验的显著性为0.000,说明量表适合进行因子分析。根据特征值大于1的原则,共选取四个主要公因子,总计可解释方差的66.037%。公因子一在自身团队合作能力、与同事相处能力、与同学相处能力等方面的因子载荷较高,故将公因子一命名为综合素质;公因子二在行业的认同感和归属感、对本行业的自豪感、对本专业的喜欢等方面的因子载荷较高,故将公因子二命名为专业认同;公因子三在课堂上积极发言、专业成绩越来越优秀等方面的因子载荷较高,故将公因子三命名为主动学习;公因子四在学到的理论知识和实践知识对工作有用等方面的因子载荷较高,故将公因子四命名为实践能力(表6)。

表6　学生受访者关于本专业的学习效果探索性因子分析

公因子	变量项	因子载荷	特征值	方差贡献率（%）	累计方差贡献率（%）	Cronbach's α 系数	均值
综合素质	自身团队合作能力越来越强	.716	17.407	52.750	52.750	.827	3.61
	在实习中与同事相处更融洽	.709					
	您更为愿意帮助同学和他人	.701					
	您与同学的相处越来越融洽	.701					
	自身的心理素质越来越良好	.696					
	在实习中实践能力越来越强	.690					
	越来越愿意帮助同事和他人	.687					

（续表）

公因子	变量项	因子载荷	特征值	方差贡献率（%）	累计方差贡献率（%）	Cronbach's α系数	均值
综合素质	自身社会交往能力越来越强	.677	17.407	52.750	52.750	.827	3.61
	通过学习表达能力越来越强	.672					
	自身的身体素质越来越良好	.646					
	职业（道德）精神越来越强	.636					
	与老师沟通交流越来越容易	.633					
	与管理者的沟通越来越容易	.628					
	自身团队合作能力越来越强	.620					
	自身国际化视野越来越开阔	.598					
专业认同	行业的认同感和归属感提高	.780	1.875	5.682	58.432	.828	3.44
	对本行业越来越具有自豪感	.769					
	通过学习越来越喜欢本专业	.745					
	逐渐了解相关理论专业知识	.699					
	专业理论水平有了很大提高	.693					
	对理论学习的兴趣越来越浓	.642					
	对实践案例学习兴趣更浓厚	.635					
	掌握本行业的基本实践技能	.598					
	对本行业发展有了更深认识	.586					
	将理论用于实践的能力更强	.546					
	培养行业从业或管理的意识	.507					

（续表）

公因子	变量项	因子载荷	特征值	方差贡献率（%）	累计方差贡献率（%）	Cronbach's α 系数	均值
主动学习	在课堂上越来越能积极发言	.800	1.469	4.451	62.883	.719	3.25
	在课堂上能更积极参加研讨	.760					
	专业的学习成绩越来越优秀	.707					
	自主/自觉学习能力越来越强	.550					
实践能力	学到的实践知识对工作有用	.800	1.041	3.154	66.037	.646	3.47
	学到的理论知识对工作有用	.793					
	通过学习增强市场竞争能力	.735					

（6）教学满意度的探索性因子分析

学习压力的 KMO 值为 0.980，球形检验的显著性为 0.000，说明量表适合进行因子分析。根据特征值大于 1 的原则，共选取五个主要公因子，总计可解释方差的 67.201%。公因子一在理论教学方法、教学内容、教学态度等方面的因子载荷较高，故将公因子一命名为理论教学满意度；公因子二在实践案例的教学态度、教学法、教学内容等方面的因子载荷较高，故将公因子二命名为实践教学满意度；公因子三在本专业的实习指导、时间、地点、与对口单位的合作等方面的因子载荷较高，故将公因子三命名为实习合作满意度；公因子四在对举办的学术讲座感到满意、对校内外老师指导感到满意、对将理论与实践结合很满意、专业能力和实践案例与行业需求接轨等方面的因子载荷较高，故将公因子四命名为交流合作；公因子五在对本专业的教学环境、教学设施、师资力量等方面的因子载荷较高，故将公因子五命名为教学条件满意度（表 7）。

表7　学生受访者关于本专业的教学满意度探索性因子分析

公因子	变量项	因子载荷	特征值	方差贡献率（%）	累计方差贡献率（%）	Cronbach's α系数	均值
理论教学	对使用的理论教学方法满意	.746	22.456	52.223	52.223	.915	3.41
	对讲授的理论教学内容满意	.741					
	对课堂理论教学态度很满意	.716					
	对老师清晰的思路感到满意	.699					
	对老师提供的课程教材满意	.699					
	对讲授的本学科知识很满意	.694					
	对本专业的课程设置很满意	.667					
	对上课进行课堂研讨很满意	.658					
	对上课的理论展示感到满意	.639					
	对理论教学的新技术很满意	.602					
	对布置的理论作业感到满意	.581					
	老师上课的进度安排很合理	.522					
	对授课老师的教学态度满意	.517					
	对理论教学的因材施教满意	.505					

（续表）

公因子	变量项	因子载荷	特征值	方差贡献率（%）	累计方差贡献率（%）	Cronbach's α 系数	均值
实践教学	对实践案例教学态度很满意	.727	2.567	5.969	58.192	.910	3.46
	对实践案例教学法感到满意	.717					
	对讲授的实践案例内容满意	.714					
	对进行的课堂实践研讨满意	.664					
	对课堂实践展示课件很满意	.629					
	对实践老师的教学态度满意	.606					
	对老师实践的因材施教满意	.604					
	对安排的课后实践活动满意	.599					
	对实践环境和氛围感到满意	.515					
实习合作	对本专业的实习指导很满意	.783	1.522	3.540	61.732	.918	3.33
	对本专业的实习时间很满意	.754					
	对本专业的实习地点很满意	.743					
	对实践教学考核体系很满意	.677					
	对提供的实践案例机会满意	.677					
	对与对口单位的合作很满意	.605					
	实践案例能与行业需求接轨	.521					
	对网络案例与实践教学满意	.503					

（续表）

公因子	变量项	因子载荷	特征值	方差贡献率（%）	累计方差贡献率（%）	Cronbach's α系数	均值
交流合作	对举办的学术讲座感到满意	.695	1.274	2.963	64.694	.913	3.34
	对校内外老师指导感到满意	.650					
	对将理论与实践结合很满意	.647					
	对与国外大学的交流很满意	.636					
	对学习环境和氛围感到满意	.598					
	专业理论能与行业需求接轨	.589					
	实践案例能与行业需求接轨	.530					
教学条件	对本专业的教学环境很满意	.690	1.081	2.513	67.201	.921	3.45
	对本专业的教学设施很满意	.677					
	对本专业的师资力量很满意	.598					
	对课程教学评估体系很满意	.559					
	对师生之间的沟通交流满意	.514					

（三）理论模型检验

根据对各变量的探索性因子分析的结果建立模型（图1）。使用SPSS 21.0进行可靠性分析，来验证量表的信度，使用克隆巴赫系数来评价。信度检验的标准是

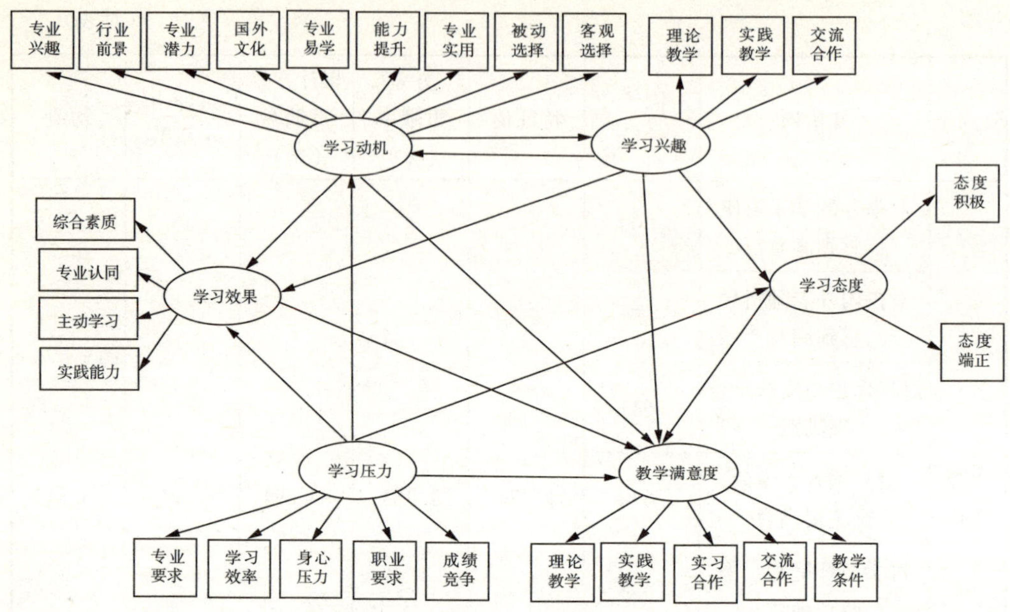

图1　大学生学习成效影响路径图

克隆巴赫系数大于0.7，整体量表的信度为0.953，内部信度良好，各维度的信度均超过0.7的阈值。

使用AMOS 20.0进行验证性因子分析，来验证量表的效度。效度是量表测量它所需要测量的内容的能力，主要是通过聚敛效度来评价。聚敛效度是指测量相同变量的观测指标会落在同一共同因素上。聚敛效度检验的标准是标准化负荷在0.5以上，组合信度（CR）大于0.7，平均方差抽取值（AVE）大于0.5，AVE值越大，观测变量对潜变量的解释程度越高。AMOS的报表中虽然没有直接呈现潜在变量的组合信度和平均方差抽取值，根据吴明隆开发的小程序可以直接获取。对各测量模型进行验证性分析，发现均未达到模型适配度，删除因子载荷小于0.5的观察变量后，验证性因子分析的结果如表14所示，各维度的标准化因子载荷在0.5～0.91，均大于0.5，除学习压力和学习态度，各维度的CR值在0.812～0.895，均大于0.7，其他各潜变量的AVE值在0.5524～0.8761，均大于0.5，说明测量模型内部一致性较好（表8）。

表8　学生学习成效的验证性因子分析结果

潜变量	观察变量	标准化因子载荷	组合信度（CR）	平均方差抽取值（AVE）
学习动机	行业前景	0.67***	0.812	0.5234
	能力提升	0.86***		
	专业潜力	0.61***		

（续表）

潜变量	观察变量	标准化因子载荷	组合信度(CR)	平均方差抽取值(AVE)
	被动选择	0.73＊＊＊		
学习兴趣	理论教学	0.91＊＊＊	0.8951	0.8101
	交流合作	0.89＊＊＊		
学习效果	综合素质	0.83＊＊＊	0.8333	0.7143
	专业认同	0.86＊＊＊		
学习态度	态度端正	0.82＊＊＊	0.6179	0.4612
	态度积极	0.50＊＊＊		
学习压力	身心压力	0.50＊＊＊	0.5965	0.4371
	专业要求	0.79＊＊＊		
教学满意度	实践教学	0.91＊＊＊	0.8335	0.6293
	实习合作	0.79＊＊＊		
	教学条件	0.66＊＊＊		

表 9　学生学习成效的结构方程模型拟合度检验

拟合指数	($\chi2$/df)	CFI	RMSEA	NFI
标准	≤3	≥0.9	≤0.06	≥0.9
假设模型	3.173	0.980	0.043	0.959
修正模型	2.974	0.982	0.041	0.962

对输出结果的标准化计参数值(Estimate)进行研究，以考察模型中潜在变量之间的关系，验证相关假设。当显著性水平 $P<0.05$ 时，表明变量之间关系显著，反之亦然。从表 9 可知，学习压力对学习动机不产生显著影响，路径系数为 $\gamma=-0.363$ ($p=0.365$)，H1 未得到支持；学习兴趣对学习动机没有显著影响，故假设 H2 未得到支持。学习动机和学习兴趣会对学习态度产生显著影响，路径系数分别为 $\gamma=0.321$($p=0.000$)和 $\gamma=0.501$($p=0.000$)，H3 和 H5 均得到支持；学习压力对学习态度不产生显著影响，H4 未得到支持。学习动机、学习态度、学习兴趣和学习压力均会对学习效果产生显著影响，路径系数分别为 $\gamma=0.169$($p=0.000$)、$\gamma=0.385$($p=0.000$)、$\gamma=0.37$($p=0.000$)、$\gamma=-0.171$($p=0.000$)，H6、H7、H8 和 H9 均得到支持。学习态度、学习动机、学习效果、学习兴趣均对大学生的教学满意度产生显著影响，路径系数分别为 $\gamma=-0.134$($p=0.01$)、$\gamma=0.116$($p=0.000$)、$\gamma=0.658$($p=0.000$)、$\gamma=0.231$($p=0.000$)，故假设 H10、H11、H12 和 H14 均得到支持，学习压力对教学满意度没有显著影响，假设 H13 未得到支持。学习动机对学习兴趣产生显著影响，假设 H14 得到支持。

表10　学生学习成效的假设关系路径检验结果

潜在变量	路径	潜在变量	未标准化路径系数估计	S. E.	C. R.	P	标准化路径系数估计
学习动机	⟵	学习压力	−0. 522	0. 576	−0. 906	0. 365	−0. 363
学习动机	⟵	学习兴趣	−2. 166	3. 03	−0. 715	0. 475	−2. 256
学习态度	⟵	学习动机	0. 296	0. 035	8. 434	＊＊＊	0. 321
学习态度	⟵	学习压力	−0. 001	0. 049	−0. 029	0. 977	−0. 001
学习态度	⟵	学习兴趣	0. 444	0. 034	13. 185	＊＊＊	0. 501
学习效果	⟵	学习动机	0. 144	0. 03	4. 765	＊＊＊	0. 169
学习效果	⟵	学习态度	0. 354	0. 055	6. 419	＊＊＊	0. 385
学习效果	⟵	学习兴趣	0. 301	0. 034	8. 925	＊＊＊	0. 37
学习效果	⟵	学习压力	−0. 208	0. 036	−5. 698	＊＊＊	−0. 171
教学满意度	⟵	学习态度	−0. 141	0. 06	−2. 363	＊	−0. 134
教学满意度	⟵	学习动机	0. 113	0. 033	3. 453	＊＊＊	0. 116
教学满意度	⟵	学习效果	0. 756	0. 072	10. 514	＊＊＊	0. 658
教学满意度	⟵	学习压力	0. 014	0. 042	0. 331	0. 741	0. 01
教学满意度	⟵	学习兴趣	0. 216	0. 039	5. 489	＊＊＊	0. 231
学习兴趣	⟵	学习动机	1. 344	0. 539	2. 493	＊	1. 291

注："＊"表示0. 05水平上显著，"＊＊＊"表示0. 001水平上显著，C. R值即t值。

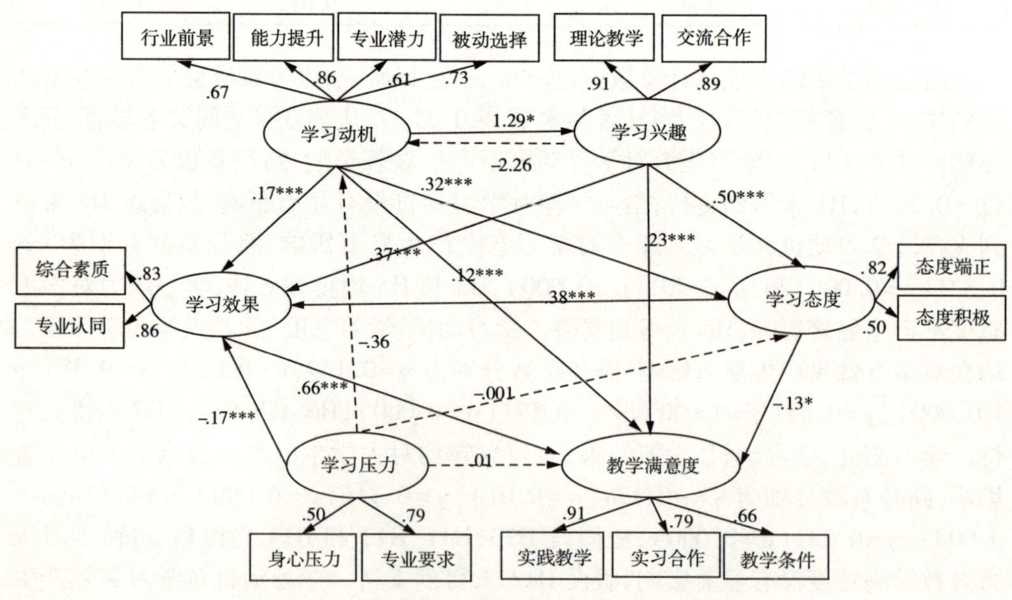

图2　学生学习成效的修正后理论模型图

五、研究结论与教改对策

(一)研究结论

第一,本研究通过对不同层次、不同专业、不同年级的学生进行调查,研究得出学生的教学满意度体现在实践教学、理论教学、实习合作、交流合作、教学配备、教学方法等方面,学生的学习兴趣集中在实践教学、课堂教学、交流合作和教学手段等方面,学习效果主要综合素质、专业认同、主动学习、沟通能力和求知能力等方面。

第二,学生在学习过程中遇到的学习压力和对专业学习的学习兴趣对学生的学习动机均没有显著影响;学生的动机反而会促使学生产生学习兴趣;学习动机和学习兴趣会正向影响学生的学习态度,学习兴趣对学习态度的影响较大,但是学习压力不会影响学生的学习态度;学习动机、学习态度、学习兴趣均会对学习效果产生正向显著影响,且学习态度的影响最大,学习兴趣次之,学习动机的影响最小。且学习压力对学习效果产生负向显著影响;学习动机、学习兴趣、学习态度、学习效果均会对学生的教学满意度产生正向显著影响,且学习效果对教学满意度的影响最大,学习压力不会对教学满意度产生显著影响。

(二)建议与对策

第一,加强互动,提高专业教学的深度式认同。应该充分了解本科生学习本专业的学习兴趣、学习态度的差异程度,尤其针对持有较差学习态度、较少学习兴趣的本科生进行专业再教育。如口碑营销模式,即将已毕业的优秀学生作为典型案例对本科生进行口碑传播,以此让学生了解本专业的学科优势,增进学习本专业口碑和学习信心,通过自我激励实现期望的职业愿景;人才奖励模式,即针对全体本科生展开公平公开的奖励机制,奖励品学兼优的学生,进而激励其他本科生以此为激励,提高自己的学习兴趣、学习认真程度等,通过优秀成绩证明其高水平的教学质量,提高满意度。

第二,完善体系,重视不同专业差异的多层次管理。一方面应重视课堂上所传授的专业知识,即分别从专业认同、综合素质、社会实践、学习参与等角度入手,提高教学效果对本科生今后就业、求学等方面的影响程度;另一方面,应关注本科生的学习兴趣、学习态度,在对本科生的兴趣、学习态度等内在因素进行充分的沟通与认知。基于此,重点就本科生感兴趣的教学项目、教学模式进行创新,在提高其学习态度积极性的同时,也将有助于提高其教学满意度。

本研究贡献与创新之处在于,首先,本文首次对学生的学习动机、学习压力、学习兴趣、学习态度、学习效果、教学满意度等方面进行了全面调查,确定了各个变量的构成维度;其次,本文首次构建影响教学满意度的“六钻”模型,进一步确认了各个变量之间的关系,拓宽了教学质量以及教学满意度的研究面,对教学质量的提高具有十分重要的意义。

参考文献:

[1] 国务院办公厅. 国家教育事业发展“十三五”规划. http://www.gov.cn/zhengce/content/2017-01/19/content_5161341.htm.

[2] 郭扬兴. 民办高职大学生学习动机调查研究[T]. 上海:上海师范大学硕士学位论文,2011.

[3] 宋明媚. 英语专业大学生学习动机对自主学习影响的研究[T]. 济南:山东师范大学硕士学位论文,2012.

[4] 李海华. 教师的教学效能感、学生的学习动机与学业成绩的关系[T]. 济南:山东师范大学硕士学位论文,2013.

[5] Busse V. How do students of German perceive feedback practices at university? A motivational exploration[J]. Journal of Second Language Writting, 2013, 22(09): 406-424.

[6] 谢敏. 大学生学习动机和自主学习的相关性研究[T]. 南昌:南昌大学硕士学位论文,2011.

[7] 邱可荣. 当前大学生学习动机实证研究[T]. 汕头:汕头大学硕士学位论文,2013.

[8] 王志敏. 大学英语教师激发学生学习动机措施的有效性研究[D]. 上海:上海外国语大学博士学位论文,2014.

[9] Carreira J. M. Relationship between motivation for learning EFL and intrinsic motivation for learning in general among Japanese elementary school students [J]. Science Direct, 2011, 39(1): 90-102.

[10] 郝东泽. 高职学生自我概念、学习动机与学习倦怠的关系研究[T]. 天津:天津职业技术师范大学硕士学位论文,2015.

[11] 张凡. 大学生学习态度对学习效果影响研究[T]. 西安:西安工业大学硕士学位论文,2014.

[12] 孙晋莲. 初中英语学困生学习态度与学习措施的研究[T]. 济南:山东师范大学硕士学位论文,2012.

[13] 于立. 初中生化学学习态度的差异性比较及培养措施研究[T]. 沈阳:沈阳师范大学硕士学位论文,2011.

[14] 丁小苜. 我国中职校学生学习态度形成研究——基于上海市Z职业技术学校的调查研究[T]. 上海:华东师范大学硕士学位论文,2012.

[15] Al-Emran M, Elsherif H M, Shaalan K. Investigating attitudes towards the use of mobile learning in higher education[J]. Computers in Human Behavior, 2015, 56 (11): 93-102.

[16] Sezer B. Faculty of medicine students' attitudes towards electronic learning and their opinion for an example of distance learning application [J]. Computers in Human Behavior, 2015, 55(10): 932-939.

[17] 周鹃. 培养初中生英语学习兴趣的研究[T]. 武汉:华中师范大学硕士学位论文,2013.

[18] Wang P H, Wu P L, Yu K W, Lin Y X. Influence of implementing inquiry-based instruction on science learning motivation and interest: a perspective of comparison [J]. Social and Behavioral Sciences, 2015, 174(1): 1292-1299.

[19] 田叶茹. 学习兴趣的发生学研究[T]. 徐州:江苏师范大学硕士学位论文,2012.

[20] 余悦. 教师教学风格对学生学习成绩的影响:学业自我效能感、学习兴趣的中介作用[T]. 上海:上海师范大学硕士学位论文,2013.

[21] Jovanovic D, Matejevic D. Relationship between Rewards and Intrinsic Motivation for Learning — Researches Review [J]. Social and Behavioral Sciences, 2014, 149(8): 456-460.

[22] 杨育红. 初中生应于学习兴趣培养研究[T]. 上海:上海师范大学硕士学位论文,2010.

[23] 杨晓明,龙文碧,吕路平,李虹,王晓晓. 基于高校学生满意度的教学质量评价研究[J]. 北京科技大学报,2015,31(3):102-113.

[24] 金利. 地方本科高校教师教学能力发展研究[D]. 重庆:西南大学博士学位论文,2014.

[25] 蔡红梅. 研究型大学本科教学质量保证体系研究[D]. 武汉:华中科技大学博士学位论文,2014.

[26] Fauth B, Decristan J, Rieser S, Klieme E. Student ratings of teaching quality in primary school: Dimensions and prediction of student outcomes[J]. Learning and Instruction, 2014, 29(7): 1-9.

[27] 王晓辉. 一流大学个性化人才培养模式研究[D]. 武汉:华中师范大学博士学位论文,2014.

[28] 郑延福. 本科高校教师教学质量评价研究[D]. 徐州:中国矿业大学博士学位论文,2012.

[29] 白晓旭. 自我效能感对大学生网络学习效果影响的研究[T]. 大连:辽

宁师范大学硕士学位论文,2013.

[30] Leonidas K, Christiana C, Charalambos Y. C. What matters for student learning outcomes[J]. Teaching and Teacher Education,2013,36(7):143-152.

[31] 田澜.大学生学习压力感问卷的初步编制[A].中国心理学会.第十一届全国心理学学术会议论文摘要集[C].中国心理学会:中国心理学会,2007:1.

[32] 刘路.高校学生学习压力的研究综述[J].新疆广播电视大学学报,2014,18(04):61-64+71.

[33] 李文晓.大学生学习心理与学习压力[J].中国健康心理学杂志,2006(04):378-380.

[34] 于丽荣,冯先琼.护理系学生学习压力及应对方式 的调查研究.中国实用护理杂志,2005,21(2):56-58.

[35] 邓明川.高职教育学生满意度研究——以上海A职业学院为例[T].上海:上海师范大学硕士学位论文,2014.

[36] 马晓红.高校教学满意度的结构方程模型[J].统计与决策,2012,30(20):66-68.

[37] 闫立媛.高职旅游专业学生实习满意度实证研究[J].职业技术教育,2013,34(5):78-83.

[38] 张蓓,林家宝.大学教学满意度影响因素实证分析[J].复旦教育论坛,2014,12(4):59-66.

[39] Toapala I,Tomozii S. Learning satisfaction:validity and reliability testing for students learning satisfaction questionnaire[J]. Social and Behavioral Sciences,2014,128(3):380-386.

[40] Roman I. Qualitative Methods for Determining Students' Satisfaction with Teaching Quality[J]. Social and Behavioral Sciences,2014,149(8):825-830.

(作者单位:郭英之,复旦大学旅游学系教授,博士生导师;徐宁宁,复旦大学旅游学系在读博士研究生;周其厚,桂林旅游学院教授,博士后;熊敬锘,复旦大学旅游学系博士研究生,桂林旅游学院讲师;张玲玲,复旦大学旅游学系在读博士研究生;林立军,复旦大学旅游学系博士研究生)

桂林红色文化与旅游融合及传承教育研究

周其厚

摘　要:桂林拥有丰富的红色旅游文化,以湘江战役和桂林党组织及抗战时期八路军办事处活动为代表,在中国革命历史上占据重要的地位。目前,对于这些历史的研究,有了一些代表性的成果。但将其与旅游融合以及进行传承教育,尚需要深入挖掘和系统整理。这对于发展桂林红色文化旅游产业,传承红色基因,提高旅游教育水平,具有重要的现实意义。

关键词:桂林;红色文化;旅游;教育

一、选题缘起

今天,旅游与文化相融合已成为不争的事实。旅游过程就是一个文化活动过程,是旅游者离开惯常居住地和工作地,旅行至异地并接触异地文化、进行文化交流的过程。人们常说,文化是旅游的灵魂,旅游是文化的体现。既然如此,那么首先必须有文化资源,才能引起人们旅游的动机,然后才能形成一个旅游活动过程。固然,我们把旅游资源分为自然资源、人文资源,这仅仅是一个大致的标准。事实上,只要有了人,就有了文化;只要有人去的地方,就会产生文化。所以,纯粹自然的和纯粹人文的资源是没有的,大多数情况下,是二者兼而有之。

在中国,旅游,古已有之。但旅游是一种奢侈品,需要具备一定的条件,包括主观和客观条件,也包括个人、家庭、社会和国家的条件。长期以来,旅游属于个体行为,零散而不成系统,古代基本上属于贵族阶层的专利。新中国成立以后,特别是改革开放以来,随着经济社会的发展,人们物质生活水平的提高,假日、休闲时代的到来,旅游已步入普通人的家庭,进入真正的大众时代。在这一个过程中,旅游在不断发展着,并不断产生新的业态。旅游类型犹如百花争艳,层出不穷。以旅游资源或旅游目的地划分,可以列举出许多分类,诸如山水旅游、文化旅游、城市旅游、乡村旅游,等等。而且,各类别又可以细分,比如文化旅游中的宗教旅游、研学旅游、博物馆旅游等。其中,红色旅游是文化旅游的一种重要类型。

“红色”，在我国有一定特指的含义，具有一种象征的意义。1921 年中国共产党成立，把打倒列强、推翻阶级压迫，人民当家作主，实现共产主义的理想和目标，鲜明地写在了自己的旗帜上。为了实现这个理想和目标，党带领人民前赴后继，抛头颅、洒热血，终于建立了中华人民共和国。党从建立那时候起，一系列红色标志物如红船、红军、红旗、红星、红色政权，构成了“红色中国”。所以，党在领导人民进行革命斗争中，创造了丰厚的红色文化，这是一笔十分宝贵的红色资源。

正因为如此，红色文化作为一种旅游资源，红色旅游在中国兴起，并获得不断发展，如火如荼，备受人们青睐。人们来到革命根据地、革命遗址，感受红色文化，了解过去的斗争，了解革命先辈的艰难困苦。诸多红色旅游目的地，闻名中外，一大会址、嘉兴红船、井冈山、遵义、延安、古田、百色，像一颗又一颗灿烂的红珠，构成了中国红色旅游的主体，成为中国红色旅游符号。

湘江，发源于广西、流经广西，北上进入湖南洞庭湖，汇入长江。由于红军长征途经湘江，进行湘江战役，突破湘江，在这里洒下了热血。红军以巨大的牺牲，付出了生命的代价，用鲜血染红了湘江。毫无疑问，湘江是一条红色之江，体现红色文化资源。

桂林以“山水甲天下”闻名，但同时也是首批国家级历史文化名城。中共桂林党组织一直进行着革命活动，特别是抗战时期，八路军在桂林设立办事处，公开从事革命活动。这都是红色文化资源，从这个意义上说，桂林也是红色文化之城。

因此，我们选择桂林红色旅游文化作为研究对象，基于以下几点原因：

第一，打造桂林红色旅游品牌。长久以来，湘江红色文化、桂林红色文化，与桂林山水文化相比，挖掘的深度和广度还远远不够；在红色旅游中，与桂林红色文化资源的地位，显得有点不对称。我们需要大力弘扬红色文化、红色精神，红军突破湘江、中共桂林党组织活动，是得天独厚的资源，发展桂林红色旅游，打造桂林红色旅游品牌，使其与山水旅游一样，相映生辉，成为桂林旅游的另一张名片，是摆在我们面前的一个重大课题。

第二，学校人才培养的需要。桂林旅游学院是独立建制的旅游本科院校，以“创特色名校，育旅游能人”为办学理念。学校在长期的办学实践中，形成了以旅游及其新业态为核心，以服务区域经济社会发展为使命，努力向“国内一流、国际知名的应用型旅游院校”目标迈进。自 2015 年升本以后，学校在第一次党代表大会中，明确提出了长远目标和“三步走”发展战略，“坚持植根桂林、立足广西、服务全国、面向世界，坚持改革创新，推进依法治校，注重内涵发展，坚持质量立校、特色强校、人才兴校，努力提升人才培养质量，努力提升应用科学研究水准，努力提升社会服务能力，努力提升国际化办学水平，培养旅游业和区域经济社会发展所需要的高素质应用人才。”因此，作为地处桂林的旅游本科院校，对于本土红色文化旅游资源进行挖掘,作为不可多得的教学资源,用活生生的案例,讲好本土故事,培养红色旅游人才,不言而喻,这是学校责无旁贷的任务。

第三,向自治区成立六十周年献礼。2018 年,是广西壮族自治区成立六十周年。在党中央的正确领导下,广西成立民族自治区以来,在全区上下的共同努力下,取得了辉煌的成绩。经济稳定发展,民族和谐相处,各项事业充满蓬勃向上的生机。当然,相对于东部发达地区,广西属于西部欠发达地区,既有机遇也面临着挑战。在广西经济发展整个系统中,旅游产业属于重要的一环。广西旅游资源极为丰富,发展旅游业的历史比较早,也比较成熟。在自治区党委、政府的坚强领导下,广西在经济社会发展取得显著成就的同时,旅游业也迈入了快速发展期,不断取得新的重大成就。2013 年,自治区党委、政府联合下达《关于加快旅游业跨越发展的决定》,把“红色经典”作为六大重点旅游品牌之一,强调“加快红色旅游经典景区建设,打造红色旅游精品线路。”与此同时,又颁布《加快旅游业跨越发展的若干政策》,明确提出“支持发展红色旅游”,“继续加大红色旅游基础设施建设投入,深化红色旅游经典景区、精品线路、重点教育基地建设,进一步挖掘红色旅游资源,丰富红色旅游产品体系。”近日,自治区发展改革委、自治区重大项目建设推进办下达 2018 年自治区层面统筹推进重大项目第一批增补计划的通知,其中“全州县湘江战役红色旅游遗址群”名列其中。由此可见,挖掘红色文化资源,发展红色文化旅游,打造红色文化旅游线路,实为广西旅游文化产业发展的重要部分。为了更好地体现自治区成立以来广西红色文化旅游发展现状,梳理其中的有关问题和今后发展的思路,提出有针对性的对策建议,进一步把广西红色文化旅游产业做大、做强,是十分必要的。

二、研究意义

桂林红色文化资源极为丰富,这是一笔宝贵的财富。党中央、习近平总书记十分重视红色革命教育,要求大家懂历史,懂中国革命史,特别是中国共产党领导全国人民艰苦奋斗、建立新中国的历史。早在 2006 年,时任浙江省委书记的习近平同志,就在《光明日报》上发表《弘扬“红船精神” 走在时代前列》一文,首次提出并阐述了“红船精神”,阐述了中国共产党的源头精神。他指出:“开天辟地、敢为人先的首创精神,坚定理想、百折不挠的奋斗精神,立党为公、忠诚为民的奉献精神,是中国革命精神之源,也是‘红船精神’的深刻内涵。”[1]2016 年 10 月 21 日,习近平总书记强调:“长征这一人类历史上的伟大壮举,留给我们最可宝贵的精神财富,就是中国共产党人和红军将士用生命和热血铸就的伟大长征精神。”[2]2017 年 10 月 31 日,党的十九大闭幕仅一周,习近平总书记就带领新一届中共中央政治局常委专程前往上海和浙江嘉兴,瞻仰中共一大会址和嘉兴红船,回顾建党历史,重温入党誓词，不忘初心，牢记使命，坚定信念。人，总是要有一点精神的。在革命战争年代，无数共产党员面对险境，面对敌人的严刑拷打，仍然意志坚定，淡然自如，"杀了夏明翰，还有后来人"；"人的躯体怎能由狗的洞子里爬出！"就是因为具有坚定的革命信念，无往而不胜的革命精神。

红色文化与红色旅游相融合，担负起进行革命教育的功能，具有非常重要的历史意义与现实意义。发展红色旅游，传播红色文化，将红色基因一代又一代地传承下去，无疑是一条极为重要的途径。对于桂林红色文化旅游的研究，同样如此。

其一，发展桂林红色文化旅游，有利于强化党员干部政治教育，坚定与党中央保持高度一致的信念。在革命战争年代，党自成立之日起，就带领全国人民，走向推翻压在中国人民头上"三座大山"的任务，这是一个极其艰苦的过程，一个付出巨大牺牲的过程。在这个过程中，党失去了许多优秀的儿女，中华民族付出了巨大的代价。在这个艰苦卓绝斗争过程中，有一种伟大的精神贯穿其中，这就是红色的精神、理想、信念和意志。"共产党员是用特殊材料制成的"，这种"特殊材料"就是红色精神、红色理想、红色信念和红色意志。诚如习近平总书记在总结长征精神时所指出的那样："伟大长征精神，就是把全国人民和中华民族的根本利益看得高于一切，坚定革命理想和信念，坚信正义事业必然胜利的精神；就是为了救国救民，不怕任何艰难险阻，不惜付出一切牺牲的精神；就是坚持独立自主、实事求是，一切从实际出发的精神；就是顾全大局，严守纪律、紧密团结的精神；就是紧紧依靠人民群众，同人民群众生死相依、患难与共、艰苦奋斗的精神。"[3]以史为鉴，继往开来。我们今天发展红色文化旅游，一个重要的意义就是，在广大党员干部中，坚定"不忘初心，牢记使命"的信念。在建设中国特色社会主义事业中，传承革命理想和革命精神，把党的优良传统传承下去。这就是紧密团结在以习近平同志为核心的党中央周围，增强"四个意识"，立党为公，执政为民。在现实生活中，我们常常看到，党员中的一些腐败分子、"两面人"，表面一套，背后一套，说的是为人民，实际上是为个人私利。究其原因，就在于理想信念丧失，精神斗志缺乏。所以，很有必要发展红色文化旅游，强化红色文化的力量，让党员干部重温红色历史，凝聚对党的向心力，造就健康向上的精神。

红军湘江战役，一切为了苏维埃红色政权，一切为了保卫党中央，为保卫苏维埃政权流尽最后一滴血。正是有了这样的精神，这样的信念，红军将士不怕牺牲，勇往直前，面对强大的敌人，英勇作战，突破了湘江，向贵州进军，由此从胜利走向胜利。今天，我们重走长征路，回顾那段历史，心中不由得产生崇敬之情。革命先烈用鲜血换来的胜利，我们没有理由不去珍惜，没有理由不去继承。"桃李不言，下自成蹊"。发展红色文化旅游，能够使人在旅游过程中，体验红色文化，增强精神力量。

其二，挖掘桂林红色文化旅游资源，是对青年学生进行思想教育的生动教材。红色文化是一种革命文化，不怕牺牲、艰苦奋斗的文化，这是一种客观的历史事实。对于在校青年学生，他们在学习科学文化知识的时候，应当了解我们国家的昨天，是怎样走过来的，先辈们是如何为了救国家、救民族而不懈奋斗的。生活在今天的青年人，很难体会到战争年代，“偌大的华北，放不下一张平静的书桌了。”所以，幸福生活不是从天上掉下来的，不是等、靠来的，是千千万万个先烈用鲜血换来的，“把我们的血肉，铸成我们新的长城。”正是由于他们的牺牲，才换来我们今天的幸福，“幸福是奋斗出来的。”国家的富强，需要奋斗；个人的幸福，需要奋斗。由于年代久远，过去的历史包括红色文化历史，正在渐渐离我们远去，对于红军、红色政权，在青少年心目中，也慢慢变得模糊起来。在现实中，我们常常听到父辈或祖辈的人与年轻人有“代沟”，这个“代沟”当然包括思想观念的认识不同，而其中的原因就是对过去历史的看法不同，感受不同。诚然，时代是变化的，社会是发展的，成人不能以自己的观点强加到下一代人身上。但是，读史可以明智，鉴往可以知今。只有了解过去，才能更好地理解今天，更好地面向未来。对于国家、社会是这样，对家庭、个人也是这样。

从毛泽东同志开始，中国共产党的几代领导人都十分重视对青少年的历史教育，要求大家学习中国历史，特别是近现代以来，中国人民在党的领导下，推翻三座大山，建立新中国的历史。习近平总书记在纪念中国人民抗日战争暨世界反法西斯战争胜利 70 周年大会上，明确指出：“经历了战争的人们，更加懂得和平的宝贵。我们纪念中国人民抗日战争暨世界反法西斯战争胜利 70 周年，就是要铭记历史、缅怀先烈、珍爱和平、开创未来。”他强调，“绝不让历史悲剧重演，是我们对当年维护人类自由、正义、和平而牺牲的英灵、对惨遭屠杀的无辜亡灵的最好纪念。”“战争是一面镜子，能够让人更好认识和平的珍贵。”[4] 因此，对于历史的学习，对于历史的了解，我们怎么强调都不过分。

我们知道，对于当代青年学生进行思想政治教育，特别是国情和近现代史教育，是一项十分重要的任务。但是，我们不能仅仅限于书本知识，局限于课本上讲的，把书本学好当然很重要。虽然，我们不能经历当时的历史场景，但我们可以参观遗迹，目睹先烈们的遗物，置身其中，来感受当时的艰难困苦。古人说：“读万卷书，行万里路”。这说明，读书、实践对一个人的成长，同等重要，缺一不可。学生要学习，也要实践，这个实践就是要走出去，深入社会，深入民间，调查研究，用亲眼所见的现实，来加深对理论知识、课本知识的理解。

桂林红色文化，就在我们的身边。红军长征过湘江，尽管过去 80 多年了，但是那些遗迹还在，湘江战役的战场还在，无数牺牲的烈士遗骸还在。同时，抗战风云变幻之时，中共桂林党组织的领导，八路军办事处卓有成效的工作，这些都是一部又一部的活生生的教材。我们所要做的,应当让这些红色文化进课堂、进教材、进学生头脑。在自治区和桂林市党委、政府的支持下,我们梳理和研究红色文化,设计桂林红色文化旅游精品线路,打造桂林红色文化旅游品牌,就是为了让更多的人通过旅游,感受红色文化。在旅游中体验红色文化,在体验中修养自身,这是一种精神上的洗礼,信念和意志的培育。红色文化与红色旅游的融合的功能和意义,正是以这样的形式得以集中实现。

其三,发展桂林红色文化旅游,对于落实党中央重要指示精神以及增强桂林红色文化旅游产业,带动红色地区脱贫致富具有重要意义。2018 年 7 月 29 日,中共中央办公厅、国务院办公厅联合印发了《关于实施革命文物保护利用工程(2018-2022 年)的意见》,并发出通知,要求各地区各部门结合实际认真贯彻落实。在“意见”中,指出其重大意义在于:“革命文物凝结着中国共产党的光荣历史,展现了近代以来中国人民英勇奋斗的壮丽篇章,是革命文化的物质载体,是激发爱国热情、振奋民族精神的深厚滋养,是中国共产党团结带领中国人民不忘初心、继续前进的力量源泉。”“要从巩固党的执政地位、筑牢意识形态阵地的战略高度,从坚定‘四个自信’的战略高度,充分认识加强新时代革命文物工作的重大意义。”其中,“意见”提出了“长征文化线路整体保护工程”,要求“显著改善长征文物的保存状况和环境风貌,丰富长征精神的展示主题和展示手段,打造全程贯通的‘重走长征路’红色旅游精品线路。实施长征文化线路保护总体规划,建设长征文化线路保护利用示范段。”

党中央、国务院的这一指示精神,为桂林红色文化旅游的发展,带来了良好的机遇。桂林地区红军过湘江,是长征史上壮丽的一页,足迹遍布桂北地区灌阳、兴安、全州、资源、龙胜等县域。在这里,红军与敌人进行了殊死搏斗,在付出惨重的代价以后,渡过了湘江。如今,当年的红军作战的遗址,红军的遗物,无疑是重要的革命文物。这方面,在上级党委和政府的领导下,桂林市、各县区党委和政府做了大量工作,在红军战场、红军指挥所、红军战地救护所、红军过湘江渡口,竖立纪念碑、建纪念园(馆),为红色文化旅游的开发奠定了比较好的基础。我们必须按照党中央的指示精神,把红军长征线路保护好、整理好、设计好,让桂林红色文化旅游成为品牌,与桂林山水旅游、历史文化旅游结合在一起,发挥更好的联动效应。

红军来到桂北,经过不少的村落,进行了大量的革命宣传,对于红军的历史,从祖辈的亲眼所见,到口耳相传,特别是上了年纪的人们,记忆犹新。这让我们感觉到,历史,离我们并不遥远。我们必须抢救这段历史,尽快整理这段口述史。还应当看到,红军路过的这些村落,不少还处于落后状态,大多数村民需要扶贫,需要过上好日子。在这方面,红色文化旅游应该负起这个责任。众所周知,发展乡村旅游,利用村落资源,让居民在服务中受益,走向致富的道路,这是一条实践证明了的可行之路。

因此,我们应当按照党中央的指示精神,在自治区党委、政府和桂林市党委、政府以及地方党委、政府的领导下,下大气力挖掘桂林地区的红色文化资源,本着实事求是的原则,投入人力、物力和精力,围绕着红色文化资源,通过大量的调研、查阅和研究,在桂林"建设一批革命文物类全国爱国主义教育示范基地和中共党史教育基地,建成一批红色旅游精品线路,开发一批革命文物宣传产品和文化产品。"这是我们一个神圣的使命,也是义不容辞的责任。

其四,发展桂林红色文化旅游,可以加深对于桂林地区革命斗争的深刻认识,让桂林红色资源焕发生命力,提高桂林红色之城的知名度,丰富桂林旅游的红色文化内涵。在中国共产党领导人民奋斗的历史上,出现了无数可歌可泣的光辉事迹,而红军过湘江的壮烈史实,是其中的重要组成部分。但是,从旅游角度来说,桂林红色文化还需要深入挖掘,红色文化线路设计还需要更加科学,红色遗迹的保护和利用还需要下很大的功夫。这种现状,要是基于历史与现实两个层面来说的。就历史层面而言,红军长征过湘江,是一段悲壮的历史,红军突破敌人三道封锁线后,湘江是第四道封锁线。据刘伯承回忆:"当时中央红五军团,自离开中央根据地起,长期成为掩护全军的后卫,保护着骡马、辎重,沿粤、桂、湘边境向西转移。全军八万多人马在山中羊肠小道行进,拥挤不堪,常常是一夜只翻越一个山坳,非常疲劳。而敌人走的是大道,速度很快,我们怎么也摆脱不掉追敌。"[5]红军长途跋涉,人生地不熟,武器简陋,缺衣少食,西临湘江,上下之敌包抄、后面之敌追来,英勇的红军将士怀着必胜的信念,与优势敌人展开了激烈战斗,终于渡过了湘江。红军突破湘江,为西进贵州、为遵义会议的召开创造了条件。李维汉同志回忆说,敌人估计我军的战略意图,"就调兵四十万分三路围追堵截,构成第四道封锁线,企图把我军全歼于湘江边。因此湘江一仗打得很艰苦,红军损失过半。长征出发时节中央红军有八万多人,这一仗打下来,只剩下三万多人。这就引起人们的深思,为什么一、二、三、四次反'围剿'都胜利了,而第五次反'围剿'却失败得这么惨呢?"[6]痛定思痛,有了湘江的惨烈,有了人们的深刻思考、反省,就有了后来的遵义会议,有了机动灵活的作战,成为正确路线终于战胜了错误路线、改变红军和中国革命命运的,一个生死攸关的转折点。所以,有人认为,正是因为有了湘江战役,才有了后来的遵义会议;湘江战役改变了中国历史,这是无数红军战士用鲜血换来的教训。应当说,这个判断是有道理的。

总的来看,红军突破湘江的历史,还需要有一个更高、更深刻的认识。其重要地位和重要意义,在中国革命的历史上,人们还应当有一个普遍的认识。因此,我们深入挖掘桂林的红色文化,感觉到肩上的担子很重,任务很能艰巨。但是,我们在旅游院校工作,从事的是教书育人的工作,理应立足桂林,为桂林红色文化旅游的发展做出力所能及的努力，让更多人的通过红色旅游，了解红色文化，红色之城，了解当时战争之艰难，珍惜今天的安定生活。这也是我们课题研究的初衷之一。

三、研究综述

长期以来，对于红军过湘江的历史，人们一直不愿提起。

改革开放以后，人们开始关注这段历史，认真研究和弄清楚这段历史。人们不愿提及的湘江战役，学界给予了更多的关注，并出现了一系列研究成果。这些研究成果，具体表现在以下几个方面：

（一）红军过湘江的背景。红军为什么要过湘江？人们普遍认为，这是因为井冈山革命根据地在粉碎敌人的四次“围剿”后，第五次反“围剿”斗争由于“左倾”主义路线的指导，放弃了灵活作战的方针，“御敌于国门之外”，与敌人硬碰硬，面对面，硬打硬拼。错误的方针，带来了致命的后果。革命根据不断缩小，红军缺吃少穿，难以立足。于是，党中央做出战略转移的方针，这就是著名的长征。红军突围后，蒋介石命令嫡系部队追击红军。所以，红军一面走，一面打，但总是摆脱不了敌人。为什么？因为红军在长征初期，类似于搬家，什么东西都不想拉下，即使一些盆盆罐罐，也都带上。这样，就影响了行军速度。在突破敌人的三道封锁线以后，到达了湘江。本来，蒋介石与广西的桂系集团刚刚结束内战，相互猜疑。蒋介石的企图是，让红军进入广西，与桂系军队相互消耗，他坐收渔翁之利。不过，桂系李宗仁、白崇禧集团，也揣摩到蒋介石的这个阴谋，因此也不认真备战，甚至让红军快速通过广西，离开广西。这对红军来说，是一个有利时机。但是，这一良好机遇，当时红军没有抓住，以致在蒋介石的严厉督战下，桂系军队不得不阻击红军。红军到达湘江，面临着极其险恶的形势，南北夹击，后有追兵。红军先头部队到达湘江，守住一些渡口，但后续部队行军太慢，有的相距一二百公里，战线拉得太长，红军在渡过湘江时，付出了极其惨重的代价。

（二）红军过湘江的战略战术。如前所述，红军到达湘江前后，类似于搬家式的转移，丧失了灵活机动性。往往是前面的红军在作战，后面的红军在行军。先到达湘江的红军，不得不死守渡口，以保证主力红军过江。刘伯承回忆说：“面临敌人重兵，‘左’倾路线的领导一筹莫展，只是命令部队硬攻硬打，企图夺路突围，把希望寄托在与二、六军团会合上。在广西全县以南湘江东岸激战达一个星期，竟使用大军甬道式的两侧掩护，虽然突破了敌人第四道封锁线，渡过湘江，却付出了惨重的代价，人员折损过半。”[7]关于在红军湘江战役的巨大损失、检讨当时战略战术的失误，这个历史事实的梳理和学界研究的看法基本一致。

（三）红军过湘江的举措。关于这一点，学界进行了研究，大家普遍认为，红军长征开始，就宣称是“工农的队伍”，红军是为了劳苦大众的利益，为了拯救百姓于水深火热之中。所以,红军走到哪里,就宣传到哪里。毛泽东说,红军是宣传队,是播种机,这是实事求是的结论。在口述史中,我们了解到,红军到达湘江边,到达一些村落,饿死不扰民。由于受到桂系集团的宣传,当地百姓能躲藏的就躲藏了,只剩下了一些老人孩子。他们见到红军,焕然一新,与旧军队不一样。于是他们就出来,与红军相处很融洽。村民有的加入红军,有的给红军带路。所以,我们党领导的红色军队,与人民打成一片,是鱼和水的关系。至今,在桂北地区的红军标语、红军桥、红军岩,仍然还在。它们就像一个又一个的历史老人,在诉说着当年红军的战斗,当年红军的音容笑貌。红军能够突破湘江,一直向西,进入贵州,这与党和红军的民族政策、与一切为了人民的信念,是分不开的。

(四)红军突破湘江的重要意义。关于这个问题,长期以来,学界的认识经历了一个过程。湘江战役是胜利了?还是失败了?这又是一个见仁见智的问题。一开始,人们聚焦于一些具体问题,如一个具体的战役,红军牺牲的人数等等,对于湘江战役的意义,做出一些难免不太准确的结论。不过,从某个具体战役的研究,得出某个局部战役胜利还是失败的结论,这是可以理解的。以后,随着长征研究的深入,从中国革命的全局来看,从井冈山到湘江,到遵义,到陕北会师,这是长征的胜利,红军的胜利,也可以说是中国革命的胜利。因此,红军过湘江,应当站在这个角度去理解,去认识。

(五)桂林党组织的工作。其实,说桂林是一座红色之城,除了红军的湘江战役外,在抗战前后,党领导着桂林人民进行斗争。特别是抗战的关键时期,桂林成了"抗战文化城",八路军办事处建立了,党组织的工作也开展起来了。对于抗战文化城的研究,学界同样出现了大量的成果,如对于抗战文化城的形成,党领导的斗争,开展的工作,八路军办事处的活动等。在这方面,著作和论文可谓比比皆是。应当说,学界研究为桂林红色文化的挖掘、红色文化旅游资源的利用,打下了坚实的基础。

毋庸讳言,桂林如此丰厚的红色文化资源,远没有得到充分的利用,具体表现在:

(一)人们知道,桂林是山水名城,"山水甲天下";也知道,桂林是国家首批历史文化名城。但是,对于桂林是红色之城,却有一个认识的过程。在桂林,大力发展红色旅游,弘扬红色文化,把二者融为一体,这方面的研究,还有待进一步深入。

(二)桂林红色文化旅游资源的开发,还处于比较分散、不成系统的状态。比如,兴安有湘江战纪念碑园、光华铺阻击战遗址,灌阳有红军新圩阻击战纪念馆、酒海井纪念碑,全州在有建的湘江战役遗址公园等等。但是,这些纪念园(馆),还没有与红军长征路线,与红军过湘江渡口结合起来,如何把一个又一个的红色"点"串成一条完整的红色"线",共同打造桂林红色文化旅游精品线路,还需要我们下一番很大的功夫。

（三）把桂林红色文化旅游与乡村旅游、生态旅游、古村落旅游等有机地融合在一起，这是学界研究的一个薄弱环节。比如，红军过湘江时，走过的一些古村，一些青山绿水，都是美丽的景观。当年的红军，在村子里建立指挥所、战地救护所，只是为了打败敌人，突出重围，无暇也不可能去欣赏。而今天，在先烈们战斗的土地上，在他们牺牲的土地上，绿水青山伴忠骨，高山流水铸英魂。人们前来旅游，来观赏体验山水风光的同时，感受红军为创造我们今天美好生活的奋斗，就会油然而生敬意，更加珍惜今天。习近平总书记说："一个党要立于不败之地，必须立于时代潮头，紧扣新的历史特点，科学谋划全局，牢牢把握战略主动，坚定不移实现我们的战略目标。长征走的是高山峻岭，渡的是大河险滩，过的是草地荒原，但每一个行程、每一次突围、每一场战斗都从战略全局出发，既赢得了战争胜利，也赢得了战略主动。这既是一种精神，也是一种智慧。"[8]这个现实的意义，现实的价值，需要我们再去努力研究，再去深入挖掘。

（四）桂林党组织领导的斗争，桂林八路军办事处的活动，当然属于红色文化的一部分。人们到达桂林，醉心于桂林山水，陶冶于绿水青山。即使提到桂林历史文化，大多就是靖江五府、靖江王陵，对于市内的红色文化，除了桂林居民外，游客很少能够去参观。因此，如何使桂林市内红色文化与山水旅游融合，也是我们需要深入研究的问题。

因此，我们选择"桂林红色文化旅游研究与实践"，其目的就在于弥补学界对这方面研究的不足。就红军过湘江的历史、抗战文化城历史的研究，成果不可谓不多，也达到了一个相当的高度。但是，这些丰厚的红色文化、红色资源，如何与旅游结合在一起，让大众在旅游过程中去体验，去感受，并接受生动的教育，有待于我们给予更多的研究，更多的关注。

四、研究范畴与方法

众所周知，任何的学术研究，必须有一个特定的研究对象，这就需要对研究范畴做一个大体的界定。否则，就会走入宽泛，把握不住核心，导致什么都要有，什么都不深入的状况。我们的研究对象是"桂林红色文化旅游"，就是挖掘和整理桂林红色文化，并利用这种红色资源，大力发展红色旅游，以产生经济效益和社会效益。

所以，对于这个问题的研究，根据客观实际，我们的研究范畴大致为：一是红军过湘江的历史，并把这种历史作为一种资源，设计红色精品旅游线路；二是桂林党组织的斗争，主要是抗战前后党领导人民如何开展工作，如何壮大力量，如何迎来解放。把这些事迹充分挖掘出来，作为红色旅游资源；三是在抗战文化城时期，八路军办事处的活动，主要包括八路军办事处的建立、组织机构、主要活动。桂林八路军办事处,早已成为桂林市的一个旅游景区,但对于广大游客来说,还远远不够,还需要大力推广。

学术研究,应当符合学术规范,所以研究方法显得尤其重要。大致说来,我们采取的研究方法有:

(一)文献分析法。就是查阅相关的史料,对红军过湘江的史料、桂林党组织领导的斗争、八路军办事处的活动,把相关的资料尽可能多搜集,从资料中了解当时的情景。但是,文献只是文献,需要我们做一番认真的梳理,归纳分析,形成系统的内容。

(二)实地调研法。就是实地去现场走一走,看一看,亲身去感受。在桂北地区,红军过湘江的遗址、遗迹,大量存在着,虽然有些模糊不清,比如红军标语。但是,通过近几年来的努力,纪念碑园(馆)的建立,一些纪念标识的设立,只要亲自去调研,就会感同身受,发现很多的史料。

(三)实地采访法。就是到当地采访,这是口述史的一种。固然,当年的情景不可能再现,但在当地居民的心目中,对于红军过湘江,通过祖辈、父辈的讲述,得以保留了下来。在采访中,我们可以听到红军的故事。"红军娃"、参加红军、红军跳崖处、红军阻击处等等,这可以说是第一手资料。

(四)调查问卷法。就是对于来桂林的游客,设计调查问卷,弄清他们对于桂林的红色文化,了解多少,通过什么方式了解;对于桂林红色旅游,他们的感受是什么;对于发展桂林红色文化旅游,游客有哪些意见或建议等等。

总之,我们会利用各种研究方法,尽可能地再现桂林红色文化,尽可能地接近那个年代历史的真实,并把这种丰厚的红色文化资源,转化为红色文化旅游,让人们在旅游中感受到红色文化的力量,以坚定热爱党、跟党走的信念。习近平总书记指出:"蓝图已绘成,奋进正当时。前进道路上,我们要大力弘扬伟大的长征精神,激励和鼓舞全党全军全国各族人民特别是青年一代发愤图强、奋发有为,继续把革命前辈开创的伟大事业推向前进,在实现'两个一百年'奋斗目标、实现中华民族伟大复兴中国梦的长征路上续写新的篇章、创造新的辉煌!"[9]我们会按照习总书记的嘱托,为推进桂林红色文化旅游的发展,做出我们应当做出的努力和贡献。

参考文献:

[1] 习近平. 弘扬"红船精神"走在时代前列. 光明日报,2017-12-1.

[2] 习近平. 弘扬伟大长征精神　走好今天的长征路.//习近平谈治国理政(第二卷). 外文出版社有限责任公司,2017:47.

[3] 习近平. 弘扬伟大长征精神　走好今天的长征路.//习近平谈治国理政(第二卷). 外文出版社有限责任公司,2017:47.

[4] 习近平．铭记历史、缅怀先烈、珍爱和平、开创未来．//习近平谈治国理政(第二卷),外文出版社有限责任公司,2017:446.

[5] 刘伯承．回顾长征(节录)．全州县政协文史委员会编．红军过全州:96–97.

[6] 李维汉．回顾长征(节录)．全州县政协文史委员会编．红军过全州:98.

[7] 刘伯承．回顾长征(节录)．全州县政协文史委员会编．红军过全州:96–97.

[8] 习近平．弘扬伟大长征精神　走好今天的长征路．//习近平谈治国理政》(第二卷),外文出版社有限责任公司,2017:53.

[9] 习近平．弘扬伟大长征精神　走好今天的长征路．//习近平谈治国理政》(第二卷),外文出版社有限责任公司,2017:57.

(作者为桂林旅游学院教授,历史学博士后,广西师范大学研究生导师。主要研究中国近现代史、旅游教育、古村落旅游)

主题公园危机管理研究

熊敬锘　陈显军

摘　要：主题公园是一种非常特殊的企业，主题公园危机具有自身鲜明的特点。本文比较系统地探讨了主题公园危机及其管理问题。对主题公园的主要危机类型如旅游资源危机、形象品牌危机、服务质量危机、突发事件危机、政府管理危机等进行了剖析，最后结合主题公园危机特点，从危机防范、危机处理和危机总结三个方面提出了主题公园危机管理的对策。

关键词：主题公园；危机管理；对策

国外危机管理研究始于20世纪70年代，主要涉及恐怖主义对旅游业的影响，战争、政局动荡给旅游业带来的危机以及自然灾害对旅游业的冲击等方面，但国外研究多集中于已发生的危机，对即将发生或可能发生的危机研究虽也有涉及，但总体研究不多[1]。我国危机管理研究始于20世纪90年代，且相关文献少而零散，只有在重大危机之后才会有较多的人关注危机管理。

董观志(2000)[2]把主题公园称为旅游主体公园(Tourism Park)，他认为旅游主题公园是为了满足旅游者多样化休闲娱乐需求和选择而建造的一种具有创意性游园线索和策划性活动方式的现代旅游目的地形态。近年来，我国主题公园发展态势迅猛，到目前为止约有2100家规模不一的主题公园，人们对于主题公园的消费热度处于持续火热的状态之中[3]。随着国内主题公园的不断建设，学术界关于主题公园的研究也日益增多，主要集中在对主题公园概念、营运模式、文化感知等方面。随着主题公园的发展，许多主题公园危机不断爆出，例如节假日特别是黄金周园区旅游拥挤情况严重、服务质量不高等问题时时见诸报端。Zhang、Li等针对主题公园旅游拥挤问题，从主题公园的空间结构到游客分布情况着手，对中国主题公园的调查数据进行统计和空间分析，以确定吸引力和空间布局属性如何主题公园

基金项目：本研究受2015年广西高校科学研究项目(KY2015YB359)、2015年桂林旅游学院科研基金重点项目(2015ZD02)。

中游客的移动,为主题公园的设计和管理提供科学依据[4];Tsai、Chang 等介绍了射频识别追踪系统在主题公园中的实施情况,讨论了如何更好地评估跟踪系统的部署质量[5]。虽然越来越亟须对主题公园危机管理问题进行研究,但目前关于主题公园危机管理的文献依然非常少。

1　旅游景区危机管理的含义

我们把那些事关组织或个人生死存亡的突变(突发性事件),称作“危机”[6]。“危机管理”,就是对危机进行管理,以达到防止和回避危机,使组织或个人在危机中得以生存下来,并将危机所造成的损害限制在最低的限度。世界旅游组织(UNWTO)将景区危机定义为:影响旅游者对一个目的地的信心并扰乱继续正常经营的非预期性事件。这类事件可能以无限多样的形式在许多年中不断发生。对于旅游景区来说,可能发生的危机主要有两大类:一类是由自然灾害或人为因素引起的突发性事件,前者如火灾、地震、台风等引发的突发事件,后者如游乐设施故障或管理不力引发的公共安全事故;另一类则是完全由于人为因素引起的潜在危机,如规划失误、产品结构不合理、开发过度或保护措施不力导致的景区形象品牌破坏、生态破坏、景观破坏等。

旅游景区危机管理是指景区通过一系列相互联系、持续不断的管理手段,最大限度地避免和减轻危机可能给景区带来的威胁,并恢复旅游环境和旅游消费者信心等,甚至将危机转化为转机的整个管理过程。一个完整的旅游景区危机管理过程应针对旅游景区危机演变的不同阶段,分别采取相应的措施,通过不同的管理策略达到危机控制和危机管理的目的。[7]

2　主题公园需要警惕的危机形式

主题公园是一种围绕一个或几个特别主题环境和氛围所创造的人造旅游资源,采用现代化技术提供休闲要素、服务设施,形成有创意性游园线索和策划性活动方式的旅游活动空间[8]。主题公园是景区的一种,因此旅游景区存在的危机主题公园也会存在。具体地说危机的形式又可以分为战略危机、资源危机、产品危机、服务质量危机、形象和品牌危机、安全危机、财务危机、人才危机、客源地危机、目的地危机以及突发事件危机等十多种类型[9],本文参考上述危机种类并结合主题公园特点,将主题公园需要警惕的几种主要危机梳理并归纳如下,以便未雨绸缪、提前预防。

2.1　资源危机

旅游资源危机是指若受到自然或人为因素的损害和破坏,使得旅游资源受损其吸引力降低,旅游市场转向,游客质量下降,旅游形势进入下滑危机。危机主要表现在如下:(1)旅游资源受到人为因素破坏,旅游资源品位降低。旅游景区在开发建设过程中盲目开发或过度开发,使原始生态遭受严重破坏导致环境质量下降、风景观赏度下降,最终会使景区自身价值降低而没有观赏价值。例如:漓江风景名胜区的核心是山水景观,也是国家5A级景区和国家重点风景名胜区。由于受利益驱使,桂林市区至阳朔县漓江两岸疯狂采石、挖石灰岩矿的场景触目惊心,不仅给秀美山水留下一块块难看的“疮疤”,而且存在着泥石流、山体滑坡等安全隐患。(2)游客过载引起的危机。游客超过旅游景区环境容量,人满为患,造成景点景物受到践踏磨损,水体、水质污染,噪声污染,公共设施遭受严重破坏,严重时可能影响到景区资源受损,有可能游客过载会使山体产生细微变化。例如:漓江上每天通行的游船一艘接着一艘,还有各种漂流的机动竹筏前拥后挤,轰鸣声、喧哗声还有随手丢弃的生活和厨余垃圾在江面上漂浮,一方面对漓江水体和沿江植被造成了破坏,另一方面又极大地降低了游客的旅游体验。

2.2 产品危机

主题公园的游乐设施是其产品的重要载体。因为游乐设施存在严重设计缺陷、没有有效整改游乐设施安装调试期间的安全隐患或者对于运营的游乐设施没有维护保养到位,导致出现多起恶性事故。如2010年6月29日16点45分,深圳华侨城“太空迷航”的12个座舱正在运行,其中第5号座舱因支持系统失稳与活动站台发生碰撞坠地,随后4号、3号、2号座舱相继与坠地的5号座舱碰撞并失稳。接着3个失稳的座舱又与活动站发生碰撞造成不同程度的损坏,由此导致部分座舱内的游客伤亡。据官方资料称,“太空迷航”48名游客中6死10伤。这次事故是华侨城成立25年来伤亡最大的一次,也是世界游戏历史上罕见的一次。[10]

2.3 服务质量危机

主题公园服务质量是主题公园综合评价的一个重要指标,它反映给游客直接的旅游感官和幸福感受。主题公园服务质量危机主要表现在以下几个方面:(1)服务设施和设备不健全、条件不达标准,质量低下。(2)管理水平低,自然环境破坏,卫生环境差,员工素质低,服务态度恶劣。(3)旅游商品短缺、与众多景区重复无新意、无亮点,产品质量差、价格昂贵,有欺诈游客现象。(4)景区综合管理混乱、拉客和野马导游随处可见,投诉无门。(5)主题公园内标示不明确,导游解说词不统一,简介不到位,甚至有错误解析等等。

2.4 品牌形象危机

主题公园品牌形象是旅游者对公园的感性反映,品牌反映了旅游者对主题公园认可和接受的程度,形象的好坏和品牌知名度的高低对旅游者选择主题公园及主题公园的生存发展有着巨大的影响。主题公园形象和品牌危机有如:(1)主题公园形象不鲜明或形象重叠,主题公园形象差。由于没有进行形象策划或形象定位简单粗糙,因而主题公园建设主题不突出,个性不鲜明,服务设施以至整个城市的文化氛围难以形成支撑,无法为塑造主题公园的形象服务。(2)宣传力度不足,知名度低。桂林目前的主题公园有乐满地主题公园、桂林玉圭园环球名胜水上乐园、桂林罗山湖水上乐园、桂林园博园等,但因宣传力度不够重视程度不够,无法塑造出具有民族地方特色、形象突出的品牌主题公园。

2.5 公共突发事件危机

公共危机祸因主要有六种,分别是自然灾害(包括火灾、水灾、冰灾、风暴、地震)、公共安全突发事故、恶性刑事案件、恐怖事件、疾病传播(即公共卫生问题)、自然环境恶化。公共危机实质是危及公共安全,破坏社会秩序和生存空间,侵犯人身安全和财产安全。如2015年3月19日,桂林市叠彩山景区内,就发生一起滚石砸人事件,导致4人当场遇难,另有3名危重伤者在送往医院途中不治身亡,19人受伤。

2.6 政策管理危机

作为体验经济的典型业态,主题公园正经历着新一轮的大规模开发与建设,这种为满足旅游者多样化休闲娱乐休闲需求和选择而建造的现代旅游目的地形态[11],虽然很多省市大量兴建主题公园,但主题公园的精品旅游产品、产业体系、公共服务甚至管理体制都不能与之匹配,从而制约了主题公园的良性发展,导致旅游市场的整体竞争力不够强。目前政策管理方面存在的危机有:(1)旅游多重管理,相应部门执行力低下。旅游涉及吃、住、行、游、购、娱等方方面面,牵涉多个部门的协调与合作,缺乏统一的管理和协调,容易出现多头管理反而“被隔离化”的现象。(2)政府职责不明,相关政策落实不到位。当地政府对旅游的管理,有些是滞后甚至是不到位的。主题公园迁址一般都在离市区比较偏远的位置,因此旅游交通接驳系统及配套设施在主题公园中的重要性显然易见,其建设和完善理应是各级政府的职责,但交通问题逐渐突显,使得游客和社区居民都不满意,不仅影响旅游目的地形象,而且制约着旅游进一步发展。

2.7 园区文化危机

文化是旅游的灵魂,旅游是文化的载体。旅游是一种经济活动,更是一种文化活动。随着时间的推移,主题公园在游客的不断增多和大众化的服务中,自身特有的鲜明的主题文化却在一步步退化,原有的少数民族风俗习惯、民族服饰、民族语言等慢慢地随着大环境的变化而同化。

3 主题公园危机管理的对策

3.1 危机防范

危机管理主要是对危机进行防范,危机之前要未雨绸缪、居安思危,减小危机影响的最佳方法就是事先做好充分准备。主题公园无论如何都要树立安全意识，要把游客的安全放在首位。可加强主题公园服务人员的专业培训，提高园区服务质量；加大游玩项目设备的日常检修，要及时发现景区存在的各种安全隐患，彻底根除各种安全隐患。将机器故障造成的危险降低到最低；随时升级园区旅游智能系统，提升游客体验度等。建议主题公园景区建立一个科学的预警机制模型，首先要强化主题公园景区决策者的风险意识，提高景区的风险管理水平。其次要建立景区危机预警机制，提升风险识别的敏感度，提高景区风险处理的能力。最后要加强危机控制力度，将危机化解于萌芽之初。

3.2 危机处理

“及时发现，妥善处理”是危机管理的重要原则。有效的危机管理机制是在危机时刻正确处理危机的保障。主题公园危机发生后，管理部门首先应当冷静对待，迅速找出危机发生的原因，并有效地解决危机，防止危机态势的进一步扩大。其次，要善于应变。在处理危机时，应针对具体问题，随时修正和充实危机处理对策，做到有进有退，果断取舍。第三，在危机决策时协调好景区与大众、媒体之间的关系。主题公园管理部门应把公众和受害者的利益放在首位，要与媒体保持良好关系，引导正确的报道，使景区尽快渡过危机进入新的发展阶段。

3.3 危机总结

危机之后，科学总结，重塑形象，变危为机。危机总结是指对危机的表现形式、危机出现的原因以及危机处理的方法和措施进行总结，以便能更加有效地管理危机。建议主题公园景区加强危机后的宣传和目的地形象重建工作。景区可以针对社会公众、旅游者、旅行社等进行宣传，宣传的重点是要消除人们对危机事件的恐惧，重新建立信任感，重新树立景区形象。景区可以通过组合包装推出新的旅游产品和线路等，并提供优惠的价格和更加优质的服务。

4 结语

园区危机事件不仅会彻底打乱主题公园的正常经营，还会使主题公园的声誉会受到危机事件的影响。因此主题公园必须提前做好预防，也要做好事故发生后的处理的预防机制。在主题公园的日常经营管理活动中要善于发现潜在的安全隐患并彻底根除，也要制定一套危机事件发生情况下的行动标准，包括常规急救，消防设施的位置和使用预留、紧急疏散信道的安排、安全避险地的设置、事故通报责任人以及重要电话号码公布甚至包括危机情况下每位员工的职责等，尽量减少并杜绝危机事件的发生概率。

主题公园危机管理是旅游景区管理中一个重要的内容，涉及的面非常广，几乎涵盖了主题公园管理的方方面面，也是旅游企业管理中的一个较为复杂的课题。

随着我国旅游业的发展,主题公园类型日趋多样,主题公园危机类型也更趋复杂,但主题公园危机管理仍然有其共同的原理和策略,主要包括危机防范、危机处理和危机总结三方面内容。为了在激烈的旅游市场竞争中赢得一席之地,主题公园需要在经营与管理方面加以改善,结合游客的需要为其提供优质化、个性化的旅游体验。只要切实加强主题公园的危机管理,不断提高管理水平,将危机的负面影响降至最低,全面提升旅游环境、旅游安全、旅游观念、旅游服务,就能促进我国主题公园的健康快速发展。

参考文献:

[1] Adam Blake and M Thea Sinclair. Tourism Crisis Management:US Response to September 11[J]. Annals of Tourism Research,2003,30(4):813-832.

[2] 董观志. 旅游主题公园管理原理与实务[M]. 广东旅游出版社,2000:14-15.

[3] 佚名. 第二届主题公园建设发展研讨会举行赋能主题公园文化内涵[EB/OL]. http://v.gmw.cn/2018-05/20/content_28883802.htm,2018-5-20.

[4] Zhang Y,Li X,Su Q. Does spatial layout matter to theme park tourism carrying capacity[J]. Tourism Management,2017,61(4):82-95.

[5] Tsai C Y,Chang H T,Ren J K. An ant colony based optimization for RFID reader deployment in theme parks under service level consideration[J]. Tourism Management,2017,58(1):1-14.

[6] 魏加宁. 危机与危机管理[J]. 管理世界,1994,(6):54-58.

[7] 杨秀平,杨晓燕. 基于IAHP的旅游景区危机评测研究——以主题公园景区为例,中国管理信息化,2015,14(10):43-45.

[8] 陈秀玲. 基于ACSI模型的主题公园节庆活动游客满意度指数研究[D]. 上海师范大学,2018.

[9] 陈文君. 我国旅游景区的主要危机及危机管理初探,旅游学刊,2005,20(6):65-70.

[10] 李剑桥. 游乐性主题公园安全事故的预防与处理——以深圳东部华侨城"太空迷航"事故为例[J]. 旅游纵览(行业版),2011(03):44-45.

[11] 董观志. 主题公园:城市的商业集群与文化游戏——解读发展历程和战略趋势[J]. 现代城市研究,2010(3):6-13.

(作者单位:桂林旅游学院　复旦大学旅游学系)

以资金为纽带的高职院校校企深度合作模式及运行机制探析

韦　夷

摘　要:依托高校教学设施和智力资源引进企业资金,建立以资金为纽带的校企合作办学模式,是深化高职院校校企合作、提升办学水平的重要途径。本文从我国校企合作模式的演变和发展入手,分析了高职院校校企深度合作的必然性,重点探讨了以资金为纽带的高职院校校企深度合作模式的内涵、类型和运行机制。研究成果为创新高职教育的投入模式,建立校企合作的长效机制,推进校企深度合作提供了新的思路。

关键词:高职院校;校企深度合作;合作模式;资金纽带;运行机制

近年来,国内不少高职院校在开展校企合作、推行工学结合、创新合作模式等方面取得了丰硕的成果,关于校企合作的研究文献报道也较多。但总体而言,目前我国校企合作多局限于实习实训基地建设、教学质量提升和"订单式"人才培养等方面,较少有引进企业资金开展校企深度合作的报道。笔者认为,要深化校企合作、提升办学水平、为企业培养高技能适用型人才,高职院校必须依托其人才队伍和教学设施等资源引进企业资金,完善合作投入机制,建立以资金为纽带的校企深度合作办学模式。为此,本文从我国校企合作模式的发展入手,分析了高职院校校企深度合作的必然性,并重点探讨了以资金为纽带的高职院校校企深度合作模式的内涵、类型和运行机制。

一、我国校企合作模式的演变和发展

随着社会经济环境的变化和高职教育的发展,校企合作模式也在不断演变,主要从单向性的企业配合,到双向性的校企联合,再到交互性的校企一体化深度合作,呈现出较为明显的阶段性特征。[1] 根据校企合作的深浅程度划分,可将我国高职院校校企合作模式的演变过程分为三个阶段:即起步阶段、迅速发展阶段和深化合作阶段。

校企合作起步阶段,或称浅层次合作阶段,从20世纪80年代开始至21世纪初。其主要特征是,学校按企业所需确定教学专业,并在企业中建立实习实训基地、专家指导委员会和实习指导委员会,而企业则以单向接纳高职院校见习生和实习生为主。这一阶段,各高职院校均积极创造发展条件,争取相关企业的配合和支持,目的是解决教学设备经费严重不足和实践教学师资短缺问题。校企合作迅速发展阶段,或称校企中层次合作阶段,始于21世纪10年代初至10年代末。该阶段的主要特征是,学校成立校企合作办公室、实训基地管理处等校内机构,为企业提供相关咨询和专业培训服务。校企双方还联合成立董事会,形成多元化投资主体,以拓展合作领域,并共同参与制定专业教学计划,按企业所需进行人才培养。这一阶段的合作,使校企合作由原来似乎只是学校单向获益,向校、企、学生三赢方向发展。校企深化合作阶段,也称交互性校企一体化深度合作阶段,始于21世纪10年代末。其主要特征是企业与学校在合作管理、教育教学、产品研发、校企文化建设等方面相互渗透、相互依存。一方面学校按企业所需制定科研方向、实现科研成果转化,另一方面企业主动向学校投入资金,以资金为纽带建立利益共享关系,从而有效地解决高职院校资金投入不足问题。这一阶段,需要校企双方努力探索新的合作模式和运行机制,通过推进国家和省级示范性高职院校建设计划的实施,不断实现教学、科研、服务、信息、就业"五位一体"的长效合作机制。[2]

二、高职院校校企深度合作的生成机理

校企深度合作是校企双方贯彻落实科学发展观和培养高技能应用型人才的重要举措,是提升高职院校内涵,凸显高职院校特色,推动高职教育发展的重要途径,是实现政府、学校、企业各方利益共享的一种先进的办学模式。[3]该模式的发展是必然的,也是必要的。第一,随着高职院校办学理念的转变和校企合作实践性创新成果的不断涌现,校企合作的形式和内容都发生了深刻的变化,仅局限于单向接纳学生实习和见习的"一校一企"合作已不再适应校企合作的长远发展需求,这就要求高职院校在制定专业教学计划、选择教学方法、实施教学改革等方面都要与企业、市场紧密结合在一起;第二,多元化经济已对高职院校的人才培养提出多方面的素质考量,高素质综合型人才的培养要求使校企合作的发展转向多元化发展的趋势。目前,校企合作的发展层次已由低到高、由点到面、由单向性、双向性向多元一体化深度合作方向发展。虽然我国高职院校校企合作仍面临诸多挑战,一定程度上影响和制约着校企合作的深层次发展,但随着社会经济和高职教育的持续发展,影响校企深度合作的因素必然朝着积极方向转化。这是高职教育发展的必然趋势,也是社会经济发展对高职教育提出的客观要求;同时,也是企业实施人才发展战略、将企业做大做强的必然选择。

三、以资金为纽带的高职院校校企深度合作模式

校企深度合作即是学校与企业深层次的、文化层面的合作，双方通过深度合作达到物质和信息的交流、人才和智力的共享、校企文化的融通。[4]可见，高职院校校企深度合作与物质、智力和文化等因素相关，这些因素并不是孤立地发挥作用，其中任何一种因素的变化都会引起其他因素的变化，体现为一种交互作用的关系，而维持这种关系的关键即为资金纽带。因为有效的资金运作能将各种相关因素实质性地统一起来，形成一个完全有别于传统合作模式的运行制度环境。

（一）高职院校校企深度合作模式的内涵

校企深度合作也即校企深度合作教育，是指学校与企业利用各自的教育资源和环境，从物质、智力和文化三个层面，在资源、技术、师资培养、岗位培训、学生就业和科研活动等各环节开展深入的合作，实现学校与企业相互渗透和相互交融，培养适应社会和企业需要的应用型人才，最终实现学校、企业、学生和社会共赢目标的一种可持续发展的高职教育人才培养模式。[4]可见，与传统校企合作模式相比，无论合作深度和广度均得以大大提升。可以从下三方面理解：第一，与企业广泛开展点对点的合作。通过共建实训基地、专业公司、培训中心和研发中心等途径引企入校，以扩大校企物质流、智力流和信息流的共享点，使合作领域得以拓宽；第二，与企业广泛开展面与面之间的合作。在地方政府的支持与协助下，通过共建专业（群）优势、教学团队和行业性、区域性或企业集群性的实训基地、创业中心、技术中心、培训中心等公共平台，特别是与区域内高新园区、产业园区多家企业共办职教集团或实体院系，进而开展面与面的共享合作；第三，跨专业、跨行业的网状产业链合作。指高职院校优势专业（群）、教学团队等优势资源与区域主导产业链上的优势产业、骨干企业合作，并吸引产业链上更多的企业参与投资，进而呈现跨专业、跨行业、跨领域的校企深层次网状产业链结构，使校企合作向多专业、多行业、多领域方向发展，最终形成集专业实践教学、人才培养、科技创新、生产研发等于一体的相互渗透、相互依存、相互促进的校企利益共同体。

（二）高职院校校企深度合作模式类型

资金在校企深度合作中起到纽带作用，能将各相关运作要素有机地联系于一体，发挥着实质性的作用。因此，校企深度合作也可视为是基于资金纽带的合作。目前这一合作模式主要有股份制合作模式、企办校合作模式、校办企合作模式、校中校合作模式、融入式合作模式和教育集团合作模式等类型。[4]

在这些合作办学模式中，校企股份制合作模式是最常见的合作办学类型。所谓“校企股份制合作模式”，即院校与企业之间以股份制形式进行深度合作办学的形式。股份制校企深度合作主体有院校、相关企事业单位、集体组织或个人及其他

院校;其实施过程包括组成董事会,建立院校二级法人单位,聘用和培养人才,按现代企业管理制度开展经营,利润按股份分红;其股份构成有场地和设备、流动资金、智力、信息和技术等。而校企深度合作前景最广的是教育集团合作模式[5]。所谓职业教育集团合作模式是在市场经济和全球化的推动下,由具有影响力的知名企事业单位或集团与学校共同组建的一种以专业为纽带,符合职业教育办学规律的联合办学模式。该模式集规模化、集团化、连锁化办学于一体,使学校与企业的合作从外部结合走向深度融合、从松散聚集走向紧密聚合,从而促进职业教育与社会经济的协调发展。

(三)以资金为纽带的高职院校校企深度合作模式运行机制

1. 以资金为纽带的高职院校校企深度合作运行模式

表面看,高职院校校企深度合作的主体是院校和企业,但事实上学生是校企合作的真正主体。因而,学校、企业和学生三者相互依存、相互影响、相互促进,共同构成了高职院校校企深度合作的三大主体。[6]高职院校为推动科研开发、提高教学质量和办学声誉,需要依托其教学设施和智力资源努力寻求与企业合作的机会,通过“引企入校”“引品(牌)入校”“引人入校”等途径开展校企合作,为学生提供实战演练平台,为企业提供人力资源和技术支持。[7]企业为了选拔技术人才、提高生产能力、增强竞争实力,也需要依托其技术力量和资金优势与院校合作。而学生方面,通过校企合作能将学生的学习与企业生产紧密结合,从而强化其实践操作技能,提升就业能力,为规范其职业生涯提供方向和指引。由此,在校企深度合作中,学校、企业和学生三者是一个利益共同体,构成了三对互为资源要素的供求关系。这一关系在本质上体现为一种利益关系,而资金在其中起到了关键性的纽带作用。其运行模式见图1。

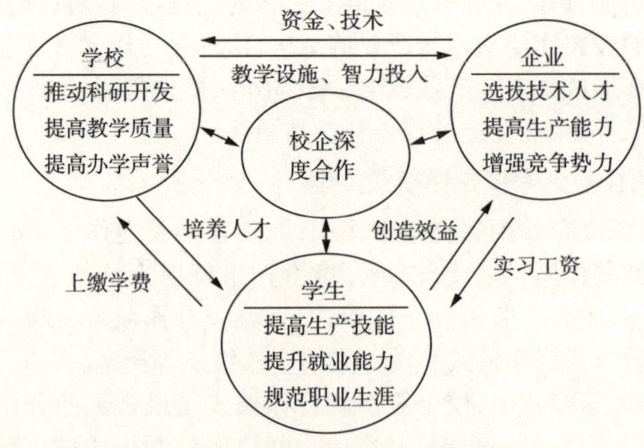

图1　高职院校校企深度合作模型

2. 以资金为纽带的高职院校校企深度合作机制

以资金为纽带的高职院校校企深度合作运行机制是指校企双方在长效合作过程中因各个因素间的有效运行而形成的一个高效产业链运作体系。该体系以资金为纽带协调各因素之间的关系,使得各因素在相互影响、相互促进的关系中实现利益最大化。

(1)以资金为纽带的利益导向机制。要使高职院校与企业的合作能顺利开展,就要充分保证学校、企业、学生、社会等各方合理的利益分配和利益诉求。[8]可见,构建以资金为纽带的利益导向机制具有重要的现实意义。一方面,企业从自身利益出发,依照收益性、安全性、发展性等原则,对其投资的合作项目进行评估,从而将资金投向收益好、发展潜力大的高职院校。另一方面,学校与企业合作,很重要的一个原因就是获取企业的资金支持,并通过与企业合作获得政府、其他机构的投入或补贴,以及通过合作申报科研项目获取科研资金等。[9]

具体地,以资金为纽带的利益导向机制主要分为两类:一是合作机构的资金导向机制。在市场经济环境下,校企合作机构的利益导向问题具有基础性、先导性、全局性的重要意义,其资金原则和合作方式与市场经济原则紧密联系,并表现出以市场为资源配置导向的现代合作基本特征与要求。作为以资金为纽带的利益导向机制,追求利润是其合作的目标,同时,校企合作机构也通过相关的组织制度,对使用资金进行控制和监督,促进双方的信息沟通,以减少资金配置中的短期行为,从而提高投资收益。二是合作市场的资金导向机制。一方面,大学应支持企业获取研发成果核心技术,提高创新能力和核心竞争力,此时,企业获取的利益主要表现为新产品、新技术进入市场或实际应用时取得的效益。另一方面,企业应在培养人才、学科建设等方面支持高职院校,特别是在研发项目的经济利益分配上对学校予以照顾和支持,从而更好地解决学术价值与商业价值的冲突,降低技术合作成本,以促进校企合作的深入发展。

(2)以资金为纽带的激励驱动机制。目前,我国大多数校企合作关系的建立和维系主要是依靠“关系和信誉”。这种方式是校企合作的最初形式,方便灵活,但缺乏稳定性,必须注重构建双赢的利益驱动机制。[10]可见,利益是推动和深化校企合作的重要驱动力,互利共赢是校企合作的基本出发点,而以资金为纽带的经济利益则是校企合作的关键所在。一方面,高职院校和企业双方除了按标准给老师和员工发放工资和基本津贴以外,还应依照职级和贡献政策完善收入分配制度;另一方面,对在校企合作和推进社会服务等方面有贡献的部门或个人,都应实施实绩考核和奖励,以推进企业化制度建设和改革。再者,可根据国家法规确保企业等投资主体对高职教育的有效投入,给予校企合作的相关企业以贷款优惠、减免税费、甚至直接给予经济补贴等,以支持企业积极参与高职教育与培训。

(3)以资金为纽带的合作保障机制。建立利益保障机制,规范合作行为,保障双方在校企合作中的合法利益,是校企合作可持续发展的必然抉择。[11]以资金为纽带的合作保障机制主要分为三类:一是政府出台的相关制度。政府作为校企合作的推动者、监督者和引导者,其在校企合作保障机制中发挥了至关重要的作用。政府通过不断完善和推进相关法律法规制度建设来约束校企双方合作的行为,还可以建立以地方政府牵头,有关部门、行业、企业和学校共同参与的制度,通过减免税收等行政、法律手段来补偿校企双方的利益损失。二是校企双方之间的合作制度。在前者不断发展和完善之际,建立校企双方均认可的合作保障机制显得尤为重要,这为规范校企合作行为、促进深度合作,保障各方的合法权益具有现实的指导意义。一方面,可成立校企双方的管理协调机构,主要负责协调和处理校企合作过程中遇到的难题和对策;另一方面,建立资金使用预警办法,以保障资金的使用效益;再者,建立新的教学质量监控体系与评价标准,以保障高等教育的教学质量和办学水平。

(4)以资金为纽带的教育评价机制。评价机制是衡量校企合作是否有成效的重要机制。[12]在校企合作的评价机制中,评价主体主要包括政府评价和校企评价。政府一方面需建立适合我国高职院校发展的职业技术技能鉴定标准体系,以培养技术性应用人才为中心,设置评价指标体系;另一方面,在高职院校的评估与建设方案中,需加大对校企合作的评价力度;再者,政府需重视学生的实习、就业以及工作能力素养的情况调查,并根据调查结果形成评价报告,最终与政府的资金投入或补贴挂钩。就校企评价而言,一是对培养目标、实施方案的评价,评价学校的培养目标是否与企业的用人标准相符,企业是否参与到学生的培养过程中,实施方案是否与合作模式相契合;二是对教育过程的评价,评价其是否将理论与实践的环节相统一,是否将企业文化带到校园,将校园文化带到企业,从而形成校企文化有机融合的良好氛围,使学生在学习中有机会接受企业文化熏陶,提高职业素养;三是对学生质量的评价,评价学生的综合素质与实践能力是否得到学校、企业以及社会的认同。四是校企合作情况自评,校企双方应建立实施——评价——改进——提高的良性循环体系,从而使参与各方都能受益,有效促进校企深度合作的可持续发展。

四、结语

校企深度合作是贯彻科教兴国和人才强国战略,促进和谐社会建设的重要举措,也是高职院校和企业不断发展壮大的必由之路。为此,大力推动我国高职院校校企深度合作的持续开展,努力开创校企合作的新局面,尤其是建立以资金为纽带的高职院校校企深度合作模式及运行机制,这将是校企合作发展的必然要求。建立以资金为纽带的高职院校校企深度合作模式及运行机制需要在政府的大力扶持,企业、行业资金的持续投入和高职院校积极推进的基础上,不断完善和深化以资金为纽带的利益导向机制、激励驱动机制、合作保障机制和教育评价机制。只有政府、学校、企业各方共同努力,才能更好地解决高职院校投入资金不足的问题,从而完善高职院校的投入机制,提高资金的使用效力,更好地搭建校企深度合作的平台,进而推动教学改革,提高人才的培养质量,为企业、社会服务。

参考文献:

[1] 王振洪. 我国高职教育校企合作的演变趋势与深化政策[J]. 浙江师范大学学报,2011(1):94-96.

[2] 陈红秋."五位一体"校企合作模式的实践[J]. 中国高校科技,2012(4):54.

[3] 洪贞银. 高等职业教育校企深度合作的若干问题及其思考[J]. 高等教育研究,2010(3):63.

[4] 黄国良,粟维斌. 以资金为纽带的高职院校校企深度合作模式探讨[J]. 广西教育,2011(18):46-47.

[5] 吴晓坤,武春香,章扬. 职业集团——高职教育校企深度合作的途径[J]. 市场论坛,2009(10):100.

[6] 沈剑飞. 对电力企业开展"校企合作"工程教育的思考[J]. 继续教育,2011(12):14.

[7] 张显春. 融入式校企合作模式的探索[J]. 职业时空,2007(23):97.

[8] 刘阳春,李兵. 基于利益双赢的校企合作机制探析[J]. 科技成果纵横,2011(04):14.

[9] 林润惠. 高职院校校企合作——方法、策略与实践[M]. 北京:清华大学出版社,2012:19.

[10] 王曦东. 高职院校校企合作模式与运行机制的创新研究——以大连市高职院校校企合作为例[J]. 科技致富向导,2012(14):139.

[11] 王振洪,王亚南. 高职教育校企合作利益机制及构建路径[J]. 黑龙江高教研究,2012(4):67.

[12] 许士群,张国志. 校企合作模式与运行机制的研究与实践[J]. 职业时空,2009(06):11.

(作者为桂林旅游学院讲师,硕士研究生,研究方向为旅游产业经济)

"互联网+"时代旅游院校大学生创新创业教育的研究

潘　荣　熊敬锘

摘　要：创新的本质含义有两层，一是创造出原来不存在的新东西，二是在现有基础上进行更新和改造。创新教育是以培养人的创新思维、创新素质和创新能力为目标的教育。高校创新教育就是为了挖掘大学生的探索能力、创造性地运用知识解决实际问题的综合能力而进行的一系列教育活动。

关键词：创新教育；创新素质

一、引言

"互联网+"是指通过互联网的平台以及信息通信技术，把互联网和传统产业在内的各行各业结合起来，充分整合好知识、技术、资本和信息等，实现最优化资源配置，从而在新领域创造出一种信息化、数据化的更便利快捷、大众参与度高、应用更广泛的产业生态。在互联网时代下，大学生成为创新创业的中坚力量，"双创"教育已成为高等教育的"重头戏"。"双创"教育重视大学生事业心和开创能力的培养，以学生为主题实施，以课堂学习、课外活动与社会实践为主渠道，看重实现人生的自我价值，符合当代大学生的成才观，利于大学生全面成才。

创新的本质含义有两层，一是创造出原来不存在的新东西，二是在现有基础上进行更新和改造。创新教育是以培养人的创新思维、创新素质和创新能力为目标的教育。高校创新教育就是为了挖掘大学生的探索能力、创造性地运用知识解决实际问题的综合能力而进行的一系列教育活动。创业，顾名思义就是创立企业，而高校创业教育的目标是启发大学生的创业意识、冒险精神，培养学生创业所需的综合能力，其终极目标还是为了让学生毕业后能顺利融入社会。创新和创业既有区别又有联系，创新是高质量创业的前提，创业是将创新成果转化应用的途径。创业是形式，创新为实质，二者相辅相成。高校创新创业教育应该在创新的基础上进行高质量的创业，将新产品、新技术、新的商业模式推向市场。

二、我国旅游院校创新创业教育的定位和发展模式

高校创新创业教育的定位应遵循以下原则:创新创业是目标,教育是手段;创新创业教育基础阶段应面向广大学生进行广谱式教育,高级阶段面向部分学生进行精英教育。各高校应立足于本校实际情况,做好创新创业教育的定位。

(一)当前高校的创新创业教育模式主要包括前店后校模式、商学院创业教育模式(商业策划与企业管理是核心)、广谱式创新创业教育模式(向广大学生开展的创新创业教育)、创业型大学模式(以知识资本化为目标)、一体化创新创业教育模式(以应用为中枢)。

(二)我国高校创新创业教育在专业教育中的渗透。高校创新创业教育最终付诸实施,必须与专业教育融合。要实现创新创业教育与专业课程的融合,应该增加交叉融合课程的学时比例,将理、工、农、医、文等多学科交叉渗透,对知识体系进行全面整合。

三、国外高校创新创业教育的启示

一是美国模式:百森商学院和斯坦福大学在该领域成绩斐然。百森商学院以开展创新创业课程著名,该模式主要适用于商科专业;斯坦福大学以"产学研一体化"开展创新创业教育,注重校企合作和科研成果转化。

二是新加坡模式:主要以南洋理工大学(NTU)为例。该校建有的"南洋科技创业中心(NTC)",其创业与创新硕士课程项目闻名世界。南洋理工大学开展丰富的创新创业文化竞赛,开设逻辑性很强的创新创业课程体系。

三是瑞典模式:瑞典的创业教育从初中、高中、大学本科直到研究生的各个阶段都有不同的教育内容。中学阶段以创业游戏的形式激发学生的兴趣,大学阶段对本校学生进行创新创业教育的同时也面向社会开展创业培训项目。

四、"互联网+"时代下旅游院校大学生创新创业教育新模式的构建途径

(一)优化教育教学理念

我国旅游院校应当在"互联网+"大环境下重视学生创新创业教育工作,优化教育教学理念,积极培养教师和学生的互联网思维。首先,高校应当加强对教师和学生创新创业教育宣传力度,通过会议、海报、树典型等方式促进教师和学生都深入了解创新创业教育的重要性,转变一部分教师走形式的错误思想,使其能够主动完善教学方案,活跃课堂,将互联网创新创业教育教学理念灌输给学生,为此项工作顺利开展提供保障;同时,在宣传过程中还要有一定针对性,还要从学生的角度出发消除学生应付心理,提高学生学习的主观能动性。其次,高校还应当安排相关

人员做好国家最新颁布的创新创业教育的文件和要求落实的工作，通过加强与各个院系和部门的沟通交流使其能够掌握国家文件和要求的精神，以便充分发挥指导作用。

（二）完善教育教学内容

高校应当不断完善创新创业教育教学内容，可以采取线上教学与线下教学相结合的方式激发学生们的创新灵感，在课堂传授知识的基础上适当安排一些实践内容，给予学生一定的思考和实践时间。同时，高校在对学生进行线上教学过程中还应当及时将不同类型的学生进行归类，安排教师进行有针对性指导，使教学内容更具多样性、由于线上教育本身就不需要具体的设备和场地，也不限制时间，如果还能够具有一定选择性和针对性，更容易提高学生们的学习积极性，促进学生们更好地消化知识。

（三）颠覆传统教育教学模式

由于创新创业教育面向的是学习自主性较高的大学生群体，传统静态的教学模式难以完全满足教学需要。对此，高校应当颠覆传统教育教学模式，在“互联网+”大环境下利用好现有的资源，依托已有的校园网络平台，结合变化及时充实、更新内容和素材，建立对应的教育网络系统，推动载体创新。同时，高校还应当积极引入新媒体技术以及 MOC 等现代教学模式，尽可能地实现课程内容与社会热点相对接，将一些成功的创新创业事件转化为学习素材，丰富教育资源，使学生意识到在“互联网+”大环境下创新创业对自己今后发展的重要性，明确其人生方向。此外，高校还可以邀请“互联同+”时代下各行业成功人士和权威人士参与到创新创业教学中，通网络互动或座谈会等方式分享其成功经验，提高学生对创新创业教学的认识和热情，进而充分发挥创新创业教育的指导作用。

（四）提高教师队伍综合素质

提高教师队伍综合素质，在一定程度上能够间接促进“互联网+”时代下大学生创新创业教育工作顺利开展。对此，我国应当在教师知识结构优化和人员选聘上下足功夫，在创新创业教育教师选聘方面，高校应当提高教师人员录用标准，在选聘时不应当只注重应聘人员的学历，还要通过面试和专业技术能力考核，选择一些学识、实践经验水平都较高的人员担任相应职务。在教师人员培训方面，高校应当投入一定经费用于教师队伍发展，应当定期组织创新创业教育队伍进行继续教育培训，及时纠正教师在教学过程中出现的错误，通过系统、专业的训练使其了解和掌握最新知识、资讯及客观发展大趋势，优化知识结构，为“互联网+”时代下大学生创新创业教育工作顺利开展奠定坚实基础。

五、结语

我国旅游院校的创新创业教育起步虽然较晚,但很多高校在探索创新创业教育实践中取得了显著成绩,形成了一种创新创业教育的人才培养模式。创新创业教育环境处于最宽松优化时期,各级政府大力支持高等院校创新创业教育与大学生创新创业,尤其是大学生在校期间与毕业期间创业,政府和高校给予对我国经济与发展上有一定贡献作用的项目奖励。教育部把培养大量的创新创业型人才列入人才培养体系,并贯彻整个人才培养过程,为实现中华民族伟大复兴的“中国梦”输送更多优秀人才。

(作者为桂林旅游学院讲师、国家二级创业咨询师,研究方向为创新创业教育、旅游会计)

浅析旅游类院校高尔夫专业高弹道高尔夫球具的改革与创新

曹 鹏

摘　要：高弹道高尔夫球具研发改造是科学提升高尔夫球技的一种重要途径，对于传统高尔夫球具具有推进以及示范激励的作用，高弹道高尔夫球具研发改造的目的是可以在不改变球友们自身动作的前提下，借助球杆面本身反弹角的角度，击打出弹道较高并且高倒旋的球路，从而获得击球的稳定性，达到理想的效果。

关键词：高尔夫；高弹道；球具

一、研究现状及意义

（一）特种高尔夫球具研发对于高尔夫运动技术的影响日益增大

中国著名高尔夫选手梁文冲说过："球具的提升改造对球员们的支持是非常大的。如果特种球具的出现会使得球员们不需要改变击球动作的话，无疑高尔夫运动将会变得简单。球具的提升改造正在改变运动员们的训练以及理解高尔夫的方式，成为高尔夫新技术的源泉，而更多的改变正蓄势待发……"

（二）球具改造使得高尔大技术提升的科学性与客观性得到质的提升

随着科技的进步，越来越多原本军事领域的专有技术日益民用化，如高速摄像、传感器、3D 多普勒雷达等，通过跟踪高尔夫杆头和球飞行测量，可以准确收集到高尔夫球飞行弹道、挥杆速率、挥杆平面、杆面轨迹、杆面动态仰角等原来用肉眼无法感知的具体数据。通过对数据的收集、整理、分析，运动员就能够准确地了解自己的动作及球具改造的关键指标。因此，球具改造在高尔夫运动技术的提升中的运用正愈来愈受到重视，如今，美国职业高尔夫协会（USGA）、英国古老皇家协会（R&A）、知名球具品牌、职业选手、知名教练、量身定制中心以及美国国家队和大学校队都在尝试使用这种技术改进训练、教学、产品制造等。可以说，一个崭新的高尔夫运动训练时代正在到来。

二、球具研发已有的基础和环境

(一)桂林旅游高等专科学校"高尔夫运动技术"课程已开设6年

桂林旅游高等专科学校高尔夫专业是广西区内最早设立的高等教育专业之一,学校从2008年开始即开设了"高尔夫运动技术"专业课程,该门课程是贯穿专业学生三年学习的核心专业课程,主要教授学生高尔夫运动入门、下场实战等。依托桂林市丰富的高尔夫场地和师资资源,该门课程已形成较为完善的教学体系和实训模式。2014年,以该门课程为基础,自治区人力资源与社会保障厅还与学校共同开发了社会体育指导员(高尔夫球)职业资格认证体系,因此,该门课程为课题研究提供了最为基础的条件。

(二)桂林旅游高等专科学校建设有功能完备的室外高尔夫运动练习场

学校建设有占地50000平方,64个打位,7片果岭等多功能高尔夫室外练习场,可以为教学改革实验研究提供所需的教学场地。因为,在校外要租用场地进行项目研究将要花费巨额的场地租赁费用,学校的教学场地可以节省这笔开支,因此,这是该项目能够完成的重要物质保证。

(三)功能完备的高尔夫运动数据分析实验室的建立为研究提供了硬件基础

目前,我校已建成功能齐备、设施完善的高尔夫运动数据分析实验室,主要设备包括:

1. 采用高速摄像技术的Smart Camera system以及Head Measument,可以通过高速摄像精确记录高尔夫球杆运动轨迹。

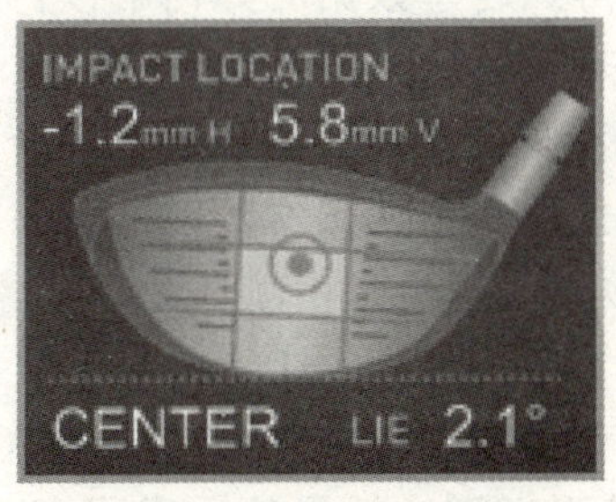

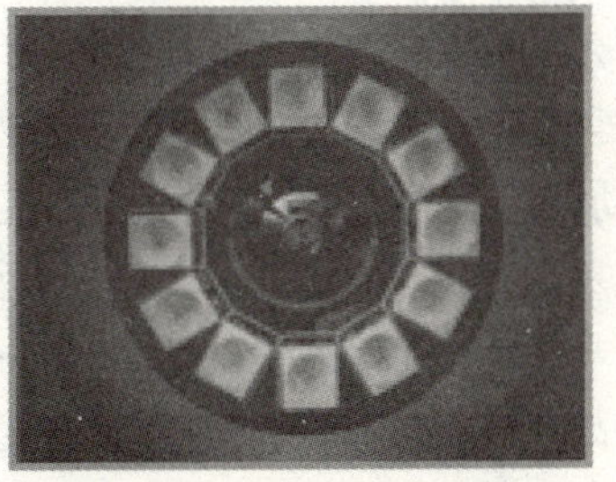

图1 利用高速摄像技术提供杆运行轨迹的准确数据

2. 采用三维多普勒雷达技术的Flightscopex2以及Trackman pro,通过雷达探测技术结合运动影像技术可以精确测量杆头具有速度、击球效率等26种数据,同时捕捉高尔夫运动训练时的动作影像。尤其是Trackman pro,该设备被美国众多职业选手、美国国家队以及知名大学校队用为专用训练设备,在获取的数据方面具有很高的权威性。由于该设备较为昂贵,在国内还鲜有高尔夫教学机构或高校配备。

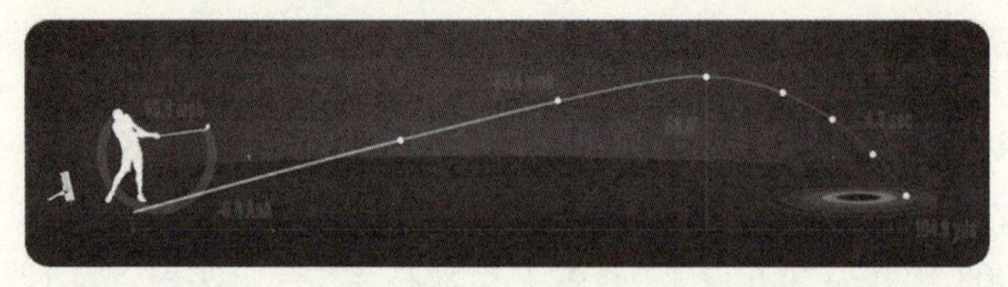

图2 通过雷达探测技术结合运动影像技术捕捉高尔夫运动训练时的动作影像

3. 配备专门用于高尔夫运动重心分析的Body track重心分析仪器以及体育运动训练专用高速摄像机。

（四）高水平的高尔夫运动教练员队伍为项目研究提供智力支持

经过数年的研究团队打造，课题组成员中有在美国接受过专业训练的高水平高尔夫运动选手，高尔夫运动技术稳定，为课题组获取客观的高尔夫运动数据提供了良好的保障。课题组成员中也有中高协资深教练员以及体育运动训练专业背景的专任教师，对高尔夫运动训练已经有了深入的研究基础。这些专业高尔夫教练员已在我校从事高尔夫运动教学多年，经验丰富。所有这些，都为课题研究的专业性提供了保障。

三、项目研究目标及内容

项目研究目标及内容主要是深刻挖掘高尔夫球杆杆面角度与反弹角之间的内涵关系。

通过TrackMan以及HMT等雷达或高速摄像仪器，可以精确测量球杆运行、起飞角、球飞行轨迹等多项专业数据。那么，得到这些数据后如何解读？如何挖掘这些数据与高尔夫球杆之间的相互关系？这是项目研究的基础。

因此，要深刻解读打击测试数据的内涵定义，就必须了解数据的产生是由哪些球具因素、动作习惯导致的结果，了解数据之间的相互影响因素，诸如影响高尔夫击球弹道最重要的一个数据起飞角，这个数据的产生是由哪些主要因素造成的，是不是仅仅由与力量因素相关的Clubspeed（杆头速度）及Ballspeed（球速度）造成，还是还含有高尔夫球杆杆面和反弹角度等因素的影响？通过对数据的大量采集，以及数理化方法统计，挖掘出影响高尔夫球飞行弹道效果的本质因素，从而有效开展球具研发。

四、拟解决高尔夫运动技术中高抛球问题

（一）克服高尔夫运动高抛球技术教学中经验式教学的弊端，建立以杆带改的高尔夫运动教学模式

高尔夫运动在我国发展时间不长，由于该项运动的群众基础所限，真正能接触

该项运动的群体相当有限,在一定程度上制约了该项运动球具的科学化研究。目前在我国的高尔夫球具中,仍是以传统的杆面角度和反弹角占主流地位,针对同一种球路来说,不同教练可能会有不同的教法和分析,随之带来的是不同的效果。这不仅使很多高尔夫学习者无所适从,更为关键的是,这些经验式的教学往往治标不治本。因此,通过科学的球具改造,打击数据的成熟运用,为高尔夫球具改造和研发的科学化提供了可能。

(二)克服由自身运动技术改变才能打出高弹道的击球这一高尔夫技术常态

有一定经验的高尔夫运动学习者或者说对于多数体育运动员来说,都会有这样的感觉,在学习特殊打法的时候,尤其是在有专业教练指导的情况下,常会改变自身的挥杆技巧,往往会觉得动作别扭。对高尔夫其他球杆的击打产生不稳定性,觉得打高抛球是非常难的。因此,通过以“定制化”为基础的高尔夫球杆则提供了帮助,用科学测量的击球数据配合高尔夫教练员的指导,可以让高尔夫运动学习者能用自己的改造杆弥补自己的技术缺陷,提高高尔夫运动学习效果。

五、项目研究方法及创新点

(一)对照组实验法

项目组针对改变球杆反弹角度的实施效果,计划采用实验法进行球飞行弹道效果的对比研究。

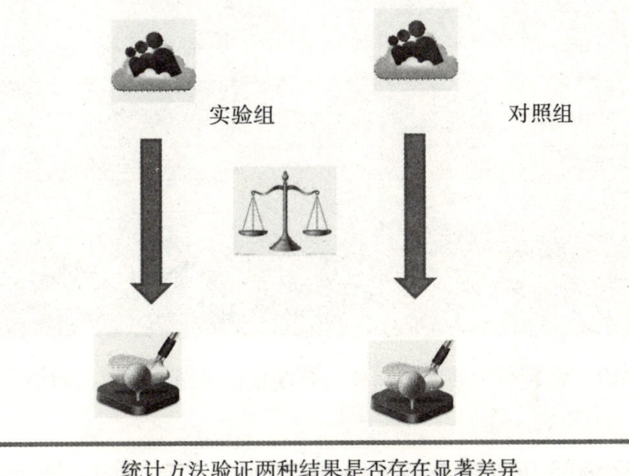

图3　实验设计

实验设计:假设高尔夫球杆面反弹角对改善高尔夫球飞行弹道具有显著作用。建立实验组和对照组,从高尔夫专业学生中随机选拔若干学生,组成实验组,采取同样杆面角度相同反弹角度的球具；再选取若干学生组成对照组，使用同样杆面角度不同反弹角度的球杆，进行击球取球的飞行弹道数据。通过实验设计，尽量控制两组学生的高尔夫水平起点相当，训练时间相当，通过一段时间的击球数据采集，选取一定参数指标，对比两组同学击球的球的飞行弹道数据进行分析，如果存在显著性差异，则证明该方法有效。

（二）项目研究创新点

将高弹道球具与高尔夫运动训练相结合，将高尔夫运动教学“球具化”。

将高尔夫球具改造运用于高尔夫运动教学，使体育运动训练科学化，使不能正常通过高尔夫技术动作做出的高弹道球路的球员更加稳定的打出有质量的高弹道击球，开辟目前高尔夫球具改造在国内研究的新领域。

（三）预期效果

第一，不需要通过高尔夫运动技术能打出高质量的高抛球。

第二，为高尔夫球具的科学改造提供大数据化基础。

第三，成果分析。

距离(m) 飞行	总计	侧边	速度 球杆(mph)	球(mph)	[illegible]	旋转 (rpm)	轴(°)	球角度(°) 发射 垂直	水平的	降低 垂直	高度(m)	时间 飞行(s)	分类
28	29	0.7 L	47.8	45.4	0.95	5027	15.0 L	54.6	2.8 R	59.6	11	3.0	hook
-	-	-	49.1	-	-	-	-	-	-	-	-	-	-
-	-	-	50.6	-	-	-	-	-	-	-	-	-	-
-	-	-	49.8	-	-	-	-	-	-	-	-	-	-
-	-	-	46.7	-	-	-	-	-	-	-	-	-	-
31	35	0.1 R	-	48.7	-	1803	15.6 L	44.9	2.0 R	55.7	9.4	2.8	拖
34	36	0.2 L	41.7	47.7	1.14	4963	15.3 L	47.4	2.9 R	55.7	11	3.0	hook
41	49	3.4 R	36.5	54.2	1.48	10956	1.8 R	20.8	4.1 R	26.0	4.5	2.1	push/fade
39	45	2.3 R	56.6	47.9	0.85	10846	13.0 R	23.4	1.3 L	29.2	5.1	2.3	slice
18	19	3.0 R	50.5	30.2	0.60	4782	9.6 L	54.4	14.2 R	55.2	6.8	2.4	push/hook
32	36	1.3 R	47.7	45.7	1.00	6396	6.8 L	40.9	4.1 R	46.9	8.0	2.6	push/draw
8.34	10.7	1.79	5.74	8.13	0.332	3694.1	11.77	15.08	5.27	15.09	2.90	0.37	-

图4　通过学生使用不同杆面角度及反弹角度做出的数据

1. 实验分析

通过同学们的测试，相同杆面角度的球杆及反弹角的不同，我们得出来的起飞角度也不同，经过球的距离。垂直发射角度/飞行时间得出来的Z值数值大小来对比，得出结论：相同球杆的杆面角度反弹角度越小球的飞行弹道就会越高、飞行时间也越长，而不同杆面角度的球杆杆面角度越大，球的飞行弹道就会越高。

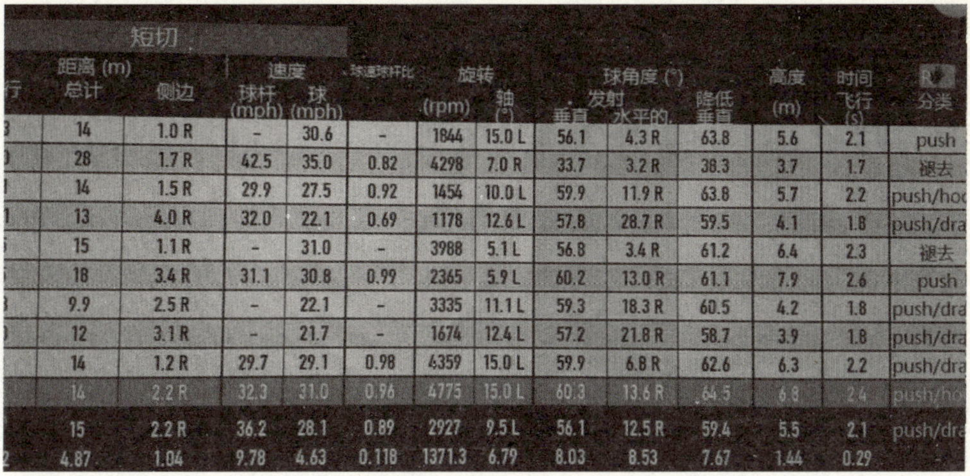

短切														
	距离(m)		速度		球速球杆比	旋转		球角度(°)			高度	时间	
行	总计	侧边	球杆(mph)	球(mph)		(rpm)	轴(°)	发射 垂直	水平的	降低 垂直	(m)	飞行(s)	分类
3	14	1.0 R	-	30.6	-	1844	15.0 L	56.1	4.3 R	63.8	5.6	2.1	push
0	28	1.7 R	42.5	35.0	0.82	4298	7.0 R	33.7	3.2 R	38.3	3.7	1.7	褪去
1	14	1.5 R	29.9	27.5	0.92	1454	10.0 L	59.9	11.9 R	63.8	5.7	2.2	push/ho
1	13	4.0 R	32.0	22.1	0.69	1178	12.6 L	57.8	28.7 R	59.5	4.1	1.8	push/dra
5	15	1.1 R	-	31.0	-	3988	5.1 L	56.8	3.4 R	61.2	6.4	2.3	褪去
5	18	3.4 R	31.1	30.8	0.99	2365	5.9 L	60.2	13.0 R	61.1	7.9	2.6	push
3	9.9	2.5 R	-	22.1	-	3335	11.1 L	59.3	18.3 R	60.5	4.2	1.8	push/dra
0	12	3.1 R	-	21.7	-	1674	12.4 L	57.2	21.8 R	58.7	3.9	1.8	push/dra
	14	1.2 R	29.7	29.1	0.98	4359	15.0 L	59.9	6.8 R	62.6	6.3	2.2	push/dra
	14	2.2 R	32.3	31.0	0.96	4775	15.0 L	60.3	13.6 R	64.5	6.8	2.4	push/ho
	15	2.2 R	36.2	28.1	0.89	2927	9.5 L	56.1	12.5 R	59.4	5.5	2.1	push/dra
2	4.87	1.04	9.78	4.63	0.118	1371.3	6.79	8.03	8.53	7.67	1.44	0.29	-

图 5　测试数据

2. 实验分析

正常情况下如果想把球的飞行轨迹打高,可以通过改变技术动作或者是打远。从这组测试数据可以看出在短距离同样拥有高弹道的表现,通过对球具的改造,可以在原有的杆面的角度情况下,通过不断研磨测试出适合本球杆能打出最高弹道又稳定的反弹角度。最终产品的数值在杆面 58 度反弹角为 3 度,球杆挥重控制在 D5 ~6 之间,球杆的重量在 130 ~180 克之间。

综上所述,目前高弹道球具研究只对如何不通过挥杆姿势的改变打出高弹道球路的实践探索。由于时间比较短暂和经费的有限,对实践探索经验不足,水平有限,以致本研究仍然存在不足,研发和改造过程中仍然还有关于杆面角度和反弹角度之间关系的摸索没有到位。

参考文献:

[1](美)吉姆. 萨迪蒂,个性完美挥杆. [M]李彩萍,叶新江,霍精民,等,译. 北京体育大学出版社,2007.

[2](澳)STUART LEONG,王正夫. 中国高尔夫协会职业教练员教材[M],澳大利亚职业高尔夫协会有限公司.

[3] 田麦久. 运动训练学[M]. 北京:高等教育出版社,2008.

(作者为桂林旅游学院教师,研究方向为高尔夫运动技术分析、高尔夫训练)

全域旅游视域下旅游创客教育问题研究

童媛媛

摘　要：传统意义上的旅游包含有观光、休闲和度假等行为；近些年来，有旅游学者在传统旅游的基础上，创新性提出“全域旅游”的概念。本文从全域旅游、创客教育方面，对全域旅游视域下旅游创客教育问题进行分析，具有一定的实践指导意义。

关键词：全域旅游；创客教育

随着经济的发展和社会的进步，未来适应这些新变化、新发展，教育的内容以及形式也在不断地发生变化和革新。现代教育，应该更强调对青少年的创造力和能力的教育。因此，随着全域旅游概念的提出，以及近几年来全域旅游的发展，对旅游的创客教育成为促进全域旅游发展的一大动力。

一、创客教育

“创客”这个词语，是由我国政府提出的：在国外，这个词和创新实践联系在一起。如今，创客教育也成为我国教育的一部分，是新时代发展的产物，对现代的教育发展有很大的影响。首先，传统的教育仅重视在校园内对青少年知识的传授，而创新教育更加重视对其创新和实践能力的培养，培养的地点不仅仅是学习，也有可能是家里、社会以及社区内等，每一个地方都可以成为其培养地点。[1]第二，目前来看，创客教育不仅在我国甚至在国外也没有建立起统一的体系。究其原因，是受到诸多现实因素的制约，其中最根本的是因为没有统一的参考标准。第三，传统的课堂教育是以教师讲授知识为主，而创客教育则是学生主动进行的学习，能够激发学生学习探究的主动性和积极性。最后，创客教育的目的在于培养学生的创新意识和创新能力，而不是使学生通过学习获得相应的学历或者学位。这样的教育模式更加适合现代社会的发展和变化。

二、全域旅游

全域旅游不同于传统的旅游，它是人们享受整个旅游的过程，旅游的目的是为了愉悦身心,放松自我,并且以自助旅游为主的一种新型旅游方式,而并不是单纯的观赏景点为主的旧的旅游模式。它在传统的旅游模式的基础上,为人们的旅游提供了一些具有趣味性和艺术性的消费过程,并且带动了相关产业的发展。具体来说,全域旅游是在特定的区域中,各个行业和部门,通过旅游业以及区域内各种可利用的旅游资源、公共基础设施等,使区域内的各种可利用的资源实现融合和发展,从而能够满足游客的多样化的旅游需求,利用本地的旅游业带动经济的协调可持续发展。

三、全域旅游视域下旅游创客教育的建议

(一)地方政府应大力引导和扶持旅游创客教育

近些年来,我国为提高青少年的创新能力,提高国家的国际竞争力,采取了一系列的措施促进创新教育的发展,从而了促进经济的发展。[2]但是,旅游创客教育是具有公开性的,各个家庭、社区甚至整个社会都是参与的主体,因此地方政府的政策支持是非常重要的。地方政府应该从全域旅游出发,将各个部门、机构联系和结合在一起,颁布相关的政策,实施具体的措施,运用可利用的资源,为创客教育的发展营造有利的环境。

(二)地方高校应积极探索教师队伍管理新办法

目前来看,我国的各个高等教育学习也开始纷纷设立旅游管理专业,培养社会所需要的人才,因此,地方高校是进行旅游创客教育的主要平台。随着全域旅游的普及,旅游创客教育应该被纳入高校的教育发展战略之中。近几年,我国政府出台了相关的文件,允许、鼓励和支持相关的专业人才兼职学校的教师,共同促进旅游教育的创新化发展。因此,地方高校应该在设立相关的旅游管理专业的同时,改革本校旧的人力资源管理制度,积极与国外进行交流和合作,创造各种条件,利用雄厚的师资力量促进旅游创客教育的发展,培养优秀的旅游创客人才。

(三)各旅游企业应为旅游创客教育搭建实践平台

随着经济的发展和科技的进步,在市场竞争日益激烈的今天,每个行业都在面临着前所未有的挑战。企业要想在激烈的竞争中生存,就必须进行改革和创新,能够满足游客的各种各样的旅游需求,使旅游的发展更加具有活力。全域旅游视域下的旅游创客教育,是新时代发展的产物,每个旅游企业都应该积极地适应这种变化,为这种新的产物搭建一个实践平台,并且主动积极的设计具有本企业特色的旅游产品,提高企业创新能力,促进企业经济的发展。[3]

(四)旅游创客教育应面向更广泛的创新创意人才

随着全域旅游的提出,研学旅游也随之出现并迅速的发展。各个阶段的学生

更可能多地参与到旅游活动中，同时，他们会通过自己所参加的旅游活动，尽情地发挥自己的创新能力，使研学旅游的内容更加的多样化和丰富化，以此促进旅游创客教育的发展。因此，在新时代背景下，我国的旅游创客教育应该面向更加广泛的具有创新意识的人才。

总而言之，在全域旅游迅速发展的背景下，旅游创客教育对促进旅游模式的转型发展具有重要意义。因此，我国政府以及各个部门和行业，应该积极地创造各种条件，利用各种可利用的资源，为旅游创客教育的发展创造有利的条件。

参考文献：

[1] 常耀中．我国创客人才瓶颈与创客教育对策研究[J]．创新与创业教育，2017，(2)．

[2] 刘晓光．创客教育生态系统构建问题研究[J]．新课程研究，2016，(11)．

[3] 焦彦，徐虹．全域旅游：旅游行业创新的基准思维[J]．旅游学刊，2017，(12)．

（作者单位：桂林旅游学院）

基于《旅游法》的高职旅游管理专业教学改革创新研究

卢　睿

摘　要:《旅游法》的颁布与实施,对高职旅游管理专业教学提出了新的要求,各院校必须打造一支知法懂法用法的双师型教师队伍,完善课程体系,创新教学方法,为学生提供更多的职业能力提升机会,提高学生的就业和创新创业能力。

关键词:旅游法;高职旅游管理专业;教学改革

2013 年,我国颁布并实施了《中华人民共和国旅游法》(以下称《旅游法》),对我国旅游业的发展做出了更完善的规范,使旅游业能够有更明确的发展方向。高职院校的旅游管理专业作为主要面向旅游行业输送服务与管理应用型人才的专业学科,需要在《旅游法》的指导下,完善现有课程体系,融合新的法理理念,使人才培养更有实际意义。

一、高职旅游管理专业教学与人才培养现状

(一)教学体系科学性不足

高职旅游管理专业教学体系有基础理论知识、专业知识以及专业实践等教学环节,要求重视对实际操作技能以及理论与实践相结合的培养。当前高职院校普遍存在理实不相融的情况,教学环节与课程体系在实践能力的培养上存在脱节问题,缺乏对就业市场的调查和职业岗位能力的培养。如在“导游业务”课程教学中,由于教师自身缺乏作为导游的实战经验,在教学中往往是教师理论阐述占据了大部分教学时间,在案例运用、实践性模拟等方面较为缺乏,学生处于被动学习状态,因此学习兴趣和教学质量都不理想。这种单纯的基础知识教学,会影响高职院校学生综合应用能力的锻炼与提升。

(二)课程设置缺乏合理性

部分高职院校在旅游管理专业的课程设置上缺乏合理性与专业性,不能很好地发挥专业特色,存在因人设课的现象,课程设置依赖于学校条件、师资状况,而非

根据教学大纲要求及人才培养目标来设置课程，与教育教学规律相违背，教学目标也不清晰，教学效果与学生能力都无法得到有效提升。如“旅游政策与法律法规”是一门教学内容较为复杂的课程，包括了多个法规体系：旅游法基础理论、旅行社法规、旅游安全及交通管理法规、保险法、合同法、侵权行为法、消费者权益保护法以及旅游投诉管理法规等，这些法规数量多而体系杂，教师授课时往往是单独授课，而授课的深入性又在于教师本身的知识与技能水平，造成知识主次不分，体系不完善，重点不突出，知识关联性较差的问题，学生在学习完整个课程后，仍然缺乏对于旅游法主旨的把握。

（三）教学方法创新性不足

高职旅游管理专业教学需要重视实践性特点，这一教学要求需要有灵活的教学方法来提升教学效果，但在实践中，往往以案例型教学为主，而案例的选择又以教学案例为主，缺乏与实际的紧密联系性，导致案例教学失去了意义。造成这种现象的原因，一方面在于师资队伍中缺乏有丰富实战经验的教师，其比例仅占所有专业教师的15%左右，多数教师都是在毕业后直接进入院校任教的，缺乏专业系统的培训，使旅游管理专业实践操作能力的培养存在先天缺陷，与实际脱离较为严重。另一方面，我国旅游业是一个起步较晚的行业，进入教育领域也较晚，因此，缺乏专业、先进的教学理念与教学手段，对学生动手能力的培养重视度较差，在实践性教学方法的探索上较为落后，缺少教学方法的创新性与灵活性，直接影响了实践教学的效果。

二、《旅游法》颁布的背景及对旅游管理专业教学的影响

（一）《旅游法》颁布的背景

我国旅游业由于起步较晚，法律法规的完善性较为缺乏，相对于国外比较体系化的旅游法律法规及其研究，我国则一直在不断更改，因此旅游业的发展也缺乏秩序性、合理性。2013 年10 月1 日，《旅游法》颁布实施，对旅游景区、旅行社、旅游饭店、旅游餐饮以及旅游规划等做出了新的规范与规定，从严要求旅游人员、管理人员、经营人员与从业人员的素质与行为，从源头上对其行为与素质进行提高与规范，使景区、旅行社、酒店以及规划等各个领域能够有规范化、秩序化的发展，从而转变旅游业发展方式，促进旅游市场秩序的规范化，保护旅游者及旅游行业经营者的合法权益。

（二）《旅游法》对于旅游管理专业人才培养的影响

1.《旅游法》影响了学生对于旅游职业的价值观判断

《旅游法》规范了我国旅游市场，尽可能从法律法规上肃清各种不合理和不健

康的旅游行为，从而净化旅游行业的环境，也为旅游管理专业的学生职业素养与职业道德教育提出了更高的要求，也成为学生职业素质的坚强法律后盾，使学生能够重新认识旅游行业相关工作规范，建立更为健康、良好的职业价值观，进而与旅游行业的岗位能力要求实现有效对接。

2.《旅游法》对于导游职业产生了直接的冲击，对学生的职业选择产生较大影响

法规中对于付费旅游及旅游购物回扣的限禁更为严格，直接打击了旅游市场的各种不正之风，并直接影响到导游的个人收入，加之导游工作的压力大、收入无保障等各种现实问题，会使学生对于导游工作的选择产生畏惧心理，进而使学生在未来职业选择上有意避开导游这个职业，高职院校旅游管理专业在职业教育上也会面临改革。

（三）《旅游法》对于旅游管理专业课程设置的影响

1.《旅游法》对旅游管理专业的课程教学体系提出了更高的要求

旅游管理专业必须加快教学体系的完善化，能够根据人才培养目标的要求更新教学体系，优化课程设计，适应旅游业新的发展态势，拓宽学生的就业面，以适应《旅游法》对人才能力与素养的要求。

2.《旅游法》对于部分教学内容提出了相应的调整要求

《旅游法》对于旅游行业的各种行为提出了严格的规范与约束，教学内容也需要及时更新。现有教材要加快对《旅游法》内容的同步更新，在《导游业务》《景区服务与管理》《旅行社经营与管理》《计调实务》《领队实务》等专业核心课程教材及时调整教学内容，使人才培养能够满足《旅游法》的新要求。

（四）《旅游法》对于旅游职业的教育与培训提出了新的要求

《旅游法》对于旅游职业的教育与培训采取了积极的鼓励与支持态度，旨在全面提高旅游行业从业人员的综合素质。这一法规也对旅游职业与教育提出了更高要求，不仅需要各高职院校加快对校内人才的培养及培养质量的提高，同时还要承担起旅游类相关人才的继续培养与教育的任务。因此，各高职院校还要转变观念，发挥自身的优势，占领这一继续教育市场，以服务于社会。

三、基于《旅游法》的高职旅游管理专业教学改革创新

（一）提高教师对《旅游法》的认知水平，真正将《旅游法》融合到教学中

要将《旅游法》融合到现有高职旅游管理专业教学改革实践中，就必须建设一支知法懂法用法的教师队伍。高职院校要加强对《旅游法》的宣传、学习、研究与贯彻，使教学能够深刻认识并理解《旅游法》的内容与要求，改进传统教学中的不适应部分，完善教学手段。要综合运用进修、培训、学习、讲座、专题讨论、课题研究

等方式，加大对《旅游法》与旅游管理专业教学工作相融合的研究力度，培训一批能够全面认知并理解《旅游法》、能够将自身认识与理解融入教学实践的教师队伍，能够使教师在真正领会立法意图、内容实质、主要制度及基本要求的前提下开展旅游管理教学。在教学活动中，教师要将《旅游法》与旅游管理教学紧密连接，通过课程的开设、教材内容的更新等途径，提高学生的法律意识，使学生能够立足于《旅游法》开展旅游管理学习与实践。教师在课余时间要通过学术交流、挂职锻炼、实地考察、兼职工作等形式，提高自身对于《旅游法》与旅游管理专业教学相结合的实际认识与经验，将教师队伍打造成一支双师型队伍。要从旅游行业的相关单位与企业中聘请各类人员，为学生讲解旅游行业最新动态、新问题等内容，增加教学现实意义。通过一线工作人才对于教师队伍的补充，为学生提供更多的接触《旅游法》实际运用的机会。

（二）整合课程体系，优化课程内容

高职旅游管理专业课程体系有很大的分散性，教学内容重复性较高，与《旅游法》的融合有较大难度，因此，需要整合课程体系，有效结合《旅游法》的理念与内容，通过项目教学、任务驱动法等教学方法，将课程内容整合到一起，重视工结合类课程对于《旅游法》内容的运用。实训教学中，通过案例分析、专题讲解、情景再现等方式，指导学生运用《旅游法》与相关课程知识，解决实训中出现的各种问题，提高实训课程与职业岗位要求的对接度。

（三）创新教学方法与教学模式

创新教学方法，通过分组讨论、任务驱动、项目合作、问题探究、案例分析、角色扮演等方式，利用现代化教学技术与手段，加强案例资源、教学资源库的构建与探讨平台，为学生提供更为灵活的学习方式。如运用模拟法庭教学法，结合角色扮演等方式，将旅行社经营与管理、导游业务、旅游纠纷处理、景区管理等课程中所出现的问题，基于《旅游法》的角度探求规范化处理的途径。模拟法庭教学模式运用更为真实的旅游管理案例，学生分别扮演不同的角色，运用所学旅游管理和《旅游法》相关知识，通过仿真性的审理，提高《旅游法》与旅游管理实际问题的整合度，有效融合理论与实践学习过程。在角色扮演中，学生运用《旅游法》相关知识，对旅游管理各课程体系中的理论知识、模块知识进行转换，使其具有实用性和可操作性，提高了问题解决能力。

（四）通过多种校园活动和技能大赛，为学生提供岗前操作机会

教师可以指导学生举办旅游社团、旅游文化节、导游大赛等丰富的活动，学生通过共同策划与组织，在《旅游法》的规范下，设计规范、合理、趣味性更强的活动，运用理论知识，结合实际事件，围绕旅游产业发展中出现的热点事件、问题进行探

讨，明确活动定位、确定活动主题、设计项目内容、丰富项目形式，锻炼学生的综合组织与协调能力，整合利用校内外各种资源，举办专业化较强的旅游文化节、导游大赛和旅游社团活动，通过团队合作，查缺补漏，共同完善活动内容。学校要主动为学生提供更多的实践机会，让学生能够参加到各类职业技能竞赛中，打通旅游专业甚至其他专业之间的系级界限，组织更多对旅游管理有兴趣的学生，开展本校、本系的职业技能大赛，强化学生的专业动手能力，为全国性大赛输送更有能力的参赛学生。学校也可以组织学生就旅游纠纷、酒店管理、旅行社管理等行业中出现的实际案例进行模拟法庭等各种竞赛活动，让学生运用所学知识探究各类现实问题的解决方案，使学生提前接触本行业的实际问题，积累丰富的职业技能，为他们今后的工作打下坚实的基础。

结语

《旅游法》的颁布与实施，使我国旅游行业进入了规范化、可持续发展的阶段，高职旅游管理专业必须紧跟形势，在旅游管理专业教学改革中，充分整合《旅游法》相关理念、内容，提高教学内容的现实意义。

参考文献：

[1] 张成玉．基于《旅游法》的高职旅游管理专业教学改革创新研究[J]．教育与职业，2015(14)：100-102.

[2] 任新玉．浅谈《中华人民共和国旅游法》对旅游管理专业教学改革的影响[J]．求知导刊，2017(2)：139-139.

（作者为南宁职业技术学院教授、研究生、工商管理硕士，研究方向为生态旅游、乡村旅游）

基于 CEC-CDIO 教育理念的高职“酒水知识与调酒技能”课程教学改革与实践

方 堃

摘　要:结合深入推进产教融合的时代发展要求,借鉴国外先进职业教育理念,以 CEC-CDIO 教育理念为指导,通过分析目前高职“酒水知识与调酒技能”课程教学基本情况,以课程教学内容与企业真实任务构建课程实践教学项目,改变原有课程教学主体,校企教师指导学生对项目进行构思、设计、实现、运作,在实践教学项目实施过程中提升职业能力,最终实现课程高技能人才培养目标。

关键词:CEC-CDIO;酒水知识与调酒技能;课程改革与实践

一、以 CEC-CDIO 工程教育模式思索课程人才培养

(一)CEC-CDIO 教育理念概述

CEO—CDIO 是学院(College)和企业(Enterprise)合作(Cooperation)进行项目的构思(Conceive)——设计(Design)——实现(Implement)——运作(Operate)的现代工程教育模式。[1] CEC-CDI 人才培养模式把校企深度融合作为基础,以产品研发到产品运行的全过程为体,通过产品设计、改进、制造、维护,培养学生的工程应用能力和创新工程教育理念。[2]

此模式在课程教学方面有效地克服了“产教融而不透、校企合而不深”的客观事实,作为国际教育改革的新成果,国内教学研究主要集中于工科。酒店管理教育中《酒水知识与调酒技能》课程教学亦强调学生在“教、学、做一体化”实现理论知识与专业技能的掌握,运用 CEC-CDIO 教育理念,有利于“酒水知识与调酒技能”课程进行产教融合的项目化教学改革,实现学生“做中学、教中学、学中做”三过程知识建构,从而提高教学质量,培养学生具备一定的酒会策划能力、创新鸡尾酒设计能力和酒水服务能力。

(二)实现培养高技能人才的 CEC-CDIO 教育理念课程改革机理

基于 CEC-CDIO 先进教育理念,加强校企融合,依托企业优质资源,着力围绕

“构思——设计——实现——运作”四个部分,结合企业岗位技能要求和职业标准,确定课程职业能力、课程体系设计、课程任务情境、课程项目教学设计等。

二、高职“酒水知识与调酒技能”课程教学基本情况分析

“酒水知识与调酒技能”是酒店管理专业的一门专业课,课程是培养适应于星级酒店酒吧、餐吧、行政酒廊等部门的调酒师、侍酒师或酒水服务员,学生需要掌握相应岗位的职责、酒水服务程序,餐酒搭配、主题酒会策划等方面的知识。根据学生实际就业去向与企业真实用人需求,该课程教学重点是培养学生餐酒服务能力、鸡尾酒创新与主题酒会策划能力,而这些能力的培养涉及综合知识较宽泛,对学生而言,学习存在一定难度,培养效果易打折扣。

目前,高职《酒水知识与调酒技能》的教学课时设置在36~60课时,通常理论教学与实践教学所占比例是1∶1。课程教学基本现状是:(1)教学模式:常见于“任务驱动式”“情境式”“探究式”等;(2)教学方法:主要集中于典型的“问题式”教学法;(3)教学手段:采用传统的“讲授法”“演示法”“练习法”等;(4)信息化手段:利用职教云、MOOC、慕课等信息化手段丰富课堂教学,提高学生学习兴趣,将企业案例等部分资源融入教学活动中。目前课程教学现状反映出本门课程教学仍以知识讲授结合学生实践操作为主要特征的传统教学模式,并没有完全立足于岗位的真实需求,也不符合90后、00后学生的学习特点。学生结束课程学习后,依旧不具备完成鸡尾酒创新与主题酒会策划等企业岗位所需的能力。因此,笔者尝试将“CEC-CDIO”教学理念引入“酒水知识与调酒技能”课程教学中,构建基于“CEC-CDIO”高技能人才培养模式的教学改革与实践。

三、构建基于CEC-CDIO教育理念的《酒水知识与调酒技能》教学改革

(一)凸显企业真实所需的课程职业能力

通过走访酒店管理专业合作企业,珠江三角洲地区以及北京、天津等教学资源库参建企业的需求调研,根据岗位实际需求,依托CEC-CDIO模式构建课程职业能力。通过深入分析、研究和探索,结合本门课程对应岗位的主要工作内容、职业能力需求,围绕企业岗位实际工作中运用到的酒水知识与调酒技术及服务要求,依托CEC-CDIO理念归纳梳理课程的知识目标、能力目标与职业素质要求。

(1)课程知识:了解酒水服务岗位的基础知识,如酒具与杯具、发酵酒服务、蒸馏酒服务、调酒技术、酒会策划、酒吧管理等,重点培养学生酒水服务、鸡尾酒创新与酒会策划的能力。

(2)个人能力:能正确使用酒具与杯具,能根据职业标准提供优质酒水服务,具备鸡尾酒创新设计和主题酒会策划能力,具备分析问题和解决问题的能力。

(3)态度和工作能力:具有职业认同感,愿意从事酒水工作,勤奋好学,踏实肯干,具有团队协作能力,具备创新意识和能力。

(二)体现企业真实项目的课程体系设计

根据CEC-CDIO教育理念,明确课程人才培养目标,改变原有课本中缺乏时代性的教学活动,选择企业真实项目和任务的教学活动,重新调整设计课程体系,凸显产教融合效果,培养学生学以致用的能力。"酒水知识与调酒技能"课程体系以项目进行设计,可以分为酒吧基础知识、啤酒服务、葡萄酒服务、鸡尾酒调制、创新鸡尾酒设计、主题酒会策划、酒吧运营管理等。根据CEC-CDIO理念,设计了"主题酒会策划"实践教学项目,通过"做中学、教中学、学中做"三过程知识建构,学生具备对主题酒会策划的宏观思考,在脑海中形成主题酒会策划的整体框架,实现学生企业真实主题酒会策划涉及的专业知识与操作技能。教学过程中主题酒会策划的过程与CEC-CDIO教育理念的工作过程相对应,见表1。

表1 基于CEC-CDIO的"主题酒会策划"项目教学过程

CEC-CDIO教育理念	"主题酒会策划"项目教学过程
构思	定制酒会主题
设计	酒会场地布局设计、酒单设计
实现	酒会前期准备
运作	酒会现场服务

(三)再现企业客观存在的课程任务情境

根据职业成长规律和认知规律,"酒水知识与调酒技能"的课程教学情境设计为进阶式三个层次:(1)掌握酒水基础知识;(2)掌握酒水操作基础技能;(3)掌握酒水创新技能。基于CEC-CDIO模式的《酒水知识与调酒技能》课程体系分为酒吧基础知识、啤酒服务、葡萄酒服务、鸡尾酒调制、创新鸡尾酒设计、主题酒会策划、酒吧运营管理等逐级递进的项目教学设计。为了让项目真实再现企业实际工作,企业教师将企业优质教学案例资源融入课程教学,校方教师利用CEC-CDIO教育理念理清框架,校企双方共同参与设计课程任务情境。根据CEC-CDIO理念,"掌握酒水基础知识"下任务情境——"认识酒吧"为例:"小陈就读于某高职酒店管理专业,经过顶岗实习面试,被安排到某市五星级酒店行政酒廊实习。为了更快地熟悉与适应工作,小陈应该做哪些学习与准备工作?"此任务情境的设立就是让学生思考:(1)构思:酒吧概况、酒吧分类、酒吧经营特点等;(2)设计:符合企业经营需要的吧台的布局分区与功能设计;(3)实现:酒吧服务使用的各类设备操作流程;(4)运作:常见酒水服务流程与服务标准等。

课程任务情境以真实的企业项目为出发点,有效地将课程理论知识与企业真实运用结合，让学生带着思考主动将专业知识与实践技能运用于项目教学活动，从“构思、设计、实现、运作”四个部分综合应用于每个项目教学过程。项目教学过程实现“做中学、教中学、学中做”三过程知识构建，真实任务情境有助于提高学生学习兴趣和主观能动性，让学生真实感受企业氛围、接触企业实际操作，促进学生在校内完成一定的专业知识和职业能力积累，熟悉岗位职业标准和工作任务操作流程，从内在去认可职业，形成职业自豪感和忠诚度。

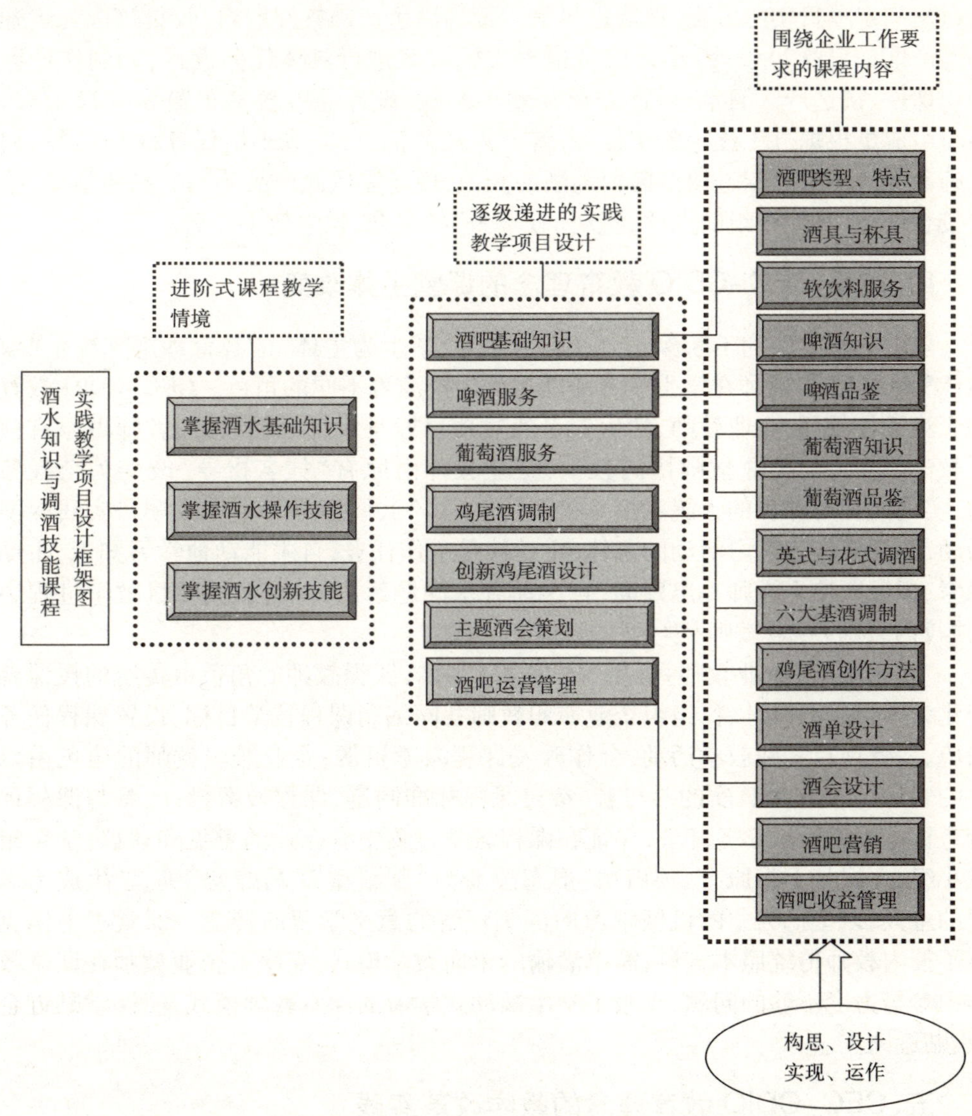

图1　酒水知识与调酒技能课程实践项目教学设计框架图

(四)涵盖企业工作要求的课程项目教学设计

该课程的实践项目教学设计共3个层次7个模块,如图1所示。本课程包括掌握酒水基础知识、掌握酒水操作技能、掌握酒水创新技能3个进阶式层次;按照由易到难、逐级递进分为酒吧基础知识、啤酒服务、葡萄酒服务、鸡尾酒调制、创新鸡尾酒设计、主题酒会策划、酒吧运营管理7个模块。本课程的项目教学设计与实施,根据CEC-CDIO理念,以“葡萄酒品鉴”为例,学生根据任务情境:(1)构思:小组讨论确定项目实施方案,选取世界某一葡萄酒生产国查阅资料,收集该国知名葡萄酒产区信息;(2)设计:小组成员根据实施方案进行具体任务设计,如制作产区知识课件、挑选产区酒水、设计介绍互动小游戏,设计品鉴教室布置等;(3)实现:各小组成员根据分工逐一落实任务,将个人任务汇总,完成小组任务;(4)运行:向老师和其他小组介绍选取产区葡萄酒的知识,现场完成此产品葡萄酒品鉴活动,接受校企教师、其他小组的点评,实现“教学做”的结合,教学效果显著。

四、基于CEC-CDIO教育理念的课堂主体改变

随着教学改革的不断深入,“教师为主导、学生为主体”的教育理念到校企“双主体”育人模式,教师在学生学习活动过程中扮演着不同的角色。CEC-CDIO教育理念将学校教师、企业教师、学生三者通过项目教学设计活动联系,教师由原有独立教学改变为与企业教师协同教学,企业教师由原有“挂名指导”改变为全程参与,实现岗位与课程的无缝对接。校企“双主体”共同指导学生完成项目实践教学活动,而学生作为学习活动的主体,主动接受工作任务,自主能动地学习知识,主动思考、积极向校企教师提出疑问,自主地寻求问题解决办法,构成项目教学过程中的“校内教师+企业教师+学生”的课堂三主体。

“校内教师+企业教师+学生”的课堂三主体,课程教师的角色由传统的授课者变化为项目组织设计者,组织企业兼职教师共同编制课程教学目标、设置课程任务情境、设计项目实践教学活动,合作开发课程教学资源;企业兼职教师的角色由以往的“挂名”变化为真实的参与者,参与课程标准制定、课程教案设计、参与课程评价考核等等课程教学各环节,保证在课程教学过程中有企业的意见和建议;学生组成小组,在课堂上将原有“秧田型”形态改变为“圆桌型”“马蹄型”等,学生成为学习的主人,以记忆为主的机械学习向深刻理解的意义学习的转变。课堂三主体克服了校内教师传统照本宣科、简单灌输的单向教学模式,克服了企业教师在课堂教学中参与力度不够的问题,克服了学生被动式学习的课堂教学模式,使课堂贴近企业、贴近岗位。

五、CEC-CDIO教育理念的教学改革实践

基于CEC-CDIO教育理念,通过设计项目及制定实施过程,将有效开展教学,

帮助学生训练岗位职业能力。项目设计应按照专业岗位要求,结合企业典型工作任务,构建基于工作过程的理实一体化教学。在“酒水知识与调酒技能”课程教学过程中,课程所有项目实践教学活动围绕 CEC-CDIO 教育理念,充分发挥课堂三主体的作用,通过项目实施,最终实现课程高技能人才培养目标。

(一)实践

根据 CEC-CDIO 理念,设计了“主题酒会策划”实践项目教学,来阐述说明 CDIO 教学改革实践过程。

1. 构思

构思在调酒实训室里,校企教师前期沟通,整合企业优质资源完成本项目的教学资源,通过信息化手段与实物,将主题酒会的分类、特点、服务流程、服务要求、注意事项等进行讲解,抛出本次教学任务情境——某电影举办媒体见面主题酒会。教师通过网络学习平台下放项目实践任务单和项目考核评价表,通常建议是根据小组数确定主题数量。各小组根据客户需求进行构思,确定最终采用主题。这个环节培养了学生沟通交流能力和决策水平。

2. 设计

各小组学生根据构思确定的主题,讨论酒会现场布置、酒单设计等工作方案,并确定人员分工,此过程充分调动学生学习兴趣。完成个人工作任务后,进行小组讨论,校期教师参与其中,讨论方案的可行性,与学生一起确定最终工作方案与执行计划。这个环节提升了学生的团队协作能力。

3. 实现

各小组学生根据之前确定的方案与计划,开始逐一完成酒会的前期准备工作。根据酒会主题,设计酒会现场整体色调;以实训室模拟企业现场,设计酒会场地布置;选择适合主题的鲜花、摆件,烘托主题酒会氛围;设计贴合主题的酒水等。学生在实践教学活动的实现过程中,形成了宏观把握主题酒会策划的能力,熟练掌握企业提供酒会服务所需各项内容,为酒会现场服务做好前期准备。在酒水设计环节,学生要思考餐酒搭配、鸡尾酒创新设计、酒单图像设计等,此过程需要不断沟通、不断尝试才能确定。这一系列的活动有助于培养学生参与能力、激发学生思维火花、锻炼思维能力,学生在完成具体的工作任务中习得岗位知识与技能同时也获得成就感。

4. 运作

各小组在调酒实训室完成主题酒会的现场布置工作,小组成员变身为酒会服务员,为校企教师、其他小组成员提供酒水服务。校企教师根据企业真实案例设置临场应变考题,考核学生面对突发事件的应对能力。项目考核改变了传统仅以老师单独考核的方式,校企教师、其他小组成员均参与考核,通过学生自评、小组互评和教师点评，综合评价学生们的表现，成绩更加客观。利用信息化手段录制酒会现场，学生通过回看酒会中的工作表现，总结经验。最后校企教师进行点评，经三方推选的优秀主题酒会策划方案运用于企业实际工作中，增强了学生的自信心，提升学生的成就感。

（二）结论

根据 CEC-CDIO 教育理念的改革思路，组织实施“教、学、做一体化”教学活动，离不开课堂、课下、虚拟企业三个空间，这要求校企教师互相交流，合理组织学生在不同场地进行教学，从而实现“做中学、教中学、学中做”三过程知识建构。为了提高教学环境真实化，更好地进行实践项目教学，调酒实训室应尽可能按照酒店酒吧进行建设，配备酒吧真实运营所需的相关设备，便于学生投入到真实角色中。

运用 CEC-CDIO 教育理念组织实施“酒水知识与调酒技能”课程改革，突破原有课程教学仅停留在学生了解酒水基础知识与调制能力，将企业真实项目引入课程实践教学，学生在“教、学、做一体化”教学活动中习得岗位要求的知识与技能，为顺利适应和胜任酒吧岗位的工作奠定坚实基础。

参考文献：

[1] 苏宏林，浦毅．高职“机械制图与 CAD”课程教学改革与实践[J]．中国职业技术教育，2015(26)：22-25.

[2] 赵露．融入 CEC-CDIO 教育理念的课程建设——以“网页艺术设计”课程为例[J]．吉林工程技术师范学院学报，2016，32(02)：7-9.

[3] 张英杰，吴静，王花蕾，陈佳．基于 CEC-CDIO 模式的高职课程体系构建——以建筑室内设计专业为例[J]．西部素质教育，2017，3(12)：113-115.

[4] 叶萌绿．报关报检实务课程体系构建——基于 CEC-CDIO 模式[J]．现代商贸工业，2015，36(13)：53-55.

[5] 朱轩．基于 CEC-CDIO 模式高职课程体系构建——以计算机多媒体技术为例[J]．南昌教育学院学报，2014，29(03)：79-80+86.

（作者为南宁职业技术学院副教授，主要从事酒店管理教学研究）

酒店管理专业赛教契合度教学改革实践研究

——以广西农业职业技术学院为例

张振道　颜　毓

摘　要：国家越来越重视职业教育的发展，政府主管部门和高职院校都越来越重视职业技能大赛的开展，广西农业职业技术学院（以下简称学院或我院）酒店管理专业不断实践技能大赛教学改革，深挖赛教契合度，突出课赛融合，有效提升该专业建设效果。本文通过明确赛教契合关系，分析赛教契合度教学改革的思路，梳理赛教契合度教学改革的实践，呈现赛教契合关系建设取得的成果，逐步展开论述。由此探寻酒店管理专业更有效的赛教契合度，为培养新时代专业人才，把酒店管理专业教学改革推向纵深。

关键词：酒店管理专业；技能大赛；教学改革；契合度；实践研究

酒店管理专业作为我院重点建设的核心专业，该专业各类各级技能大赛较多，很有必要对该专业进行教学改革。酒店管理教研室各位教师在业内专家的指导下研讨决定，结合我院教学实际安排情况，实施赛教融合教学改革，全面进行赛教契合度建设。实践证明赛教契合度教学改革的思路和方向是可行的，是正确的，更需要进一步深化和完善。

一、赛教契合关系

1. 酒店管理专业教学改革成果参与技能大赛检验

技能大赛是高职学生施展才华的平台，是孕育“工匠精神”的家园，它可以提升学生就业竞争力，增强学生双创意识。我院酒店管理专业自成立以来，一直重视专业诊断和优化课程设置，通过参加技能大赛取得的成绩是检验该专业教学改革成果的方法之一。截至目前，该专业已经组织并参加了各类各级技能比赛，取得了一定成绩，同时也发现本专业在赛教契合度教学改革方面还存在这样或那样的问题。因此，酒店管理专业要想在技能大赛检验中取得更好成绩，其教学改革务必要重视赛教契合度建设。

2. 技能大赛为酒店管理专业教学改革指明发展方向

技能大赛再现酒店真实工作，加重酒店综合职业能力考查，更侧重酒店服务的创新和成果的推广。技能大赛要求高职院校必须创新教育理念，大力开展教育教学改革，更要不断更新教学内容，推动赛教融合实行一体化教学，让学生具有较高实操水平，促使学生所学到的专业技能与酒店相关岗位技能要求无缝契合。总之，技能大赛引领酒店管理专业教学改革，为专业发展指明方向。

3. 课赛融合升级二者契合关系

课赛融合是在对技能大赛深入分析和研究后，把大赛内容和大赛过程契合对应的专业课程教学，再通过专业课程教学达到预期技能大赛要求，真正实现赛教融合，契合度随之升级。课赛融合要求的不仅是教学内容的契合，还有教学方式方法的契合以及课程考核的创新。

二、赛教契合度教学改革的思路

1. 构建二者契合度进行教学改革的必要性

（1）酒店管理专业必须重视技能大赛

在“普通教育有高考，职业教育有大赛”口号的影响下，职业院校技能大赛是检验学生专业水平和展示专业教学改革发展成果的重要平台，技能大赛推动职业教育教学改革的作用日渐明显。我院酒店管理专业深化教学改革构建赛教契合度，完善本专业实训基地建设，拓宽本专业学生就业领域，促进与兄弟院校的交流学习，促使酒店管理专业教学相长，不断提升专业学生职业认同感和创新能力。

（2）构建赛教契合度促进酒店管理专业人才培养

通过构建酒店管理专业赛教融合契合度这个平台，学生展示了自己的技能风采；但同时也认识到自己专业技能水平与同龄人之间的差距，因而可以充分刺激学生调动自己的学习积极性，百尺竿头，更进一尺。技能大赛也让指导老师认识到国家对职业教育前所未有的重视，这不仅能重塑指导教师职业技能价值观和学生多元化成才理念，还能提高教师的专业教学能力，从而提升整体专业人才培养能力。

（3）构建契合度能缩时增效技能大赛成绩

酒店管理技能大赛通常有世界技能大赛、全国职业院校技能大赛、省级市级专业技能大赛等。面对各级技能大赛，如果没有构建契合度，每次的技能大赛就得另起炉灶。在时间紧任务重的压力下，指导教师和参赛学生只能疲于应付被动参赛，成绩也可想而知。由于提前构建契合度，纯粹的大赛备赛内容会提前转移到专业课教学。面对大赛新要求，指导教师和参赛学生只需要进行赛前调整，针对性突击热身确保进入比赛状态即可，从而压缩单一备赛时空，变被动为主动，成绩想不好都难。

2. 构建二者契合度进行教学改革的途径

对技能大赛内容进行深入剖析，依据酒店市场人才需求和酒店业发展现状，精准确立酒店管理专业人才培养目标定位，优化课程体系，大力推进酒店管理专业教学改革，引入新的人才培养模式，提高学生的职业技能。

(1)通过技能大赛精准确立酒店管理专业人才培养定位

参加技能大赛能让各个高职院校看到自己院校酒店管理专业与名校该本业水平的差距，还能进一步认清当前酒店行业真实需求。酒店管理专业需要改进传统的人才培养模式，优化人才培养方案，夯实职业能力基础课，进而提高人才培养质量。因此酒店管理专业要牢固树立“以酒店业市场需求为导向、培养高素质技能型人才”的育人观念，精准人才培养定位。

(2)结合技能大赛优化核心课程教学

酒店管理专业在常规教学中，以技能大赛内容和要求为标准，把教学内容重新进行整合，将技能大赛比赛环节植入教学过程，根据高职学生特点采用有效的教学方式，让学生学以致用，提升能力迁移，使学生快速掌握核心课程操作技能。比如在讲授《宴会设计》课程时，教师可以模仿中餐主题宴会设计比赛项目，将该项目分解为各个小项再进行技能训练，同时可采用技能大赛团队操作流程，创设不同的训练情境，鼓励学生边做边学，完成不同的练习任务，再进行现场评价相互激励，掌握专业技能。

(3)重构融入技能大赛素质要求的职业能力拓展课程

结合技能大赛要求和学生实际表现情况重新设计职业能力拓展课程，使酒店管理专业明确教学改革的竞赛方向。比如中餐主题宴会设计赛项参赛选手在比赛单项环节中表现很好，能很熟练地完成规程对应操作，但很少会通盘考虑餐厅服务实际要求，尤其是遇到突发问题时表现出慌乱和不自信。因此酒店管理专业学生除了学习专业核心知识，更要学习形体礼仪、形象设计、饮食文化、插花艺术、国学经典等各类职业能力拓展课的内容。

(4)深化校企合作优化技能大赛指导教师团队

技能大赛紧跟行业发展，贴近行业实际情况，反馈行业实际需要。技能大赛检验学生实际操作能力，同时体现教师专业操作能力与教学水平。我院酒店管理专业乘技能大赛的东风，将本专业教学改革不断进行深化和完善。随着酒店管理专业学生参与技能大赛次数的不断增多，指导教师团队不但要具有较高的业务能力与专业知识，还要具有创新能力，更需要通过校企深度合作掌握更多的技能，逐步成长为教练型名师。

三、赛教契合度教学改革的实践

我院酒店管理专业推行技能大赛教学改革，其亮点是将大赛方式日常化，把大赛项目内容融入常规教学，学生个个参与、天天感受，具体实践措施如下：

1. 建立技能大赛课程组合

专业人才培养是通过课程组合来实现的，通过对技能大赛所需技能的分析研究，对技能大赛课程进行重组优化，修订完善酒店管理专业人才培养方案，构建新的技能大赛课程组合。为了推行技能大赛课程组合实施成效，从课程内容的设置到对应教材的编写和选定，再到教学方式方法和内容的实施，都紧密结合技能大赛要求进行。比如中餐主题宴会设计和西餐宴会服务赛项课程组合，如表1所示。

表1 中餐主题宴会设计和西餐宴会服务赛项课程组合

赛项名称	赛项环节	课程组合	参赛方式	执行路径
中餐主题宴会设计	中餐宴会接待方案创意设计——中餐主题宴会摆台设计——现场互评——餐饮服务操作——餐饮服务英语口语测试	中餐服务与管理——宴会策划与设计——插花艺术——酒店服务英语——专业综合实训	团队赛 团队协作完成	写入专业人才培养方案 重新修订课程标准定制教材
西餐宴会服务	鸡尾酒调制——西餐宴会摆台操作——西餐服务——英语台面主题介绍及问答。本赛项为个人赛，参赛选手独立完成所有比赛项目	西餐服务与运营——宴会策划与设计——插花艺术——酒店服务英语——酒品调制技术——专业综合实训	个人赛 选手独立完成所有比赛项目	写入专业人才培养方案 重新修订课程标准定制教材

2. 保障技能大赛课程组合顺利实施

高等职业教育课程标准是课程实施参照大纲，引导和落实课程改革发展的方向。技能课程大部分是作为酒店管理专业核心课程进行开设的，把酒店职业技能大赛标准要求对接于酒店管理专业课程标准具体细则，教学内容与技能大赛分项内容实现无遗漏对接。除了教务行政执行力推动实施外，激励教师用心设计把技能课程打造成最受学生喜爱的专业课，让学生发自内心接纳技能大赛课程组合，乐意学习技能大赛组合课程，让整个技能课程在技能大赛教学改革实践模式中循环递进。

3. 把技能大赛规程要求融入实训教学项目

我院酒店管理专业把技能大赛与实训教学项目改革紧密结合起来，以技能大赛引导并推动专业实训课建设。根据技能大赛规程要求，将技能大赛操作内容融入该专业实训教学计划。例如“中餐服务与管理”的实训项目设计为托盘技能、餐巾折花、规范摆台、斟酒练习、席间操作、菜单定制等，根据技能大赛规程要求进行项目教学；把“酒店服务英语”课程内容设计为餐厅接待服务用语、餐厅服务场景模拟对话和台面设计说明等模块，根据技能大赛规程要求进行不同主题英语口语教学；把“宴会策划与设计”设计为不同主题宴会实训项目。

4. 课程教学大赛化

(1)课程教学方式大赛化

酒店管理专业与技能大赛相关的课程，在教学环节上广泛开展课程比赛。课程比赛注重普及参与性，成立比赛兴趣团队，让每位学生都能通过课程比赛参与该课程知识和技能学习。除了课程比赛之外，酒店管理专业连续多年组织举办各种校内技能比赛。课程比赛让学生燃起专业技能学习的兴趣，校内技能比赛营造了比拼的氛围，从而大大提高课程教学效果。课程教学促使学生把兴趣爱好和操作技能学习融合在一起，形成良好的专业学习交流氛围。通过课余时间，充分利用现有教学资源为校外技能大赛选拔和组建团队，打造以老带新和共同成长的营盘，鼓励团队中优秀的学生参加校外技能大赛。

(2)课程教学过程大赛化

核心技能课程教学过程围绕大赛进行设计，比如“中餐服务与管理”课程。该课程搭建实训教学与技能大赛相结合的平台，授课教师要根据中餐主题宴会设计赛项要求定制课程实训细则，将技能大赛操作标准和规范引入课堂教学，提出当次课程要实现的具体教学目标，在上实训课时围绕赛点进行重点讲解和实践，学生在教师的引导下完成该课堂具体实训任务。

5. 创新课程考评方式

(1)灵活考评机制

学院鼓励学生参加技能大赛，实施灵活考评机制，同样适用酒店管理专业。学院学分制管理文件规定，凡参加校外技能比赛代表队(含陪练人员)参赛学期所有课程平时成绩按本班最高分、纪律成绩记满分。若错过课程正常考核时间，可另外单独安排考核，或申请相关课程替换。参加校外技能大赛获得对应等级的职业资格证书可通过申请进行课程学分替换，比如酒店管理专业学生参加技能大赛，获得的茶艺师中级工证可以替换茶艺课程的学分。

(2)大赛题目考评

平时专业知识检测、技能水准考核和期末综合测评内容尽量从技能大赛真题中挑选，课程内知识比赛结果计入对应课程平时成绩，校内技能比赛结果计入学生相应课程的技能成绩。这样让所有学生了解技能大赛的真实水准，激发学生提高专业水平向技能大赛看齐。

(3)注重应用创新

把传统的理论知识考核改变为解决酒店实际问题能力的考核，分项目分环节组织知识和技能应用的考核，突出知识和技能的应用能力。除此之外也鼓励学生进行创新，比如口布折花中应用基本技法，创造出新花型，培养学生实践创新能力，为技能大赛增添亮点。

四、赛教契合关系建设取得的成果

在契合关系建设中，我院酒店管理专业取得以下三项显著成果。

1. 提升了“双师”型师资队伍专业水平

针对每年的技能大赛，我院酒店管理专业教师积极主动申请参加，认真研读大赛标准及新要求，讨论得分环节，列明考核点，指导参赛学生规范操作，达到大赛标准要求。学生在赛场上取得的好成绩与指导教师过硬的专业素质密不可分，指导教师通过研究大赛，准备大赛，指导学生参赛逐渐提升自己的专业知识和专业技能。一分耕耘，一分收获，2018 年 3 月份，我院酒店管理专业教师全部顺利通过广西教育厅第二批广西高等职业院校“双师型”教师认定。

2. 提高了学生职业综合素养

代表学院参加技能大赛的学生都是经过严格的筛选层层选拔出来的，再经过大赛现场的洗礼，其职业综合素养呈现明显的提升。学生参加技能大赛不仅检验其个人技能，而且考验团队的协调配合及所有选手的心理素质。技能大赛中只有心理素质过硬的选手才能有效调整好心态，让自己和团队冷静沉着，确保专业水平正常发挥。所以说技能大赛从多方面提高了学生的职业综合素养。

3. 技能大赛成绩实现了三级跳

我院酒店管理专业通过技能大赛教学改革的实施，为参加技能大赛奠定了坚实的基础。在学院高度重视指导下，经过指导老师和参赛选手全力拼搏，我院酒店管理专业参加近三年的省、市各级技能大赛成绩实现了三级跳：中餐宴会主题设计项目在 2016 年的省赛中未获奖，2017 年省赛荣获团体三等奖，2018 年省赛荣获团体二等奖；还有茶艺和导游项目参赛所获奖项越来越高，在 2018 年市赛省赛中取得前所未有的好成绩。

五、结语

技能大赛以前所未有的力度引领专业教学阔步前行，各职业院校都越来越重视专业赛教契合度建设，我院酒店管理专业更要继续完善技能大赛教学改革。酒店管理专业契合度建设，进一步推动专业课程设置与酒店行业需求、授课内容与酒店业标准、教学过程与酒店生产过程实现完美对接，为酒店业发展培养高级技能型新时代人才。

参考文献:

[1] 教育部关于全面提高高等职业教育教学质量的若干意见[Z]. 教高[2006]16 号

[2] 程宇."国赛"十年:将职业教育改革进行到底[J]. 职业技术教育,2017,(18):21-27.

[3] 祝晔. 基于技能大赛的高职酒店管理专业教学改革创新研究[J]. 南京工业职业技术学院学报,2015,(3):72-75.

[4] 杨建良. 技能大赛与专业教学有效融合的实践研究[J]. 中国职业技术教育,2013,(2):19-24.

[5] 彭颢善,罗晓菊,李春暖. 基于技能大赛视角的高职服装专业课程教学改革实践[J]. 职教论坛,2015,(5):74-77.

(作者单位:广西农业职业技术学院)

浅析如何提高中职学校旅游专业学生现场导游考试的应试能力

何素梅

摘　要：现场导游考试是导游考试的一部分，也是影响学生是否通过导游考试的关键考试之一。本文通过分析学生在现场导游考试常遇的问题，然后根据自己的教学经验和实践，提出了几种行之有效的提高学生现场导游考试应试能力的途径。

关键词：学生；现场导游考试

一、现场导游考试的内容

根据导游员应具备的基本能力和素质要求，现场导游考试的测试要素通常包括以下五个方面：

1. 语言能力（30分）

主要考查考生的语言表达能力、语音、语调、语法。

2. 景点讲解（40分）

主要考查考生景点讲解的正确性、全面性、条理性，对景点知识的把握、讲解方法的运用和对所提问题回答的正确性。

3. 导游规范（10分）

主要考查考生对导游服务规范及工作程序的掌握和应用。

4. 应变能力（10分）

主要考查考生处理突发事件和特殊问题的能力。

5. 仪表、礼仪（10分）

主要考查考生的仪表仪容和对礼节、礼仪的运用等。

二、中职校旅游专业学生在考试过程中常遇到的问题

1. 心理素质较差

很多中职学生年龄偏小，缺乏社会实践经验，心理自我调节能力差，普遍存在

胆怯、害羞的特点,因此在现场导游考试中心理素质方面还是比较差的。

例如:有些考生进入考场后就发抖、冒冷汗;有些考生脑袋一片空白,原本背得很熟的景点解说词忘得一干二净,什么也想不起来了;还有个别考生出现晕倒的情况;还有一些学生缺乏自信心,心里总认为自己肯定不能通过考试,甚至有少数学生进入考场后就放弃考试了。

2. 语言能力较差

中职学校的学生语文基础较差,知识不够渊博,因此理解能力和语言能力方面还是较差的,常遇到的问题主要有以下两点:

(1)语音不准、语调平平

北海的学生主要以讲白话为主,粤方言与普通话差别较大。大部分学生在导游考试中选择的语种是普通话,这给北海的学生在使用普通话讲解导游词的时候造成了较大的障碍。部分学生普通话发音不准,例如:"广西"读作"guǎngsī";"市花"读作"xìfā"。在语调方面由于大部分同学是死记硬背,没有加入感情,讲出来的导游词不生动、乏味。例如:漓江导游词中贺敬之的诗:"云中的神啊,雾中的仙,神姿仙态桂林的山。情一样深啊,梦一样美,如情似梦漓江的水",生动地描绘出桂林山水那种迷离朦胧的美,引人遐想的美,令人心醉的美。大部分的学生都是用一个调就念完整段诗,没有将其情感内涵表达出来

(2)不能较好地掌握景点基本知识、语言表达能力较差

很多学生对景点了解主要来源于书本,没有实地采点过,因此对景点基本知识印象不深,掌握得不够好。因此在讲解的时候经常不知道自己讲解的景点(区)有哪些主要的景点,这些景点又是什么。例如:某学生在考试的时候,抽到的景点是"北海银滩",讲完欢迎词就不知道要讲什么了,问他是否知道这个景点要讲解什么内容,回答的是主要讲银滩公园和海滩公园,但是不知道到具体内容是什么。

大部分的中职学生语文基础较差,知识面窄,因此表达能力较差,基本上讲解导游词都是靠死记硬背,碰上忘词的时候就没办法再继续讲解,总是要照着书上的一字一句才能讲解,即使考官提醒了一些内容,还是有很多学生没办法通过对内容的理解用自己的语言表达出来。例如:2007 年全国导游考试现场导游考试,就有这么一位考生,抽到的题目是"广西概况",讲解完第一段欢迎词之后就忘词了,一直在想第二段开头的第一个字是什么了;考官就提示广西概况主要是讲解的是什么内容,考生能回答出:"主要讲的是广西的位置、历史、气候、旅游资源等等",但是叫他针对这些内容继续讲解,考生还是讲不出来,还是在那里想第二段开头的那个字,没办法用自己的语言继续讲解。

3. 不能较好地掌握导游服务规范程序

导游规范服务能力是指导游员在实际工作中对工作职责、服务程序与标准的

掌握及运用能力。大部分中职学生没有社会经验,对导游服务规范程序的学习感到比较困难,都是靠死记硬背的方式记住这些工作服务程序,因此容易混淆在一起。

4. 应变能力比较差

应变能力主要考查考生处理突发事件和特殊问题的能力,但是学生缺乏社会经验,对于这方面的考试只能死记硬背复习题,因此当他们记不住答案的时候,往往就不能自己分析处理。

5. 不注重礼貌礼节

仪容仪表将给考官留下关键的第一印象。少数学生在这方面不够讲究,着装不符合要求,服装不够整洁、干净,佩戴首饰过多,浓妆艳抹,发型奇异等。

从考生进入考场的那一刻到考试结束都能考察到考生对礼仪的运用。例如:敲门声、礼貌用语、行为举止、站姿、手势等等。一些学生往往就忽略这些小细节,例如:不向考官问好、站的时候东倒西歪、手势过多、敲门声过大,关门太用力、不使用礼貌用语、用单手递送准考证等等。

三、如何提高旅游专业学生现场导游考试的应试能力

1. 注重心理素质的培养

一个人的心理素质是在先天素质的基础上,经过后天的环境与教育的影响而逐步形成的,因此我们应该在日常教学中培养学生的心理素质,引导学生克服心理障碍。由于曾经多次担任过现场考试的考官,有着一定的实践经验,因此我在教学中,便组织模拟现场考试。老师充当考官,然后其他学生就按照考试的要求进行模拟考试训练,使学生克服胆怯、害羞的心理,同时老师和同学们还可以纠正其在模拟考试过程中出现的一些小问题,另外要求学生在家对着镜子自己训练,这样可以通过镜子看到自己的不足之处。除此之外还鼓励学生、表扬学生增加他们的自信心。经过一段时间的训练学生进步很大,收到了很好的教学效果。

2. 注重讲解能力的培养

(1)提高中职学生普通话水平、拓展知识面

要想提高自己的语言表达能力,必须有墨水才可以,就是要看书,鼓励学生平时多阅读历史、地理、文学、艺术及相关的书籍,以拓展自己知识面,积累各种方面知识,做到心中有墨开口就能讲。而且在教学过程中注重培训学生的普通话,使学生普通话发音准确。

(2)用自己的语言编写导游词

北海的现场导游考试主要考 13 个景点,其中景区景点 8 个、地方景点 5 个。由于很多学生没有去过这些景点,存在对景点不熟悉现象,都是通过死记硬背的方

式来记住导游词，这样的讲解很容易忘词，而且枯燥、乏味。因此在教学过程中我们可以利用现代化教学，加深学生对景点基本知识的理解和掌握，例如利用多媒体课件的演示，通过动感及多方位的图片展示所学景点的基本要点，增强学生掌握知识的能力。例如，桂林的芦笛岩很多学生都没有去过，光凭书上描述，很多学生也想象不出是怎样的一个景点；利用多媒体课件将芦笛岩的图片展示给学生，这样会加深学生对芦笛岩这个景点的印象。然后再要求学生能够根据导游资格考试口试中涉及的主要景点，结合有关材料，设计出适合自己的导游词来。只有这样，导游词才不会拘泥于书本，才能讲得更全、更透，形成自己鲜明的讲解风格。

(3)实地导游

有条件的话可以安排学生到实地去考察，进行实地导游。例如北海的景点海洋之窗、北部湾、北海银滩、涠洲岛等都是在本地，可以安排学生到实地去现场导游教学。首先要求学生在课堂上能够熟练地把旅游景点讲出来，然后再带领学生到旅游景点身临其境进行实地导游。通过实地导游检验了学生课堂里所学的知识，实践性强，真实的现场感又利于现场的发挥，提高了学生的讲解能力。

3. 注重导游规范服务能力的培养

导游规范服务能力是指导游员在实际工作中对工作职责、服务程序与标准的掌握及运用能力。作为旅游专业教师，我们应该注重对学生进行导游规范服务能力的训练和培养，可以通过案例教学法和讨论法训练学生。例如，在学习地陪接团服务程序这一节内容时，可以通过案例和现场模拟来训练学生，如让学生拿着一份接团通知单，按照上面的要求模拟接团，通过这种授课形式，使学生能够很快熟练掌握导游规范中那些枯燥的条款，更好地掌握服务程序和运用能力。

4. 注重培养学生导游特殊问题处理及应变能力

(1)通过分析案例，提高学生的分析能力

运用案例教学有助于学生吸收知识，提高运用学过的专业知识解决实际工作问题的能力。例如在教学中，由学生扮演导游，就某一案例处理进行演练，然后由全体学生讨论，找出正确的处理方法。这种将课本的理论知识有效地与实际生活相联系的教学方法，既激发了学生的求知兴趣，又锻炼了学生解决各种实际问题的能力，还能使课堂气氛更活跃、轻松。

(2)模拟训练，提高应变能力

观摩教学的现场感强，学生对此印象深刻，模拟训练有利于学生联系实际理解课堂内容和将课堂所学应用于实际工作。例如让部分学生扮演游客，部分扮演地陪、全陪、领队进行模拟训练，针对实际工作中出现的问题，如客人走丢了、客人迟到、送机路上遇到堵车等问题进行处理，这样提高了学生处理突发事件的能力，收到了很好的教学效果。

5. 加强中职学生的礼貌礼节修养

(1)培养学生养成使用礼貌用语的良好习惯

使用礼貌服务用语,能显示出了个人良好的素质修养,作为旅游专业的学生,应该注重养成使用礼貌用语的习惯。现场导游考试这部分就占了5分,学生应该在日常生活多用礼貌用语,注意自己的行为举止,将课本上所学的礼貌礼节知识学以致用。例如:见到老师要问好,10字文明用语:"您好""请""谢谢""对不起""再见"常挂在嘴边。

(2)培养学生注重仪表仪容的良好习惯。

良好的仪表仪容仪态,表现出一个人的精神面貌和文明程度,体现了对他人对社会的尊重。要养成良好的仪表仪容习惯,平时就要注意养成良好的习惯。要求学生平时穿戴整洁,着装与自己的身份、性别相称,正确佩戴校徽,参加体育锻炼和形体训练,体现出自己在品格、学识、能力方面的良好修养。

参考文献:

[1] 广西旅游人才培训中心. 现场导游考试必读(内部). 2007.9.

[2] 郑作广. 普通话培训与测试. 广西教育出版社,2004.8.

[3] 吴宝华. 礼貌礼节. 高等教育出版社,2003.3.

[4] 唐由庆. 导游业务. 高等教育出版社,2001.10.

(作者单位:北海市中等职业技术学校)

浅谈校企合作高尔夫专业人才培养模式

龙素婵

摘　要：“校企合作、厂学研结合”是职业教育的根本，也是职业教育的可持续发展之路，探索到一种适合高尔夫专业特点的教学实训一体化人才培养模式，对课程改革建设具有重要的指导意义。

关键词：校企合作；高尔夫；人才培养

职业教育发展前景广阔，而校企合作作为职业教育改革的一个焦点，发展日趋迅猛。校企合作是职业教育改革的方向，是技能人才培养的要求。本文通过对高尔夫专业校企合作的人才培养模式的探究，分析该模式的优点、形式与存在的问题，并提出了相应的措施。

一、校企合作进行高尔夫课程建设的必要性

1. 相关的国家政策支持

《国务院关于加快发展现代职业教育的决定》中提出加快构建现代职业教育体系，随后下发国家现代职业教育体系建设规划（2014—2020 年）明确提出建立产业技术进步驱动课程改革机制，按照科技发展水平和职业资格标准设计课程结构和内容，通过用人单位直接参与课程设计、评价和国际先进课程的引进，建立真实应用驱动教学改革机制。

2. 传统高尔夫课程开展的局限性

由于高尔夫球场是以自然地势和景观设计而成，通常一个国际标准高尔夫球场占地面积为 1000 亩到 2000 亩不等，而高尔夫球场和实训场地建设所需要投入的基金是非常大的，仅仅依靠学校的投入来满足高尔夫专业人才培养过程中对于高尔夫场所和实训场地的需求，是难以实现的。因此传统的高尔夫课程通常都难以开展实训教学，学生基本都以理论学习为主，一个学期下来，有的甚至连高尔夫球杆都没碰过，教育与实践严重脱节。这种模式培养出来的学生不能满足企业、行业对技能型人才的需要，而且学生毕业后需要很长一段时间来适应工作岗位，学生

缺乏良好的职业素养，致使学生在就业时面临两难的境地。

3. 中职学生的特点分析

中职学生普遍知识水平不高，理解能力不强，对待理论知识的学习热情不高，学习目标不够明确，缺乏刻苦钻研精神，但是他们的智力并不差，思维敏捷，对待新事物、新观念的反应很快，实际操作能力很强，而且具有较强的表现欲望。因此我们要改变以往的教学方式，推动教学内容和教学流程的改革，加强教学实践环节，改变传统的教学方法，多采用教学实训法，锻炼学生的操作能力，让学生在实践中夯实自身的专业基础。

二、校企合作是一种可行且有效的途径

针对这些问题，找寻现成的、经营运作成功的企业如高尔夫球会等合作，就成了一种可行且有效的途径。其基本运作框架是校企合作，以建立工学结合的长效运行机制为基础，以改革人才培养模式为平台，以专业建设为龙头，以课程改革为关键，建成学校和企业双方共同参与人才培养的机制。

1. 校企合作的优势

(1)从学校的角度来看

高尔夫球会、俱乐部等高尔夫企业，大多数具有专业场地和设施设备，其运作模式及管理培训理念等方面的优势，而这恰恰是学校缺乏的。因此，通过校企合作，学校可以利用企业现有的高尔夫场所和设施来开展高尔夫实践教学，从而促进学校教学管理及课程改革的深入开展，提升课堂教学水平和加快学校品牌课程建设。

(2)从企业的角度来看

企业可以通过校企合作来选拔和培养高尔夫专业人才，满足其对高尔夫专业人才的需求。学校根据高尔夫企业的需求，为其量身定制符合高尔夫企业岗位标准的技能型人才，学生一毕业，马上就能进入岗位工作，缩短了员工与岗位的磨合期。另外，校企合作也可以在一定程度上解决企业的人力资源紧张的问题。

(3)从学生的角度来看

高尔夫专业人才的培养，离不开实践，尤其是高尔夫职业对岗位的要求非常高，要有扎实的专业技能和良好的岗位业务知识。通过校企合作教学实践活动的开展，为学生提供一个专业的实践环境和氛围，可以促进学生实践能力和专业水平的提升，夯实学生的专业基础，激发学生对行业的热爱，提升职业素养。

(4)从地方的角度来看

校企合作的人才培养模式，可以很好地提高地方职业教育的水平，促进地方对

口专业的就业率，而且能为地方的高尔夫产业提供高水平、专业化的大量人才，成为地方产业经济的后备人才，对地方产业经济的发展和产业结构的优化有着积极的促进意义。

2. 高尔夫专业校企合作的几种形式

(1)阶段培养

这是目前职业院校普遍采用的一种形式，流程为：学生在学校学习基本的理论知识，而后到合作的企业里进行顶岗实习。这种阶段培养的合作形式培养出来的学生后熟期比较长，一般到了企业之后还要经过一段时间的企业培训，才能胜任岗位需要。

(2)工学一体化

在这种合作形式下进行人才培养，学生既要求在学校学习掌握相应的专业理论知识和技能，也要求在合作的高尔夫球场进行实践，在实践中将理论知识与实际联系起来。学校可以根据企业的实际情况来调整课程，还可以由合作企业的专业人员来给学生上课。这种形式就能很好地激发学生的学习兴趣和积极性，而且大大缩短了学生适应岗位的时间。

(3)订单培养，冠名合作

校企联合、订单培养、冠名合作是学校和企业之间的深度合作。根据高尔夫相关的岗位需求，学校和企业共同参与到课程开发、人才培养方案、人才考核标准和管理制度等方面的制定过程中来。这种订单培养的校企合作形式，在人才培养过程中，能够更好地实现学生职业素质与岗位能力并重，并能够实现校训精神与企业文化的相互渗透。但是这种合作形式目前还处在探索和摸索阶段。

3. 高尔夫专业校企合作人才培养模式存在的问题

虽然校企合作人才培养模式是目前大势所趋，符合时代发展的要求，但是这种模式也存在着以下几点问题：

(1)企业方面过于注重解决企业劳动力紧缺问题，将学生引进企业之后，只对他们进行短时间的培训，然后就一味地让他们从事打杂工作，这样就没有形成完整的系统的企业培训。

(2)在学生的管理方面链接不上。学生去到企业之后，班主任只能抽空去看望学生，其余大部分时间学生在企业里基本是由企业的员工来监督，而这种监督只是简单的布置任务与检查工作，对于学生的身心健康以及情绪沟通方面是兼顾不到的。

(3)学生自小娇生惯养，长期以来都是以自我为中心。初到企业顶岗实习，必然对企业的制度管理、工作任务的繁重艰苦会不适应，甚至更多的是对实习的抱怨，从而对企业、对学校会有很大的不满。

三、相应的解决措施

1. 针对企业方面存在的问题，学校应该加强与合作企业的沟通与联系

学生在企业的教学培训计划应由学校与企业人力资源培训部门共同研究修订，以不同工作岗位任务为驱动逐一展开实训教学；每个学期要求企业对冠名班的学生培养要达到具体的目标，对于冠名班的课程实施，无论是企业还是在校内，均由校企双方共同实施、管理与评价，形成企业对学生、学校对学生的“双评价”考核制度。

2. 在企业挑选一名优秀员工作为学生在企业实习的班主任

企业班主任主要是负责学生在企业实习培训期间的管理工作。这管理不再是以往简单的布置任务与检查工作而已，而是全程跟进学生的教学、教育管理，现场指导教学和岗位实训。

3. 加强学生综合素质的培养

要让学生多参加社会锻炼，养成不怕苦不怕累的精神，这就需要学校和企业共同联合起来，不仅要注重学生职业能力技能的培养，还要加强其职业道德、职业素养和心理素质的培养，注重学生的全面发展。

综上所述，高尔夫专业课程的开设仅仅依靠学校的硬件设施设备及资金的投入不仅是远远不够的，而且容易与社会的需求脱节。社会需要高素质、高技能的实用型人才，要培养技能实训人才，离不开实践环境，校企合作办学是职业教育的必然选择。相信职业学校高尔夫专业在校企合作实践的探索中，认真研究，妥善处理，一定能使校企合作形成良性互动，继而促进高尔夫专业课程改革建设的发展。

参考文献：

[1] 石兆胜. 加强“冠名班”教学管理探索校企合作新途径. 消费导刊，2008，(7).

[2] 张立、王建晖. 浅谈校企深度合作——对“冠名班”的几点思考. 电子质量，2010，(10).

[3] 戴星媚. 定位就业、校企合作、订单培养星级酒店后备人才——冠名班人才培养典型案例. 2013，(9).

[4] 邓丕超. 高尔夫专业“校企合作”人才培养模式探究. 学校体育学. 2015，(15).

（作者单位：北海市中等职业技术学校）

“教学做合一”在旅游专业课教学中的应用

周丽芳

摘　要：陶行知生活教育理论“教学做合一”强调了“教与学都以做为中心”。由于职业中学的学生综合素质偏低，在教学中学生的学习很困难，如何用陶行知的“教学做合一”指导旅游专业课的教学，本人谈谈自己在旅游专业教学中运用“教学做合一”的尝试。

关键词：“教学做合一”；主体地位；“教学做合一”教学；创新

陶行知是我国伟大的人民教育家，思想家。他一生提出的许多教育思想，都成为当代教育的方针，为后人留下了宝贵的财富。他的“爱的教育”，注重保护和培养学生积极向上的精神；他的“生活教育”，引导学生关注社会生活，着眼打开学生创新思维的源泉；特别是他的“教学做合一”教育，强调学生在教学过程中的主体地位，“教的方式要根据学的方式”，即重视“学法指导”——教会学生学习的方法，倡导的是教育与生活的结合，教育与生产劳动的结合，让学生不仅通过书本学习，更要从生活实践中学习，学会生活，学会做人。在旅游专业教学中，我充分运用陶行知先生的“教学做合一”思想，不懈地探索，努力使知识传授、能力培养、思想教育三者统一，初步构建了一套行之有效的教学模式。这里结合我们的几个主要尝试个案略加阐述。

一、创设生活情境突出学生主体地位

新课程提出了“学习对生活有用的知识”“学习对终生发展有用的内容”等新理念，让教学走入学生的生活，使他们能够在生活中发现、探究、解决问题，体验知识，培养创新观念，感悟学习之美，这是我们教师的目标与追求。那么，我们教师怎样才能贯彻新课程理念，帮助学生提高综合能力，感悟学习的魅力，进而更加热爱生活呢？教育教学必须源于生活、服务于生活。因此教育教学必须突出学生的主体地位，必须与学生生活和实践紧密结合。

立足教材，面向生活，把教材内容与生活情景有机结合，把那些不知与已知、浅知与深知之类的需要带到一定情景中去，把抽象的文字知识点转化为具体生活化的情景，营造良好的学习情感，使学生能积极主动、全身心地投入学习。例如：在"导游基础"中讲述茶叶的知识时，提出问题"现在是秋天，人们喝什么茶比较多?"学生讨论总结之后，因为秋天比较燥热，要喝绿茶，能缓解人们的热气。一些头脑反应较快的学生则能举一反三地举出其他一些例子，如春天喝什么茶？为什么？东北地区的人为什么喜欢喝烈性酒？通过问题，把学生的思维引到现实生活中去，让学生有话可说，回答热烈，情绪高涨。这样，用学生身边的事情导入教学内容，不但可以培养学生的学习热情和发散性思维，也保证了学生主体地位的确立。

二、激发学生的学习兴趣，提高教学效果

"兴趣是最好的老师"。采用各种有效方法激发学生的学习兴趣，调动学习的积极性，变被动为主动，方能达到最佳效果。从事旅游专业，需要较强的专业素质及服务意识。刚刚进入此专业学习的学生虽不具备相关的素质和意识，但他们有着强烈的好奇心。作为一个旅游专业老师，设法让学生对旅游职业产生兴趣，是提高教学效果的前提。在教育教学中，人人在"做中学"是激发学生学习兴趣、培养学生能力、促进学生主动探求知识、不断增长智慧的有效措施。使每一个学生在课堂上都有参与从事实践活动的机会，使每一个学生都能在"做中学"的过程中获得成功的体验，这样我们教师才能在课堂上演绎出动人的乐章。例如"中国旅游地理"是一门专业课，它着重介绍我国主要旅游区和世界各主要旅游国的旅游资源概况，包括地理要素、主要旅游景点以及文化艺术、风土人情、宗教信仰等。这些学生都很难身临其境，教师可以充分利用学生的好奇心，通过播放一段介绍旅游景点的片子、展示一幅旅游地图、开展一次模拟导游、观看一个景点画面等，创设丰富的情境，引起学生的兴趣，激发学生的求知欲，变被动学为主动学，让学生自觉地、积极地参与到课堂学习中来。

三、教会学生学习方法，锻炼学生"自得"的能力

陶行知说："教师的责任在于教学生会学。也就是教会学生学习的方法"。陶行知又提出"先生不能一生一世跟着学生""先生固然想将他所有的传给学生，然而世界上新理无穷"，先生所能教学生的也是有限的，"其余的还是要学生自己去找出来"。是呀，知识是无限的，只有教给学生学习的方法，才能让学生终身受益。如何教会学生学呢？陶行知认为，一方面先生负指导的责任，另一方面学生负学习的责任。老师不要把现成的解决问题的方法传授给学生，而是要把解决问题的过程和思想告诉他。通俗地说，不要把现成的小鱼给小猫，而是要"授之以渔"，教会

小猫钓鱼;不要把现成的金子给学生,而是要把点石成金的手指头交给学生。教学做合一,教师要明确自己的地位和作用,不要越俎代庖。

例如“中国旅游地理”中有一课“旅游地图”,我不是告诉学生什么是旅游地图,而是充分利用现代化的信息手段,让同学们用手机搜索出很多图片来,根据教学内容一一判断出哪样才是我们需要的那张图,这样既锻炼了同学们的识图能力,又提高了同学的分析能力判断能力和实践能力。教学的效果就是让学生获得“自得”的能力,用现在的话说就是让学生获得举一反三的自学能力,获得学习的主动性,让学成为一种自觉的终身的学习。学生经过了“学中做”“做中学”这个过程,知道了自己那些懂的,那些还不懂,知道了不懂的就动手去解决,动手解决了问题,也就积累了解决的办法。学到了知识,学到了方法,以后再有这种问题发生,自己也可以举一反三地把它解决了。

四、坚持实践法,从模仿到创造,培养学生的创新能力

《中共中央国务院关于深化教育改革全面推进素质教育的决定》指出,实施素质教育就是要“以培养学生的创新精神和实践能力为重点”。可见陶行知先生教学做合一的教学理论与现代素质教育的观点是完全一致的。他所提出的“教学做合一”的教育思想,对目前的职业教育更是有着不可忽视的指导作用。毋庸置疑,以培养学生的创新精神和实践能力为目的构建有效的教学模式,是职业中学专业课课堂教学改革的重要内容。

会学习才能会创造。学习的欲望和能力,即自己主动获取知识、解决问题的能力,是创新精神和创造能力的重要基础之一。“教学做合一”是陶行知先生教育理论中的精彩一笔,陶先生认为“做”就是教学中的实践环节,只有采用“做”这样的实践环节才能让“教”与“学”合一。陶先生“教学做合一”的思想对旅游专业实践活动有重要的指导意义。而“教学做合一”中“做”的最高境界就是去创造。因此,在旅游专业的课堂教学中,我们还必须想方设法让学生动手去学、去做,要把学习的主动权充分交给学生,让学生真正成为教学的主体,通过学生自己的操作实践,巩固知识并掌握技能。同时通过课堂教学情况的及时反馈,促使教师进一步发挥主导作用,引导学生不断观察,模仿,纠错,实践,创造。如“餐巾折花基本技法”的教学,我是这样安排的:课前让每位学生准备一条餐巾,一只水杯,一双筷子等。教师介绍每一种技法的操作要领时,先让学生同步模仿训练;然后对照图谱进行自行模仿折叠,自主练习,相互指导;再然后抽签进行小组竞赛,考察同学们的熟练程度;最后鼓励自主创意出新的花型。餐巾折花是一门实实在在的艺术,而艺术来源于生活。这样,学生由实践去经历、用心灵去感悟“生活精彩,创意无限”,从而掌握基本技能,再运用基本技能去创造生活。

通过陶行知生活教育理念，在课堂上把学生放在主体地位，让学生在“学中做”“做中学”，把教学过程变成“教学做合一”的过程。学生的学习有了“教学做合一”的过程后，获得的知识是他们自己的，获得的方法也是他们自己的，老师只不过是引导而已。因此，学生会为自己的学习产生成就感，觉得自己的努力有一种收获，收获了知识和技能，更收获了成功了喜悦。有了这样的喜悦，就很自然地增加了他们学习的欲望，增加了他们自己主动去获取知识、解决问题的能力，也就更好的培养了他们的创新能力了。

（作者为北海市中等职业学校讲师，研究方向为旅游管理教学）

中职国际邮轮专业学生培养的现状与思考

吴学镇

摘　要：国际邮轮专业的培养目标为：掌握国际邮轮管理及技术岗位要求，具备邮轮产业岗位实际操作、灵活协调和应变能力，适应国际化邮轮及国际星级酒店工作的专业人才。随着邮轮在旅游业的普及，更多的学校开设了国际邮轮专业，培养目标的就业岗位多为国际邮轮。但就目前中职学校而言，在就业及实习上存在一定的瓶颈。本文以北海市中职校国际邮轮专业为例，对专业做出现状分析及思考。

关键词：中职学校；国际邮轮专业；现状；思考

随着中国旅游业发展的脚步，全球游轮也在逐渐向中国转移。到2020年，中国将成为世界上最大的旅游目的地，发展游轮产业将成为中国经济增长的新方式、新领域，国际邮轮海乘专业随之也越来越受到广泛的关注。人们常说，邮轮是一座海上的高星级酒店，作为新兴产业的国际邮轮，需要大量的专业技能人才，这给中等职业技术学校邮轮专业的学生们提供了无限的可能。但国际邮轮对员工综合水平特别为外语水平的要求相比高星级酒店要高得多。

一、体现出的突出问题与现状

北海市中职学校自2015年起，招收了四届邮轮专业学生，招生人数相比其他专业少，呈不稳定趋势，四年招生情况如下表。有两届学生经过顶岗实习，实习安排岗位率达100%。在几年的教育教学活动中，出现了不少问题，也遇到了不少困难、困惑。

表1　2015—2018年国际邮轮专业招生人数

2015年	2016年	2017年	2018年
20人	80人	59人	33人

1. 生源综合水平不佳,基础薄弱

在传统观念上,绝大多数优质生源均会选择高中就读。职中阶段与高中阶段的学生素质相比,生源相对薄弱。国际邮轮专业岗位对英语有一定的要求,故在课程设置及专业技能学习方面更注重英语教学,学生英语基础较差,在一定程度上制约了招生生源。同时,绝大部分家长对邮轮行业有较大的误解,误认为邮轮行业为高危行业,不支持子女报读邮轮专业。

2. 学生产生厌学,学习积极性不高

大多数学生在初中甚至小学阶段因学习成绩不好,得不到老师和同学的鼓励与认可,导致在中职阶段自卑、自暴、自弃,大大影响了整个班的学习氛围,导致学生上课注意力不集中、上课打瞌睡、玩手机、不完成作业等。

3. 对专业认知不高,学习无目标

尽管通过一系列课程让学生认知邮轮专业,但学生的判断能力不强,容易受到外界因素干扰,对职业认知及职业自豪感不高,导致学生学习缺乏兴趣和目标,在学校常用应付了事的态度对待学习,对今后工作岗位的需求毫无意识。有的认为邮轮专业是为人服务的行业,学习再多的专业知识对今后的就业与成长用处不大,加上外界的影响比较大,学生思想产生波动,有的已经无心向学。

4. 学生学习方式方法不到位,效果不显著

就读职业学校学生相对而言不仅基础薄弱,学习能力相对偏低,在教学过程当中不难发现,有一部分学生虽然上课认真听讲并认真完成作业,但学习效果并不显著。学习缺乏探究性,往往局限于老师上课授予的单方面知识或技能,很少对课堂学习到的知识做出拓展与整合。就邮轮专业而言,学习英语也将成为专业课程学习学生最容易放弃的点,英语作为相对枯燥的学科,学生很容易产生厌学的行为。

5. 中职学生家庭环境的不稳定

根据教育教学过程发现,中职学生的家庭环境相对高中阶段学生家庭环境相对复杂,中职学生中家庭父母离异、父母关系紧张、单亲、父母管教方式不到位等问题大量存在。家庭环境作为学生成长环境的一大重要组成部分,对学生的成长起着决定性的作用。而学生较多处于这些不正常的家庭氛围中,导致学生心理自卑、对环境敏感、不自信,甚至对环境产生一定的恐惧,导致学生对教育教学过程中的手段感到不满时,不是理性沟通解决,而是通过不理性的手段解决问题,这也给教育教学制造了一定阻碍,甚至产生困境。

二、对问题的思考与对策

在一定程度上,中职学校面对的学生相比于高中段学生管理要难,但通过教育

教学过程中不难得知，中职学生在相对条件中比其他同龄学生的情商要高。学生选择邮轮专业肯定有着自己的原因，只要做好正确的引导、正确的教育，多数学生都能有质的变化。故在教育教学过程中，作为职业教育的老师，特别是邮轮这种新兴行业的老师，需要掌握更全面的专业知识和技能，正确引导学生。

1. 以课程为主体，加强学生对职业的认知

国际邮轮是新专业，在学生对邮轮行业不是很了解的情况下，可在第一学期课程中根据专业特色开展邮轮行业认知、邮轮岗位认知、专业考察等课程，通过课程的学习达到了解邮轮、邮轮岗位等目的，增加学生都专业的认可及自豪感。通过讲座、专题学习等形式介绍与学习岗位相关知识，加强学生对职业认知。

2. 加大社会影响力，扩大宣传力度

不仅学生对行业认知不强，家长对行业获知也不多，故应在招生、宣传等方面加大力度。社会目前均对国际邮轮存在较大的认识误区，导致每年生源相对不稳定。较少的学生会直接导致课程开设及授课难以进行，学生对专业信心也不大。加大宣传力度，招收更多学生，将专业办强、办大、办得具有影响力，对学生、学校、企业来说均属于进步的内在动力

3. 教育教学过程用心，尽心呵护

中职学生多在小学初中处于无人管、无人想管、无人能管的“特殊领域”。但在教育教学过程中不难发现，中职学生在一定程度上情商较高，如果老师真心对待，可以在相当程度上缓解师生关系。在必要时与学生进行心灵互交、心灵互通，与学生建立一层“朋友”的关系，学生会做出改变。利用主题班会、团建、与学生一起进餐等形式，拉近关系。对学生厌学的不良反应要及时做好学生思想工作。

4. 利用原有资源，开发相近课程

在专业群中还有其他相近专业，如酒店服务与管理、旅游服务与管理，其中有相当一部分课程与国际邮轮专业相关，如“餐饮服务与管理”“客房服务与管理”“前厅服务与管理”等。邮轮属于海上的酒店，对客服务流程与标准相对基本一致，故可以采用专业群共用教学资源。专业技能课程往往比较容易激发学生的学习激情，开设技能课程也往往会使一些学生得到获得感。

5. 通过活动的形式，激发学生学习积极性

主题班会、特训营、团建活动等，均能发现一批活跃的学生，可利用此机会掺入专业课程的学习内容，使学生通过活动学习专业知识，提高学生学习激情。

结　论

总而言之，中职国际邮轮专业教学虽然面临着比较大的困难，但通过培养学生

职业技能、灌输职业意识，通过活动、考察等方式激发学生学习积极性，结合各环节，依然能够培养出适合现代行业用人需求的专业人才。采用校企合作的形式，采用企业用人标准培养学生，充分发挥学生主观能动性，增加学生学习积极性，是培养邮轮专业人才的根本途径。

（作者单位：北海市中等职业技术学校）

中等职业学校旅游专业形体训练课程实践性教学改革的探索

罗虹冰

摘　要:本文对接中等职业学校旅游专业学生,以形体训练课程实践性教学为例,在对中职学校旅游专业岗位群核心职业能力进行分析基础上,强化形体训练课程实践性课堂教学管理建设,提出形体训练课程实践性教学改革理念、思路及做法;强化学生能力培养,应用项目教学、案例教学、情景教学、工作过程导向教学,运用启发式、探究式、讨论式、参与式教学,激发学生学习兴趣,实施教考分离,建立课程考核评价体系,推进结果考核向过程考核、知识考核向能力考核、单一考核向多元考核转变。

关键词:旅游专业;形体训练课程;实践性教学;教学改革

教育部《关于深化职业教育教学改革全面提高人才培养质量的若干意见》中提出:以促进就业为导向,以服务发展为宗旨,提高学生综合职业能力和服务终身发展为目标,贴近岗位实际工作过程,对接职业标准,根据职业岗位及岗位群的要求,并结合人才培养目标定位,改革课程体系和教学内容。中职学校课程改革是加强专业内涵建设、提升人才培养质量的需要,同时也是中职学校提高教学质量的核心,因此,从传统的以学科建设为主体的课程模式转向以岗位核心职业能力培养的课程模式,已是大势所趋。

一、传统的形体训练课程改革势在必行

在现代职业活动中,做一个"知职达礼"的职业人是对每一位从业人员的基本要求。"形体训练"是旅游专业重要的课程,是实现旅游服务人才培养目标的专业技能课程之一。"形体训练"课程主要任务是突出形体训练重要性,使学生掌握形体礼仪基本常识,为学生更好地学习和从事各类专业打下良好的人文基础,启迪学生智慧、陶冶学生情操、使其具有鉴赏、表现形体美的能力。本课程除了培养学生的专业能力,还培养学生的社会能力及方法能力,使学生学会与人沟通,进行团队协作。

伴随着服务行业的迅猛发展，以旅游为龙头的现代服务业正在成为新的经济增长点、新的市场、新的就业方式。旅游和商贸的良好发展成为服务行业发展的助推器，据有关专家预测，未来 3 年内，伴随企业对旅游和商贸人才的大量需求，将产生百余万就业岗位。遗憾的是，一方面企业急需大量的服务人才，另一方面是学校培养的学生难以快速适应市场需求。当前众多中职学校的“形体训练”课程教学多采用教师讲解操作方法和基本理论，实训时利用情景模拟让学生简单模仿操作的方式。由于这些情景模拟没有真实的就业环境和企业参与，将所有服务行为固化，培养的只是学生按部就班的操作能力，其后果是学生学了不少理论和手段，但在实际工作运用中灵活性和贯通性较差，这有悖于中职教育的人才培养目标。如何适应社会的发展需要，将学生未来的个人职业发展与就业岗位的实际需求相结合，切实培养学生的岗位核心职业能力，这正是进行“形体训练”课程改革的目的。

二、课程改革的理念与思路

（一）课程改革的理念

课程改革理念可以概括为：岗位导向、项目驱动、理实一体、能力本位，根据高星级饭店运营与管理的岗位群及其技能要求，分解岗位工作流程，进而导出相关岗位工作应知和应会点，并以此作为教学内容及训练目标；让学生在完成相关实际工作任务过程中，为了工作而学习，通过工作来学习，工作过程与学习过程相融合，通过实践锻炼学生职业能力，提高就业竞争能力和适应能力。

（二）课程改革的思路

以培养学生岗位核心职业能力为目标，以解构服务岗位主要业务内容为基础，重构课程教学内容；遵循学生为主、教师为辅的原则，实施任务驱动、角色扮演等行动导向的教学方法；以保证岗位群所需职业能力为核心，推进多元评价主体、注重过程评价的评价方式，彻底摆脱高星级饭店运营与管理学科体系对职业能力培养的桎梏。通过校企合作、资源共享，教师、企业专业人员和学生共同参与实训教学的改革建设，以校企合作企业——北海金昌开元大酒店作为学生实践操作的平台，共享企业已经完成或正在实施的相关应用案例，承担部分关键性实践任务，指导学生进行课程实践项目的开展。

三、高星级饭店运营与管理岗位群的核心职业能力分析

（一）典型工作岗位确定

通过毕业生跟踪调查、就业情况统计，以及与企业专家、一线人员的沟通、讨论，并对企业的营销实际运行过程进行调研，明确高星级饭店运营领域典型岗位，

目标岗位设置集中、典型、针对性较强。

(二)岗位核心职业能力分析

高星级饭店岗位人员核心职业能力主要有:掌握饭店运营与管理的基础知识、基本技能、礼仪知识、酒水知识;掌握饭店前厅、客房、餐饮部门的工作流程和服务规范,能够胜任饭店前厅、客房、餐饮等部门的基本服务工作和管理工作;拥有较强的语言表达能力和应变能力,具备处理饭店服务、运营和管理工作过程中遇到的常规问题和各类非常规问题的能力,有较强的沟通能力;有敬业精神,能积极面对工作挑战,有良好的职业素质、合作意识和团队精神。

四、课程改革与内容设计

以旅游专业岗位核心职业能力和工作流程为导向设计项目课程内容,以"我是一名职业人"这一工作任务为课程主线,将课程内容融合进去,以工作任务为中心整合理论与实践,强化教学内容,以真实(或仿真)工作任务为载体,以"任务驱动"的模式由易到难组织教学,实现"项目引领、任务驱动"的实训教学模式,使理论的基础地位变为对实践操作的服务地位。这样形成包括塑造职业形象、运用职业礼仪等 8 个学习子项目及 16 个学习任务组成。每个项目既包括职业礼仪基本技能的训练,也涵盖学生运用职业礼仪创业实践,既有团队合作完成的内容,又有独立完成的任务。课程总体内容的组织安排如下表:

<table>
<tr><th>阶段</th><th colspan="2">项目/任务名称</th><th>学习内容</th><th>课时</th></tr>
<tr><td rowspan="5">第一阶段塑造职业形象准备</td><td rowspan="2">项目一:仪容修饰塑造职业形象</td><td>任务一:认识职业角色</td><td>职业形象、职业能力评价</td><td>2</td></tr>
<tr><td>任务二:分析职业礼仪</td><td>1. 注重卫生礼仪塑造职业形象
2. 面部修饰礼仪塑造职业形象</td><td>2</td></tr>
<tr><td>项目二:仪态美化塑造职业形象</td><td>任务一:职业礼仪规范</td><td>1. 表情礼仪塑造职业形象
2. 形体礼仪塑造职业形象
3. 职业形体语言形象塑造</td><td>4</td></tr>
<tr><td rowspan="2">项目三:着装饰品礼仪塑造职业形象</td><td>任务一:职业着装礼仪规范</td><td>1. 职业着装原则
2. 职业装选择
3. 服饰色彩搭配</td><td>2</td></tr>
<tr><td>任务二:饰品礼仪规范</td><td>1. 技术职业饰品礼仪形象
2. 服务职业饰品礼仪形象
3. 艺术职业饰品礼仪形象</td><td>2</td></tr>
</table>

（续表）

阶段	项目/任务名称		学习内容	课时
第二阶段运用职业礼仪实施	项目四：职业语言艺术	任务一：口语语言礼仪形象塑造	1. 从事技术职业人员的口语语言礼仪形象 2. 从事服务职业人员的口语语言礼仪形象 3. 从事艺术职业人员的口语语言礼仪形象	2
		任务二：电话通信礼仪形象塑造	1. 礼貌用语原则 2. 口语语言艺术 3. 常用礼貌用语	2
	项目五：求职礼仪	任务一：面试求职礼仪	1. 面试前准备礼仪 2. 面试过程礼仪 3. 面试结束后礼仪	2
		任务二：书面求职礼仪	1. 求职信运用礼仪 2. 求职简历运用礼仪 3. 面试后感谢信运用礼仪	4
	项目六：工作礼仪	任务一：个人工作区域礼仪	1. 个人形象礼仪 2. 工作常规礼仪 3. 工作岗位礼仪 4. 工作礼仪禁忌	2
		任务二：公共活动区域礼仪	1. 公共区域之大厅礼仪 2. 公共区域之电梯礼仪 3. 公共区域之上下楼梯礼仪 4. 公共区域之洗手间使用礼仪 5. 公共区域之进餐礼仪	2
	项目七：涉外礼仪	任务一：涉外迎送礼仪常识	1. 见面礼仪 2. 乘轿车礼仪 3. 餐饮礼仪 4. 住宿礼仪	2
		任务二：涉外常见礼节	1. 涉外称呼礼仪 2. 涉外常见礼节 3. 涉外宴请注意事项	2
		任务三：涉外合作礼仪	1. 自身形象礼仪 2. 与外宾交谈礼仪 3. 涉外馈赠礼仪	4

（续表）

<table>
<tr><th>阶段</th><th colspan="2">项目/任务名称</th><th>学习内容</th><th>课时</th></tr>
<tr><td rowspan="2">第三阶段职业礼仪运用总结</td><td rowspan="2">项目八：形体礼仪实践展示</td><td>任务一：职业形体礼仪实践训练</td><td>职业形体礼仪能力综合训练</td><td>4</td></tr>
<tr><td>任务二：职业形体礼仪实践展示</td><td>职业形体礼仪综合评价</td><td>6</td></tr>
</table>

五、教学的组织与实施

本课程在组织教学过程中打破传统教育理论脱离实践的教学模式，实现“项目引领、任务驱动”教学模式，以工作过程为主线，以完成任务为目标，强化任务驱动、团队协作、课堂讨论、实践操作等内容，集理论、实训操作于一体，要求学生能够运用所学知识进行案例分析及实际操作，着重培养学生提高观察问题、分析问题，解决问题的能力。另外，从形体礼仪课程的特性出发，充分调动学生学习的主动性、积极性和创造性，注重启发学生思维、强调课堂互动、强化实践教学、突出学生的主体地位。注重对教学方法的改进和创新，具体体现在：

（一）项目引领教学

本课程以高星级饭店运营与管理岗位核心职业能力和工作流程为导向设计项目课程内容，将课程内容融合为 8 个项目，通过布置项目任务，让学生通过共同实施一个完整的项目而进行学习。在完成项目的过程中，突出了学生的主体地位，强化学生相关知识综合运用能力，提高学生分析问题和解决问题的能力。

（二）任务驱动教学

课程内容的设计基于岗位职业能力，并根据各能力要求设计学习任务，采用任务驱动教学，融“教、学、做”于一体，集理论、实训操作于一体，教师以任务引领，实施以学生为中心的教学，教学过程中教师始终起到组织和引导作用；学生通过完成项目任务，掌握职业技能和专业知识。

（三）角色扮演教学

在项目的学习过程中，各小组成员分别扮演“老板”“员工”及“观察员”等角色，设置教学情景，进行现场演练。学生既是学习活动的主体，同时又是教学活动中的实施者，不仅提升学生综合素质，还锻炼了学生的沟通技巧，对学生在沟通过程中的接打电话、站姿、握手、递交名片等礼仪方面进行训练，培养了学生的表达能力、沟通能力、营销展示能力、应变能力及解决问题的能力。

（四）小组探讨学习

本课程教学以小组合作学习方式来组织学生的学习，充分考虑学生的性格差异、能力差异，按“组内异质、组间同质”原则组建学生学习小组，组内合作，组际竞争，以学生带动学生，以学生监督学生。在教学过程中既有团队合作项目，又有需要个人单独完成的任务，学生在小组中各司其职，人人有责任，人人有事做，积极协作与反思，互相交流、探讨，并自主探究。这样，不同能力的学生在交流、协作、思维方式等方面都有所提高，充分挖掘潜能，增强自信心，在实际中获得成就感，体验成功的喜悦。同时，通过小组合作学习，培养了学生团队协作能力、沟通能力与执行力，注重养成严谨务实、积极进取、健康稳定的心理状态和善于学习、敢于创新、执着专注的职业情感。

六、课程考核方式的改革

本课程所有项目采用分组教学，通过竞赛激励，强调“过程考核”，考核将结合学生过程表现、单项技能考核和总结性考核来进行。在考核内容上，以“能力考核”为主，主要采用学生自评、互评、教师评价的方式进行。具体要求如下：

（一）学生过程表现

对学生在学习岗位技能的态度和能力，参与度，解决问题的能力，对新技术的接受能力，与同学协作的能力，对新的应用环境的适应能力，社会活动能力，责任心和道德规范、安全意识等方面的评价，包括平时考勤与平时表现两个方面。考核权重占总成绩的20%。

（二）单项技能考核

对学生完成某一阶段学习任务的考核，以某一项目模块为内容，通过完成某一“任务”，对学生掌握知识和基本技能的程度进行考核。考核权重占总成绩的50%。

（三）总结性考核

它是对学生完成学习后的综合考核，以总结交流、策划、展示等形式，让学生自己设计、策划展示方案，充分发挥学生的主动性和创造力，对学生运用各种情境创设解决实际问题的综合能力、创新精神和实践能力进行考核。考核权重占总成绩的30%。

综上所述，“形体训练”课程实践性教学改革，使学生初步掌握本领域工作所需核心技能，提高完成整个工作过程所需的思维能力，学生学习的目标性和实用性增强。这种“工学结合”“够用为度”的教学方式，推动学校课程教学实践与职业岗位对接，将有效提高学生核心职业能力，为学生实现“零距离”上岗奠定坚实的基础。

参考文献：

[1] 宋克慧，田圣会，彭庆文．应用型人才的知识、能力、素质结构及其培养[J]，高等工程教育研究，2012，(7).

[2] 刘秀丽．职业礼仪．北京：中国铁道出版社，2011.

[3] 文晓玲，李朋．社交礼仪[M]．大连：大连理工大学出版社，2008.

（作者为北海市中等职业技术学校科研处副主任，高级讲师，研究方向为中职学校形体训练、服务礼仪课程开发及体育教师专业化成长）

县级中专学校旅游课程精致化教学初探

——以岑溪中等专业学校为例

欧至娜

摘　要:县级中专学校旅游专业在专业发展过程中遇到课程设置笼统化、师资水平不高、教学对象定位模糊等多方面问题。本文着重探讨如何通过在县级中专学校开展精致化教学(包括旅游课程内涵精致化、教师队伍建设精致化、教学对象精致化、现代化教学课堂精致化),完善中专旅游课程,打造高效、优质的课堂,促进县级中专旅游专业发展,更为培养为地方旅游经济发展所需求的旅游专业服务的技能型人才。

关键词:县级中专;精致化教学;旅游课程

在中国旅游业蓬勃发展的今天,岑溪旅游业正值成长阶段。而岑溪市中等专业学校旅游服务与管理专业依托着岑溪旅游经济的发展,正在不断建设。在建设发展过程中,专业出现了课程设置笼统化、师资水平不高,教学对象定位模糊等多方面问题,旅游课程改革势在必行。为此,探讨用精致化教学促旅游课程建设,改变现阶段县级中专旅游课程的现状和问题,从课程内涵建设、教师队伍建设、教学对象培养以及信息化课堂教学创新四个方面出发,在县级中专学校中开展精致化教学,具有十分重要的现实意义。

一、县级中专学校旅游课程的现状与问题

(一)县级中专学校旅游专业的现状

在岑溪市这个旅游初步发展的县级市,旅游服务业并不如旅游城市发达,岑溪中专旅游专业在发展的过程中也在面临着机遇和挑战。

生源方面,县级中专学校旅游专业人数远不如其他专业,父母在为孩子选择专业时,不会甚至反对孩子就读旅游服务与管理专业。其次,中专招生范围大多数集中在县级以下乡镇中学,城乡教学资源的差距造成了旅游专业学生质量良莠不齐。

教师方面,由于旅游专业学生人数少、班级少,相对来说学校配置的旅游课程

教学老师人数少。其次,“双师型”教师占旅游教师团队人数比例小,专业教师队伍年轻化,缺乏岗位实践经验,并且存在专业教师流失率高的问题。

设备方面,由于学生人数的限制,旅游专业相对于其他专业发展缓慢,导致旅游专业的校内实训基地等方面的建设不足。

(二)县级中专旅游课程的现状

由于受到县级中专旅游专业学生少、班级少、教师少、设施设备不足等条件的制约,专业课程的现状不尽如人意。

在内容方面,专业课程未能做好“中专到高职高专”之间教学内容的合理衔接。目前,县级中专旅游课程在内容设置上与高职高专课程内容有衔接,但大多数的课程内容包括理论课程及实操课程都有一定甚至大程度的内容重复。有部分我校升大专的同学反映,大专理论课程知识生涩难懂,这是未能做好两者之间教学内容的合理衔接的体现。

在教学目标设置上,专业课程未能根据学生特点及企业的实际需求进行分析,具体表现在我校学生在进行企业实践时,用人单位提出其在职业知识、对客服务及岗位气质等方面不达标,由此反映了教学目标设置上的不严谨。

在教学过程方面,教学过程当中安排了实践操作,但实践内容不能满足当前岗位的需求。如:学生到东湖国际大酒店进行婚宴服务,未能在有限的时间内进行强度高、任务重的中餐服务。

在校企合作方面,课程中校企合作不够深入化,如我校的茶艺、甜品、导游课程都未能安排学生深入企业一线实习。

(三)县级中专业课堂的现状

1. 县级中专旅游课堂学习“主体”不正确

县级中专旅游学生人数少且学生质量良莠不齐,教师在教学过程中未能关注学生的独特性,不能做好学情分析,导致课程缺乏一定的针对性。因为教师在整个教学过程过分注重课本内容,并且在备课过程中没有根据学生的差异,对课程进行分层,没有根据学生的特点进行教学目标的设置,从而在学生中形成了两极分化的效果,能力好的学生技能更好,能力差的学生更加一蹶不振。

2. 县级中专旅游课堂过于笼统,粗糙

教师备课上课所使用的教材,大多数来自“十二五职业教育国家规划教材”。这样,导致了“中高职”之间教学内容未能很好地合理衔接,并且造成了旅游课堂效果笼统、粗糙、不细致。专业教师应当按照实际情况出发,使用适合自身专业发展的校本教材,并结合教材精心设计教学细节,追求高效优质的课堂。

3. 县级中专旅游课堂学习“主体”不正确

县级中专生大多数来自乡镇中学,受“填鸭式”的传统教学方法影响,他们大都是以“要我学”来对待学习，在课堂上大多数人处于被动接受的地位。因此，我们说旅游课堂学习“主体”是不正确的。

二、旅游课程精致化教学的重要性

“精致”寓意为“精巧细致”，可理解为精简、富有技巧、注重细节。“精致化教学”指以全体学生全面而富有个性的发展为目标，实现教学过程的精细化、合理化和科学化，并追求教学效果的最优。开展精致化教学旨在完善县级中专学校旅游课程，促进其专业发展，培养为地方旅游经济发展，适应社会需求的旅游专业服务的技能型人才。精致化教学对旅游课程的改革与创新起着重要的作用。

在县级中专学校旅游课程中开展精致化教学，包括：旅游课程内涵精致化、教师队伍建设精致化、教学对象精致化、现代化教学课堂精致化；关注学生个体情况，进行差异教学，教师从备课—上课—课后反思整个教学过程，最大限度地提升自身的执教能力，在精致教师教学队伍同时培养学生的能力，打造高效，优质的旅游课堂。

三、精致化教学在县级中专学校旅游课程中的开展

(一)旅游课程内涵建设精致化

1. 教学内容精致化

在旅游课程内涵建设精致化的过程中，教师应对课程教学内容进行合理的选择和使用，细致处理教材内容，对所教授的课程内容尽量做到精简化。一方面，专业内容的选择应当深入浅出并且要做好“中升高”两者之间的内容合理衔接，教学内容要具有针对性，要适用于县级中专旅游专业师生进行学习实践操作。另一方面，教师要具备对教材内容处理的能力，要不断地对专业课程内容、知识进行更新和补充，使得教学内容能紧跟行业步伐。

2. 教学目标精致化

在旅游课程内涵建设精致化的过程中，要细致地设计教学目标。针对学生个体性与差异性做好学情分析。要把握情感目标的设计，将工匠精神、旅游职业素养和人文素质渗透到教学目标当中，旨在培养出适合行业，适合社会，适合新时代要求的服务型技能人才。

3. 教学模式精致化

在旅游课程内涵建设精致化的过程中，教师要精准的把握教学模式的使用。教师根据旅游专业特点和教材内容，结合学生特点，将项目教学法、情景模拟法、小组合作法、任务驱动法等融入课堂，用互动式的教学模式使得教学效果达到最优化。

4. 教学分层精致化

在旅游课程内涵建设精致化过程中，教师要关注专业细节，层层递进地对旅游专业学生进行低—中—高年级分层教学流程设计。低年级讲授基础知识，了解并熟练进行简单专业实训操作；中年级传授岗位知识及职业素养，培养学生岗位应变能力，并要求学生掌握旅游专业典型岗位的操作，能独立进行个人作业；高年级学生培养其专业分析能力，包括个人形象、礼仪礼节、语言表达以及逻辑表达能力等。

5. 教学反思精致化

在旅游课程内涵建设精致化过程中，教师要细致地处理好每一节课的教学反思，不断修正、优化课堂效果，形成良好的教学习惯。要利用教学反思促进专业教师之间的教学交流，从中做到去粗取精。

（二）教师队伍建设精致化

首先，旅游专业教师人数少，间接或直接阻碍了旅游课程的开发，影响教学质量。因此，增加旅游专业课程教师人数，保证旅游教学需要，是教师队伍精致化的保障。发展旅游专业，促进精致化教学，要在引进旅游专业教师的同时留住人才，保证旅游专业教师团队的质量。

其次，旅游教师缺乏丰富的专业经验以及扎实的技术操作能力，不利于专业队伍的建设及专业的长远发展。因此，加强“双师型”教师队伍建设，提升教师专业技能是教师队伍精致化的核心。应当在人力物力财力上支持专业老师参加具有专业针对性的培训，要求其具备相关的行业资格。鼓励教师参加技能考核，以及各种技能竞赛来促进县级中专旅游“双师型”教师队伍质量建设，促进专业长远发展，保证优质化课程建设有足够的师资支持。

最后，要加强对旅游专业骨干教师的“再”培训，采用“校校合作”“校企合作”的模式对骨干教师进行培训。与市级中专、省级中专乃至全国优秀旅游学校合作，交换教师，帮扶县级中专学校旅游专业建设。同时，还可组织专业教师学习其他学校优秀的教学方式方法，与行业前沿的企业合作，安排骨干教师进行顶岗学习，以便在完善自身实操技能的同时更新行业新知识。

（三）教学对象精致化

县级中专学校旅游专业学生人数少，可形成一个小班教学，并将互动型教学模式融入小班教学中。如采用小组合作法、情景模拟法、任务驱动法等多向性的互动教学模式，给学生创造一个自己做主的舞台，从“要我学”的学习观念转变成“我要学”的学习观念，让学生从观念上、行为上、行动上彻底发生变化。

（四）善用现代化教学信息课堂

善用现代化教学手段，打造旅游信息化教学课堂。例如：使用“微课”进行课堂教学,让学生能用更直观的方式掌握知识点;让“微信”进入课堂教学,进行小组细分,布置任务,传递任务以及共享学习资源,做无纸化教学课堂;利用网络教学平台布置作业,让课后学习形式紧跟“潮流”。

四、结语

岑溪旅游日渐兴起,岑溪中专学校旅游专业随着旅游业的发展逐渐受到各界人士的关注。积极探索以精致化教学促旅游课程的改革与创新,制订有针对性的教学设计,完善中专学校旅游课程,打造高效、优质的课堂,对于促进县级中专旅游专业发展,更好培养地方旅游经济发展所需要的旅游专业技能型人才,具有十分重要的现实意义。

参考文献:

[1] 贾红丽. 旅游课程教学现状与改革措施[J]. 教育与职业,2015(24):92-94.

[2] 王铁波. 中职学校实施教学过程精致化管理的探讨[J]. 现代教育科学(中学教师),2014(06):87-57.

[3] 宦宝玲. 中职教学精致化管理探索[J]. 现代教育科学(中学教师),2011(05):24-34.

[4] 张嬿. 初中数学课堂教学精致化的行动研究[D]. 上海师范大学,2012.

[5] 谷睿. 小班精致阅读教学的探索与实践[D]. 华中师范大学,2013.

(作者为岑溪市中等专业学校旅游管理专业组助理讲师,研究方向为旅游管理,酒店管理)

新形势下旅游创新创业的商业模式研究

熊　玲

摘　要:在传统的企业竞争中,价格、质量、人才可能是最具竞争力的,也是决定企业生死存亡的。然而在互联网时代,企业之间的竞争,不再仅仅是价格的高低、质量的高低和人才的多寡,而更多的掺入了客户细分、重要伙伴、渠道通路、核心资源、价值主张等等因素和成分。而这,就是商业模式,是决定企业生命力的、推动企业长远发展的重要因素。传统意义上的旅游行业企业在其外部市场和自身经营的双重压力下,在互联网和大数据技术的不断加深影响和蔓延的背景下,旅游创新创业商业模式具有十分重要的现实意义。为此,旅游行业企业势必要进行创新和变革。本文将对新形势旅游创新创业的商业模式进行研究。

关键词:旅游;商业模式;创新

当前的经济发展过程中,商业模式越来越重要,企业之间的竞争已经不仅仅是资金的竞争、人才的竞争、产品的竞争,更为关键的是商业模式的创新,即产品创新、运营方式创新、管理创新等等,这些对于企业的发展和对于未来市场空间的占领是非常关键的。

一、旅游创新创业商业模式的类别

(一)跨行商业模式

对跨行商业模式而言,实际上相当于对以往商业模式的改进与调整,也属于对公司所采取的商业模式实施做了深层创新,它特别受到那些创业大学生的关注,显示了对以往模式的颠覆性效用。然而,若想达到这样的颠覆性创新,是需有某些要素为基础的。创业者不但要有较高的个人素养,还要处在有利的市场条件下、且得到有关部门的支持,等等。也即,在外部的各类相关要素齐备的状况下,才可达到这样的改进与调整。现今,创业者在对商业模式引用时,需注意对某些低效的公司实施内部整合,调整生产关系、加强其总体实力。如:去除冗余的中间流通环节,减少生产成本与支出,借助信息平台来整理、鉴别、公布公司相关信息,增加用户的认可度与延伸产品的影响范围。举例来讲,苹果公司经对商业模式的调整与改进后,使其从软件业直接跨入手机制造业,仅用数年即占据了极高的市场额度,取得了惊人的收入。而我国的小米公司由风投领域直接跨入手机制造业,也取得了十分理想的成果。

(二)边际收益商业模式

该商业模式属于以网络为载体,在各领域实施创新创业的有效途径。由于经这种途径,更易于得到用户的关注,所以,可促进价值上升、取得理想的收入。比如:以百度为代表的搜索引擎的运营,以360杀毒软件、金山毒霸为代表的杀毒软件的运营,以优酷、乐视等为代表的网络视频网站的运营,都是通过这种边际收益商业模式的运用,依靠良好的服务与大量的广告收益来实现盈利的。故此,对创新创业而言,在选择该商业模式后,对其后续的操作会给予明显的引领。创业者应该认识到,创业需善于深挖本身的长处以及凭借当前的网络力量,以网络作为创业的载体,采取正确的创业思想以及行为,向已定方向不懈地前行,从而获得有价值的创业体验。此外,对那些刚涉世的大学生创业者而言,要使其逐步知晓创业并非一蹴而就的,需走过极为不平的路途,其间可能要忍饥挨饿、遭受磨难,还可能受到他人的不解等等。因此,他们在创业前,要在思想上对此有足够的准备。

(三)线上商业模式

线上商业模式属于当前较常使用的产品交易运作途径,自出现以来至今已显示了极强的吸引性,得到了用户的普遍青睐。其运作的显著特征是凭借适合的网络手段来对产品实施线上出售和相关服务,以此来增大产品的出售空间、并促进产品的制造。这种商业模式往往要借助规模较大的线上平台(如天猫商城、阿里巴巴等)来具体实施。它的出现,明显地改变了以往的交易运作途径,不但把产品的制造、出售、服务等科学地衔接起来,去除了其中某些无效的环节,还减少了运作的支出、增强了服务的效果;而且该模式的出现亦促进电子形式的支付得以普及,如借助微信等实施电子形式的支付,为大众的交易提供明显的便利。

(四)公司商业模式

第一类不少人在其创业的起步阶段都选择的是创设微型公司。比如:对某类小产品实施网上销售,组成O2O销售模式的队伍以及创设微型的科技公司,对专门的产品做深层研发,或创设微型的策划公司选择网络手段对专门产品的推广实施策划,还有部分人士开办了绿色蔬菜种植场等等。上述形式均可作为大学生实施公司创业的形式。

第二类通常的创新形式即是用户参与的形式。比如:前卫与潮流化是年轻人在挑选T恤衫时尤其注重的关键要素。他们往往对T恤衫厂家给出的图案不认可。那么,为何不以适合的途径将他们的想法汇聚一起呢?出于这种考虑,美国两名高中生开设了一家公司,短期内即引来了60万会员。他们中既有年轻职员,也有大学生,有精力亦有热情设计T恤衫图案。公司有时以设计活动的形式来采集图案,之后,把得到图案放于网上让会员讨论,并选出最受青睐的图案让T恤衫厂制作。如此,就使制作的外衣更易于适合年轻人的口味,销路也会顺畅。用户为主的时期来临了,公司必须分出权限,让用户参与。公司与用户二者需形成极其融洽的双向关系。

第三类通常的形式为延伸业务链。美国某家软件公司在2005年以每月300美元向医生普及电子病历系统软件。可是效果不理想,后来虽然降至每月50美元,业务仍未有进展。2008年,为推进医疗改革,美国政府颁布法案,规定医生要在2015年底前使用电子病历系统。该公司迅速调整自己的商业模式,决定将病历软件免费许可给医生,同时要求医生同意将系统生成病历的版权让渡给该公司。这种免费形式明显地增大了用户数,为该公司引入了众多的病历。从而使该公司以这些病历为依据,在做了详细研判后,发现了不少病症的进展规律及相关药物的现实效用,还有部分医生收集药物的使用频次等信息;将得到的信息卖于药企后,马上转为盈利状态。

第四类通常的形式为搭设整合性平台。详细如下:将行业各方都汇聚于某平台上,经过该平台使他们达成交易,该平台也即属于整合性平台。在10年前,用工市场就已被某公司以网络手段转到了线上,这样,就不再受以往空间的约束,明显增强了用工市场的效率。之后,该公司快速壮大,引入了众多的微型公司与数百万的威客(方案设计者),不久即充当了威客成长与微型公司整合外部元素的平台,体现了极大的成长优势。

第五类通常的形式为开发新的收入来源。公司在以往的收入主要来自具体的用户;如今,又另外开发了“羊毛出于牛身上”的来源。比如:咪蒙的运作形式以及某些杀毒软件的使用形式等。

第六类通常的形式为创新计费依据。当前,在计费依据上得到了创新,其中,不但有依据增值计费与依据次数计费,还有依据资格计费、及依据时间计费等等。

二、持续改进先进的基础设施网络

首先,要在信息、健康、能源环境的基础设施建设方面下足功夫。其间,要做到将大型网络工程建设放在重要位置,同时还要引进竞争机制来确保信息消费价格能够处于平稳之势。另外,还要在大数据、基因库、能源环境的建设上,紧紧围绕国家统一布局,做到认真并严格的落实,进而加快数据资源共享、电子政务等一系列国家先进基础设施网络的建设脚步。

其次,要加快国家科技基础设施以及创新载体的发展速度。在该项工作中,必须要针对科研基地的建设与发展情况,以及科技资源共享服务平台的基本条件进行全方位的了解,为基础前沿科学的研究、大科学装置建设提供更为强大的支持。就创新创业较为集中的领域而言,必须要建立各型企业协同发展的创新创业支撑平台,进而加快网络化服务平台等附属平台的速度,为我国企业创新创业发展提供强有力的推动与保证。

最后,要不断加大科技基础设施的建设力度,以及加强在创新载体、大中型互联网平台向企业创新创业开放以及大数据和云计算设施的建设力度。同时还要做到向创新创业企业提供技术研发、标准、产品上的质量服务检测,进而达到大力推动高技术服务业的发展步伐。

三、共享经济理念下旅游行业企业新型创新创业模式

伴随着网络信息技术的快速发展,各种无线终端产品、物联网、虚拟技术以已经充斥在人们的日常工作和生活之中,已经成为人们工作和生活不可分割的一部分。其间,物联网已经成为人们连接虚拟世界和物质世界的重要通道,也正在改变着人们工作、生活的方式,“共享经济”也接踵而来。何谓“共享经济”? 指的就是以互联网平台为依托,形成人与人之间的物品交换、各种贸易、租赁等形式,实现彼此之间闲置的资源能够得到更好地共享,将其所存在的价值最大化发挥出来,这样的商业模式就是共享经济。面对“共享经济”这一理念,众多企业正在寻求向平台型组织转变,把调动企业内部员工参与创新的积极性放在首位,力求实现大众创业、万众创新。与此同时,企业在与外部的联系方面也会得到增强,合作的点也会更加广泛的建立起来,进而形成合作的多元化发展之势。在这一趋势之下,众创、众包等互联网创新创业平台也相继出现,另外创客、威客等新的创新创业模式也随之出现。

(一)创客模式

所谓的“创客”,指的就是创造者,这些创造者往往是各行、各业、各个领域的杰出代表,都有着超强的审时度势这一能力。创客模式就是企业内部在原有的雇佣关系基础上发展而来的。通过建立各种各样的平台,并且制订出一系列相关的规章制度,以满足员工的基本需要和天赋为主要目的的二次雇佣,在该模式中企业要为员工充分的授权,达到不断提高企业创造力和组织绩效这一恒久不变的目标。创客模式往往都存在于企业内部创建小型创客团队这一领域,在这期间,小型创客团队普遍采用独立核算的方式来运行,以此鼓励团队内部全体员工参与企业的经营活动。以海尔集团为例,该集团就是以自主经营体模式进行运营,集团内部的每

一位员工都要成为自主经营、自负盈亏的小企业，员工在受到充分授权的制度安排下，各项工作业绩有着明显的提升，工作的自主性也得到了前所未有的体现，创新能力因此也源源不断的迸发出来，企业的效益与员工的绩效之间形成了双赢。以阿米巴经营模式为例，该经营模式以企业内部的各个领导为小核心，将企业内部分为若干个小组，每个小组都要各自制定出相应的计划，而在计划的完成过程中需要小组的集体智慧和努力作为保证，每一分子都是不可或缺的。其中，小组各自的费用都要进行独立核算，小组能够实现盈利，那么企业就会实现盈利，反之企业就不会实现盈利。另外，还有腾讯集团就实行了封闭式创客团队模式，该模式是以组建企业内部封闭式创客团队的形式来运作，以创客团队之间的竞争来推动产品的开发与创新，我们现在所熟知的微信就是在这一模式下产生的。综上所示，企业内部创客模式可以推动企业与员工之间形成目标的高度融合，为了达到同一目标而共同努力奋斗，在减少企业与员工之间冲突的同时，也能够实现企业与员工之间的双赢，进而企业自身的竞争力也在无形中有了显著增强。

（二）威客模式

所谓的“威客”，从英文的词汇角度来看，指的就是智慧和钥匙。从英文词汇中不难理解到，威客就是要将自己的智慧、能力、知识和经验，通过互联网来转变成实际的收入。而怎样才能成为威客呢？在这期间就必须互联网技术，运用自己所掌握的甚至当前急需掌握的知识，创造出网络创新交易平台，这样的创新创业模式就统称为威客模式，也就是在现实生活中人们经常提到的“C2C”电子商务模式。从当前威客网站平台的发展情况来看，总数量已是快要突破千万大关，日成交额已经高达百万以上，这恰恰说明了威客网站在当今社会中的需求程度越来越高，能够满足越来越多的需求方与供给方的需求，企业则以前者的身份在该平台中与供给方形成紧密的互动。在这期间，企业可以在该平台中随时发布一些关于技术上的、科技上的相关信息，而该平台中的威客则会根据企业所发布的信息为之提供有针对性的解决方案。以八戒网为例，该平台是我国当前较为领先的威客行业服务平台，该平台主要针对的是小微企业，也就是说主要为小微企业提供服务，运用的则是线上与线下资源整合的数据技术，为小微企业提供一个人力资源共享平台，形成一个人才与小微企业之间的双边市场，建立一条人才与小微企业之间相互对接的价值链。这样小微企业既能满足技术上和创新上的需要，同时威客也能够将自己的智慧、知识、能力、创新转化为实实在在的价值，不仅推动了社会的发展，同时也实现了自己的发展。在八戒网中，小微企业征集方案的对象往往是大众视角，而提供解决方案的威客也恰恰来自于大众，在为小微企业提供创新方案之时，往往能够代表大众需求，小微企业也可以实现有效控制成本。这种创新创业模式其实质就是一种共赢模式。

（三）众包模式

所谓的“众包模式”，指的就是通过互联网的手段，将企业内部员工和已经承包的项目承包给企业之外的大型公司，这些公司往往是有一定实力而且是自愿的企业。在创新创业模式之中，众包模式是一种非常普遍的模式，是一种以互联网为基础的工作人物分配模式。从更加直白的角度来说，就是企业将任务分包到承包方，承包方这样根据所承包的任务进行劳动力的分配，以及创意、解决方案的制定，从中获取到相关的利益。在长期以来所运行的商业模式中，通常都是有企业来主导价值的创造，而在众包模式的运行过程中，有更多企业外部的参与者进入价值创造过程之中，这样企业不仅能够得到有效的成本控制，同时还提升了自身的竞争力。以步步高集团的创业模式为例，该集团就以共享会员数据及异业为合作方向，将餐饮、便利店和商场的经营承包到集团之外的企业之中，进而创造出每年高达三亿笔的成交量。在众包模式之下，企业与承包方之间增加了更多的了解与信任，同时也增加了业务合作的范围，在资源上也能够形成共享，进而让更多的优秀资源成为彼此发展的一部分。

（四）合伙人模式

从“合伙人模式”的定义来看，主要是指企业通过整合各类资源的同时，与企业外部创业伙伴之间建立并不紧密的合作关系，以合作对象的来源建立企业内部合作与外部合伙人制度，这样的创新创业模式就称之为合伙人模式。其中，内部合伙人是指企业内部所确立起的合伙人，从事的创业项目都会得到企业大力支持，企业和内部员工有权利享受到创业项目所获得的成果。以芬尼克兹所创立的“裂变式创业模式”来看，在创建该创业模式最初创建时就是以企业内部员工创业大赛的形式来进行，大力支持员工参与到创业活动之中，并且收效非常显著，有很多非常优秀的创意展现出来，而随之也有一批新公司出现。“裂变式创业模式”，也可以说是一种员工在母公司创立子公司的一种创业模式，在母公司控股的情况下，通过创立子公司来形成创业，这显然就是内部合伙人的一种具体表现形式。所谓的“外部合伙人”，就是企业和其他企业合伙人之间共同形成的一个新企业，双方共同合伙经营。例如：腾讯旗下的开放创新平台，为他人提供基础的服务、技术上的支持，以及平台和场地上的保证，目的就是要让他人能够开发出更多好的产品或项目。一旦开发出了好的产品或项目，那么就会放到腾讯旗下的创新平台去运营，进而为腾讯带来新的活力。从合伙人模式的本质来看，内部合伙人模式更有利于企业自身的创新发展，能够为企业创新带来强大的动力，不仅不会失去骨干人才，同时还能帮助企业实现更好的转型和升级。而外部合伙人模式则更加有利于企业资源的整合，合伙人之间能够形成更好地优势互补，进而让企业在发展中的价值能够尽可能实现最大化。

四、结语

以上，本文对旅游创新创业商业模式展开了探究，对旅游创新创业商业模式的现状以及新形势下如何创新创业商业模式进行了探索。旅游创新创业商业模式在互联网背景下市场经济多元发展的今天，是决定企业生死存亡的最关键因素。为此，要做好创新创业工作，就必须抓好商业模式，要根据市场的实际情况，根据自身的优势，避开自身的短板，积极优化商业模式，从而在市场竞争中更好地立足。

参考文献：

王婷;李倩;周冰．创新驱动下大学生“互联网+”创业的商业模式研究[J]．中国商论,2017-04-01

（作者为桂林旅游学院教师、高级创业指导师，研究方向为创新创业教育、旅游管理）

西方初见东方

——近代来桂西方人西江游历评析

庞少哲

摘　要:近代西方人来桂,不论是出于何种原因,航行西江是他们进入广西的一项重要途径。通过对西文著作的整理,爬梳西人游历西江的记载并加以评论分析,从西方人的视角,得出他们在西江上的游历包括:岸上观赏、水上见闻、船上印象等三方面,从中又可以管窥出不一样的近代广西社会面貌,并构成一个与陆上人家不同却又有所相似的社会缩影。

关键词:西江;游历;来桂西方人;近代

近代以前,在西方人来华游历并记录有关中国情状的记载中,影响较大的首推《马可·波罗游记》。马可·波罗曾于13世纪来华,在华游历17年。其书中描绘了中国富丽堂皇的皇宫、富饶的物产、繁荣的街市、便利的交通,甚至是遍地黄金等各种景象,虽有夸大之嫌,但却是第一次向西方传递了当时的中国形象,激发西方人对中国的无限想往。此后,愈来愈多的西方人不论来华与否,皆有描述中国的论述。

在近代中国自被迫开放通商口岸后的一个多世纪里,西人纷至沓来,当他们踏上东方异域国度,目睹当时中国种种景象的同时,也为沿途民生百态所吸引。他们虽不是专门的旅行者,但却充当着旅行者的角色,将沿途所见所闻详细记录,描绘出一幅幅近代中国社会画卷,展现当时的社会面貌。而在近代陆路交通不发达的中国社会,常以水上交通为主,近代广西更是依靠四通八达的水上交通系统维系与外界的交往,尤其是西江水系。在近代西方列强瓜分中国的浪潮之际,广西是吸引西方人前来的风水宝地。航行西江,更是他们进入广西的一项重要途径。

因此,本文试图在这些西文著作中整理爬梳出他们游历西江的记载,并加以评论分析,从西方人的视角,期以对近代西江风貌、近代广西水上社会有更深入的了解与探讨。

一、近代来桂西方人游西江之因

西江,古称郁水、浪水、牂牁江。从地图上看,它发源于云南,流经广西,是华南地区和珠江水系中最长的河流，为中国第三大河，其航运量居中国第二，仅次长江。广西段的西江水系主要包括南盘江、红河水、左江、右江、黔江、浔江、郁江、柳江、桂江、贺江等支流，在梧州汇集后统称为西江，之后往东流入珠江，再注入南海。

若从广东沿西江进入广西，首站便是广西的水上门户——梧州。众所周知，梧州乃“战略位置绝佳”[1]之地，是水上交通枢纽，是近代进出中国西南与华南的主要通道和关口，具有尤为重要的商业价值。正如西方人所说，梧州是“广西的主要商业城市，也是省内的重要港口，是省内的天然门户，是一个繁忙、繁荣的中心”[2]。1897 年 5 月，清政府宣布梧州对外通商，同年 6 月 4 日，在梧州大东桥下侧正式设立梧州海关，梧州正式开埠。因此，梧州成为广西对外交往的主要市镇，是西方人从广东进入广西的必经之地。

1897 年 5 月，清政府宣布梧州对外通商，同年 6 月 4 日，在梧州大东桥下侧正式设立梧州海关，梧州正式开埠。因此，梧州成为广西对外交往的主要市镇，是西方人从广东进入广西的必经之地。

经过梧州，往北即进入西江支流桂江段，途经平乐、阳朔，到达桂林，若继续水路前行还将进入湖南等地。据记载，来桂西方人在梧州中转后，大多宁可选择沿桂江而上[3]。所以关于桂江，他们再熟悉不过了，可以说是广西西江水系中最受欢迎的支流，其相关记载也颇多。例如，桂江“在平乐以上称漓江并通向桂林，这条河不宽水浅，但大汽船也能航行其上。这条水路是桂北连接广东向外界的通道”[4]；“是连通桂林至梧州的一条重要水上通道，不过这条从桂江上游通往平乐和桂林的路线是二十世纪初才开通的，并仅限于旺季”[5]等。对于平乐，有记载称，“整个平乐辖区有非常多的人口，在平乐辖区内所有的城市和大部分市镇中，发现无论走到哪里，都不缺少可以讲道与分发福音手册的人”[6]。说明当时平乐人口密度不小；而桂林，是当时广西的省会，甚至有所谓“条条大路通桂林”[3]之说，其东北有湖南，西有贵州，且从桂林出发的道路往北、东、南、西都拥有着大规模的城镇、乡村和市场，这些地方都吸引着初次来华西人深入探索，而进入湖南更是意味着进入中国的腹地。

虽然近代西方人进入广西西南部地区大多是从当时的法属殖民地越南进入，或是从贵州潜入，但亦有少量愿沿浔江一路往西进入广西西南地区。梧州往西进入浔江段，可抵达桂平，这里曾是美国人付尔顿（Dr. Fulton）试图进入却被民众排斥、驱赶之地[7]；在桂平往北即入黔江、柳江，可达柳州，柳州“地理位置靠近广西省的中心”[6]，西方人觊觎已久。桂平往西则进入郁江，可抵达南宁，这“是个非常重要的商业中心和居住城市，于 1907 年成为开放的条约港口，最近被选为广西省会，近几年来，这座城市的总体繁荣和发展非常明显”[2]，且“位于三条河流的交汇处，形势重要，吸引了前人的注意”[8]。在南宁，若往西北方向沿右江前行，可达百色，往西南方向沿左江溯流则可抵龙州，百色是“广东商客前往云南的必经之地”[9]。在百色，“人们通常会看到一辆由500头骡子或驴子组成的大篷车，里面有大批游客进入这座城市”[7]，而龙州在地理位置上由于十分靠近法属殖民地越南，且在十九世纪末即有法国领事进驻龙州，因此西方人亦早有打算来此一游。

当来华西方人进入广西到达梧州后，不论是沿着西江哪条支流前行，所到之城市皆具有不可小觑的战略意义。甚至有西方人直言道：“西江流域具有高度多样化的特点，丰富的矿产资源和亚热带产品”[10]，它“非常重要，流经中国丰富的热带地区，河岸上有许多大城市，至少对欧洲人来说最著名的城市都在这条江上”[11]。而在当时的中国，沿大河流建立的停靠港中，虽“允许轮船登陆运载乘客或货物”，但是在“外国商人不被允许居住或经商、开设仓库”之地，中国现有二十五个停靠港，其中西江占十六个[12]。因此，愈来愈多的西方人源源不断进入西江，试图占有港口城市，以实现通商。

西人游历西江，一是西江一带的优美风光及其独特民生吸引了他们的关注；二是商业贸易的需要，从广州沿海进入中国内地，西江是便捷的通道；三是通过关注西江接触当地民众、了解族群文化，尤其是地方民俗信仰，从而为进入内地做更好的准备；四是西方人知晓西江的战略意义，并期以对西方殖民势力的扩张提供参考价值。这些来华游历西江的西方人，包括纯粹旅游的旅行者、救死扶伤的医生、被派驻来华的外交官等，身份不同，出身各异，关注点就有所差别。而不论是出于何种身份、何种目的，途径西江的游历经验，使他们都化身为一个初遇中国、眼前新奇的旅行者。在他们的西江“旅行笔记”中，可整理划分为三类内容：站在行船上，往岸上观赏到的自然风光与河水泛滥；在水上所见所闻之交通繁忙与河匪、鬻女的普遍；以及在行船过程中与中国船员接触后所留下的印象等。

二、岸上观赏——自然风光之美与河水泛滥

自古以来，文人墨客总爱游山玩水，正所谓“知者乐水，仁者乐山；知者动，仁者静；知者乐，仁者寿”[13]。而广西的山水正好适合知者与仁者的来访，“山川之美，古来共谈。高峰入云，清流见底”[14]。这水，望之则清澈见底，触之即柔和清爽；这山，虽不高耸入云，但也青秀壮丽，“山丘丰富”[15]。加之扑面而来的温和气息，这整个给人一种如释重负的惬意之感。正如清代文人方苞所言：“凡山川之明媚者，能使游者欣然而乐。”[16]不论是中国旅行者还是来华西方人，游经广西西江首先映入眼帘的即是广西山水，并无不赞叹其美如画。

尤其是在有“桂林山水甲天下”的桂江一带，他们更是对沿途自然风光如痴如醉。有载，美国人璧丽珍(Ada Beeson Farmer)在沿桂江前往平乐途中就曾感慨船外美景：“广西境内，山峰不似广东丘陵般低矮，而是多由石灰岩构成，高耸挺立，形

态各异，远望似古堡、塔楼、炮台等，极具鬼斧神工之妙；河流多为石质河床，清澈见底，天空与群山倒映在水中，溪流穿过长满美丽野花与多丛灌木的峡谷，极目眺望，墨蓝色山峰的轮廓如梦境般美妙，这些优美的风景都使广西声名远播。"她甚至折服于阳朔的美丽，称之为"众神之花园"[5]，宛如仙境一般，并由此而更加热爱大自然。再如，查理斯・罗伯特（Charles Roberts）在 1940 年 5 月 1 日于长沙写给友人的信中有提到穿过桂江进入湖南的过程："到达梧州后，以每天大约 10 英里的速度缓慢地在美丽的桂江上行驶了 21 天，这条江到处是急流，船在上边抛锚或是由苦力拉着。江水是蔚蓝的绿色。船沿着这条江不断地蜿蜒穿过峡谷和茂密的山坡，日复一日，每天看的景色都不同。在最后即将到达桂林的五天，我们经过了一座奇特的石灰岩山，那有着奇形怪状和耐人寻味的岩石。"[17] 即便站在梧州眺望北边，看到的也是"桂江蜿蜒曲折地穿过山丘，脚下有大片平原，都在耕种中"[1] 的一片诗情画意的景象。

然而这自然风光美如画的西江也会有带来灾难的时候。"西江泛滥，给遥远的南方造成极大的破坏。"[18] 例如，璧丽珍刚到梧州不久便亲历了西江洪水的无情，"梧州位于两条河流的交汇处，每年洪水都会泛滥一次，而 1902 年尤其严重。一位海关官员的妻子患有严重的风湿病，恰巧她住在河边，地势低洼，快速上涨的河水卷走了一切。由于我们的住址在高处，这家人便请求来这里避难"[6]。这常年的洪水给地势低洼的居民造成不小的灾害，无怪乎有美国人刘福群（William C. Newbern）直接创办西江水灾救济，帮助受灾居民渡过难关。

美丽的西江亦有洪水泛滥淹没低洼之地的情况，但似乎又如那"尼罗河的赠礼"一般，淹没的平原待水退后又可变成肥沃的土地。"在旱季和雨季，西江最狭窄河段的水位落差有 40 英尺。水位下降到一定程度，河岸就多出了相当大的一块土壤，非常适宜耕种，而且由于水流常年冲刷，留下了丰富的沉积物。这些土壤可不能荒废，因此河流水量减少时，土地上种满了庄稼和蔬菜、桑树等，而这些作物在下一季河流涨水之前就会被收割掉，河流就重新恢复了活力。"[19]

三、水上见闻——商贸繁荣背后的丑恶与风险

在近代，西江被称为"广西的天然贸易公路"[20]，往来船只穿梭不绝，包括小木船、帆船、快艇、商船、小舢板等。游走在宽阔的西江上，"经常能看到木筏在浑黄的水中缓缓前行——木筏约三四百码长，驾木筏的人们舒服地住在上面；大帆船上则有像纸扇一样形状如画的风帆；在每一个小镇上，都有大量的'小船'，即舢板船，这种船的船头有一个活动顶棚，乘客们就坐在这里边"[19]。

行驶在西江上的船只多以正常的经贸往来为主。英国殖民者卜力（Henry Arthur Blake）游历后认为："西江当前是通往云南的主要河道，云南和广西西部有

大量的牛通过水路送往广东和香港销售。"尤其是有着"广西水上门户"之称的梧州,许多货物经水路都在此交汇流通,使得梧州段的西江"水上呈现一副相当壮观的景象,岸上挤满了许多本地船只,河岸也变得生机勃勃"[1]。梧州还是"西米东运"的集散地,"运送大米的船只从西部和桂江上流下,在梧州转运上广州的船只"。木材的出口亦在梧州口岸进行,"事实上,樟树木材、竹子也从梧州出口,被成捆绑在船舷上"[20],这些皆是通过水路与外界进行贸易。而柳州长期作为广西木材贸易的中心,木材交易量也非常大,"每年有数以千计的竹筏从这里将优质木材沿水路运送至梧州、广州及其他城市。当地有一句谚语称,'最好死在柳州',指的便是这里的棺木要比其他地区便宜很多"[5]。西江上的百色"是蒸汽航行的领头羊,因此是通往许多内陆城镇和城市的货物集散地,云南和贵州的商旅路线在此汇合……主要的运输品为鸦片,到百色后再经水路运到各口岸"[7]。由此可知,西江上的城镇大多为商品集散地,尤其在河流交汇处更是西江的水上交通枢纽,各类商品贸易船只来来往往,交易的货物包括鸦片、木材、粮食、竹子、牲畜等,呈现一幅繁荣景象。

但是,由于近代广西地区重男轻女现象较为严重,鬻女现象十分普遍,西江上不免会遇到贩卖女童的非法之船,有西方人目睹卖女过程后详细记录如下:

掌称的男人喊道:"55 斤。"

"不。"一位老妇回应,"56,看,称还没平呢。"

"好吧,56 斤,快点,后边还有很多呢!"

"你给多少?"老妇问。

"6 角一磅。"

"什么? 才 6 角? 你看,她很胖,而且 11 岁了。"

"不行,6 角。"男人坚持着价格。

"看,她有好衣服和手镯,给 7 角吧。"

"这些对我都没用,我只要她。"[21]

经过一番讨价还价后,最终双方以 6.5 角成交。"据估计,闹饥荒时期,从梧州口岸每天可卖出一两百名女童到广东。"[21]

并且也正是由于西江上往来商船络绎不绝,给河匪的打劫提供了可乘之机,因此,繁忙的西江流域同时充斥着非法的匪船,河匪猖獗。包括 1865 年 4 月,英国人伟烈亚力(Alexander Wylie)在梧州前往桂平的蒙江白马间十二矶狭隘处,遇河匪袭击,被夺银一百余,所带书籍被投落江中;1927 年 9 月 18 日,在前往桂林途中,澳大利亚护士金指真(Rhoda Watkins)与其姊妹涂彬(Blanche Tobin)乘坐小木船从梧州西江出发而被河匪劫持等;尤其是清末华南最大的一宗中外交涉案——1906 年英国人麦路德(Roderick Macdonald)被杀事件的发生,更是让西方人见证了西江的危险。往来商船被劫事件见惯不怪，以致西江“遍布劫匪”[22]在近代西方人中成为公认的事实。

正如西方人所说：“这个伟大的河流系统为该省几乎每一个地区都提供了完整的水路交通，尽管有时是危险的。”[15]近代广西与外界的经贸往来，得益于得天独厚的西江水上交通系统，水网密布，它将广西主要的大城镇——梧州、桂林、柳州、南宁、百色、龙州等地连接起来，是东盐西运、西米东运、滇铜东运等商贾往来的主要交通路线，同时存在着非法的贩卖女童现象和河匪劫船事件。也正是由于熙熙攘攘的商船往来，使得西江成为一条既繁荣又危险之河。

四、船上印象——中国船员面面观

来桂西人在游历西江时，由于所乘船只并非由专门的外国船只护送，因此在行船过程中不免会与船上的中国船员打交道，并由此在船上经历了与中国人相处的时光，得以近距离观察中国人，得出一幅类似于却又有些不同于中国城镇居民的形象。当中西两种异域文明初次碰撞时，深受工业文明教育的西方人便会品读出不一样的中国船员百态。

首先，是这些来华西人对“水上人家”的有所了解。“许多人生活在水上，每艘船都是一个家，一个非常健康的家。”[15]这些水上人家世代以捕鱼为业，有西方人甚至在游历过程中将他们的捕鱼方式细细观察并详细记录：“贫穷的渔民坐在又长又窄的小船船尾，旁边挂着一块被涂成了白色的木板；晚上，渔民将木板调整到合适的角度，想要跳起来咬它的鱼就会刚好落到船里”。[19]水上人家，一船一家，在西江，船民即渔民。此外，查理斯·罗伯特在桂江之行中对船民也有相关记载。“在这次旅行中，我对我们船民的信仰留下了深刻的印象。他们一共八人，包括船夫的妻子和孩子。其中一些人每天都有很多次，尤其是在晚上，找机会在我们居住房间的圣殿前献祭。当船只穿过任一急转弯时，船上的各个地方都会放上一张带香的红纸，目的是从河神处寻求保护。”[1]这是西方人目睹的船民在行船过程中的信仰行为，留下深刻印象，并似乎带有一定的不解在其中。实际上，船家行船前后皆有一套繁缛复杂的讲究。有学者对西江上的船家开船前后信仰状况做了走访调查，发现船家每次装货准备行船前都要做好一切准备：按风俗，第二天要开船，当天小孩吃饭、大人烧菜都要格外的小心，若打烂了饭碗或餐具就表示明天出行不利；而行期是不能改的，所以开船后会令一家人心系胸口、提心吊胆直至过了险滩才放心下来；那天规定小孩不能洗澡，也不可以吃蛋，说吃蛋要打碎蛋壳才能吃，意即会打烂船；同时那天不许家人洗鞋子，说洗鞋意头不好；船家称木船叫“木龙”，行船那天，大清早先备好猪肉，杀鸡拜船头龙神，并行祈福礼，求福保佑此行一路平安；待船同返后还福谢神庇护之恩，将一束袖子叶、两支红花插于舵头上，放炮起锚；若起航前船需调头行走则一边调头一边放炮[25]等,这当中的礼节直至现在还有部分船民保留。

另,有"桂林的白求恩"之称的英国人柏德贞(Charlotte Bacon)在前往桂林途中亦将行船过程详细记录。首先是开船前的"公鸡歃血"仪式。"一只大公鸡被宰杀并被用其鲜血涂抹于船身,以驱邪、祈求行船顺利。然而并没有什么用,出发不久船底被撞破一大洞。"这一意外事故吓坏了柏德贞,却被中国船员蔑视为"外国人总是没有耐心,一点小事就大惊小怪,甚至喊救命",并被劝"在中国除非是人命,否则没有什么是需要紧急奋力抢救的,有的是时间"。但柏德贞却认为中国人"过于淡定""不珍惜时间"。其次是通宵的狂赌和嘈杂。"船工所有的收入都用于赌博,通宵达旦,原本喜庆的婚宴也传来痛苦的哭声、吵闹声。"以致在船上嘈杂的环境下,柏德贞得出"中国人的吵闹与大喊大叫是习以为常之事,不一定是有事情发生"[4]的结论。

不难看出,在小小的船只上,也能折射出一个微型中国社会人间百态,在西方人看来,那是迷信、不珍惜时间、赌博、吵闹的一派"乱象"之景。在母国受到良好教育的西方人,在行船过程中初次与广西船民相处,记录船上人家的生活状况嘈杂等,不排除是站在自己以前所处的优越生活条件和船家不对等的立场上做出的看法和分析,以致从一开始就带有偏见意识来看待他们了,甚至无形中形成了彼此间的隔阂,这也影响到随后很难融入水上人家的生活并与之交往中。尤其是从自身固有观念出发,认为婚礼就应喜庆热闹,而船上人家的婚礼却充满哭闹,他们当然无法理解。据了解,近代桂江水上人家有"哭花烛""唱哭嫁歌"的习俗,桂江船家的女子要出嫁时定要先学会唱哭嫁歌,否则便会贻笑大方。这,一是表达角色转变时的不安,二是倾诉对父母的眷念和感激之情,三是叮嘱兄长善待父母,四是祈求神灵的保佑。[24]不过事实上,不单单是近代广西船民,甚至整个中国社会自古便有赌博的现象,从这一层面上看,西人所载的水上人家生活确有一定的真实性。

但是,西方人乘船观察并记载到的水上人家生活习性,是在进入中国之前从未经历到的,不排除是与自身素质和文化遭到冲击后,取印象深刻的事物进行记载,本身带有一定的主观取舍。而这些事物,在他们带回西方母国传播开来后,又构成当时西方人的广西观,甚至中国观的一部分。

五、结语

来桂西方人游历西江,目睹的广西山水美如画、西江河水泛滥、交通繁忙、河匪猖獗、中国船员的各种形态及民俗信仰等,都带有一定的真实性。广西山水之美自是不言而喻;雨季河流涨水亦是一种正常的自然现象;近代广西水网四通八达,商贸船只来来往往,同时又不得不对河匪提高警惕;透过船上的人来人往,又可管窥出不一样的生活百态，构成一个与陆上人家不同却又有所相似的社会缩影。

总之，虽然这些水上记述具有一定的真实性，但由于种种原因，来桂西方人多从自身的理解出发，其记载不免带有一定的立场与偏见。由于西方种族优越观念根深蒂固，对中国的描写无形中会带有伤害性或夸大性的评论。游历西江的所见所闻似乎可归结为“优美的景色”与“杂乱的中国人”，河匪猖獗，船民赌博、吵闹，成为他们眼中中国人的“形象标签”之一。不可否认的是，因文化差异的缘故，来桂西方人对中国社会的认识和理解会深受其母国文化和自身立场的影响，并且也与他们在中国的社会见识相联系。例如，他们当中普遍认为游历的西江是中国仅次于长江的第二大河流[1]，这在今天看来是站不住脚的。因此，面对外来游历者对西江风物、中国河山的描述，应辩证看待与分析。

可尽管如此，也正是这些西方人站在外来者的角度对广西西江风貌、船员进行描述，才进一步加深了时人（包括当时的西方人和中国人）对广西的了解，甚至对中国的认识。从这一层面上看，他们的游历文本具有十分重要的研究和参考价值。

参考文献：

[1] R. D. Thomas, A Trip on the West River[M]. Canton: The China Baptist Publication Society, 1903.

[2] The China Continuation Committee., The China Mission Year Book 1917 (Eighth Annual Issue)[Z]. Shanghai: The Christian Literature Society for China, 1917.

[3] S. Wells Williams, LL. D., The Middle Kingdom: A Survey of the Geography, Government, Education, Social Life, Arts, and History of the Chinese Empire and its Inhabitants[M]. New York: Charles Scribner's Sons, 1913: 176.

[4] Charlotte Bacon, Where East Meets West in China[M]. London and Edinburgh: Marshall, Morgan&Scott, LTD, 1929.

[5] Wilmoth A. Farmer., Ada beeson Farmer: A Missionary Heroine of Kuang Si [M]. Atlanta: Georgia Foote & Davies Company, 1912.

[6] Julia M. Lowe. A Historical Sketch Of Kwei Lin[A]. Taken from the New East. Gleanings From Kwei Lin, The Mandarin Field Of South China[M]. 1920: 1.

[7] W. H. Oldfield, Pioneering in Kwangsi: the Story of Alliance Missions in South China[M]. Harrisburg: Christian publications, Inc. 1936.

[8] Joseph Cuenot, Au Pays des Pavillons-Noirs La Mission du Kouangsi[M]. Hongkong: Imprimerie de Nazareth, 1925: 149.

[9] Horatio B. Hawkins, M. A., Geography of China[M]. Translated into English, Shanghai: Commercial Press, Limited, 1915: 9.

[10] Milton T. Stauffer, B. A. , B. D. , The Christian Occupation of China [M]. Shanghai:China Continuation Committee,1922:2.

[11] Arthur Evans Moule. , The Chinese People [M]. London: Society for Promoting Christian Knowledge,1914:31.

[12] Chong Su See,Ph. D. ,The Foreign Trade of China[M]. New York:Columbia University,1919:347.

[13] [宋]蔡节撰. 论语集说10卷[M],论语集说卷三,内府藏本:157.

[14] [南北朝]陶弘景. 答谢中书书[A]. 见陶弘景撰. 华阳陶隐居集2卷·卷下[M],明正统道藏本:16.

[15] Marshall Broomhall, B. A. , The Chinese Empire: A General & Missionary Survey[M]. London:Morgan&Scott. 1907.

[16] [清]方苞. 游雁荡记[A]. 见方苞撰. 望溪集30卷[M],文集卷十四纪. 清咸丰元年戴钧衡刻本:226.

[17] Fort Wayne Bible Institute,The Bible Vision:A Bimonthly Journal Reflecting the Light of the Bible on Us and Our Times[M]. Published bimonthly at Berne,Ind. , Volume IV,June,1940,Number 5.

[18] Henry T. Hodgkin, M. D. , Secretary of the National Christian Council, The China Mission Year Book 1925 (Thirteenth Issue) [Z]. Shanghai: Christian Literature Society,1925:364.

[19] [英]亨利·阿瑟·卜力. 遇见中国:卜力眼中的东方世界[M]. 李菲译. 上海:上海社会科学出版社,2017.

[20] Great Britain. Foreign Office. , Report For the Year 1897 on The Trade of Wuchow[R]. London:H. M. S. O. ,1898.

[21] Mrs. Roderick Macdonald. ,Roderick Macdonald M. D. [M],London:Robert Culley,1908.

[22] Rex Ray,Cowboy Missionary in Kwangsi [M]. Broadman Press,Nashville, Tennessee. 1964:19.

[23] 徐杰舜,罗树杰. 靠山吃山,靠水吃水:船家与高山汉比较研究[J]. 广西民族学院学报. 2003(2):9.

[24] 参见刘丽琼. 论桂江船家婚俗的文化内涵[J]. 桂林师范高等专科学校学报,2017,(1);黄燕群. 桂江流域昭平船家“哭花烛”习俗的文化功能[J]. 大众文艺. 2016,(12)等。

(作者单位:广西师范大学)

实习实训篇

基于知识图谱的国内外旅游实践教学研究对比分析

熊敬锘 熊 玲 潘 荣

摘 要:本研究以1994—2018年中国知网数据库及Web of Science收录的旅游实践教学研究学术性研究文献作为研究样本,采用多视角计量分析和可视化展示的方法,运用社会网络分析工具软件UCINET,绘制国内外旅游实践教学研究的知识图谱,对国内外高频关键词、研究热点主题进行了聚类分析,揭示了国内外旅游实践教学研究领域热点研究主题的异同。同时也对国内外旅游实践教学研究内容也进行了梳理总结,通过对比分析国内外旅游实践教学研究演进脉络、热点主题和研究内容,为探索我国旅游实践教学的发展提供参考。

关键词:旅游实践教学;知识图谱;对比分析

一、研究背景

随着旅游业的蓬勃发展,旅游市场对旅游人才需求大量增加。旅游业是实践操作性很强的行业,实践教学很大程度上决定着旅游专业人才培养质量的高低,旅游实践教学的研究也受到了学术界的关注。为充分了解旅游实践教学研究领域的演进脉络、发展动态及未来研究趋势,笔者基于大量国内外旅游实践教学相关文献,对国内外旅游实践教学进行系统梳理,提出今后有待深入研究的理论和实际问题,以期对高职旅游管理专业人才培养提供一定的参考,为后续研究提供一定的指导和借鉴作用。旅游业是实践性和操作性都很强的行业,这也就决定了旅游教育的人才培养方向是既具备一定的理论基础,又具有实际操作和实施管理的能力的综合型人才,也决定了旅游实践教学在整个教学环节里的不可或缺。

基金项目:本研究受国家自然科学基金项目(71373054)、复旦大学本科生教改重点项目(IAH6222038/049)、2015年广西高教教学改革重点资助项目(GXGXJG2015A018)、桂林旅游学院教学改革重点项目(JG15A01)、广西旅游供给侧改革研究(2016ZD07)、2017年度广西高校中青年教师基础能力提升项目(2017KY0899)支助。

二、数据来源与研究方法

1. 数据来源

本文作者于2018年11月12日，将时间跨度设置为2018年，以“旅游实践教学”为主题对中国知网进行检索，得到“旅游实践教学”为主题的学术性研究文献1046篇。为保证国内外样本数据在时间跨度上的一致性，又将时间跨度设置为2018年，从Web of Science核心数据库以主题词为“tourism practical teaching”或“tourism practical education”进行检索，共提取到173条文献记录。

2. 研究方法

本研究采用定性分析与定量研究相结合的方法，对旅游实践教学研究从时间分布、研究热点、研究主题、研究内容等维度进行分析。首先借助文献题录信息统计软件SATI(Statistical Analysis Toolkit for Informetrics)对旅游实践教学研究的关键词分别进行提取，生成网络共词矩阵，并运用社会科学统计软件SPSS对生成的网络共词矩阵进行聚类分析与多维尺度分析；然后利用网络分析软件UCINET按照各结点中心度以及强度关系绘制文献关键词共现网络知识图谱。通过文献计量及知识图谱的方法，直观呈现我国旅游实践研究领域的结构和关键词知识单元间的关系。

三、研究内容

1. 国内外旅游实践研究的时间分布对比

某领域期刊论文数量在一定意义上说明了该领域学术研究的理论水平和发展速度，对其进行分析不仅可以了解该研究领域过去和现在的发展状况，而且可以预测其今后的发展趋势。国内外旅游实践教学研究主题的文献的年代分布如图1所示：

从图1可以看出，国内关于旅游实践教学的研究在2011年之前呈现逐年递增的趋势，其中自2006年开始持续快速增加，2012年后呈现波动状态，2016全年研究文献数量达到108篇，占国内样本总量的10%。国外对于旅游实践教学的关注同样呈上升趋势。旅游实践教学为主题的研究文献在2012年之前每年的数量都是个位数分布，2012年开始持续增长，到2016年研究文献数量为36篇。国内最早关于旅游实践教学研究研究的文献是1998年12月刊发在《旅游学刊·旅游教育专刊》上的《暨南大学中旅学院实践教学环节改革初探》，该文对暨南大学中旅学院实践教学环节、实践教学思路进行了探讨，对参与实践教学的学生、教师以及学院的管理人员存在的问题进行了思考。分析其原因，这与2005年11月7日温家宝在全国职业教育工作会议上做的关于“大力发展中国特色的职业教育”讲话和2006年教育部《关于全面提高高等职业教育教学质量的若干意见》密切相关。

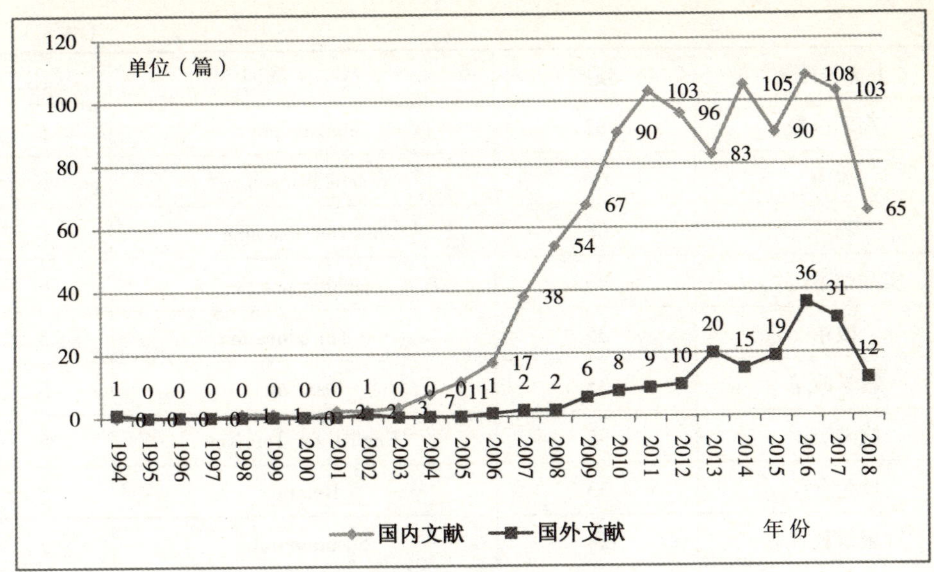

图1　国内外旅游实践教学研究发表文章数量变化趋势

资料来源：中国知网文献数据库 http://www. cnki. net/(1994—2018)[1]；

Web of Science 核心合集数据库(1994—2018)[2]。

2. 国内外旅游实践研究的热点主题对比

(1)国内外旅游影响研究关键词比较

再次，进行国内外旅游影响研究关键词比较。除了实践教学(615)外，国内高频关键词还包括旅游管理(273)、旅游管理专业(271)、实践教学体系(94)、旅游专业(76)、高职院校(62)、旅游(60)、高职(58)、实践教学模式(43)、改革(35)、教学改革(35)等。由此可见旅游管理、实践教学体系、旅游管理专业、高职院校、实践教学模式、教学改革等是研究的热点。国外高频关键词包括 Tourism(15)、Tourism management(11)、higher education(10)、teaching(10)、curriculum(7)等，旅游管理、高等教育、实践课程等相关研究内容受到广泛关注。

表1　国内外旅游实践教学研究关键词频数前20位

中文关键词	频次	英文关键词	频次
实践教学	615	Tourism	15
旅游管理	273	Tourism management	11
旅游管理专业	271	Higher Education	10
实践教学体系	94	education	10
旅游专业	76	teaching	7

（续表）

中文关键词	频次	英文关键词	频次
高职院校	62	curriculum	6
旅游	60	practical teaching	6
高职	58	practice teaching	6
实践教学模式	43	Teaching practice	6
改革	35	tourism education	5
教学改革	35	learning	5
旅游英语	35	English for Tourism	5
校企合作	33	Reform	5
旅游教育	24	Sustainability	5
创新	24	tourism management major	4
高职教育	24	Pedagogy	4
人才培养	24	innovation	4
模式	21	Teaching reform	4
教学模式	21	globalization	3
实践教学改革	20	University	3

(2)国内外旅游影响研究聚类比较

研究设定提取共现词汇单元总数为30，得出高频关键词贡献相似矩阵，进行层次聚类分析，分别得到国内（图2）和国外（图3）关于旅游实践教学的高频关键词聚类树状图，尔后对相异矩阵进行多维尺度分析（图4、图5）。

第一，国内旅游实践教学研究聚类分析。从国内旅游实践教学层次聚类图和欧式距离象限划分的多维尺度分析图可以看出，国内旅游实践教学高频研究主要分为以下四个主题结构群：第一类为旅游实践教学改革创新与人才培养研究，包括实践教学模式、教学改革、人才培养、校企合作、创新、实践教学、旅游专业、旅游管理、旅游管理专业、高职、教学模式等关键词；第二类为教学实践模式与媒介研究，包括实践教学模式、旅游英语、校企合作、创新等关键词；第三类为旅游专业教学模式与对策研究，包括本科、实践教学改革、问题、对策等关键词；第四类为旅游实践教学方法与教学模式研究，包括旅游、专业实践教学、旅游实践教学、教学模式等关键词。

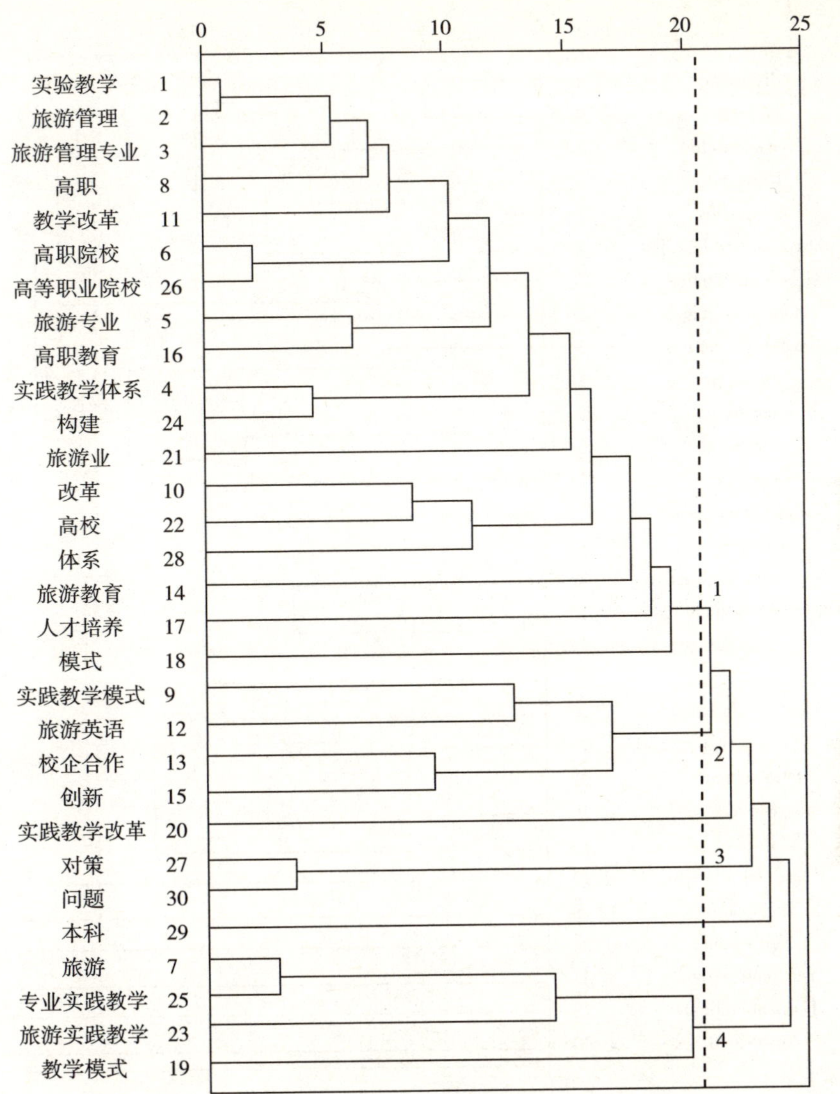

图 2　国内旅游实践教学研究文献层次聚类分析图

资料来源:中国知网文献数据库 http://www.cnki.net/(1994—2018)

第二,国外旅游实践教学研究聚类分析。从国外旅游实践教学层次聚类图和欧式距离象限划分的多维尺度分析图可以看出,国外旅游实践教学高频研究主要分为以下四个主题结构群:首先为旅游教育与可持续发展研究,包括 tourism、education、sustainability、University、geography、problem-based learning 等关键词;第二为中国旅游管理专业教育方法与课程的研究,包括 higher education、

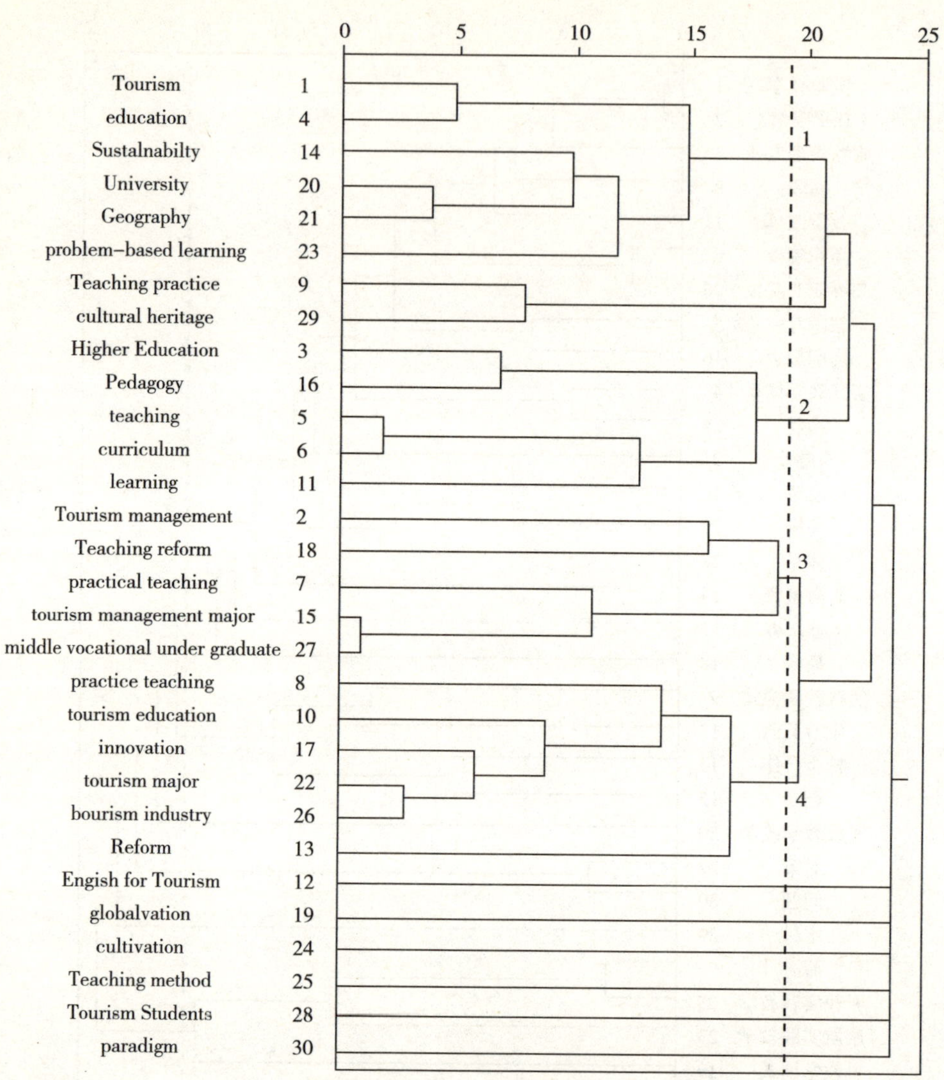

图3 国外旅游实践教学研究文献层次聚类分析图

资料来源：Web of Science 核心合集数据库（1994—2018）

Pedagogy、teaching、curriculum、learning 等关键词；第三为旅游管理专业实践与改革研究，包括 Tourism management、Teaching reform、practical teaching、Tourism management major 等关键词；第四为旅游专业实践创新式与职业发展研究，包括 practical teaching、tourism education、innovation、tourism major、tourism industry、inform 等关键词。

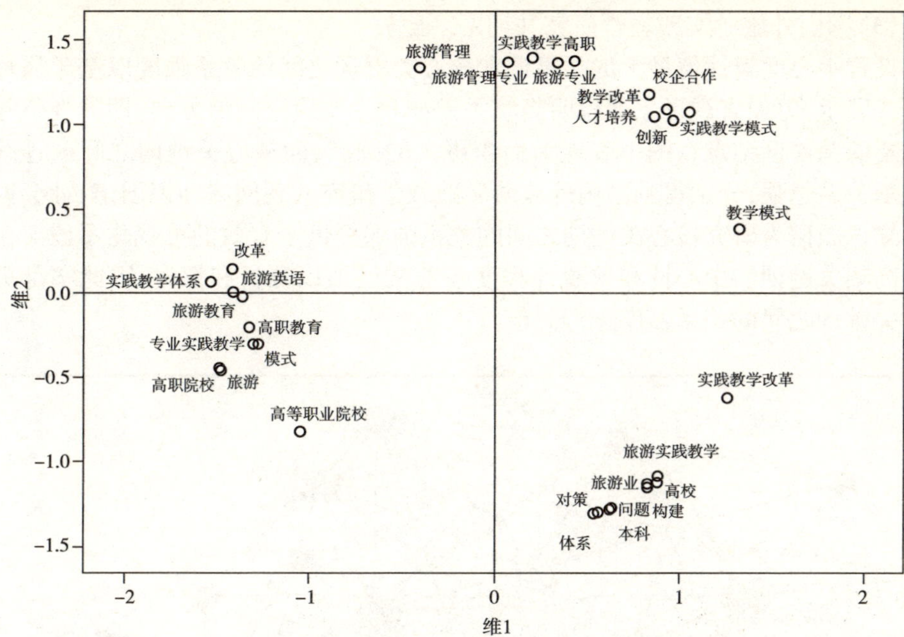

图 4　国内旅游实践教学研究文献多维尺度分析图

资料来源:中国知网文献数据库 http://www.cnki.net/(1994—2018)[1]

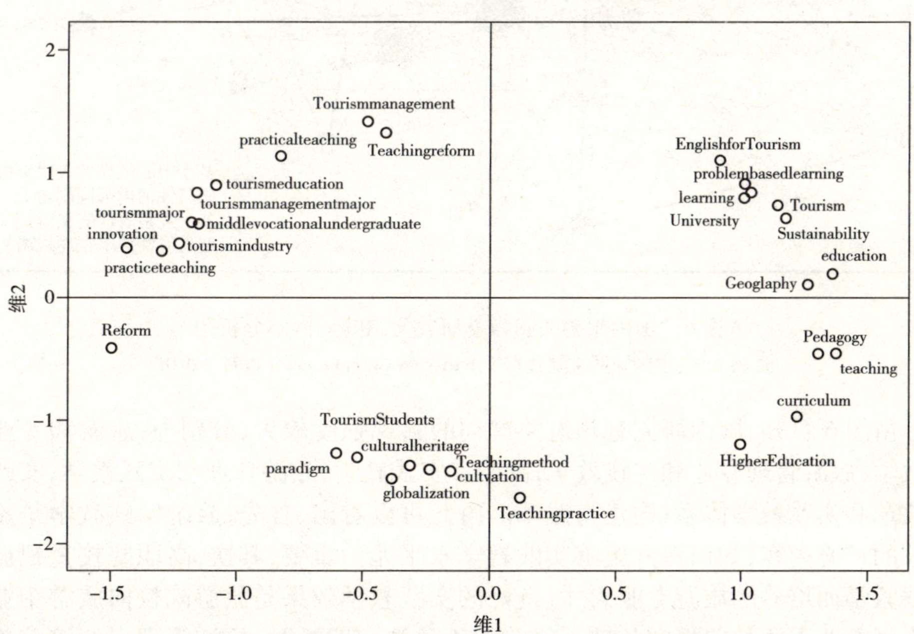

图 5　国外旅游实践教学研究文献多维尺度分析图

资料来源:Web of Science 核心合集数据库(1994—2018)

(3)国内外旅游实践教学研究共词网络比较

设置中心度属性值最大的关键词和核心关键词之间的关系强度以基于属性值的方式展示,更加直观形象地说明高频关键词和主要研究领域方向,即属性值越大越重要的关键词结点在图中表现为面积更大的圆圈,而核心关键词之间的连线越粗表示关系越强,分别得到国内外旅游实践教学研究共现网络知识图谱,社会网络关系知识图谱为研究核心关键词之间的关系强弱提供了有效的可视化手段。由于核心高频关键词的中心性和重要性程度在前文已加以分析和探讨,因此本部分主要对关键词之间的关系强度进行分析。

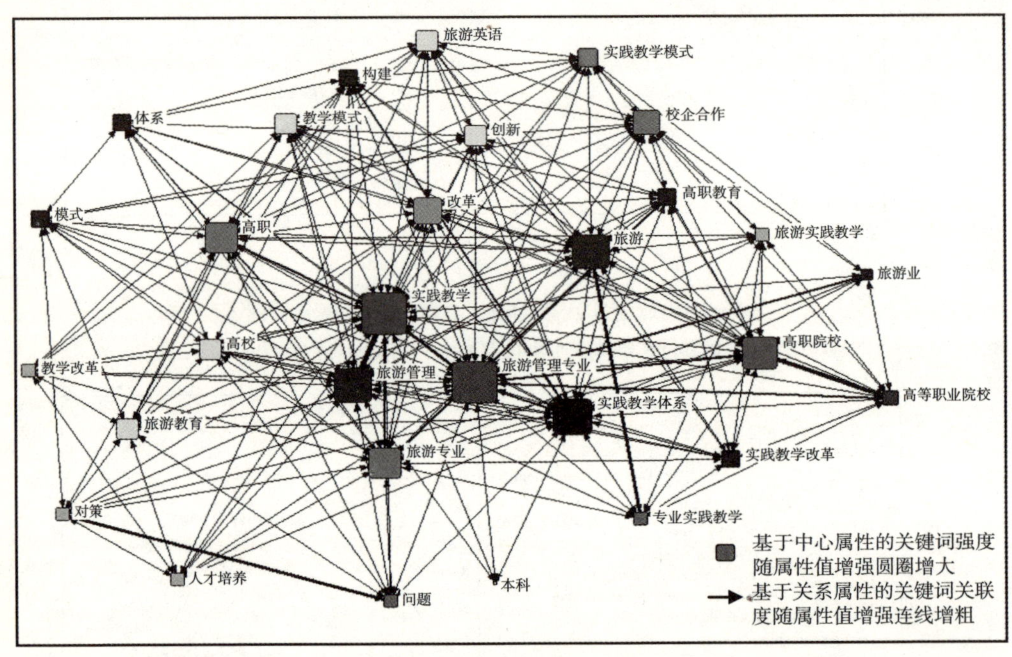

图6　国内旅游实践教学研究文献共词网络分析图

资料来源:中国知网文献数据库 http://www. cnki. net/(1994—2018)

由图6可知,国内研究有几组关键词的共现强度较大,分别为:旅游和专业实践教学;旅游管理专业和实践教学;高职和实践教学;旅游管理和实践教学;实践教学改革和实践教学体系;构建与改革。由此可以看出,首先,旅游实践教学是旅游院校的核心内容,如何提升旅游实践教学水平尤为重要;其次,高职院校重视旅游实践教学而培养的旅游专业人才,良好的实践教学效果是旅游院校向旅游企业输送大量专业人才的前提和基础。目前关于旅游实践教学,旅游管理专业培养模式遇到的问题及破解对策受到学界的高度重视,实践教学体系的构建与教学改革创新是旅游管理专业教学面临的重要任务。

由图7可知,国外研究有几组关键词的共现强度较大,分别为旅游专业和创新;大学和可持续发展;实践教学和文化传承;高等教育和方法论;旅游管理专业和中职毕业生;旅游专业和旅游企业。由此可以看出,第一,旅游实践教学中,旅游实践教学注重实践操作性,实践教学时其主要构成部分;第二,旅游管理专业与旅游业的可持续发展问题紧密相关,二者之间的联系得到学界重视;第三,对于旅游管理职业的学生而言,旅游实践教学直接影响到他们的职业规划与发展,旅游实践教学的质量可能关系到整个行业学生的就业质量与发展前景。

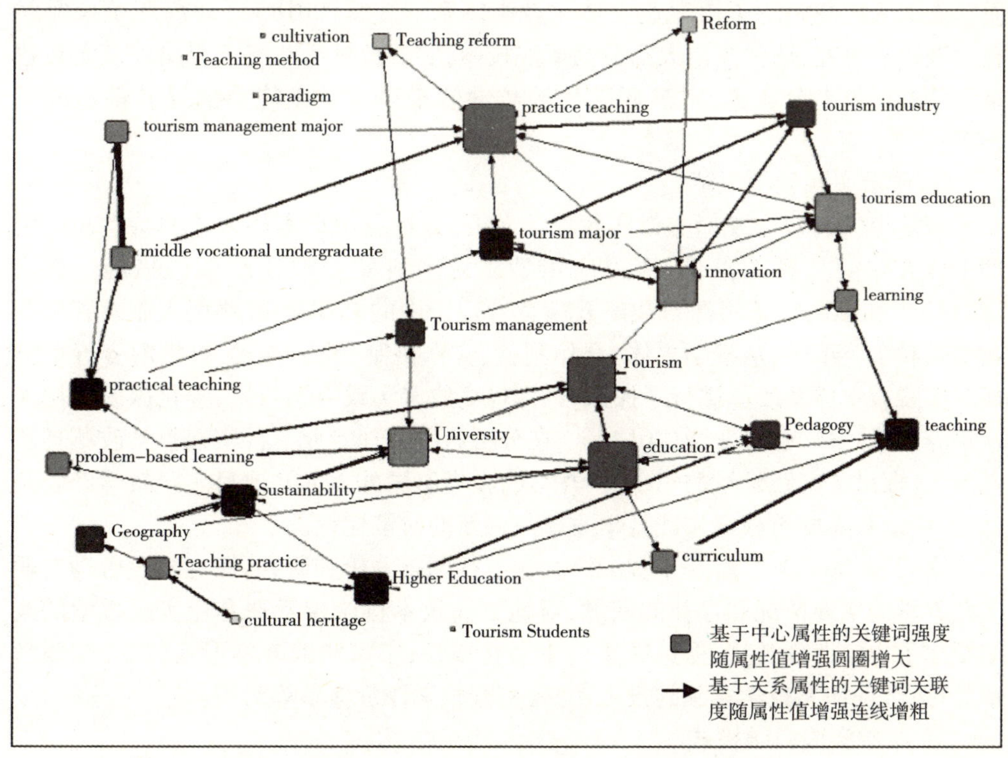

图7　国外旅游实践教学研究文献共词网络分析图

资料来源:Web of Science 核心合集数据库(1994—2018)

3. 国内外旅游实践研究内容对比

(1)国内旅游实践教学研究内容

① 旅游实践教学体系构建

李雪(2016)[3]以山东旅游职业学院为案例,提出构建高职旅游管理专业实践教学体系以及高职院校旅游管理专业实践教学体系构建的保障。夏学英

(2010)[4]在对国内外旅游管理专业本科实践教学现状和社会需要进行分析的基础上,研究旅游管理专业本科实践教学体系构建问题,试图提升学生的综合素质和职业能力,进而促进就业能力的提高。刘俊清(2018)[5]运用协同创新理念,通过对内蒙古四所高校旅游管理专业本科学生进行问卷访谈,总结了实践教学开展情况及其存在的主要问题,构建了校企政多方合作的立体化实践教学体系,旨在培养具有较强理论基础和较高实践能力的专业人才,推动旅游管理立体化实践教学的有序开展。李丹(2018)[6]研究主要以旅游英语专业教学为研究对象,其研究目的为旅游英语专业实践教学体系的完善,通过协同创新理念作为教学的指导理论,从而深入探究构建旅游英语专业立体化教学体系。方雪(2018)[7]对高职院校实践教学进行了研究,认为当前大部分高职院校中,实践教学活动流于表面以及实践效果不佳的现象十分常见,对高职院校的教学效果以及学生能力的提升都造成了影响。

② 旅游实践教学改革

张学梅(2009)[8]从对旅游实践教学入手,分析应用型本科人才的特点和应用型本科人才应具备的条件,探讨应用型旅游本科实践教学改革的措施。刘焱(2014)[9]在创新性地将源自战略管理竞合理论中的 PARTS 战略引入旅游管理专业实践教学改革中,从教学主体、合作利益、合作机制、教学方式、教学内容五个方面对实践教学体系改革进行了探索,以期提高旅游实践教学效果,强化旅游应用人才培养质量。徐文燕、罗微(2014)[10]在分析旅游管理专业本科实践教学改革现状基础上,探讨了实践教学的集中实习模式;在借鉴国外 COOP 项目实践教学经验基础上,提出高等旅游教育实践教学改革与创新的对策建议。

李安娜(2016)[11]对辽宁省渤海大学进行调查分析和研究,探究旅游管理专业实践教学的实施情况和存在的问题,对地方高校本科旅游管理专业实践教学的改革提出了丰富课程类型,促进学生的生命化成长;丰富实践教学形式,加强实践教学管理;合理加大教学资源的投入;完善实践教学评价体系等对策。

③ 旅游实践教学模式

方娅(2018)[12]从本科院校旅游管理专业实践教学出发,建议以 CBE 模式为基础,强调培养本科院校旅游管理专业学生的实际能力。范高明(2018)[13]认为高职旅游管理专业传统的实践教学存在弊端,理论与实践的教学相对分离,校企指导学生实践相对独立,需要对实践教学进行改革创新。以现代学徒制理念的工学结合、校企合作的师生工作室为实践平台,构建培养技能型和应用型人才的创新型实践教学模式,开展旅行社业务实践教学,以强化实践教学培养职业能力。

④ 旅游实践教学实训基地

旅游相关专业具有较强的实践性与应用性,实践教学基地的建设对提高旅游相关专业的实践教学质量有着极为重要的作用。李芸、刘宏、毛建明(2010)[14]提出在校内实训的建设方面,除深化校企合作外,还要根据自身特色与环境,改善旅游类实训室的教学条件,突出真实岗位情境、注重实验内容更新。胡建团(2013)[15]认为要加大对实训实习场地、设施设备等方面的建设投入,重视实训基地的内涵升华,拓宽校企合作的广度和深度。齐丹(2016)[16]提出通过校企合作建立实习实训教学基地,搭建“学习、实习、就业”一体化的平台。李长亮、洪秀文、廖晶晶(2016)[17]通过对加拿大社区学院实践教学模式的剖析,结合温哥华社区学院酒店管理专业在课程开发、师资队伍、实训基地、顶岗实习、教学资源、教学组织等方面的特点,提出我国高职旅游管理专业实训基地建设的对策。

⑤ 旅游实践教学方法

先进的实践教学理念与方法对旅游专业的教学至关重要,因此很多教育界的专家和学者认为应将仿真教学方法、项目教学方法、角色扮演法引入到旅游实践教学中,以强化旅游实践教学的效果。成浩(2012)[18]以CBE为理论框架,运用DACUM分析法对湖南旅游学院的现状进行了社会调研并对高职旅游管理专业人才培养模式进行了阐述,创建了高职旅游管理专业的三个人才培养模式。陶红等(2014)[19]将“冰山模型”基本理论应用于高职旅游管理课程体系的构建中。孙毅(2011)[20]通过solo分类理论对高职课程优化分析,并将其运用到实践中,以提高学生的综合能力;邓菲(2014)[21]根据3D虚拟旅游实验室项目建设的特点,借助项目管理的相关理论,增强实践效果;陈思羽(2014)[22]通过对以湖南民族职业学院举例分析,阐述校企双方多种形式的互动和长期的养成教育,使培养的高职旅游管理专业学生成为旅游行业欢迎的人才。

⑥ 旅游实践教学效果评价

一个科学、公正、综合性的实习教学效果评价指标体系能够引导并刺激学生实习的积极性和主动性,对实现实习效果评价的科学化意义重大(王忠君,2010)[23]。裴凤琴、李茂强(2008)[24]针对实践教学效果的评价反馈机制提出了一些见解方磊等从教师的教学、学生的学习、组织管理者三个方面构建了旅游管理专业实践教学评价指标体系。王叶兰、郑崇松(2013)[25]以酒店教学实习为研究切入点对酒店实践教学提出了切实可行的途径。徐春燕(2014)[26]借助PBGS教学模式理论融于实践程度比较高的茶艺班进行了教学及评价方式的实际运用,并从实训评价项目、关键要素及评价效果三个方面进行了实践教学效果评价的探索。余勇(2015)[27]阎构建了旅游管理本科专业校外实习基地实践教学评价指标体系。

(2)国外旅游实践教学研究内容

国外有关旅游管理专业实践教学的学术研究已相当成熟,研究内容已由实践教学的重要性、实践教学课程建设、实践教学体系的构建深入到实践教学评估与实践教学社会管理等方面。国外学者比较注重应用性研究，以探讨旅游管理专业实践教学与就业的关系为多，实践教学效果评价成果也较丰富。

① 旅游实践教学模式

典型的实践教学模式有德国应用科技大学"企业主导型"模式、美国的"社区学院多元开放型"模式、加拿大"能力中心的课程开发型 CBE（Competency based education）"模式、英国"资格证书体系推动型"模式、香港"工业训练中心型"模式。Kelner、Sanders（2009）[28]借鉴了旅游社会学的研究，勾勒出一个概念框架，将旅游视为包括符号、人际和文化维度的空间实践，探讨导师如何利用旅游来教授旅游社会学，藉由课堂实践的反思性检查，帮助学生发展对主题的理解。通过实例，展示了如何将这些维度综合成一个教学策略，使用实地考察和课堂学习来教授旅游社会学。Liscano、Liscano 和 Suare（2009）[29]认为旅游活动与大学生的实践教学过程有关，实践教学为学生提供知识，引导他们在职业表现之前发展能力，促进角色内教育机构的发展，以及教育社区成员的安抚。在高等教育教学改革中，所追求的是培养高素质、高绩效的专业人才，因此，有必要将课堂教学与实践相结合，实现学术和科学的卓越。

② 旅游实践教学课程建设

Dopson、Tas（2004）[30]以北德克萨斯大学的课程开发过程为案例，认为所有的酒店项目要与当前的工业和教育趋势相匹配必须进行课程开发，这是一项艰巨的任务，需要很多教员的时间和大量的文书工作。并提供了如何控制课程教授的实用方法。Cooper（2004）[31]认为旅游教育与较成熟的领域相比，学科领域的相对年轻使得教育工作者开发课程的任务变得困难。其研究以约旦大学课程开发为研究对象，在课程模式、课程与其社会和经济环境之间的关系方面，都提供了一系列的方法来帮助完成课程开发。

③ 旅游实践教学效果评价

国外高校实践教学效果评价包括旅游管理专业实践教学评价主体多元化倾向明显德国学生的实践教学评价主体是实习企业字生实践活动主要在实习企业进行。Bhandari（2017）[32]探讨了酒店、事件和旅游学科领域评价的一些来源，并指出学科领域的评价实践根据其目标和行为者的不同而不同，认为评估是良好的专业实践和教学专长系统开发的一个组成部分，主张对来自各个来源的评估数据进行三角测量，捕捉各种教学和学习实践的全面图景，对于旅游实践教学的综合评价方法会有帮助。

④ 旅游实践教学体系构建

Sandro Formica（1997）[33]认为政府以及行业协会都能推动高校实践教学体系的开展，让政府和行业协会参与到高校的实践教学体系中能够更加高效地培养出有用的人才。Charles R、Goeldner(2011)[34]的研究发现加拿大圣力嘉旅游学院的学生在对旅游服务课程的学习时,在课程预先的课题中,任课老师首先将学生按照游客和服务人员的角色进行分组。英国学者 Rivanda Meira Teixeira(2001)[35]认为,实践教学体系是培养学生专业技能的重要方法。尤其是旅游专业的学生,更需要的是加强在实践操作能力上的培养。因此,大多数英国高校都在积极地与企业进行合作。政府对于学生的实践活动也给予了大力的支持。Don Maclaurin(2005)[36]的研究中指出,政府的支持大大推进了高校与企业达成合作关系的步伐。学生通过这样的实际操作演练过程为将来的就业提前打好了基础。一些知名的企业为了能够与政府长期保持良好的关系,也十分愿意给予学生实习的平台。

四、研究结论

本文通过对国内外近二十年旅游实践教学研究的关键词绘制文献关键词共现网络知识图谱绘制、聚类分析与多维尺度的定量分析以及相关研究内容的定性比较分析,得出以下结论:

第一,2006 年前,国内外关于旅游实践教学研究都呈缓慢增长趋势。从文献数量上看,国内关于旅游实践教学研究的文献数量占绝对优势,这和我国政府关于实践教育的政策以及旅游市场对人才实践能力强烈需求密切相关。

第二,国内旅游实践教学研究热点主要集中在旅游实践教学改革创新与人才培养研究、教学实践模式与媒介研究、旅游专业教学模式与对策研究和旅游实践教学方法与教学模式研究方面。国外旅游实践教学研究热点主要集中在旅游教育与可持续发展研究、中国旅游管理专业教育方法与课程的研究、旅游管理专业实践与改革研究和旅游专业实践创新式与职业发展研究等方面。

第三,国内旅游实践教学研究内容主要集中在旅游实践教学体系构建、旅游实践教学改革、旅游实践教学模式、旅游实践教学实训基地、旅游实践教学方法和旅游实践教学效果评价等方面。国外有关旅游实践教学的学术研究已相当成熟,研究内容已由实践教学的重要性、实践教学课程建设、实践教学体系的构建深入到实践教学评估与实践教学社会管理等方面。国外学者比较注重应用性研究,以探讨旅游管理专业实践教学与就业的关系为多,实践教学效果评价成果也较丰富。

五、研究启示

今后要加强对旅游实践教学薄弱环节的研究和关注,可以借鉴国内外旅游实践教学相关研究结果,结合市场发展需求及时调整旅游人才培养理念及方式,不断更新旅游人才培养内容,构建全方位、多层次的实践教学体系;创新课程设置,完善理论与实践教学的合理衔接,以期培养出符合社会需求的高素质人才。

同时也需要有更多学者对旅游实践研究给予关注并加强合作,拓展旅游实践研究的深度和广度,推广普及并转化相关研究成果,为旅游实践教学提供理论依据和方法指导。

参考文献:

[1] 宋马林,张琳玲,李超. 基于CSSCI的双语教学研究的文献计量与知识图谱分析[J]. 科学决策,2012(5):48-59.

[2] 段开成. 暨南大学中旅学院实践教学环节改革初探[J]. 旅游学刊,1998(S1):45-46.

[3] 李雪. 高职院校旅游管理专业实践教学体系构建研究[D]. 渤海大学,2016.

[4] 夏学英. 旅游管理专业本科实践教学体系的构建[J]. 沈阳师范大学学报(社会科学版),2010,34(06):100-103.

[5] 刘俊清. 基于协同创新理念的旅游管理专业立体化实践教学体系研究——以内蒙古高校为例[J]. 内蒙古师范大学学报(教育科学版),2016,29(11):139-143.

[6] 李丹. 基于协同创新理念的旅游英语专业立体化实践教学体系研究[J]. 疯狂英语(理论版),2018(02):85-86.

[7] 方雪. 高职院校旅游管理专业实践教学体系研究[J]. 度假旅游,2018(10):72+75.

[8] 张学梅. 应用型旅游本科实践教学改革的思考[J]. 教育与教学研究,2009,23(08):97-99.

[9] 刘焱. 基于PARTS战略的应用型本科旅游管理专业实践教学改革探索[J]. 教育与职业,2014(32):163-165.

[10] 徐文燕,罗微. 基于COOP项目的旅游管理专业本科实践教学的改革与创新[J]. 教育教学论坛,2014(42):111-113.

[11] 李安娜. 地方高校本科旅游管理专业实践教学改革研究[D]. 渤海大学,2016.

[12] 方娅. CBE模式下的本科院校旅游管理专业实践教学模式探究[J]. 旅游纵览(下半月),2018(07):204+206.

[13] 范高明. 旅游管理专业师生工作室实践教学模式探究[J]. 哈尔滨职业技术学院学报,2018(02):52-55.

[14] 李芸,刘宏,毛建明. 高职院校实践教学基地建设的现状与对策[J]. 江苏第二师范学院学报(自然科学版),2010(1):87-90.

[15] 胡建团．探析高职旅游管理专业实践教学的现状及改进对策[J]．企业导报,2013(20):156-157.

[16] 齐丹．高职旅游专业课程体系研究综述[J]．西部皮革,2016,38(12):259-259.

[17] 李长亮,洪秀文,廖晶晶．加拿大社区学院实践教学模式对我国高职旅游管理专业实训基地建设的启示[J]．高教学刊,2016(08):8-9.

[18] 成浩．基于CBE模式的高职旅游管理专业人才培养研究[D]．湖南师范大学,2012.

[19] 陶红,李存园．“冰山模型”在高职课程体系构建中的应用[J]．韶关学院学报,2014(11):165-169.

[20] 孙毅．高职旅游管理专业课程优化设计研究[J]．科技视界,2011(33):59-60.

[21] 邓菲．项目管理在A校3D虚拟旅游实验室建设中的应用研究[D]．南昌大学,2014.

[22] 陈思羽．基于中高职衔接的高职旅游专业实践教学评价模式改革[J]．岳阳职业技术学院学报,2014,29(2):71-73.

[23] 王忠君．旅游管理专业实习教学质量评价体系的构建[J]．高教论坛,2010(3):33-35.

[24] 裴凤琴,李茂强．旅游管理专业实践教学模式及评价体系的探讨[J]．河南农业,2008(20):21-22.

[25] 王叶兰,郑崇松．旅游管理专业酒店实习教学效果提升研究[J]．技术与市场,2013(4):199-200.

[26] 徐春燕．PBGS教学模式下中职旅游专业“职来职往”实训评价模式探索——以宁波东钱湖旅游学校茶艺特色班为例[J]．职教通讯,2014(5):19-22.

[27] 余勇．校外实习基地实践教学评价指标体系研究——以旅游管理本科专业为例[J]．重庆第二师范学院学报,2015,28(1):139-142.

[28] Kelner S, Sanders G. Beyond the Field Trip: Teaching Tourism through Tours [J]. Teaching Sociology, 2009, 37(2):136-150.

[29] Liscano, Liscano, Suare. Tourism events and their relationship in the process of practice teaching in college students of hospitality and tourism [J]. Dilemas Contemporaneos-Educacion Politica Y Valores, 2009, 37(2):136-150.

[30] Dopson L R, Tas R F. A Practical Approach to Curriculum Development: A Case Study [J]. Journal of Hospitality & Tourism Education, 2004, 16(1):39-46.

[31] Cooper C P. Curriculum Planning for Tourism Education [J]. Journal of

Teaching in Travel & Tourism, 2002, 2(1): 19-39.

[32] Bhandari K. Teaching evaluation practices: An early career practitioner's reflections[J]. Journal of Hospitality Leisure Sport & Tourism Education, 2017, 20: 27-31.

[33] Formica S. The Development of Hospitality and Tourism Education in Italy [J]. Journal of Hospitality & Tourism Education, 1997, 9(3): 48-54.

[34] Charles R, Goeldne. Tourism Education: North American Experiences [J]. Journal of Teaching in Travel&Tourism. 2011(3): 20-21

[35] Baum T G, Teixeira R M. Tourism Education in the UK: Lesson Drawing in Educational Policy[J]. Anatolia, 2001, 12(2): 85-109.

[36] Maclaurin D. Tourism Education in Canada[J]. Journal of Teaching in Travel & Tourism, 2005, 19(5): 1-25.

（作者单位:桂林旅游学院）

浅谈多元智能理论在餐饮服务技能教学中的应用

庞　英

摘　要：随着职业教育新课程改革的不断深入，在技能教学中可适当运用多元智能理论来认识、开发学生的多元智能，促进学生全面掌握技能。因此，本文从身体运动智能、视觉空间智能、自我意识智能、渗透多元评价四个方面，论述餐饮服务技能教学过程中，如何应用多元智能理论来促进学生有意识地发展自己的优势智能。

关键词：多元智能；餐饮服务；技能教学；认识；可行性；应用

一、多元智能理论的认识

多元智能理论是美国哈佛大学霍华德·加德纳教授于1983年在《智能的结构》一书中提出的。加德纳认为：人的智能是多元的，除了语言智能和逻辑数理智能两种基本智能外，还有音乐智能、身体运动智能、人际交往智能、自然观察智能、自我意识智能、视觉空间智能等。

加德纳认为，每个人都潜藏着多种智能，教育的目的就是发展学生的多种潜能，使之成为素质全面的人。只有重视发展每一个学生的智能优势，挖掘每一个学生的智能潜力，满足每一个学生的学习需求，才能促进每一个学生的发展。而传统教学过分强调语言和数理逻辑智能，忽视学生的人际关系、自我认识、身体运动等多种智能的培养，使学生的发展受到一定程度的压制，其智能优势难以充分展现，这不仅使学生较少获得学习上的成功体验，而且造成人力资源的浪费。

多元智能理论还认为：世界上没有两个人具有完全相同的智能组合。这个理论的创新之处在于提出了“智能多元”的新认识。“智能是原始的生物潜能，从技能的角度看，这种潜能只有在那些奇特的个体上，才以单一的形式表现出来。除此而外，几乎在所有的人身上，都是数种智能组合在一起解决问题或生产各式各样的产品。”正是因为人的智能是多元的，因此，人与人之间在智能上的差别就不再是过去所理解的智商高低的差别，而是智能类型的差别。因此，从这一点来说，对于学生要正视差异、尊重差异，对不同的学生因材施教，以利于每个学生优势智能及其组合的凸显，以优势智能的发展带动全面素质的完善，把每一个学生都培养成为智能发达、人格健全的人才。

二、职业学校应用多元智能理论进行教学的可行性

中职生年龄大多在 15 ~ 18 岁之间，正处在身心发展的关键时期，他们具有所有同龄孩子的身心发展的一般性，也有职校里这个特定群体的特殊性。他们在现有的教育体制下，按现有的中考高考选拔制度，是在语言智能和数理逻辑智能的严格筛选中纷纷败下阵来的一个特殊群体。特殊性表现在较为普遍的自卑感，学习动力欠缺，学业成就低下，人际关系相对复杂，导致交往障碍，较强的挫折感与自我否定，对前途感到迷茫。与普高学生相比，普遍存在文化基础差、学习态度不端正、学习的耐性不够、学习的方法欠妥等不良情况，但他们的智商却不低。他们的文化基础薄弱、学习成绩差，但在其他智能方面，如音乐智能、空间智能、身体运动智能、人际关系智能等方面却不一定差，他们的这些智能具有可塑性。这一全新的智能理论对于职业学校的教学具有重要的指导意义，我们大可在平时的专业教学过程中有意识地灌输多元智能理论，循序渐进地发挥他们各方面的智能，有效地培养学生的创新精神和实践能力。

三、多元智能理论在餐厅服务技能教学中的应用

如何将多元智能理论很好地应用于“餐饮服务”技能教学中？如何在教学中扬学生所长，补学生所短，发展他们的各种智能？笔者认为可以从以下几点入手。

1. 身体运动智能，能提高学生的协调能力

身体运动智能是指善于运用整个身体来表达思想和情感、灵巧地运用双手制作或操作物体的能力。餐厅服务技能训练，从开始到结束，始终贯穿身体运动智能的运用，如中餐宴会摆台中的铺台布、托托盘、拿餐具、折餐巾花、拉椅子等动作，都要求学生的整个身体性能协调一致，才能练好摆台技能，如果其中一个动作不够熟练，都会影响到技能的掌握。在技能训练的教学中，教师应依据学生的技能水平、反应快慢、学习态度、身体条件等差异制定相应的指导方法和要求。例如，对身体运动智能较好、接受能力强、掌握技能比较快的学生，教师指导的重点应放在动作质量上，帮助学生建立正确动作定型，鼓励他们继续努力，促使动作技能向更加复杂和高难度方面发展。相反，对身体运动智能较低，动手能力较弱的学生，指导的重点应放在基本功的练习上，提高身体运动的协调能力，帮助他们找出影响技能形成的原因。总之，对差异不同的学生教师要因人而异，因材施教，对技能的指导循

序渐进，注意改进不够完善的动作，促进技能的巩固和熟练。

2. 视觉空间智能，能改善学生的动手能力

视觉空间智能是指准确感知视觉空间及周围一切事物，并且能把所感觉到的形象以图画的形式表现出来的能力，这项智能包括对色彩、线条、形状、形式、空间关系很敏感。因此，在餐厅服务技能教学中，我们可以利用这种智能去设计让学生动手去学、去做的时间和过程。如教学“餐巾折花”时，课前做好让学生人手一条餐巾、一只水杯的准备工作。教学时，首先以丰富多彩、形态各异的餐巾折花录像作为导言，在视觉上吸引学生的注意力和激发学生学习的兴趣，再配合教师的现场示范或以事先折叠好的餐巾折花，引导学生观赏和分析，到学生对照图谱的自行模仿折叠，最后由学生自己根据宴会的主题选择餐巾的色彩、类型及品种来进行搭配，都是让学生用自己的身体去亲身经历、用自己的心灵去感悟知识，实现培养学生获得知识的能力和独立学习的能力，让学生在亲自动手操作的过程中，体会知识的要领，达到掌握技能、运用技能的目的。

正如叶圣陶先生所说，“教是为了不教”，在餐饮服务技能教学中，一定要做到使学生从依赖教师到独立学习，让教学过程达到以学生的主体实践活动为基本过程的目的。

3. 自我意识智能，能加强学生的自信心

自我意识智能是指自我认识和善于自知之明并据此做出适当行为的能力。我们都知道学生的心理状态是否稳定、正常、良好，将直接影响到技能操作的掌握。一些学生原本就具有娴熟的技能技巧，可是在实践中总是发挥不出来，例如，个别学生在斟酒水时，腿发软，手发抖，频频失误，打烂酒杯，酒水滴在台面上，甚至连托盘也跌落在地面，直接影响操作的成绩。为什么会出现这样的情况呢？主要是受心理压力的影响，是自信心不足的表现，因而导致在实践上欠准欠稳。因此，在餐饮技能教学过程中，除训练其基本功外，还应加强对学生心理素质的训练，提高自我意识，使他们学会自我调控，随时保持积极稳定的情绪，临阵不乱，从而增强取胜的信心。

4. 渗透多元评价，能帮助学生取得成功

餐厅服务技能可分为有“成果型”和“操作过程型”，因此，评价的重点应根据不同的技能要求有所侧重，如餐巾折花、插花等应把评价重点放在操作成果上，而托盘、斟酒水、上菜等则应把评价重点放在操作过程中。那么，在“终结性评价”时，我们又可以采取“成果和操作过程结合型”进行评价，如“中、西餐宴会摆台”的评价所涉及的基本技能包括：摆餐具、叠餐巾花、斟酒等，既有过程又有成果。此外，在进行教学评价过程中，我们还应把学生在学习过程中的努力程度、参与程度、学习表现、家庭作业等考虑进去，以多个等级去反映学生的学习状况。对那些在测

定时未能达到教学目标的学生,应提供机会让他们进行自我评价,并找出学生不足的地方然后重新进行测定,让学生了解自己的潜能,了解自己所获得的进步状况,激发其非智力因素,与集体一起分享他的成功。

教学有法,但无定法。多元智能理论为课堂教学方法提供了广阔的视野和有益的启发,新课程改革的核心理念是"为了每一位学生的发展",这个理念能否得以实施和落实的关键就在于我们的课堂教学。在"关注学生发展"的今天,教师作为课堂教学的主导者,对于具有不同智能组合、不同个性的学生,我们应该改变传统单一的"甄别与选拔"的评价理念,在课堂教学中更加关注学生的学习过程,重视对于学生情感、态度、价值观的评价和培养,以期促进学生的全面发展。

参考文献:

[1] 霍华德·加德纳著. 沈致隆译. 多元智能. 北京:新华出版社,1999.

[2] 佘文森,郑金洲主编. 课堂教学改革研究. 福州:福建教育出版社,2005.

[3] 祝智庭,钟志贤主编. 现代教育技术——促进多元智能发展. 上海:华东师范大学出版社,2003.

(作者单位:北海市中等职业技术学院)

旅游专业多功能校外实训基地建设的探索与实践

王文燕

摘　要:在全域旅游发展的大好形势下,职业学校教育目标已经从培养专业岗位技能型人才进入了一个新的阶段。中职旅游专业实训基地在完成教学实训任务的基础上,拓宽校外实训基地功能,深化实训基地文化内涵,同时担负起社会责任、带动区域经济发展。

关键词:中职;旅游专业;实训基地建设

目前,旅游专业校外实训基地主要以培养旅游服务和管理人才为主,对接工作岗位,将理论学习和岗位技能操作训练与对客服务实践有机结合,以培养学生的职业素养和岗位操作应用能力为主要目的。十九大明确了新时代职业教育改革发展的前进方向,提出完善职业教育和培训体系、深化产教融合、校企合作,指明了新时代职业教育改革发展的前景。在国家政策大力支持和指引下,职业教育以市场为导向,迈入了一个新的阶段。国务院办公厅《关于深化产教融合的若干意见》等政策出台,对职业教育赋予了更多的社会责任,旅游校外旅游实训基地运营和管理必须与时俱进,在教、学、研、产、销、创模式下深化实训基地功能,提升实训基地内涵,同时起到服务社会、带动区域发展的目的。本文以北海中职校旅游专业校外实训基地为例,从建设和管理各方面深入探讨,为建立新型旅游校外实训基地提供借鉴参考。

一、当前旅游专业校外实训基地现状

现有职业院校的校外实训基地,基本上是采取校企合作的形式,与企业合作,安排学生进行岗位认知、岗位实践和顶岗实习。利用企业真实工作环境,培养学生的职业素养和职业技能。与此同时,安排教师下企业作为实习指导老师,在管理学生的同时,掌握市场和企业的发展动向,学习实践岗位操作技能,同时达到提高师资能力的目的。作为旅游酒店专业的校外实训基地提供的岗位多为餐厅或客房服务员岗位,学生实训岗位相对固定,专业岗位技能学习内容相对单一。这样的实训基地仅仅侧重于学生的岗位技能对接,忽略了全域旅游的大背景下,职业教育功能要更加拓宽深化、承担更高层次的社会责任的任务。

二、多功能校外实习基地建设的指导思想

实训基地建设的指导思想决定实训基地的模式、功能、格局,需要高度重视,明确定位。在旅游专业校外实训基地规划建设中要明确基地建设的目标,围绕目标进行功能细化。以北海中职学校为例,为响应当地区域经济建设和发展需求,在北海最大的居民回建区疍家小镇建设旅游专业校外实训基地,采取政府主导、行业指导、学校企业双主体的形式,对接市场运营管理的同时,以服务社会为己任,产教融合,利用职业教育的资源和智力优势扶贫扶志,把引领、辐射、示范带动所在区域经济发展定位为校外实训基地的高层次目标。

三、多功能校外实训基地功能建设策略

在产教融合,协同创新的指导思想下,深挖校外实训基地功能,在满足"教与学"基本功能的前提下,拓宽深化实训基地的功能,在"教、学、研、产、销"思路的指引下,赋予实训基地更多的功能,为旅游行业服务与管理的人才提供创新创业的实践平台。

"教":派驻专业教师负责基地管理、销售、宣传、安全及员工培训。根据实训基地的规模和布局,做好运营人员架构和培训计划,在对接市场的运营当中,专业教师理论联系实际,在运营、管理、培训、实践中不断探索,提升教师专业能力。实训基地为加强职业学校师资队伍、为打造双师型教师团队提供了实战场所。

"学":实训基地运营中根据客源结构和基地运营的特点,把相对独立的运营岗位进行统筹管理。以北海中职学校为例,校外实训基地以民宿主体为依托,基地的前厅、客房和咖啡厅及厨房人员统筹调配管理。在运营的过程中,学生学习岗位操作技能、积累对客服务实践经验,从前台、客房单一岗位服务技能延展到能熟练制作咖啡、饮品、果汁及简餐等,达到同学实习技能更加突出全面的目的。

"研":鼓励师生在岗位实践的过程中,树立创新的意识,在服务上、产品上研发创新。根据客人特点,更新服务产品组合,更新销售手段、开发新菜品、新果饮、茶饮。利用旅游、烹饪、汽修、电子电器、学前、电商、建筑等专业优势、整合校内外实训基地资源,策划设计实训基地体验活动。

"产":实训基地要不仅提供服务,还要提供产品,比如富有当地特色的旅游工艺品,基地研发专属的伴手礼等。以生产和销售带动提升基地运营的收入、促进学生研发能力、推动专业的建设和发展。

"销":对于旅游专业的学生来说,销售能力是一项重要的能力。北海的贝雕工艺品富有当地的民族特色,北海中职校在基地建设运营中,在大堂、公共区域及客房以贝雕产品做装饰,有意识的将校外实训基地打造成贝雕展示厅,在打造民俗文化、贝雕文化展示基地的同时,销售贝雕工艺品,传承民族文化,推动旅游工艺品设计与制作专业的发展和建设。

四、多功能校外实训基地建设运营中要注意的问题

(一)加强内涵建设、创造品牌优势

旅游专业校外实训基地有着其特殊性,基地既是岗位实践的载体,同时又承载着推广当地民俗风情和文化,传承展示民族工艺的重任。在旅游专业校外实训基地要加强内涵的建设,在物质文化建设上,不能把文化仅仅体现在外观,装饰、用品、一方面挖掘传统文化,一方面引进现代元素,组合文化体验活动,形成自己独特的风格。在理念文化建设上,培育有个性的实训基地文化,确立基地精神、反映基地经营理念,培养塑造基地形象,建立属于自己基地的品牌特色,建立完善实训基地管理制度和运营规范,拥有可以复制的标准管理模式。北海中职学校在银滩疍家小镇打造集民俗文化、乡土特产、北海美食等为特色的教学实训实习基地和职业教育体验基地,为学生提供实习实训的同时宣传疍家文化、传承贝雕工艺,取得了良好的社会效益。

(二)发挥资源优势,担负社会服务责任

校外旅游专业实训基地,要按照市场规律培养师生创新创业能力,创设真实工作环境、组织客房及其他产品销售及体验,建立了职业教育示范的窗口,同时还要承担起服务社会的功能。北海中职校以校外实训基地民宿为依托,与镇政府做好对接,了解回建区居民的实际需求,发挥职业学校专业及智力优势,对回建区居民开展创业、餐饮服务、客房服务、中西式烹饪、礼仪、电工维修、汽车美容护理、声乐舞蹈等职业技能公益培训,带动影响回迁居民转产创业,脱贫致富,为校外实训基地的建设和运营建立了新的模式。

(三)发挥区域影响力　宣传推广职业教育

校外实训基地是学校的缩影,利用基地,对职业教育进行宣传推广和普及渗透,让职业教育走出校园、走进社区,这也是职业学校旅游专业校外实训基地的一项重要功能。北海中职学校在职普渗透这一领域不断探索,利用校外实训基地为依托,举全校之力,每周在疍家小镇实训基地门前广场举办"职教活动进疍家"的专场活动和文艺汇演,活动结合专业特点和课程设置开展进行,旅游部的高铁、空乘、邮轮礼仪、邮轮英语沙龙、电子部的科技作品展、烹饪部的疍家美食夜等活动,

并通过微信公众号、电视台、报纸、职教网等及时报道宣传，进行职业教育推广宣传，丰富多彩的活动为职业学校师生和专业提供了展示的良好平台，又丰富了当地居民的生活，让小镇居民们更加了解职业教育、走进职业教育。

旅游专业校外实训基地的建设，要遵循“校企合作，产教融合”的方针，为学生的技能实践、创业和就业提供实践、创新的平台，以基地建设推动旅游专业的发展，加强师资队伍的建设，将基地打造为集技能学习、培训、产品研发、策划销售、市场运营、创新科研、交流学习、示范辐射为一体的现代化旅游职业教育示范窗口，为区域经济的发展助力，达到“搞好经营、创好品牌、发展专业、服务经济”的目标。

参考文献：

[1] 卢永全．校外实习实训基地建设研究与实践．现代教育．高职高专，2015，(7)．

[2] 刘宏申，高职旅游管理专业校外实训基地的建设与管理．北方经贸，2012，(3)．

[3] 黄婧，基于协同创新机制的旅游管理专业校外实训基地建设研究实践与研究．亚太教育，2016，(10)．

（作者单位：北海中等职业技术学校）

论中职中式铺床课程精致化教学的实践探索

王 丽

摘 要:“精致”意为“精细周密”。精致化教学是指学校或者教师以全体学生全面而有个性的发展为目标,实现教学过程的精细化,追求教学效益的最优化。随着各个职业学校在面对学生在中式铺床技能的重视程度,尝试中式铺床教学精致化的实践探索,努力做到用最少的时间使大多数学生获得最佳的学习体验,最大的进步与发展,实现中职中式铺床教学的效益最大化。

关键词:精致化教学;中职中式铺床;探索与实施

中式铺床是旅游服务与管理专业的必修课程之一,在实际教学中强调学生综合素质的同时,在面对日益重要的技能比赛环境下,对学生自身技能水平提出了更高的要求。但是现在的中式铺床在本校教学任务中主要是为了学生毕业后的就业和技能比赛两个大方向,没有比赛任务的学生因为基础差或者兴趣问题,在实训课堂中呈现松散的状态;而被挑选为技能比赛的学生以参加区级职业院校技能比赛为目标,要求以尽可能少的时间、精力和物力的投入,取得尽可能高的教学效益,这种情况下对学生专业技能水平提高和教师的专业成长都不利,迫切需要精致化课堂,改变中式铺床实训课堂状态,激发各类学生对于实训练习的兴趣,改善学生的实训学习,调整教师的教学,因此,中式铺床课堂教学的精致化的研究非常必要。

一、中职中式铺床精致化教学的意义

中职中式铺床精致化教学的提出是因为近几年来职业院校技能大赛的影响力越来越大,技能大赛对于中职学校来说有利于扩大学校的知名度,提高本专业教师的技能业务水平以及教学水平,提高学生的技能水平,有利于提升学生日后的就业竞争力;此外,近些年来中职对口高考中对获得技能大赛的学生免专业技能测试或者加分,大大提高了学生对口高考的竞争力。在这种情况下,将客房这一门课程的理论与实践相结合,并提出精致化的教学要求,更能够彰显学校师生优秀的技能水平和良好精神面貌。

2016年3月5日，在第十二届全国人民代表大会第四次会议上，强调教育资源投放的精准性，强调要让每个学生安全、健康、成长、成才。而中式铺床精致化教学的实践探索，在强调技能大赛教学的重要的同时，更重要的是关注其他不能参加比赛的学生的教学成果，关注到每一个学生的学习主体地位，充分调动每一个学生的学习主动性。

二、中职中式铺床精致化教学现状分析

1. 教学现状分析

在中式铺床的课堂教学方面，一直以来都不乏相关的教学方法，如教师现场展示，学生现场观摩，观看区赛、国赛获一等奖选手的录像带等。现场观摩往往是教师在实际教学中最常用的课堂教学方法，但对于人数较多的课堂很难做到全面展示和讲解；观看录像带一般只是比赛过程的实录，中式铺床的过程加上礼仪展示前后也不超过10分钟内，特别是实操过程只有短短4分钟，所有的动作都要求快，学生在观看的时候更多是感叹别人是如何快，很难观察到更多细节。此外，在目前的条件下很难找到关于区赛、国赛获一等奖选手的比赛视频，网上能找到的视频都是模糊或者是缺头少尾的，专业教师很难将近几年新出现的行业新规定以及最新比赛规则进行对比、分析。

此外，近两年区内高校在对口高考中将专业技能测试转换成专业能力面试之后，中式铺床技能便处于尴尬的位置，出现了竞赛和教学两张皮的现状，大赛和常规教学之间的矛盾日益明显。每年技能大赛选手人数的规定，使大多数学生很难享受到技能大赛带来的好处，高考也不需要考技能了，原本以赛促教的引领和示范作用没有能够得到发挥。

2. 学生实训现状

学生个体实训练习过程中所展示出来的领悟能力不一致，大部分学生的中式铺床基础技能不扎实。不管是现场教师展示、学生观摩法还是视频教学法，学生都很难在一个月甚至是一个学期内掌握中式铺床的基础技能，主要表现在床单、被套不能一次性打开；床单、被套、枕头中线不能居中，三线对不齐；包边不紧实，包角不美观；被头不饱满，不能与床头平齐，翻折45cm不合格等等。学生往往在学习整张床铺折之后，对于实操练习还是处于懵懂状态，经常这周学习下周忘记，每个星期都在重温上一个动作。这种情况下对于学生以及教师都是特别沮丧的现实。

三、精致化中式铺床教学中的实践探索

1. 教师自身对精致化教学的追求

作为中式铺床教学的主体，教师在研究和确定精致化目标时，应当本着科学务

实的态度，从学生本身的资质和日后发展需要出发，再结合大赛标准和行业发展的要求，反省目前的教学方法是否符合学生实际需求，是否对学生进行因材施教，是否在每次的实训教学过程中进行有效的教学控制，并且对当前的中式铺床实训教学现状有足够客观理性的判断和认识。

首先，提高自身专业知识的高度和深度。中式铺床教师在中式铺床教学过程中不仅仅是讲本门课程的专业知识，还应努力将客房的实训和理论知识与酒店其他部门的专业知识融合，其专业水准还要求教师将此门课与技能大赛所需要展示职业形象、岗位素质紧密相连，要让学生在实训过程中切切实实地感受到中式铺床在岗位中的存在，领会中式铺床的现实作用，以培养学生的综合岗位意识和职业意识；其次中式铺床教师通过阅读大量相关专业书籍、研究行业的发展现状、研究每年技能大赛的评分标准等，在学习和吸收优秀中式铺床实训教学成果的基础上形成自身的教学理念；最后，在每一次实训教学之后，特别是在每一年技能大赛之后，加强自我反思，多与学生和其他职业院校教师就知识技能技巧进行交流，保持包容开放的心态，不断促进本身的进步。

2. 中式铺床精致化教学的实践应用

中式铺床课程最终目的是让学生适应旅游专业的行业需要，日后就业的岗位需求以及通过比赛为自身三年级的对口高考做准备。因此，把握中式铺床的实训实践尤为重要。通过转变和创新实训课堂教学模式，尝试不同的指导练习方法，提高学生的实训积极性和实操能力，使更多学生达到知行合一的目标。

(1)增加实训教学环节的趣味性。要创建多种中式铺床实训教学情境来激发学生平时的实训练习，培养学生自主学习以及互相学习的能力，建立良好的课堂互动关系。通过小组比赛或者个人比赛环节，结合区技能比赛的场景模拟，指导学生对其他小组或个人完成中式铺床细节问题进行判断，通过讨论，让学生参与其中，更好地理解行业要求和比赛评分标准，将知识转化为实操行为。

(2)鼓励学生积极研究视频，进行具体案例分析。中式铺床的每一个环节都有不同的动作要领，需要学生在实训过程中掌握，比如开床单，可以先将床单抛过去直接打单定位，也可以先将床单一头打开再抛过去打单定位，具体哪一种实操方法最好，要根据学生的具体铺床情况而定。所以，教师在实训教学过程中，要根据学生的身高、力气给学生灌输注重操作方法的思想，不能看到别人用的办法轻松就采取简单拿来主义，培养成学生思考的习惯，寻找到适合自己的铺床方法。如此，在提高学生实训积极性能的同学，也能更好地提高学生的技能水平。

(3)细分学生的技能水平，制定不同的实训目标。目前的学生普遍存在着自制力差，实训练习没有明确目标的缺点。所以教师在学生初次中式铺床练习展示之后，应根据其本身的学习能力，帮助学生制订一个短期目标和长期目标。短期目标可以是学生在每一次实训练习中所能达到的程度，比如这个星期能够将床单开单定位，下个星期能够将床单四角、四边包正；长期目标是学生在本学期内能达到比赛选手种子的水平。

(4)组织多种多样的中式铺床展示活动。教师应利用现有的教学环境和教学资源，组织多种多样的中式铺床比赛。比如利用学校的技能周比赛，将不同年级的学生汇集在一起进行中式铺床技能展示，形成一个你追我赶的良好氛围；教师在此过程中，指导学生有意识地去对比各个年级之间技能技巧的不同，学习别人更快更好的中式铺床方式。或者是召集参加过中式铺床比赛的学生选手与本班学生进行技能展示，不仅能学习到参赛选手身上的风采，也能在一定程度激发自身的自信心。

(5)优化中式铺床教学节奏。优化中式铺床教学节奏，是指中式铺床实训课堂教学进程中的速度及规律性的变化。在中式铺床实训教学中采取适当的节奏可以激发学生的学习兴趣。教师根据本学期内的课程标准要求以及是否有比赛的需求来制定相应的教学节奏，节奏过快，学生难以充分感知实训过程中教师所传授的教学内容；节奏过慢，学生拖沓的过程会弄得排在后面的同学对课堂失去兴趣。因此控制中式铺床实训课堂节奏的能力，是教师主导作用的重要体现，也是中式铺床教学精致化的重要组成部分。

四、结语

中职中式铺床教学，怎么教才能最有效，怎么教才能贴合行业需求以及学生的发展需求，这需要引进新思维，新理念。中式铺床虽然只有短短的三分钟（中式铺床时间 3 分钟，提前完成不加分，每超过 10 秒扣 2 分，不足 10 秒按 10 秒计算，超过 1 分钟不予继续比赛），但是正因为实操时间短，过程有太多想不到的意外会发生，导致学生的实操结果并不如人意。所以，教给学生解决实操过程可能会遇到的问题的万能钥匙，是每个中式铺床教师应该去认真思考的问题，如何将中式铺床教学精致化是当前专业教师应该关注的问题。

参考文献：

[1] 卢秀丽. 如何提高中职生的客房实训能力[J]. 教学研究，2016，(4).

[2] 官宝玲. 中职教学精致化管理探索[J]. 教学研究，2011，(5).

[3] 管云. 技能大赛提升酒店专业技能教学的思考[J]. 教学研究，2016，(8).

（作者为岑溪市中等专业学校旅游管理专业组助理讲师，研究方向为旅游管理，酒店管理）

产业探索篇

广西乡贤文化与乡村旅游

熊素玲

摘　要：水有源头木有根，广西乡贤文化扎根于其母土文化。从传统历史中走来的乡贤文化是我们凝聚当代文化认同的根，是乡村旅游文化的魂。乡贤文化与乡村旅游珠联璧合，多措并举谋发展，已经显示出勃勃生机和可喜的社会经济效益。乡贤文化是乡村旅游的精神文化标记，乡村旅游反哺着乡贤文化。到乡村去旅游，乡贤是一条连接故土、维系乡情的精神纽带。

关键词：乡贤文化；乡村旅游；融合；发展；广西

在广西的乡土，从传统历史中走来的乡贤文化是我们凝聚当代文化认同的根，是乡村旅游文化的魂。乡贤文化源于我国传统文化，成于乡村世世代代的文化沉淀，奠定了广西乡村旅游发展的社会经济文化基础。

一、披古通今问乡贤

水有源头木有根。广西乡贤文化是扎根于壮、汉、瑶、苗、侗、仫佬、毛南、回、京、彝、水、仡佬族的母土文化。乡贤指我国乡村人群中极少数贤能、有智慧及其对乡村建设有所建树的贤明人士，他们活跃在乡村经济、社会、文化各个领域，通过自身的优势来造福乡村和群众的德贤、文贤、官贤，其德行、能力、声望和才学都为乡村群众所推崇敬重之人。广西乡贤文化就是当地乡村乡贤名人通过长期德、善、能及其贡献的积累和沉淀并形成一种有影响力的特定的区域文化。深度挖掘其精神内涵，有利于带动旅游发展；旅游又反哺乡贤文化，在当地形成良好的宣传效应，推广本土历史名人文化、乡贤文化发展。

基金项目：广西中医药大学科研项目“传统文化中的‘君子’品格与当代大学生人格培育研究”，项目编号：2018MS037；广西中医药大学“三全育人”“中医药院校文化育人研究”课题研究成果，立项编号2018SQYR026。

（一）乡贤文化的历史渊源

“乡贤”一词最早出于于东汉，原指有崇高威望并为国家、社会作出突出贡献的贤达人士。在《左传·襄公二十四年》中指出：“豹闻之，‘太上有立德，其次有立功，其次有立言’，虽久不废，此之谓三不朽。”立德、立功、立言就成了儒家的人生理想和后人衡量历史贤人的重要标准。唐代孔颖达在《春秋左传正义》中认为：“立德，谓创制垂法，博施济众”；“立功，谓拯厄除难，功济于时”；“立言，谓言得其要，理足可传”。孔子曰：“人有五仪：有庸人，有士人，有君子，有圣，有贤。审此五者，则治道毕矣。”“贤”，属于圣人与君子之间的一种人。孔子弟子三千，贤者七十二，其弟子基本上都成了君子，可见成就贤人比君子还难。“乡”，指地域空间，为乡里之乡，“里”就是人类聚居的地方；乡里就是人类为其生存进行生产和生活而逐渐形成的社会经济文化共同体，我国古代国家政权治理的基层组织。《素书》认为：“德足以怀远，信足以一异，识足以鉴古，才足以冠世，此则人之英也；法足以成教，行足以修义，仁足以得众，明足以照下，此则人之俊也；身足以为仪表，智足以决嫌疑，操足以厉贪鄙，信足以怀殊俗，此则人之豪也；守节而无挠，处义而不怒，见嫌不苟免，见利不苟得，此人之杰也。”乡贤就是要“见贤思齐”。在讲究自给自足、邻里和睦、孝老爱幼、耕读传家的我国传统乡村，其儒家的乡贤思想就成为乡村自治、自然、自生、自律的乡俗习惯，通过历史积淀，逐渐成为一种文化，这就是乡贤文化。乡贤文化特指乡间历经几代甚至几十代人群中的名人贤士积淀的乡间传统、民俗、信仰、价值及其对当地村民有着激励作用的其他文化形态等。简言之，乡贤文化就是当地乡贤名人的典籍、遗迹、故事等长期沉淀而形成的一种有影响力的特定文化，是对当地村民有着激励作用的思想、信仰和价值的一种文化形态。

乡贤文化根植于本土文化，崇尚见贤思齐、崇德向善、诚信友爱，引导人们积极向善，走向文明，对乡村人群的言行举止发挥引领和规范作用。它作为一个区域乡村的精神文化地标，是人们有效凝聚乡情、连接故土的纽带，它能有效唤起人们对乡情故土的热爱，是我国传统文化的重要组成部分。

（二）广西乡贤文化现状

乡贤文化作为传统文化的重要组成部分，在广西广大农村地区，自古就有尚贤的传统。这些传统包含着民风与乡村治理的经验与智慧，是千百年来促进乡村和谐稳定发展的根基。广西的乡贤文化有着深厚的历史传统，特别是在桂中、桂东南、桂西和桂北等地区，他们在历史的基础上，不断挖掘传统，结合新时代乡村治理要求，紧紧依靠乡贤及其乡贤文化来调节邻里纠纷、家庭矛盾等，成为当前广西农村社会健康发展的自我调节手段。近几年，广西在各级党委、政府的大力倡导下，各地利用当地的乡贤及乡贤文化资源，培育创新乡贤文化，引导新的贤人在乡村建设、返乡创业、公益慈善、文化建设等领域做出了成效。一是建设乡贤文化有举措。如北流市通过成立乡贤理事会，宣传新的贤人的善行义举，促进乡贤文化迅速发展繁荣，成为全国第二个“中国乡贤文化之乡”。武宣县则采取收集历代乡贤廉洁奉公、爱国爱乡、建设家乡等感召后人的事迹，编写整理900余名乡贤事迹资料，出版《武宣古韵》专著；象州县成立乡贤研究会、建立乡贤馆等，开展乡贤文化活动，让“两粤宗师”郑小谷等古代贤人焕发新的时代价值。桂林市推出百年清官村，建设清官一条街等等。二是培树当代贤人有办法。近几年来，贵港市覃塘区开展“修身润德，廉洁齐家”为主题的宣讲活动，做到进村入户；每年到各社区召集一次“百人家长会”，开展教育互动活动；坚持开展“十星文明户”“五好家庭”“覃塘孝子”等评比活动，通过座谈会、宣讲、印发“覃塘故事”等形式，大力宣传其先进感人事迹，弘扬邻里团结、互助和睦、家庭温馨的传统美德，激发广大群众共同建设美好家园的热情。[1]北流市利用“玉商”较多的实际，培育创业成功的企业家成为当地家乡贤人。武宣县则抓住东乡镇风沿村党支部书记陈全庆这个典型，培育群众推举新乡贤，以组建合作社的形式，扶植共同致富的新乡贤。

总之，广西近代以来，乡贤延续着花山文化传统，一批批各路乡贤辛苦耕耘，努力行善，作出积极的贡献。但是，由于历史和经济方面的原因，广西的乡贤文化的发展还不平衡。一是有的地方还没有将乡贤文化的积淀和乡村特色及其承载乡贤文化的古庄园和众多的古民居建筑群进行修缮和保护；二是乡贤的道德和精神力量还没有得到很好的引导和弘扬，乡贤文化的薪火有待进一步传承；三是乡贤传统的挖掘和当代乡贤的培育，还没有真正花功夫来挖掘，用文化的眼光打造具有地方特色的、可以传承的乡贤文化；四是诸多“空心村”现象，使部分地方乡贤文化建设受其隔断。

二、乡贤旅游珠联璧合

“乡村旅游是指以乡村地域上的一切可吸引旅游者的旅游资源为凭借，以满足观光、休闲、度假、学习、购物等各种旅游需求为目的的旅游消费行为及其引起的现象和关系的总和。”[2]乡村旅游是以农村、农业、农民为基础，植根于乡村的经济资源、民情风俗资源、田园风光资源、乡贤文化资源和饮食文化资源为依托的新型产业。当前，以乡贤文化资源为乡村旅游已经成为广西目前乡村旅游的重要组成部分。据统计，广西有80%以上的旅游资源在农村、少数民族乡村和山区，乡村旅游有着得天独厚的优势。在乡村旅游中的孔庙、古书院、宗祠、街坊、古迹等乡贤文化资源场所占据80%。“广西已创建乡村旅游示范区（点）200多个、以农家乐旅游为业的农民已达3.6万人，这些乡村旅游示范区（点）、农家乐旅游点年接待游客约有2000万，旅游总收入约50亿元人民币”[3]。其规模之大，不无与乡村中的乡贤文化相关。乡村旅游与乡贤文化结合发展旅游业，已经显示出勃勃生机和可喜的社会经济效益。

(一)新乡贤种养特色与农家乐乡村旅游并进

乡贤就是能人，他们用智慧创造特色农业，用思路探索旅游扶贫路径，在广西把新乡贤种养特色与农家乐乡村旅游结合起来，使旅游扶贫效应得到显现。恭城县莲花镇的红岩村，曾是国家级的贫困村，在国家的支持以及乡贤的努力下，利用当地自然条件，带领群众种植柿子，使柿子成为村的龙头产业。全村漫山遍野都是柿子，非常的漂亮，加之整洁的新农村，有序的道路和房子，呈现出一副秀美恬静的田园风光，整个画面透出一种如诗如画般的静谧、祥和，吸引了众多的旅游者，创造了乡贤柿子文化，打造成为“全国农业旅游示范点”和“全国十大魅力乡村之一”。乡村旅游业和乡贤的种植文化相辅相成，使群众逐步富足起来，旅游者又感受到乡村乡贤文化的新颖与怡悦。

(二)传统乡贤精神弘扬与民俗文化乡村旅游相融汇

人们的精神风气和乡俗乡情共同成为编织乡村整体形象的重要组成部分，是乡村建设的重中之重，所以，必须注重古代乡贤精神弘扬与民俗文化乡村旅游结合，才能使农村农民尽快富裕起来。如宾阳县古辣镇蔡村蔡氏书香古宅。蔡氏家族是广西古乡贤的典型代表。蔡氏书香宅由蔡氏书院、蔡氏书香古宅群、小金洋楼、洋房等组成，有500多年的历史。从明朝中叶开始，蔡氏家族便成立蔡氏书院，长期供奉孔子，以儒家思想教育后代；蔡氏子弟秉承家训，发奋读书，家族代有人才辈出而领尽风骚，成为广西闻名的书香世家。灵山县推出芦村劳氏古宅民俗文化与农业观光于一体的乡村旅游。象州县推出罗秀镇纳禄村，加大古代乡贤宣传的感染力。纳禄村是明代朱氏皇族后裔的迁徙定居之地，是入选“中国传统村落名录”的古村落，被评为自治区三星级乡村旅游区，是典型的“生态休闲农业+传统精品文化+星级乡村旅游区”为一体的综合旅游区。再如灵川县积极宣传周敦颐后裔聚居的百年清官村，兴业县推介何以尚等廉吏典型等，都成为当今乡村旅游的精品目的地。象州县还建立乡贤馆、成立乡贤研究会等开展乡贤文化活动，让“两粤宗师”郑小谷等古代贤人焕发新的时代价值。同时把乡村旅游与乡贤文化、乡村治理结合起来，极大地促进了当地经济社会发展。

(三)乡村名胜与乡村贤人相整合

游生态、观农耕、赏民俗、忆乡贤的乡村旅游，紧紧地与乡贤文化结合起来，使其名胜更名胜。如龙胜县龙脊镇平安村的小寨，借助龙脊梯田稻作文化景观，依靠乡村贤人有效的运作，为乡村旅游在名胜的基础上更加吸引游客。桂平市罗秀镇依靠乡贤创造罗秀米粉，被誉为“中国一绝”。在罗秀镇世代乡贤的努力下，现有

21 个村共 120 多个粉坊,年产量超过 100 多万公斤。粉坊业成为乡村旅游热点。与此相类似的,还有阳朔高田镇枥村、百色乐业火卖生态文化村、桂平广西北回归线小汶生态村等。

(四)当地民族风情与乡贤文化相贯通

乡贤文化有助于提升当代乡村民族文化建设,可以从根本上解决乡村民族文化建设内在力量不足的问题。当代社会的乡贤,在家乡的可传帮带,在外的还可以通过各种途径、各种方式回馈家乡,支持家乡的经济文化建设。如靖西市是壮族世代聚居地,其壮族人口占总人口的99.4%,是广西典型的壮族人口聚居地。这里紧紧依靠壮族贤人和壮族乡贤文化,使其壮族民族风情浓郁,民族与乡贤交织,是中国"绣球之乡"、广西"壮歌之海",吸引众多的旅游观光者,已经成为全国旅游热点地区。宾阳县露圩镇紧紧依靠当地贤人和乡贤文化打造"蓝衣壮"民族文化品牌,其蓝衣壮山歌、蓝衣壮舞蹈多次登上南宁国际民歌艺术节的舞台,成为受欢迎的乡村旅游目的地。

三、多措并举谋发展

2015 年中共中央 1 号文件提出,"创新乡贤文化,弘扬善行义举,以乡情乡愁为纽带吸引和凝聚各方人士支持家乡建设,传承乡村文明。"[4] 只要有乡村的存在就一定有乡贤,乡贤在群众中产生,又回到家乡的群众中去。乡村的发展离不开乡贤,没有乡贤的地方肯定是空壳村。所以,发展社会主义新农村就需要千千万万的乡贤。在广西建设新农村,关键在于经济社会的综合发展,其重要的途径之一就是发把乡贤文化与乡村旅游紧密结合展,振兴乡村发展。

(一)政府引导,走乡贤文化与乡村旅游结合之路

加强乡贤文化和乡村旅游工作的领导,发挥党委政府引导的推动作用,是乡贤文化与乡村旅游相结合的必由之路。乡贤文化是乡村群众经过历史积淀而自发形成的,具有很大的自发性,但其传播方式相对落后。在新的时代背景下,重视发挥党委政府部门的领导和引导作用,将会起到事半功倍的作用。要完善乡贤文化和乡村旅游建设的体制机制,把乡贤文化纳入社会主义核心价值观、广西精神、弘扬传统、"美丽广西"等乡村建设内容,要支持农村传统文化的复苏和弘扬,在财政上加大支持力度,在弘扬传统文化的过程中,要牢牢把握乡村生态旅游和乡贤文化熏陶相结合的契合点,以生态环境和人文环境为旅游吸引物,通过乡村旅游发展使乡村治理得到优化和提升,使当地社区和普通群众在经济上得到收益。因此,各级党委政府要对乡村旅游与乡贤文化发展进行强力主导,让其真正发挥宏观调控、市场监管、社会管理、社会服务等功能。要制定和完善乡村生态旅游和弘扬乡贤文化的法规和政策,积极采取税收扶持政策,中长期的乡村旅游和乡贤文化发展战略和规

划，增加乡村旅游和乡贤文化的宣传费用，组织大型主题活动，加大乡村旅游市场的监管。要采取强有力的措施保护乡贤文化资源和乡村旅游资源，理顺乡贤文化资源和乡村旅游资源管理体制。只有确保党委政府的领导和管理落到实处，广西的乡村旅游与乡贤文化工作，才会有一个科学、特色、有序、理性、内涵、健康的全程发展。

（二）培育有担当的乡贤，为乡村旅游夯实基础

乡村旅游市场的竞争，某种程度上也是乡贤的竞争。乡村旅游中的乡贤对于广西乡村旅游的发展，发挥着重要的和特殊的作用。经过多年的发展，广西乡村乡贤从业人员的素质有了较大的提高，但与国内乡村旅游中的乡贤发展比较好的地方相比，乡贤的个性化与标准化及其技能、职业道德建设、服务质量都还有着一定的差距。举办了中国——东盟博览会之后的广西乡村旅游业，各地乡贤的需求量更大，竞争更加激烈。因此，培育各个方面的乡贤人才特别是高层次的贤人，是广西各乡村面临的一项重要任务。一是要通过政府组织引导、乡村群众自发推荐，评选出有能力、受尊重、有影响、可仿效的乡贤，使其成为乡村旅游的专业人才，并做到合理使用乡贤，最大限度地调动他们的积极性。在政府引进人才的大名单中，不要把旅游乡贤排除在外，要消除政策上对乡贤旅游专业人才的歧视。二是培育具有探索、创新、开拓精神的乡贤，使其成为乡村旅游的企业家。三是培育专门的管理、经营、服务型的乡贤，夯实、完善乡村旅游的乡贤队伍。四是制定科学评价乡村旅游乡贤的标准，对具有创新、开拓素质的乡贤，要大胆使用。五是加大对大专院校、中等职业学校旅游专业的学生的投入力度，用特殊政策吸引优秀学生成为从事乡村旅游的新乡贤，把广西乡村旅游乡贤的“摇篮”做优做好。六是探索让乡贤参与村委会管理，鼓励乡贤充分发挥在农村治理中的积极作用，使其成为乡村旅游的行家里手。总之，要高起点、高标准培养乡贤旅游的后备人才，为广西乡村旅游业迈向新台阶夯实基础。

（三）深入挖掘丰富古乡贤文化，打造乡村旅游特色

古代乡贤是传统文化的符号，乡贤文化必须根植于传统文化的土壤。加大传统乡贤的发掘和弘扬，才能让乡贤文化和乡村旅游成为有源之水、有本之木。充分挖掘传统乡贤的文化内涵，是开展乡村旅游业的灵魂，是乡村旅游生存和发展的根本所在。一是要加大对乡村文物古迹的修缮和保护。广西是文物古迹之乡，有诸多的村落蕴藏着罕见的文物古迹。要对兴业县何以尚故居，灵川的江头洲、北流市扶阳书院、宾阳县的蔡氏书香古宅、武宣县孔庙、灵山县的大芦村古宅、象州县郑小谷故居等诸多文物古迹，必须加大保护和修缮力度，以吸引更多的乡村旅游者。二是要大力搜寻当地乡村关于传统乡贤的传说故事和逸闻趣事，编印旅游的宣传资料，通过旅游传播弘扬，使旅游者得到传统文化的熏陶。三是大力创新宣传乡贤事

迹和乡村旅游的方式。在传统媒体宣传的基础上,要充分利用互联网等新媒体的优势,把乡贤的故事和当地的旅游特色以生动的形式传播出去,使旅游者能够领略更多更美的乡贤文化。

乡贤文化是乡村旅游的精神文化标记,乡村旅游反哺着乡贤文化。到乡村去旅游,乡贤是一条连接故土、维系乡情的精神纽带。同时,在传家风、倡新风和社会和谐方面,也会发挥着“润物细无声”作用。

参考文献:

[1] 熊素玲:弘扬孝廉文化传统　根植社会正能量[J]. 当代广西 .2017,(13).

[2] [3]梁昆:广西乡村旅游发展现状与存在问题分析. 南宁职业技术学院学报 .2011,(16).

[4] 中共中央、国务院:关于加大改革创新力度加快农业现代化建设的若干意见. 新华社,2015-02-01,http://www.gov.cn/zhengce/2015-02/01/content_2813034.htm.

(作者单位:广西中医药大学)

校政企合作打造精准扶贫体验型红色旅游产品研究

——以巴马县西山乡合乐村为例

王京宇　郭瀚文　袁丰年　吴井娟

摘　要：习近平总书记在党的十九大报告提出了扶贫攻坚的总任务。根据十九大报告，从现在到2020年，中国进入全面建成小康社会的决胜期，精准扶贫、全面脱贫吹响了冲锋号。红色旅游是革命传统教育观念和旅游产业观念与时俱进的结合，既是观念的创新，也是产业的创新，是我国旅游产业一个新的重要组成部分。因地制宜的合理利用贫困地区的红色旅游资源，开发红色旅游产品，带领人们走进革命老区，带动老区的经济建设，改善老区的招商和人居环境，扩大就业机会，增加当地财政收入，是精准脱贫、真脱贫的又一途径。因此，开发红色旅游产品带领当地脱贫致富，是值得认真研究的课题。

关键词：扶贫攻艰；全域旅游；红色旅游产品开发

一、红色旅游产品开发的意义及现状

1. 体验式红色旅游产品开发的意义

所谓红色旅游，是指利用红色历史遗迹、文物、事件、故事等为载体开发的旅游产品。目前全国各地都有红色旅游线路，比如井冈山、延安等，利用资源优势，以弘扬革命传统，建立革命传统教育基地和爱国主义教育基地的形式，开展红色旅游，使红色旅游寓教于游、寓游于教，是革命传统教育和爱国主义教育的新形式。

体验式红色旅游产品，重点在“体验”二字上。它抓住了“红色旅游+互联网”的主要趋势，结合电子平台发展红色旅游，利用学习、体验、参与、互动、启发等方面逐步递进地让游客从不同方面对先烈的事迹有全面的了解和认识，做到“寓教于游、寓游于教”；同时着重突出当地特色、民俗，加大吸引力，促进多元化游客类型的形成。对游客而言，不仅可以欣赏祖国的山川美景，更能让英烈们的动人事迹洗涤和净化心灵，接受革命传统的熏陶；在旅游过程中留下“重回革命年代”的难忘经历，让游客参与其中，努力提高红色旅游产品的附加值，使旅游者愿意为这种美好的回忆付费。这是顺应体验经济时代潮流的必然，所以，红色旅游体验产品的开发具有很大的市场前景。

2. 巴马县概况

巴马瑶族自治县是广西12个少数民族县之一，位于广西河池市西北部，地处桂西北通往桂东南沿海地区和大西南地区的咽喉要地。巴马全县面积1976平方千米，辖3个镇7个乡103个行政村，聚居着瑶、壮、汉、苗、毛南、仫佬、回、水等12个民族，总人口29.91万人；其中少数民族26万人，占总人口的86.9%；瑶族人口5.3万人，占总人口17.46%。

2017年，全县国民生产总值42.96亿元，其中农林牧渔业总产值17.08亿元，工业总产值21.76亿元；固定资产投资8.48亿元，财政收入3.3亿元，人均年收入7376元。巴马是国定贫困县，贫困是最大的县情。全县目前还有50个贫困村、13833户贫困户、60076个贫困人口未脱贫。巴马是岩滩水电站库区，岩滩水电站库区淹没涉及4个乡镇、17个村民委（社区）、120个村民小组、2648户、13186人。2018年自治区下达该县的脱贫摘帽指导性计划为3881户贫困户、17218个贫困人口，脱贫攻艰任务艰巨。

西山乡合乐村下辖16个村民小组，位于巴马县的西北。当地属典型的喀斯特地形地貌，在这千山万岍里居住着1113户村民，其中贫困户100户。这里瑶族同胞占33.6%，村民淳朴善良，并有着光荣的革命历史传统。

3. 巴马县的红色基因

巴马瑶族自治县是广西12个少数民族自治县之一，是百色起义的发祥地和右江革命根据地的腹地。20世纪20年代至30年代初，邓小平、张云逸、韦拔群等老一辈革命家在这里组织和指挥武装斗争。从土地革命、抗日战争到解放战争，巴马人不屈不挠，前仆后继。按1949年户籍人口统计，平均每7户就有1人为革命牺牲，每9户就有1位烈士。当年红七军二十一师师部旧址、红七军燕洞会议旧址、二十一师兵工厂旧址、农民运动领袖韦拔群牺牲地香刷洞、红七军西山革命根据地旧址等革命历史圣地，已列入全国红色旅游线路。合乐是自治区原人大常委会主任黄荣同志的故乡，也是新中国成立后巴马县第一任县长略明白同志的故乡，是一块红色的革命根据地，右江革命根据地第一个农村党支部就在该村弄里屯诞生。红七军二十一师师部旧址、万冈起义旧址，都是极好的红色旅游资源。革命先烈留下的各种文物、足迹，都是十分珍贵的历史财富，是不可多得的红色旅游文化资源，是进行爱国主义教育和革命传统教育的好教材。

4. 红色旅游产品开发现状

（1）从全国各地开发的红色旅游产品来看，红色旅游以观光产品为主体，体验式的特种旅游产品甚少,大都是滞留时间短的观光式的旅游,或者是以一个纪念碑、纪念馆、故居会址等展示,缺乏体验元素。红色旅游资源的类别少且内容相似,每个红色旅游系列内各景区所体现的精神相似,这些特征决定了红色旅游区域间的替代性,不仅使红色旅游资源的总体价值打了折扣,而且红色旅游的相似性使开发极易千篇一律,使游客容易产生游一处就足够的感觉。这就导致了区域间同质旅游产品竞争激烈。

(2)尚未有成型的体验性红色旅游学堂。体验性红色旅游学堂拥有巨大的客户群,可以利用这些与他们原本提供的服务保持高黏度的客户,开发他们的新的需求,从而获得更大的利润空间。而这些企业往往财大气粗,有着雄厚的经济实力和商业背景,甚至有些是某一领域的龙头老大,体验性红色旅游的进入壁垒对这些企业来讲往往是轻而易举就可以跨越的。

(3)客户群不稳定,需要组织开发。一是在性别构成比例方面,以发展男性市场为主,女性市场为潜在市场。二是从年龄结构上看,青少年市场需求十分稳定,学校把红色旅游作为对学生进行革命传统教育、爱国主义、集体主义和社会主义教育的有效方式,寓教于游,寓教于乐,因而成为红色旅游的市场主体。中青年群体具有精力充沛、收入稳定、消费限制条件少等优势,是进行市场开拓的重点领域。老年市场也不能忽视,老年人对红色旅游的需求欲望高,出游可能性很大。三是从知识结构上看,主要包括专业修学旅游者和知识层旅游群体。作为一种基于红色旅游资源的精神文化产品,红色旅游能够为大多数知识层游客所接受,但目前大多数红色旅游产品对红色文化核心价值挖掘不深,导致专业修学旅游者比例不高;而红色研学旅游体验课的客户群以中高学历的知识层旅游群体为市场主流,同时以其特殊的体验性将会吸引更多的专业修学旅游者。

二、红色旅游产品项目构想

1. 创建红色研学旅游体验学堂

项目以“巴马县西山乡合乐村创建红色研学旅游体验学堂”为主题,将红色旅游与区旅发委扶贫点结合,与周边绿色、山水、乡村旅游融合起来;同时也将红色旅游与电子平台相结合,建立微信公众号宣传,后期开发相应 App 应用,并通过虚拟现实、增强现实技术在互联网上让用户感受当地情况。该项目市场面向小学、中学,大学生等各界人士,吸引感兴趣的红色文化旅游体验者。依托衣、食、住、行、听、看、感等一系列活动,让体验者来一场学习红色文化之旅;将学堂中的住宿、餐饮、安保、讲授老革命的故事等事项安排由村民们全面参与,提高村民收入和积极性。通过此举,产生社会效益和经济效益,推动乡村发展,从而实现带动农民参与红色旅游项目,从而实现精准扶贫。

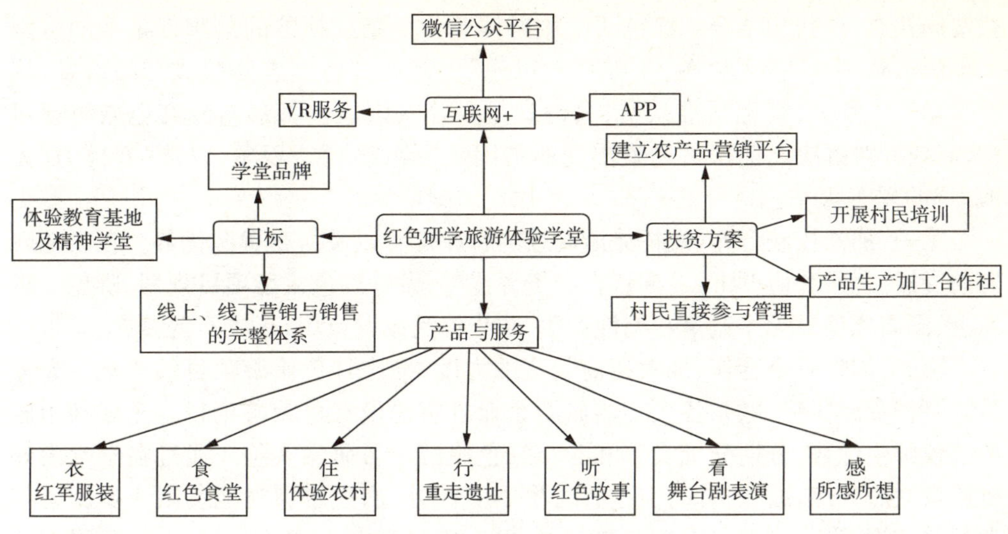

红色旅游产品项目构建示意图

2. 创新红色旅游文化,带动当地经济发展

(1)面向大中小学生旅游市场开办的研学旅游,开办红色教育学堂,通过红色讲堂培养学生对党史的了解、对党的热爱;通过实地考察增加对贫困地区的了解,体会幸福生活来之不易,激发对生活和创新的热情;宣扬爱国主义教育,在学习、体验、参与、互动、启发等逐步递进中,让学生从不同方面对先烈的事迹有全面的了解和认识。

(2)在学堂中的讲授环节,不光是请党政教育的老教授,更是邀请当年红军后代红二代、红三代来现身讲解,与学生拉近距离,让学生感受到当年的那些事并不只是书本上的历史,更是脚下的痕迹。不断发展周边配套,形成“红加绿”融合的旅游业态,将红色旅游与区旅发委扶贫点结合,与周边绿色、山水、乡村旅游融合起来。

(3)利用微信、微博、App 等网络技术开发红色旅游,发展智慧旅游。利用 VR 技术使得体验者提前感受旅游点氛围,使其对景点更加向往。同时为全国大、中、小学生提供另一种选择,吸引其进行红色旅游研学的体验。

(4)着重突出当地特色、民俗,促进多元化游客类型的形成,提高景区的消费水平,提高经济效益,带动革命老区经济发展,走上脱贫致富的道路。在市场经济条件下,通过市场的资源调节作用,可以将社会效益与经济效益结合起来,将物质财富和精神财富统一起来。

三、加强校政、校企合作,推动红色旅游项目实施

十九大报告集聚智慧、汇聚民心,提出了扶贫攻坚的新方法、新手段——注重

扶贫同扶志、扶智相结合。红色研学旅游体验学堂精准扶贫的落脚点是帮助贫困人员脱贫致富。“授人以鱼，不如授人以渔”。开展红色旅游体验式产品研发，从而带动经济发展，实现精准扶贫，关键就是要让贫困农户都参与到红色旅游项目中，有效针对解决之前扶贫过程出现的贫困户“等、靠、要”现象，以及“有体力、无能力”的现实状况。

第一，加强校政合作，发挥旅游院校的智库优势以及人力资源优势。在当地政府的支援、合作和协调下，发挥各自的资源优势，做好红色旅游项目规划，避免一哄而上、同质化项目无序竞争和恶性竞争，防止扰乱旅游市场，造成不良影响。

第二，加强校企合作，加大招商引资的力度，推进红色旅游项目的实施。充分旅游院校资源优势，联系各大知名旅游企业投资建设红色旅游项目。充分利用旅游院校师生优势，分期分批实习和参与红色旅游项目研发实施。通过在学堂内外分段设立服务点，通过招商，引进社会资本。此外，加强培训当地贫困人员旅游从业相关知识，吸收当地贫困人口参与经营，在满足游客需求的同时，为景区附近的老百姓增加就业机会。同时，还可以考虑村民集中参股的形式参与红色研学旅游体验学堂的开发，或直接参与景区管理、物业管理业务如住宿、餐饮、安保等，实现收入增加。彻底改变村民的生活、生产方式和收入结构，实现区域化整体脱贫。

第三，通过红色旅游项目实现“互联网+”，实现信息的联通、市场的延伸，引导农户依托互联网脱贫致富。一是建立微信公众号内部商城，实现农特产品、特色旅游小商品的统一线上销售。二是依托互联网，借助红色研学旅游体验学堂实现农家餐饮、住宿、景点门票线上销售。成立农户旅游商品生产加工专业合作社，充分依托巴马西山乡合乐村原生态环境资源和革命老区历史文化、民俗文化底蕴，大力发展与特色手工艺品相关的旅游商品研发、生产、销售，构建巴马西山乡合乐村特色红色旅游商品品牌，真正通过发展专业合作社融入红色旅游，实现惠民富民。

第四，“红色”“绿色”交相呼应，提升红色体验性旅游魅力。红色旅游资源众多，具有较大的开发价值。良好的生态环境和奇特的自然景观是基础，具有鲜明主题的红色旅游资源是灵魂，朴实的民风民俗是映衬。红色资源与这些高品位的旅游资源结合在一起，将极大提高它的开发利用价值。贫困农户都参与到红色研学旅游体验学堂项目中，真正做到红色旅游精准扶贫。在对贫困农户精准识别的基础上，从资金、技术、观念、基础设施等层面消除影响农户参与红色旅游的障碍，让其真正从红色旅游发展中受益。

第五，通过“一个展览馆、一位讲解员”+“一间体验室、一套设备、一副眼镜”“一次体验”的模式，在学校建立“VR 红色研学旅游体验课堂”。这种方式不仅可以满足各地学生对红色旅游研学体验内容、安全等方面的高要求，而且基于虚拟红色旅游研学课堂的无限容量和奇幻体验，可以将难以面面俱到的红色研学课程内容的选择,变成轻松的、丰富的、智能的生动有的红色旅行体验。利用网络直播和学堂进行结合,为同时给游客创造一个即时互动的分享空间。在每一次开办红色人物精神讲堂和舞台剧时,在直播平台发起直播,创新旅游分享的方式,给学堂带来不一样的宣传效果。建立农产品营销平台,形成 B2C 模式,线下与线上相结合,形成比较完善的农产品售一体化系统,充分利用网络销售,进而提高农产品的销售效率。

第六,实现红色旅游体验项目的可持续性发展。为让农产品营销平台后续顺利发展,即可让项目与当地的合作社成立一个"合作经济会",并在相互之间明确合作的目标。"合作经济会"的作用是向农民提供农产品的市场信息,统一指导农民进行统一的生产,并在生产结束时统一收购村中的农产品,集中于"合作经济会"统一销售,这样可以避免农产品滞销,加速农产品的销售发展。该项目将与校友网合作,形成"手拉手帮扶"项目,面向各大高校全体师生,带来巨大的市场,为合乐村当地农产品的销售提供稳健可靠的渠道。同时将与广西旅游职业教育集团合作,在大学生创新创业实践基地挂牌,给项目带来一定知名度和较为忠诚的、稳定的客户群。

参考文献:

[1] 唐仁伍. 习近平精准扶贫思想研究. 人民论坛·学术前沿,2017-12-22.

[2] 巴马县政府官网:2016 年国民经济社会公报.

[3] 全承相,贺丽君,全永海. 产业扶贫精准化政策分析. 湖南财政经济学院学报,2015,(153):31.

(作者单位:桂林旅游学院、韩国京畿大学)

“智慧旅游”模式下桂林市旅游发展探析

庄均强　马　骏

摘　要：“智慧旅游”，也被称为智能旅游。是利用云计算、物联网等新技术，通过互联网，借助便携的终端上网设备，主动感知旅游资源、旅游活动等方面的信息，让人们方便获取、利用各类旅游信息。[1]桂林市作为国家对外开放重要的国际旅游城市，也是面向欧亚、连接东盟的区域性文化旅游目的地和“一带一路”有机衔接的综合交通枢纽。本文旨在探析打造桂林市“智慧旅游”新模式，为其旅游业提供新思路以及新途径，从而进一步提升未来旅游发展的潜力。

关键词：智慧旅游；桂林市；旅游发展

“智慧旅游”模式兴起和发展的目的在于满足多样化的客户需求，旅游者的亲身体验才是对旅行行为的最好判断。随着市场经济的发展和老百姓收入水平的进一步提高，老百姓对旅游消费的需求将进一步上升，旅游业在经济发展中的地位和作用将会越来越重要。智慧旅游的发展离不开互联网技术，可以说“互联网+”时代的到来，使旅游业智慧化发展成为必然趋势。[2]为此，应根据桂林市的经济和景点特征设置有意义的“智慧旅游”项目，通过互联网提供合理的旅游服务，在“智慧旅游”理念下对互联网等相关技术进行进一步的统筹规划，其中包括无线上网等终端设备，提供服务的软件还应包括系统导航定位、付款平台以及旅游查询等，满足客户旅游住宿、饮食以及医疗等多元化的需求，从根本上确保“智慧旅游”模式的实施。

在“智慧旅游”理念日益普及以及桂林市大力发展旅游产业的大背景下，旅游业在发展过程中要保持良性发展。要通过借助“智慧旅游”模式规划桂林市旅游业发展体系，做到三个更好：更好地进行宣传、更好地规划景点、更好地服务游客。通过提高旅游业务的综合服务和运营能力，创建优质的旅游生态环境，提升旅游的服务品质，进而推动桂林地区旅游经济的快速、健康发展，以大幅提升桂林旅游的国际影响和辐射范围，使桂林的旅游产业体系达到世界一流水准，加速桂林旅游业升级。

一、创新方法，更好的宣传旅游资源

大部分旅游者获取旅游资源信息是通过传统的宣传媒介了解到的，如出版在小学语文课本的“桂林山水甲天下”、旅游公司的宣传广告、电视平台等。相对于传统的“广告式”的旅游宣传，通过“智慧旅游”新模式，可以创新方法更好的宣传旅游资源。只有通过把握互联网时代旅游业演变趋势，积极采用多种网络媒体载体推介和宣传本地丰富的旅游资源，才能实现本地旅游产业创新发展。[3]通过“智慧旅游”模式，旅游者借助便携的终端上网设备，主动宣传旅游资源的信息并及时发布，让人们能够及时感受到旅游资源的吸引力，从而达到对该地旅游资源的系统、全面的掌握。“智慧旅游”模式是一种宣传创新，其核心在于为旅游者提供专业的、全面的信息，更好的达到宣传的目的。

旅游业现已成为桂林市的支柱产业。“智慧旅游”模式是传统旅游业转型升级的必经之路。旅游业的转型升级即是桂林市作为国际旅游城市的重要举措，也是带动经济整体发展的重要抓手。“智慧旅游”模式使得桂林旅游开发向智能型、便捷型发展，旅游服务向优质、高效提升。当前，桂林市虽然拥有众多旅游资源，但是如何快速、准确的宣传这些新兴的旅游资源成了桂林旅游业进一步发展的关键因素。智慧旅游模式通过网络与旅游者的手机相连，目的在于充分发挥互联网的优势，将互联网与传统旅游产业深入融合，以网络技术提升旅游的便捷，最后创新旅游资源宣传方法，实现旅游产业的升级。

二、升级管理，更好的规划旅游景点

首先“智慧旅游”模式下智慧旅游城市体系是突破已有的“智慧旅游”强调的技术支持，不但关注如何加强基础建设，而且更加突出以人为本的理念，突出强调旅游者的使用体验。此外，特别注重旅游产业管理者对旅游服务质量的提升。在“智慧旅游”模式下通过旅游资源和旅游基础设施，应用数据挖掘轨迹和游览习惯，进而优化景区服务管理。通过大数据技术分析挖掘信息数据，能够提升对景区的建设水平，进而完善对景区的调整和管理。[4]智慧旅游将改变旅游业的产业结构。从旅游管理的角度，借助大数据、空间定位、移动通信等智能技术，智能旅游能够实现基于游客所在位置的旅游服务，如向游客提供所在位置的最佳游览信息、交通路况信息、酒店住宿信息和安全预警信息等等。同时记录游客的游览路线，分析挖掘游客的旅游偏好和行为习惯，掌握景点的受欢迎程度和客流高峰期，为景区管理和游客服务提供数据支持。

目前桂林市的“智慧旅游”发展处于初级阶段，如果依托“智慧旅游”模式，并将其运用到“智慧旅游”建设体系中，能够更好地升级管理水平，从而确保其积极作用的发挥。"智慧旅游"的发展要以信息为基础,而在我国信息化快速发展的同时,其与旅游之间的结合还需进一步升级,需要旅游部门进一步的完善。总体来说,"智慧旅游"在桂林市旅游业的应用主要是互联网技术,随着科技信息技术的不断更新,将会影响甚至改变未来旅游业管理方式,旅游业要做到更好的管理方式,智能化是重要的影响因素。

三、提高互动,更好的服务游客

在互联网技术的快速发展的大背景下,网络旅游经历了旅游在线咨询、旅游在线交易和景区在线浏览三个阶段的发展。旅游在线咨询阶段,游客主要通过互联网进行吃、住、行、游、购、娱六大信息的查找,其中主要是景区景点的信息查询、路线制定等。[5]"智慧旅游"模式之所以能够更好的服务游客,得益于其平台智慧互动水平。我国的旅游业虽然起步晚,但是发展迅速,国家提出的"互联网+"计划以及国际旅游大环境使得"智慧旅游"模式建设成为了我国旅游发展的新趋势。"智慧旅游"模式下旅游业的发展是要强调客户需求,将旅游者作为核心,做到因需而建。在智慧旅游城市建设中通过建立庞大的数据库,提供数据支持确保数据库可供旅游者随时参考,时刻把握旅行者的消费过程,了解与旅行社及旅游活动相关的活动,为旅游者建立全方位的旅游环境。人性化是"智慧旅游"模式的重要特征,要实现人性化还需要了解"智慧旅游"模式的全新结构,以满足客户体验为建设和发展目的。

在"智慧旅游"模式新形势下,桂林市需要提升旅游业智能化,引导游客、景区、旅游相关企业积极使用智能化平台系统。进一步完善旅游业的信息化、智能化水平,梳理出桂林市在"智慧旅游"模式建设过程中的良性发展与弱化问题,努力探求根本因素,真正实现智慧旅游。通过加大对旅游智能化工程的资金投入,保障公益性智慧旅游服务项目建设,支持重点项目建设。积极拓宽融资渠道,鼓励各类投资主体多方面投入到智慧旅游的发展中,从而完善桂林市"智慧旅游"模式建设理论,促进"智慧旅游"平衡和可持续发展。

四、结语

虽然全国各地都有对"智慧旅游"模式的积极尝试和建设,但是对于"智慧旅游"模式下旅游业发展的方向并没有统一、标准、科学的答案,更加缺乏理论的支持。在此背景下,网络信息技术的普及和广泛应用在客观上促进了新型的智慧旅游的出现,并成为现代旅游的发展趋势。[6]然而全国各地的旅游行业在面对智慧旅游这种新模式时,各地建设方向还存在不确定性,未能完全适应旅游市场的新变化。由于"智慧旅游"模式建设的特点突出,就是借助信息技术来实现更加合理的旅游享受方式。当前的旅游业已经开始对原有发展模式进行变革,并探索发展智慧旅游的路径。[7]在大数据发展的当下,互联网的交互性、实时性、丰富性和便捷性等优势促使传统旅游业迅速融入网络时代的浪潮中。“智慧旅游”模式作为与网络息息相关的行业面临着网络化和数字化的快速变革,以计算机技术和网络化技术应用为主要手段的信息化已成为全球经济的发展趋势。“智慧旅游”模式是现代化经济和技术发展的需求和必然,也是旅游业自身发展的需要,“智慧旅游”模式将成为推动旅游业发展新的增长点。

桂林市在建设“智慧旅游”模式的过程中,要把握其本质的内涵。首先,需要对模式本身的主要功能、支撑条件、主要利益群体进行深入分析;其次,对其进一步应用的经济、社会、技术平台、环境进行分析;再次,需要结合城市的游客特点、技术平台等进行耦合分析。总体来说,就是通过对互联网、通讯科技、信息技术等的整合运用,来达到提高服务的质量、创新旅游管理、优化旅游资源、增强行业竞争力的目的。在此基础上要坚持以人文本、以简代繁,从而提高整个旅游行业的智能水平。显然,目前关于“智慧旅游”模式的推广尚需进一步提升,继续扩大智能规模,建设与时俱进、充满科技气息、充满生机与活力的旅游发展新模式。

参考文献:

[1] 金振江编著. 智慧旅游第2版[M]. 北京:清华大学出版社,2015.01.

[2] 吴志婷. “互联网+”视域下景德镇旅游产业智慧化发展模式[J]. 商场现代化,2017,(6).

[3] 赵远兴. “互联网+”时代庆阳智慧旅游创新发展思路与对策[J]. 甘肃农业,2018,(19).

[4] 朱敏,熊海峰著. 互联网时代旅游的新玩法[M]. 北京:知识产权出版社,2016.01.

[5] 周伊琦. 新常态背景下“十三五”智慧旅游发展研究——以武汉市为例[J]. 中国旅游评论,2016,(3).

[6] 钟林. 智慧旅游与旅游公共服务体系建设[J]. 当代旅游,2017,(9).

[7] 王君泽,李婕,张磊. 智慧旅游建设框架研究[J]. 智慧城市评论,2017,(1).

(作者单位:桂林旅游学院、北京师范大学)

基于大数据时代下的广西红色旅游发展现状与对策研究

卢日晗　张　伟　钟　浩　王炳睿　张　璇　谷曼婷

摘　要：当下，旅游行业高速发展、游客需求多元化与质量化，把红色人文景观和绿色自然景观结合起来，把革命传统教育与促进旅游产业发展结合起来的一种新型的主题旅游形式——红色旅游快速兴起。广西壮族自治区红色旅游资源丰富。我们充分利用大数据，将广西重点的红色旅游名市名县的资料进行收集、整理、重新整合，达到广西红色旅游线路设计与实现的目的，为"十三五"规划中的"将广西建设成为全国红色旅游目的地、全国红色旅游国际合作先行区"助力，打造既可以观光赏景，也可以了解革命历史、增长和学习革命斗争知识、培育新时代精神的文化旅游线路，让游客们"游中有学、学中有游"，达到"寓教于景、润心无声"的旅游体验感。

关键词：红色旅游；大数据；广西；旅游线路

前　言

瑞金、井冈山、遵义、延安、西柏坡……是红色基因的发源地和成长地，也无一例外地因为"红色"而典藏了历史，穿越了时空，成为一代又一代中国人心中永久的向往和神圣的殿堂。红色旅游也因此兴起，红色基因孕育了火红的红色旅游。

在庆祝中国共产党成立95周年大会上，习近平指出："一切向前走，都不能忘记走过的路；走得再远、走到再光辉的未来，也不能忘记走过的过去，不能忘记为什么出发。"中国已进入全面建设小康社会、加快推进社会主义现代化的新的发展阶段。面对新形势新任务，爱国主义教育方式迫切需要改进和创新。红色旅游的发展有利于加强和改进新时期爱国主义教育；有利于保护和利用革命历史文化遗产；有利于当代青少年的正确价值观的树立。

一、广西红色旅游发展现状

广西是一片富有革命传统的"红色"土地，红色旅游资源十分丰富。近年来，广西大力推进红色旅游发展，取得了较为明显的成绩。“十二五”期间，广西全区红色旅游接待游客达1.65亿人次，年均增长25.2%；实现红色旅游综合收入763.5亿元，年均增长35.5%；红色旅游直接就业人数达12.6万人，间接就业人员65.7万人。2018年红色旅游市场错峰游的趋势与往年相比更为明显，主要集中在9月、10月中下旬以及11月。其中，在长征胜利82周年纪念日，不少游客选择在金秋十月“重走长征路”，缅怀先烈、体验坚韧不拔的红军精神，第四季度因此迎来了全年红色旅游的小高峰。根据广西壮族自治区红色旅游发展“十三五”规划，力争在“十三五”期末，在现有基础上实现广西红色旅游呈“七大基地，六大旅游区，八条路线，十一个全国经典景区，三十三个区级重点景区”的良好发展态势，打造“重走红军长征路”等八条红色旅游精品线路；预测到2020年，广西红色旅游人次数将达6000万人次，年增长率为百分之十五，红色旅游总消费为400亿元，年均增长率为18%。其中，红色旅游景区接待入境游客达到70万人次，红色旅游直接就业人员3.2万人，间接就业人员14万人。

二、广西红色旅游发展的有益探索

（一）什么是红色旅游

红色旅游主要是以中国共产党领导人民在革命和战争时期建树丰功伟绩所形成的纪念地、标志物为载体，以其所承载的革命历史、革命事迹和革命精神为内涵，组织接待旅游者开展缅怀学习、参观游览的主题性旅游活动。为了更好地发挥爱国主义教育基地的作用，在“十二五”规划期间，中央决定将红色旅游内容进行拓展，将1840年以来170多年之间的中国近现代历史时期，在中国大地上发生的中国人民反对外来侵略、奋勇抗争、自强不息、艰苦奋斗，充分显示伟大民族精神的重大事件、重大活动和重要人物事迹的历史文化遗存，有选择地纳入红色旅游范围，这就更有利于传承中华民族先进文化和优良传统。红色旅游是把红色人文景观和绿色自然景观结合起来，把革命传统教育与促进旅游产业发展结合起来的一种新型的主题旅游形式。其打造的红色旅游线路和经典景区，既可以观光赏景，也可以了解革命历史，增长革命斗争知识，学习革命斗争精神，培育新的时代精神，并使之成为一种文化。

（二）为什么要推广和实施广西红色旅游

第一，红色旅游具有不可比拟的教育宣传功能，担负着弘扬和培育民族精神的使命。革命传统是中华民族的宝贵精神财富，中国共产党在长期革命斗争实践中形成的井冈山精神、长征精神、延安精神和西柏坡精神等，都是民族精神在特定历史时期的升华。

第二，红色旅游不仅是革命精神的实践之旅，也是推动经济发展的新引擎；红色旅游是革命传统教育观念和旅游产业观念与时俱进的结合,既是观念的创新,也是产业的创新,是我国旅游产业一个新的重要组成部分。

第三,红色旅游的发展,在社会主义市场经济条件下实现社会效益同经济效益的有机结合,是一条将精神财富转化为社会财富,最终造福于社会的良性循环之路。

总之,红色旅游所具有的政治教育功能、经济发展功能和文化传播功能将随着自身发展而日益突出。

三、广西各地红色旅游当前面临的问题

1. 资源县

(1)资源县红色景区虽然发展迅速,但仍处于起步阶段,与其他红色旅游景点相比,发展时间相对较短,缺乏经验;且基础设施尚未完善,红色景点的旅游设施较为简陋,不足以形成较为完善的旅游景区。

(2)资源县旅游发展合力不足,塘洞村红色旅游资源发展相对较晚,而社水苗寨则刚刚起步,甚至尚未形成旅游景区,而经典红色旅游线路还未形成,红色景区,景点尚不成熟。

(3)红色旅游知名度低,宣传力度小,无论是省内还是省外,都没有形成知名度。

2. 全州县

(1)全州县在红色旅游方面工作做得不够。湘江战役遗址公园的开工,只是全州红色旅游的开端,由于受到自然因素、管理体制、政策方面等因素制约,旅游业的发展还面临着很多问题和挑战。

(2)对红色旅游产业的认识有待提高。全州县全民发展红色旅游的气氛不够浓烈,思想观念还没有完全统一,一些政策和管理措施还不到位,尚未形成大旅游、大产业、大发展的共识。

(3)产品开发单一,缺乏新意,资源整合力度不够。全州县红色旅游资源开发利用层级不高。全州红色旅游资源虽然较多,但上规模、上水平、上档次的龙头景点、知名景点不多。目前景点的规模一般都不大,区域过小,无法让游客产生引人入胜的感觉,而且,开发时缺乏创新,让人感觉景点过于单调,旅游内容过于单一和贫乏,无法达到让游客在景区内长时间滞留的目的。

(4)红色旅游资源较为分散,景点与景点间没有形成足够的联系,中间无纽带联系。

(5)旅游基础设施建设不完善。公交基础设施建设不完善,旅游标准化建设滞后。

3. 兴安县

(1)旅游开发主体单一,对深厚的红色文化内涵挖掘力度不够,红色旅游特色化发展未凸显。

(2)文化遗产保护力度不够,基础设施建设较为落后,红色旅游资源多处于闲置和半闲置状态。

(3)由于红军作战的大多数地区为偏僻地区,公路等级不够高,旅游交通红色资源未连线成片,资源整合度不够,精品景区较少,精品路线打造不够。

(4)红色旅游的建设、管理、运行机制等还并不完善,缺乏民间建设发展主体,促销平台宣传的不到位、宣传手段落后,以至于没有达到预期的宣传效果。

(5)兴安县当地的游客多以学习党宣为目的的政府部门人员和当地青年学生为主。对于普通市民和外地散客的吸引力以及建设项目和宣传力度仍然有待提高。

4. 东兰县

(1)交通便捷程度低,至今尚未开通火车。

(2)东兰县的旅游业发展比较晚,红色旅游与山水旅游相比,观赏性比较弱,对游客的吸引力也较小。“红色旅游”因侧重文化教育功能,因此大部分“红色景区”不收门票费,旅游经济收益主要依靠农家乐、住宿、旅游周边产品销售等。不少外地来的游客专程来到东兰看韦拔群故居,但由于红色旅游景点观赏性弱,当地旅游配套设施不完善,常常留不住游客。

(3)单纯的“红色旅游”并未产生足够的经济效益来改善当地村民经济收入。红色旅游资源所在地有人尝试留下来发展旅游业的,最终还是因为收益不佳而选择外出务工。

5. 百色市

(1)基础建设不足,百色市有大大小小53处红色景点,发布较为集中但是旅游可达性不足,特别是一些小景点,设施不完备会导致游玩观赏的体验感下降。

(2)旅游路线设计缺乏,因为第一点的限制导致路线设计涵盖的景点利用率不高,基本是涵盖了一些主要景点无法与当地小景点结合。

(3)市场营销体系不够完善、宣传力度不足,导致群众反响不够,企业不愿意接手,政府打空炮等问题。

(4)缺乏科学规划,盲目发展。地域资源开发迟缓,大致也与第一点有一定关联,无法将本地的资源与“红色资源”有机结合导致开发不够衔接不上,无法很好地带动当地经济快速发展。

(5)经济力量不够,没有充裕的资金投入旅游开发与发展。

6. 龙州县

(1)龙州红色旅游景点宣传力度不够。

(2)景点的展示方式老套守旧,主要以参观,导游讲解为主,缺乏游客实质参与性。

(3)资金匮乏,相应的配套设施落后。红色景点基本上是政府拨款的事业单位,不能积极地适应市场。

(4)红色旅游景点专业管理人才缺乏,红色旅游景点管理体制僵化。

四、广西红色旅游的发展对策

1. 资源县

(1)加强政府的管理与引导,规划红色旅游市场。增强资源县政府对当地红色旅游的重视,不是一味地建设面子工程、政绩工程,而是脚踏实地的建设有利于当地发展的红色旅游景区,从基层出发,自上而下的培养红色革命精神,完善景区基础设施建设,形成完善的经典红色旅游路线。

(2)加大宣传力度,围绕红军长征为主线加强对内对外的宣传力度,提高资源县塘洞景区的知名度,全面提升塘洞村的影响力,助推红色旅游发展。

2. 全州县

(1)提高思想认识,形成红色旅游产业发展合力。为此,旅游部门应切实担负起对全州旅游产业的统筹规划、规划指导、资源整合、督促协调等方面的职责,及时研究全州红色旅游产业发展方向、发展思路、重大项目、政策措施,将全州分散的红色旅游景点串联起来。

(2)锐意改革创新,推进旅游产业融合发展。加快智慧旅游示范项目建设,发展"互联网+红色旅游"产业模式。加快建设全州网上旅游公共信息平台,推动新兴信息技术在公共服务、市场营销、行业管理中的创新应用;扶持智慧旅游企业融合壮大,发展以网上咨询、预订和支付为重点的电子商务,实现数字化管理和网络化经营。

(3)健全服务体系,提升旅游公共服务水平。改善交通设施,发展旅游专线交通、异地汽车租赁,完善公交、旅游巴士有效衔接、互为补充的市县旅游交通服务体系。加快自驾车旅游营地、自驾游停车场建设步伐,吸引自驾车游客到全州红色旅游。

3. 兴安县

(1)深度挖掘当地红色文化内涵,依托兴安县当地特色,打造创新型多元化红色旅游景区。

(2)借助政府资源,加大文化遗产保护力度,完善基础设施,扩大宣传力度,策划特色相关活动,唤醒闲置的红色旅游资源。

(3)整合红色旅游资源和产品,提高红色旅游核心竞争力,形成以重点景区为核心向外辐射，形成一个片状的红色旅游基地，利用观光巴士将周边碎片化的景区连片。

(4)提升当地红色旅游的运营与管理机制水平，把握宣传主动性，针对不同的游客群体设计不同的旅游主题。

4. 东兰县

(1)融入地域文化，整合旅游资源。红绿(自然生态)结合、红古(历史文化)结合、红俗(民俗风情)结合等都可形成优势互补的综合性旅游产品，增加对游客的吸引力。如将结合当地铜鼓文化和山水美景、长寿文化优势，打造“红色文化+山水+长寿生态”全域旅游，积极寻求与国际长寿之乡巴马合作契机，将巴马长寿生态旅游线延长至东兰县。

(2)利用政府资源，呼吁广大群众，加大红色旅游发展合力，完善当地旅游配套设施，让当地居民参与旅游地农家乐、住宿等旅游产品的运营与管理，招商引资。

(3)借助韦拔群等著名红色人物形象，通过举办韦拔群诞辰125周年庆典、壮族传统“蚂拐节”、铜鼓文化节等特色活动打造东兰红色旅游品牌。

5. 百色市

(1)基础建设不足的问题应该以政府为主要依托，百姓协调发展为辅助，建设基础设施。例如政府将建设任务以“劳动合同”的形式下发地方，鼓励当地百姓建设旅游开发资源：一来解决扶贫问题，带民致富，二来当地旅游发展了，游客的涌入和消费可以带来第二次经济增长。

(2)旅游路线设计取决于人才培养，百色有着比较浓厚的文化，并有百色学院等院校驻扎，可以鼓励大学生发展旅游路线设计，在带动学风发展的同时适度带动旅游发展，使其成为一个过渡期，准备迎接旅游人才高速发展的未来。

(3)政府出台政策扶持发展的同时鼓励创新宣传，利用“互联网+红色旅游”进行宣传与开发。

(4)加大融资力度，打造集团性合作性旅游，以数量改变质量，积少成多可以缓解资金不足问题。

6. 龙州县

(1)龙州县应结合当地特色红色事件和红色景点为主题的红色旅游展会和节庆活动等，以特色展会为品牌，加大对龙州红色旅游宣传力度。

(2)在旅游项目中加入历史事件重现的舞台剧，让游客更具代入感，增加红色旅游的吸引力。

(3)在保证红色景区不被破坏的条件下，挖掘其商业价值，为旅游市场获得更大经济、社会效益。

(4)在招聘人才的过程中，不仅要招聘专业的了解红色历史的人才，还要招聘专业的管理人才，改善管理体制僵化现象。

五、广西红色旅游发展的未来思考

广西应实施政府主导型红色旅游发展战略，推动红色旅游整合发展，加强政府对红色旅游产业的宏观调控，发挥市场与计划的双重机制，实现对红色旅游各类要素的优化配置与资源空间整合；着力改革现行旅游管理体制，提升旅游经营管理职能，发挥其在行业管理、旅游规划、基础设施建设、营销推介等方面的作用；在全区营造“政府主导、市场运作、企业经营、大众参与”的红色旅游发展格局。利用大数据时代获得游客的旅行数据，分析游客的旅行心理，对红色旅游的多样化需求进行预测，有针对性地管理和运营红色文化景区与景点，并根据市场反馈，设计、开发出新的符合市场需求的红色旅游产品，有针对性地提高服务水平。注重红色旅游产品与乡村旅游、自驾车旅游、修学旅游、健康养生旅游等产品类型的整合联动发展，实现“红色+X”。在传统红色旅游以参观、展示为主要形式的基础上，融入休闲、体验、求知、自驾车等旅游方式，不断提升红色旅游产品的参与性、体验性，培育文化内涵丰富、体验形式多样的红色旅游产品，将红色旅游与地域文化有机结合起来，组织富有地方特色的旅游体验产品，使游客在感受革命精神、接受爱国主义和革命传统教育的同时，又能够欣赏到各民族艺术的魅力，获得多样的文化体验。

参考文献：

[1] 刘海洋，明镜．红色旅游：概念、发展历程及开发模式[J]．湖南商学院学报，2010，(2)．

[2] 姚素英，王富德．关于红色旅游的探讨[J]．北京第二外国语学院学报，2015，(5)．

[3] 陈永志，李育．我国红色旅游发展现状及发展对策研究[J]．学术探索，2005，(5)．

[4] 余凤龙，陆林．红色旅游开发的问题诊断及对策[J]．旅游学刊，2015(4)．

[5] 孙佳丽，朱旭松，申智勇．大数据背景下红色文化的传播——以遵义市为例[J]．六盘水师范学院学报，2016，(8)．

（作者均为桂林旅游学院在读本科生）

关于大力推进广西观光农业发展的对策建议

周碧琬

摘　要：广西是我国农业大省，有着丰富的农业资源。这些资源物种繁多，异彩纷呈，可以用来观赏，发展旅游业。目前旅游发展可以说取得了不少成绩，但也存在一些问题。所以，我们只要认真梳理，下一番深入研究的功夫，树立"+旅游"的思维，以农业资源为基础，充分利用其特点，进行科学而合理的开发，就能增加农业资源的附加值，增加农民的收入。

关键词：广西；观光农业；发展

广西是我国传统上的农业大省，有着丰厚的农业资源，具备发展观光农业的独特优势。自20世纪90年代以来，广西立足于自身基础，在发展观光农业上，取得了不小的成就。进入新时代以后，如何认真梳理广西观光农业现状，分析其中出现的一些问题，将其提升到一个更高的水平，成为摆在我们面前的一个重要课题。

一、广西观光农业发展现状

广西地处热带、亚热带，气候湿热，日照充足，无论是各种粮食作物，还是各类经济作物，包括养殖业，自然条件良好，得天独厚。随着旅游大潮的汹涌，特别是改革开放以来，广西旅游业突飞猛进，作为乡村旅游的一种类型，观光农业（又称休闲农业、农业旅游、"农家乐"等）在其中占有十分重要的地位。

基本情况大致表现在：

（一）发展观光农业的政策保障

自治区党委、政府十分重视发展旅游业，大力推动观光农业发展，出台并颁布了相关政策文件，推动各级政府充分发挥"主导"作用，在顶层设计上做了大量工作。在2013年自治区党委、政府联合下发的《关于加快旅游业跨越发展的决定》中，强力推动"美丽广西·清洁乡村"活动，大力发展乡村旅游、休闲农业。同年，在颁布的《加快发展旅游业跨越发展的若干政策》中指出，2013—2017年，每年从自治区旅游发展专项资金中，安排资金支持发展乡村旅游。2015年自治区党委、政府高度重视休闲农业的发展，将休闲农业划为特色农业产业品种品牌“10+3”提升行动。2016 年、2017 年连续召开休闲农业产业推进大会。2017 年自治区农业厅联合多部门下发《关于加快发展休闲农业的指导意见》，全面推进休闲农业发展。同年，自治区政府办公厅《关于加快县域现代特色农业示范区建设的实施意见》，积极拓展农业多种功能，发展观光农业。2018 年自治区党委颁布《关于实施乡村振兴战略的决定》，再次强调大力发展乡村旅游、休闲观光农业、森林和康养等农村新产业新业态，建设一批精品工程和精品线路。

不言而喻，从自治区党委、政府的方针政策上，可以看出对观光农业不断强化，不断加大支持力度。不但有方向性的指导原则，而且有具体的行动方案和资金支持，这对于促进广西的观光农业发展，达成共识和形成氛围，至关重要。

（二）建设休闲农业与乡村旅游示范点

随着旅游业向纵深发展，旅游者需求的多样化，留住乡愁、融入大自然的田园风光，成为城市人的追求。毫无疑问，观光农业已经成为广西农业产业和旅游产业相融合的一种新业态。2017 年，广西投入 1000 万元专项资金，支持各地提升休闲农业产业。全区累计创建国家级休闲农业与乡村旅游示范县 11 个、示范点 22 个，中国美丽休闲乡村 18 个、中国美丽田园 8 个、全国休闲农业星级企业 69 家，广西休闲农业与乡村旅游示范点 113 个，各级现代农业示范区 1744 个，80% 以上的园区设计规划了休闲观光设施，1/3 以上园区将休闲旅游列为主要产业功能之一。

与此同时，广西各地立足本地资源，着力实施“一村一品”工程，涌现出一批休闲观光旅游村、专业乡镇。目前，广西有“一村一品”国家级示范村镇 41 个，自治区级 80 个，涌现出一批“月柿之乡”“杧果之乡”“荔枝之乡”“甘蔗之乡”“香蕉之乡”“金橘之乡”“火龙果之乡”等。据统计，“一村一品”示范村镇的农民纯收入，比全区平均水平高出 20% 左右。所以，观光农业成为广西农业发展的重要延伸链，在农民脱贫致富、增加收入中，作用甚大。

（三）形成多方主体参与的综合发展模式

在广西观光农业发展过程中，不断探索创新出一些发展模式。调研中发现，观光农业一般采取下列几种模式：

一是“公司+农户”模式。大多数的观光农业产业园采用这种经营方式，形成集种植、生产、加工、销售、观光旅游于一体的比较完整的产业链。比如，广西桂菜园（陆川）生态观光农业产业园，由广西桂菜生态农业有限公司投资，园区规划面积 12000 亩，覆盖周围的自然村，带动农户走上致富之路。

二是“合作社+农户”模式。对于一些自然村落，由村民自发组织，采用入股分红的模式，吸收农民加入。比如，武宣县桐岭镇的和律村，利用自然生态条件，发展哈密瓜观光旅游业，建成 200 亩集旅游观光、休闲体验、生态采摘于一体的哈密瓜种植基地，农户纷纷入股，增收致富。

三是“公司+合作社”模式。比如，三江县的布央村发展茶产业，采用这种模式，形成了以“茶叶”为核心的产业链，大家分工协作。全村有茶叶公司、合作社6家，融入观光旅游，茶、旅结合，绿色、自然的茶园风光，吸引了大批游客，增加了茶农的收入。

值得注意的是，上述几种模式，与当地党委、政府的提倡、引导作用，密不可分，从共性上来讲，基本上可归类为“政府引导+企业主导+农民参与”的发展模式。

二、广西观光农业存在的主要问题

经过20多年来的发展，广西观光农业有了一定的基础，在增加农民收入和脱贫致富方面，起到了很大的作用，这是显而易见的。但是，综观现状，也存在着一些不可忽视的问题。

（一）对观光农业的认识不足

这种认识不足，主要指的一些认识上的误区。调研中发现，这些问题主要表现在：

一是认为观光农业，就是搞“农家乐”“乡村旅游”“农业旅游”，停留在饭店、民宿、采摘的层面。实际上，观光农业是“农业+”，是立足于农业资源，有意识地融入旅游，增加农业附加值，农业观光与休闲旅游，是相伴相随的。

二是认为搞了大型种植园，就算观光农业。当然，大型种植园是基础，是必不可少的观光资源。但对于观光游客、观光市场的营销，需要主动专门研究，下功夫去做，显然在这个方面，还有更大的提升空间。比如，贺州市的平桂区“莲藕天下”农业（核心）示范区，在产业技术、产品加工、种养和组织模式方面，多有创新，然而，“+旅游”则是未来之计划。

三是在管理机制上，也存在着一些问题。在实践中，乡村旅游由旅游发展委（局）负责，观光农业由农业部门负责。前者注重于旅游而不管农业，后者注重于农业而不管观光，如何把二者有机地融合在一起，也值得我们深入思考。

（二）观光农业发展不平衡不充分

在广西，一般说来，只要有公司运营，建立了规模化的农业产业园，观光农业相对来讲发展得比较好，农民的参与性比较高。但是，总体来看，存在着不平衡不充分的状况。

首先，“重产业，轻观光”的现象。即使一些农业产业园比较发达的地区，观光农业发展也存在着不平衡不充分状况，表现在对于观光项目，顺其自然，可有可无，甚至没有提到议事日程。比如，贺州市农业资源丰富，富硒农业、中药材产业、黑木耳产业、茶叶产业发达，而且建设了不少“示范区”“示范点”，但现有的休闲农业档次不高,“未制定休闲农业发展扶持政策,休闲农业精品较少”。

其次,不成规模、零散经营比较普遍。这主要指缺少产业园的一些乡村,包括一些特色农业产业村,对农业资源有所忽视。一些“甘蔗村”“水稻村”,没有人挑头、出面,游客来了,看一看就走了,最多就是购买一些农产品、土特产。

再次,观光农业的基础设施比较差。“要扶贫,先开智;要想富,先修路”。尽管由于各方面的努力,广西农村的交通有所改善。但调研中发现,有些村落,有资源、无道路,没有专门的观光道;想住宿,没酒店。公共厕所的卫生问题,就更谈不上了。由于零散经营,各自为战,农产品存在着一些安全问题。“吃”,在观光农业中占有很大的比重,有的城市游客就是奔着生态、绿色、安全的食品而来的,由于缺乏统一的监管,质量问题难以保证。

(三)观光农业与其他旅游资源融合度不够

观光农业的基础是农业种植、养殖。观光,是一切旅游的基础和核心,有了观光才能有体验。但仅有观光是不够的,还需要与其他资源的深度融合。广西观光农业在与其他资源的融合上,还有很长的路要走。调研中发现,目前广西的观光农业产品比较单一,除了看、摘、吃、购以外,缺少体验、科普、度假、休闲的功能,而且这里的“看”,只是就农作物而农作物,忽视了其他潜在的资源。主要表现在:

一是缺少联动效应。比如,一些观光农业地区,地邻古村落,有厚重的农耕文化、乡贤文化、民俗文化,这是发展“农旅”“文旅”融合的良好机遇,但在这方面做得不够。

在有的地方,尚未认识到观光农业与农业生产的互补性、相辅相成和功能的优势。

二是差异化发展不够。旅游就是资源的差异化,资源的不可替代性,发展观光农业同样如此。特别是在同一个县域内,距离城市的路程差不多的远近,如果都是种荷、种芋头、种茶叶、种金橘、种甘蔗等,就会陷入千篇一律,没有特色,竞争压力太大,就收不到很好的效果。这种现象,也存在于广西观光农业发展实际中。

三是技术创新和品牌效应不强。宣传也是生产力,广西观光农业产品的综合知名度,也有待加强。目前大多数品牌,由政府出面推广,规模化经营的农业产业园,在推广农业产品时不遗余力,而对于观光功能,没有下大气力去做;同时,缺乏捆绑知名品牌、知名资源。比如,桂林的观光农业,完全可以利用城市的名气,打出知名度。贺州的观光农业,也可以利用“长寿市”的优势,借以走出广西。但在实际中,比如桂林市雁山区,观光农业与旅游业融合度不高,“农民只是相对发达的旅游业的附属者,所获利益不大,且多是单体、个体行为”。比如,贺州市平桂区联谊专业合作社,以种植蔬菜类、香芋、慈姑、马蹄为主,生产基地位于沙田镇小凉河边。其实,“小凉河”是电影《欢腾的小凉河》的拍摄基地,这是提高观光农业知名度十分难得的资源，守着这样的资源而没有充分利用，甚为可惜。

三、促进广西观光农业的对策建议

新时代、新气象、新作为。广西观光农业走过了20多年的历程，应该说奠定了进一步提升的基础。因此，大力推进观光农业发展，实为新时代广西实施“乡村振兴”战略的重要使命。具体说来，应当加强以下几方面工作：

（一）重心下移，强化“四位一体”的运行机制

观光农业的核心是农业，农业在乡村，主体在乡村，没有乡村主动性、积极性和创造性，观光农业就不会有可持续发展。广西观光农业资源丰富，必须把重点放在乡村，但乡村需要围绕“观光农业”作为项目，组织起来，强化组织领导、集体力量、利益共享的运行机制，是十分必要的。这种机制可以概括为“县为引导、乡（镇）为主导、企业经营、村为主体”的“四位一体”的运行机制。“县为引导”，即以县域为单位，把观光农业纳入县域经济体，纳入县域经济发展轨道，作为重要考核政绩。把国家、自治区和地（市）关于发展观光农业的政策，细化为实施细则、实施方案，把观光农业统筹在全县旅游之内。“乡（镇）为主导”，即构建全乡（镇）乡村旅游布局，让观光农业结构合理，同时承担解决企业在遇到了难题。“企业运营”，即企业作为投资、运营和管理者，有针对性地投资观光农业，有意识地在发展产业时，附加观光资源、观光道路、观光设施。“村为主体”，即以村落为单位，农民积极参与观光农业，或参与企业观光农业园，或自发组织合作社，或以村委作为组织者，因地制宜，集种植、加工、观光、服务于一体，村民从不同的服务模式中，都能获得实际利益。

这种运行机制的本质是“重心下移”，权力下放，利益共享，充分调动乡村、企业的力量，把观光农业的制度、政策、方案和规划，变为实际运作的行动。

（二）融合资源，打造观光农业与休闲度假产品

发展观光农业，需要把观光农业融入农业产业中，融入当地旅游业中，不仅仅指融入乡村旅游，还指融入城市旅游业。因为观光农业的市场，必须定位于城市旅游者。让他们在观光中体验生活，在体验中感知农耕文化，以满足他们对美好生活的需要。新时代广西观光农业的发展，应当立足本本资源，以丰富多彩的农作物，让城市人享受田园风光，留得住脚步，记得住乡愁。

一是融入周边城市、邻省城市的旅游业。广西几乎每个不同的地级市，几乎都有自己的资源优势，乡村的观光农业融入城市旅游业，拉动城市包括广东、湖南等邻省的游客前来消费。

二是融入当地休闲资源。观光农业主要在乡村，乡村旅游资源多样性，为相互融合、联动创造了有利条件。可以利用当地景区的名气，有机地融合在一起。比

如,广西大新县安平村以种植甘蔗为主,具备观光条件,而且修好了观光大道,建好了“农家乐”。同时,这里有黑水河国家湿地公园,有丰富的动植物资源;有安平仙河,集奇山秀水精华,承千年土司文化,俨然桃源仙境,被誉为“别样的漓江”。所以,甘蔗观光、国家湿地公园、安平仙河,可以融合而成一条优质精品线路。

三是融入当地文化资源。广西属于少数民族地区,拥有壮、侗、瑶、苗等少数民族,文化多样,风俗各异。对城市游客而言,在观光农业之余,感受当地文化,也具有很大的吸引力。

四是融入科普资源。农作物种植、成分、加工,对城市孩子来说,也是一种科学知识普及。他们在感性认识农作物时,对于其中的知识,包括土壤、水分的需求,营养成分组成,农产品的制作、加工,甚至劳动生产工具,都会有极大的兴趣。

五是融入“互联网+”技术。把做大做强的观光农业品牌,利用各种新媒体,扩大影响力。

(三)重视培训,培养一大批观光农业人才

调研中发现,广西农业观光缺少人才,特别是村中带头人缺乏。许多村民没有看到“农业”是一种资源,不但是种植业,而且是观光业;或者有想法没技术,包括经营能力、信息技术。所以,培养广西观光农业人才,应当高度重视,不可忽略。

一是重视带头人的培养。村民需要组织,需要看到实惠,无论是种植农作物,还是附加观光。这就需要村中的“能人”站出来,带领大家以农业为基础,把观光做起来,而且带动起来餐饮、购物。因此,以各地市为单位,举办观光农业人才培训班,由乡(镇)选拔推荐,他们学成以后,回家带动村民发展观光农业。

二是制定政策,吸引外出务工的村内“能人”,回乡投资、开发、建设观光农业产业。这种政策,要有目标、有奖励、有扶持,可以与扶贫结合起来,产生示范效应,只要村里有这方面的人才,对大多数村民来说,无疑是一个福音。

三是利用高校教育资源,选送村民到学校参加培训。每个地市都有一所高校,或职业技术学院,可以有针对性地定制课程,或根据当地乡村资源实际,把有意愿、想做事的青年人,做一定期限的培养,让他们学会管理、学会经营、学会信息技术。

四是设立新型农民培养专项资金,作为观光农业人才培养的保障。习近平总书记在党的十九大报告中强调:“促进农村一二三产业融合发展,支持和鼓励农民就业创业,拓宽增收渠道”;“培养造就一支懂农业、爱农村、爱农民的‘三农’工作队伍”。不言而喻,加强观光农业人才队伍建设,应当充分认识,高度重视,作为一项重要工作来抓,并且落到实处。

(作者单位:南京林业大学人文社会科学学院、桂林旅游学院)

广西民歌文化与乡村旅游

韦俞伽

摘　要：广西是歌的海洋，而民歌是乡村壮族等民族文化的活文物，它体现了广西民族魅力而又蕴涵着丰富的乡村旅游开发价值。广西的乡村旅游，民歌文化是关键，可以说没有山歌就没有乡村旅游。要深入挖掘和提炼广西民歌中的有益的思想及文化价值，合理利用旅游民族地区民歌优势，促进乡村旅游发。

关键词：民歌文化；乡村旅游；融合；发展；

广西乡村民歌文化是在广西民族、历史、民俗、经济的发展过程中逐步形成的，它体现了广西民歌魅力而又蕴涵着丰富的乡村旅游开发价值的一种文化现象。乡村民歌文化就是一种口头传播的文化，是人们在日常生活当中用以交流感情传播知识娱乐消遣的工具，具有民族地域的显著特点。挖掘乡村民歌文化，依托民歌文化开展乡村旅游，是广西旅游业的基础之基础，所以，发展乡村旅游就必须要弘扬乡村民歌文化传统，也就是夯实广西旅游业之基础。

一、广西乡村民歌文化的历史渊源

民歌是指各个民族在古代或者近代创作的带有自己民族风格传统的歌曲，是每个民族的先民们自古代就相传至今的歌曲，且大部分都不知道其作者，他们以口头的形式传播，以一传十、以十传百，代代相传的一种歌曲，就是民歌。民歌在广西的乡村里，由于历史和民族的原因，逐渐演变成为一种习俗，男女以自然坦率的方式歌唱，唱出乡村淳朴生活感受的文化，这就是民歌文化。可以说，广西的民歌文化真实展现了人类历史发展的轨迹。

广西的乡村民歌文化是在特定的历史发展过程中逐步形成的，且具有十分丰富内涵的一种文化现象，曾被誉为民歌的海洋、中国民歌之冠。广西是少数民族聚居区，有着自己丰厚独特的民歌和民族唱歌传统，有着壮族的“三月三”、苗族的“坐妹”及“赶坡”、瑶族的“做娘”、侗族的“会期”、仫佬族的“走坡”等等，这些都是用民歌的形式直接反映各民族人民的风俗习惯、爱情和日常社会生活。“乡村民歌文化历史悠久，富有民族特色，是广西人民社会生活的伴侣，劳动中的助手，社会交往的武器、交流感情、传播知识、娱乐消遣的工具。因此，广西民歌文化是认识广西各民族的历史社会民风民俗的宝贵资料，具有人文研究价值"[1]。广西历史悠久，约在四五万年前的旧石器时代晚期，就有"柳江人"和"麒麟山人"的劳作文化。秦始皇秦统一岭南后，开凿广西灵渠，把长江与珠江两条水系连接起来，促进了广西与中原经济和文化的交流。汉代之后，苍梧、合浦、布山就有了商贸集市，合浦成为海外贸易港口；唐代的桂州、柳州、容州、邕州城乡出现定期圩市；宋代逐步出现了与交趾商人展开货物交换的搏易场；明清时，其广西采矿业有了很大发展，居全国第3位。悠久的历史，形成了广西绚丽多彩、独具特色的民族文化，特别是山歌文化。春秋战国时期广西先民在左江沿岸创作的崖壁画，即花山岩画，在岩画中就有先民唱山歌的记载；汉代前创造的大铜鼓以及古朴典雅，可避湿热、防蛇兽侵害的干栏建筑等，是反映山歌文化的标志，成为广西当时的山歌文化的代表；明代的真武阁及三江侗族程阳风雨桥、鼓楼均具山歌的舞台。历史赋予广西素有"歌海"之称，壮族的三月三歌墟、苗族的踩花山和芦笙节、瑶族的达努节、侗族的花炮节、仫佬族的走坡节以及别具风味的桂北打油茶等，成为广西各民族的传统民歌节。广西民歌产生于乡村各项生活事宜，伴随着人们日常生活习俗的开展而同时行进，而各项生活琐事的劳作者往往就是民歌的演唱者。例如田歌、割草歌、锣鼓歌、船歌等，其演唱者即是在田间犁田、插秧、除草、收割的农民号子、船夫号子、挑担号子、搬运号子、打哦号子等等；还有种田农民、撑船伙计、搬运工人、打哦或挑担男女等乡村重体力劳动者所唱的山曲、古歌、酒歌等，反映了广西乡村人们的那些热情好客、性情豪爽等等。宋代周去非的《岭外代答》有这样的描述："广西诸君，人多能乐，城郊村落，祭祀喜葬，无不用乐，虽耕田亦必与乐相之"；他道，"迭歌相合，含情凄婉……其间乃有绝佳者。"（见广西博物馆《据知不足斋丛书》复印本）还有唱琵琶歌、游方歌的青年男女，唱绣荷包的是心牵情人、暗念情郎的羞涩少女等等。明代官员岳和声记录了广西歌圩的情景："遥望松下，搭歌成群，数十人一聚。其俗女歌与男歌相答，男歌胜而女歌不胜，则父母以为耻。又必使女先而男后，其答而相当，则男女相挽而去……"（见江苏广陵古籍刻印社1983年出版的《笔记小说大观》）。广西传统民歌的演唱者是日常生活琐事的直接参与者，他们是民俗文化生活中的主体，这正是广西乡村民歌演唱群体的显著特征。清代乾隆年间，《柳州府（县）志，风俗篇》载："少妇于春时三五为伴，采芳拾翠于山间水湄，歌唱为乐；男女亦三五成群，歌以赴之。一唱一和，竟日乃已。20世纪的刘三姐壮族民歌，更是为广西乡村民歌之巅峰。"为了传承乡村民歌文化传统，1985年，广西壮族自治区人民政府把"三月三"歌节定为文化艺术节，后来演化为广西的国际民歌节，1999年又改为南宁国际民歌节，每年11月在南宁市举行，广西把乡村山歌文化演变为城市大旅游习俗文化，吸引了众多中外民歌艺术爱好者，成为国际旅游节。

二、广西乡村民歌文化的旅游优势

广西的乡村旅游，民歌文化是关键，可以说没有山歌就没有乡村旅游。广西是歌的海洋，而民歌是乡村壮族等民族文化的活文物，是各族群众在生活实践中经过广泛的口头传唱而产生和发展起来的，且作者和传唱者都是乡村劳动人民，他们通过编唱民歌传授知识、表达爱情、祈祷幸福、诉说哀愁、抒发感情等，这就是广西乡村旅游的优势。随着大众乡村旅游、假日旅游的不断崛起，生活富起来的城乡公众喜欢走到乡村，提升文化认同感。乡村民歌文化就是作为旅游资源的重要内容，是最具特色的旅游资源，民歌与乡村的民族村落、生活方式、乡村建筑、民族服饰、生态饮食、宗教信仰、婚丧习俗、节庆活动等活动结合起来，将直接决定着这些乡村旅游产品的档次与品位。民歌文化是广西旅游发展的灵魂，旅游是民歌文化发展的依托。在广西旅游产品的竞争力最终体现的是民歌文化的竞争，在一定程度上反映和体现着对民歌文化的运用。因此，只有把乡村旅游与民歌文化紧密结合起来，这样的乡村旅游才更具生命力。

"尼的呀"是黑衣壮族的原始民歌，是挖掘乡村旅游的基础资源，广西那坡县屯里村就是典型的例子。该村地理位置偏僻，是广西最西南的偏远山村，交通不便，但生态环境保护完好，是黑衣壮族的聚集地，流传着壮族民歌文化传统，这就是他们当地发展民俗文化旅游的优势。因此，那坡县就把乡村旅游的经营理念以原生态民歌作为区别于或者优越于其他文化旅游的卖点，通过黑衣壮这个独特的民族文化来打造文化品牌，并将之对外宣传和吸引外界旅游者的卖点。他们通过"三月三""尼的呀"等民歌形式，组织山歌对唱，抒发民族情趣，吸引了众多的游客。特别是发现"尼的呀"这种山歌形式，是保存最完好的壮族原始音乐，也必将成为"尼的呀"黑衣壮乡村之旅的最大亮点。因此，刺激了当地对传统民歌的重新估价，促进了当地传统民间文化的保护与传承。那坡县屯里村把乡村民歌文化资源与乡村旅游市场两者结合互利实属特别。

刘三姐民歌是广西乡村旅游的主脉络。刘三姐民歌内容广泛，包括天文地理、岁时农事、神话传说、伦理道德、日常生活、恋爱婚姻等各个方面。刘三姐民歌显示了广西壮族民间传统艺术活态文化的魅力，具有民族学、人类学、社会学、美学等方面的研究价值。就乡村旅游而言，对传统民歌文化的运用更为大胆、经营理念更为前卫的就是阳朔的《印象·刘三姐》。他们借歌仙刘三姐传说，以其民歌内容的广泛性与乡村旅游者拉近距离，利用这种近距离的亲切感引起游者的共鸣。在这里，民歌被当作营造氛围、烘托气氛的音乐原料，与当地山水风景、其他电子音响、服饰灯光、舞台布景等处于平衡地位，民歌实际上已经成为山水实景演出的诸多素材拼贴组合。

广西瑶族众多,其清代诗人屈大均曾有"瑶俗最尚歌,男女杂沓,一唱百和"的诗句。瑶族山歌内容十分广泛,下至凡人琐事,上至天文地理;近至眉毛眼前,远至盘古开天;小到农事婚丧喜庆,大到改朝换代历史变迁;随口而出,皆成文章。龙胜各族自治县的周家村白面屯清一色的红瑶族,只因全村人人会唱民歌,1993 年开发为民俗旅游村寨。白面瑶寨属季风性气候,气候宜人,雨量充沛。白面瑶寨森林覆盖面广,屋后清幽的密林,枫木参天。寨门有清代寨规石牌,寨前矗立有"红瑶柱"。背面村民除了人人皆会民歌外,群众十分热情好客,当你来到红瑶寨时,身着浓艳服装的瑶族姑娘唱着甜蜜的山歌迎接你,为你献上她们本民族特有的舞蹈和传统的民族竞技等绝活,还会送上香喷喷的瑶族油茶和水酒,使你意犹未尽。

广西的苗族也是一个善歌善舞的民族,是青年男女向对方表达心愿、显示才能的一种古老的对歌方式。广西融安县一带苗族的"盘歌"非常有趣。男青年看中了某位女青年,便带两个年龄相当的同伴,一起去到姑娘的家,找她的长辈说明来意。若姑娘的父母亲回答:"还没人家,是同班辈的。"便准许盘歌。盘歌的歌会,由女方老人安排。男女双方参加对歌的同伴,既当参谋,又为自己找对象。如融安县安宁村大袍屯是一个大山深处的深度贫困苗族村寨,依托当地盘歌独具的民族风情,逐步完善基础设施,对村寨进行全面升级改造,建起苗族特色的风雨长廊、风雨桥、苗寨民族楼、民俗广场等公共设施。每年吸引大批游客前来旅游体验,增加农民收入,让山区苗族群众早日过上小康生活。

广西侗族民歌更具特色,其三江县的"拦路歌"就是侗族多姿多彩的民歌一种,可以自由运用于多种不同的场合。在三江、龙胜一带的侗族婚礼中,当新娘三朝回门时,即从夫家回娘家,男方寨上派出一支队伍陪伴新娘前往女方寨子。女方寨上用油茶滤、用纺车、织布机、杉木尾、禾秆草、柚子枝叶、干辣椒、竹篓、木马、鸡笼、风车之类,一步步堵塞路口,歌手摆开阵势,众多亲戚围看助威。双方对唱"拦路歌"和"开路歌"。男方队伍唱对一样,女方寨上搬开一样,最后路障全部撤除,迎客进寨。同时,在这一带,"月也"时(侗族"月也"意为集体游乡做客),客寨芦笙队来到主寨寨外,主寨也用侗家生活和劳动中的各种用具和杂物,设下重重路障。主客双方摆开歌阵,比婚礼中所唱更酣畅尽欢。在这个场合比歌才、比知识、比机智,也增友谊,选对象,育爱情,迎客进出寨,这些民歌习俗迎来了大批游客。还有侗族群众的衣、吃、住、行都具有十分突出民族特色,再加上侗乡神奇秀丽的自然风光以及丰富多彩的传统节日,使三江成为桂中地区乡村民歌与风光旅游的一个热点。

乡村民歌旅游是广西成为旅游大省的显著特征,由广西民歌文化衍生的民歌文化旅游,经过《印象·刘三姐》和南宁民歌节的成功运作,更是成为广西直接的旅游产业支柱。广西利用民歌文化开创了文化搭台经济唱戏的大旅游，给广西带来了良好的经济效益和社会效益。民歌文化以及由民歌文化衍生的各种副产品，越来越显示出其重要的经济价值，在广西经济社会发展中发挥了举足轻重的作用。[2]

三、发展广西乡村民歌旅游的策略

广西乡村民歌文化旅游是振兴民族旅游经济的重要手段，通过这些年旅游业兴衰的实践证明，旅游业的好坏与与乡村民歌旅游结合息息相关。广西作为闻名天下的旅游风景区，应当认真探索和合理利用乡村民歌旅游这个法宝，全方位地做大旅游。

各级政府及其文化旅游部门要认真挖掘和提炼广西民歌中的有益思想及文化价值。要取其精华、去其糟粕，深刻重视广西各民族民歌的历史意义和现实价值，下大力气收集、挖掘历史遗产，多收藏和多展示广西民歌乐章，并鼓舞和培植多种形式的广西各民族民歌，使之发挥作用。要加强对广西乡村民歌的保护和利用，进一步加强规划，加大资金投入，加大工作力度，切实保护好我们民族的音乐瑰宝，为乡村旅游提供更多的喜闻乐见的民歌套餐。

合理利用旅游民族地区优势，加大乡村民歌旅游的宣传力度。我们要吸引更多游客，必须研究广西各民族民歌对旅游者的影响力，如何通过我们乡村民歌旅游地这一优势，融入人们的视觉感知和听觉感知中来；突破旅游地视觉感知进行民歌文化宣传的不平衡局面，就要打造出独具特色的广西乡村民歌旅游文化品牌。正如张艺谋导演的“印象”系列实景山水演出剧，不仅使传统的民歌文化深入人心，更是推出了一套完整的商业策略，实现文化传承与商业化共存的局面，让广西乡村民歌不断发展，永立中华民族优秀传统民歌文化之林。要运用多种方式宣传和弘扬优秀的广西乡村民歌音乐，要通过广泛、持久、深入的宣传，包括编写通俗读物，拍摄电视专题片，在电视台增加一个介绍广西乡村民歌节目等多种形式，使更多的人了解广西乡村民歌，喜爱广西乡村民歌，让广西乡村民歌成为广西民族音乐的承载者、传播者。

寻找切实可行的传播途径和方法，把广西乡村民歌的优秀文化发扬光大，做到进教材、进校园、进学生头脑，使弘扬广西乡村民歌的文化艺术后继有人。同时，还要有计划地吸引东南亚各国优秀的传统民歌文化，使广西成为中国-东盟民族音乐文化艺术的交流融汇中心。在当今的信息化时代，我们还可以通过设计软件系统，将广西乡村民歌文化传统作为一个单独的模块来设计，扩大广西乡村民歌的影响力；可以经常邀请一些著名的广西民歌表演艺术家来进行表演和教学，为广大民歌爱好者提供一个学习平台；进行乡村民歌整合，整合优势资源，创建一个广西乡村民歌微信公众号或者是微博公众号,使之资源共享,并经常利用一些抽奖礼物赠送等途径,提高其关注度,吸引人们的眼球。这样扩大广西乡村旅游的影响力,为广西旅游业的发展做贡献。

参考文献:

[1] 谢萍. 对广西民歌文化的传承与发展的思考[J]. 职校论坛.2008,(2).
[2] 马树春. 广西民歌产业化发展策略论[J]. 广西民族研究.2006,(4).

(作者单位:广西中医药大学)

台湾茶壶民宿经营关键成功因素探讨

章国威　李凯旋

摘　要:近年来民宿已成为游客的旅游住宿新选择,民宿不只提供住宿,并能依其所拥有的基础资源,结合休闲体验、特色餐饮……提供更多元化的服务,形成了一种新兴的旅游方式。而民宿经营者如何运用资源特色,结合本身的专长能力,使其成为经营上的竞争优势,便成为重要的课题。本研究首先调查民宿业者拥有的基础资源,分析其竞争优势,最后归纳整理出茶壶民宿之关键成功因素,并提出结果与建议。

关键词:民宿;基础资源;关键成功因素

中国台湾县市中,嘉义县是唯一拥有阿里山风景区、西拉雅风景区、云嘉南滨海风景区等三个风景区的县市。此外,县区内的阿里山山区是少数民族邹族的原乡,有令人赞叹的日出、云海、神木、樱花以及举世闻名的森林铁路;县内沿海区有布袋、东石渔港、蚵棚、盐田景观、红树林湿地等丰富的生态环境。故此,每逢周休假日,大量游客涌入嘉义县观光风景区,进而造成游客对民宿的需求量增加,也间接促使民宿业蓬勃发展。

韩选棠提出民宿能有效地结合自然环境、景观、产业和文化等当地资源,提供旅客乡野住宿及休闲活动,充分运用当地特有的传统文化、民俗与环境特色,让旅客能很自然地去接触、认识与体验大自然,并参与农村人文活动体验,因此民宿是人们出游住宿的最佳选择。Ansoff & McDonnell 认为关键的成功因素是利用独特的资产、技术、资源及活动,发展出相对于竞争者独特而有利的地位,若能将未来的发展策略导引趋于产业可使企业本身取得在竞争上的相对优势地位,竞争优势的模式是“核心资源与能力——关键成功因素——竞争优势”。民宿产业涵盖的层面广泛,民宿经营者如何运用自然资源、行销策略,去培养专业经营能力,掌握掌握关键成功因素,并运用在民宿经营管理上,才能在台湾嘉义民宿产业中,创造相对的竞争优势。

文献探讨

一、民宿的定义

据台湾相关管理部门《民宿管理办法》第三条,“民宿”是指利用自用住宅空闲房间,结合当地人文、自然景观、生态、环境资源及农林渔牧生产活动,以家庭副业方式经营,提供旅客乡野生活之住宿处所。台湾研究学者对民宿定义所做论述各异,各学者之定义汇整如下表1:

表1 国内研究者对民宿之定义

研究者	民宿定义
郭永杰(1991)	民宿系一般私人住宅将其一部分居室出租予旅游人口,以“副业方式”经营的临时住宿设施;其特质与普通饭店、旅馆不同,除了能与旅客交流认识外,旅客更能享受经营者所提供当地之乡土味觉如在“家”的感觉
郑诗华(1992)	民宿是指在海滨、山村或观光地等,可供不特定或多数旅行者住宿之设施,且有执照者、提供当地特产自助料理、有家庭气氛,其劳动力以家族为主、以顾客自我服务为主
潘正华(1993)	指农民利用其农宅空余之部分房间,将整栋或分栋之农宅出租予旅客暂时居留之行为,而民宿之客体即指旅客投宿于民宅之行为
Lanier(1993)	民宿通常提供四或五个房间,大多是具有历史性的建筑物,而其将自家住宅等分为自己的家与提供给住客寄宿的空间。在这其中,虽然有商业行为,但却不是民宿主人的唯一或主要收入来源
吴干正(2001)	民宿是结合当地文化背景和产业资源,因提供的住宿服务而创造更多的旅游价值,满足生活梦想的一种休闲旅游方式、定点深度的休闲旅游
Stankus(2007)	民宿是以私人住宅或屋主本身自有的建筑物,提供客人过夜,其中所支付的费用包含膳食与住宿
李经世(2009)	民宿系指一般民宅提供多余空间房间供游客住宿,并提供餐点服务,及地方文化、产业、自然景观的特殊体验游程

数据来源:笔者研究整理

二、关键成功因素之定义

关键成功因素是麻省理工学院所提倡的一套用以界定“组织信息需求”的“分析方法”，一般而言，成功与否的关键因素大约是六至十个。本研究只就以往有关休闲产业关键成功因素的文献作整理。李宗珏提出：民宿经营者在产业环境中，为了达到经营目标获得长久的优势地位，应所掌握的竞争能力及独特性资源。

表2　休闲相关产业研究之关键成功因素汇整表

学者	研究产业	关键成功因素内容
Yesawich(1988)	旅馆业	1. 既有的商誉与品牌　2. 服务的质量　3. 设备水平　4. 公共设施场所(如餐厅、夜总会)的独特性　5. 订房的便利性　6. 地点　7. 国际连锁　8. 行销活动(广告、促销及人员销售)的有效性　9. 顾客所认知的价格/价值比
方威尊(1997)	休闲农业	1. 推广与通路因素　2. 地理与区位因素　3. 声誉因素　4. 市场因素　5. 服务质量因素　6. 产品因素　7. 价格因素　8. 人力资源因素　9. 休闲设施因素　10. 财务管理因素　11. 信息服务因素　12. 经营规模因素　13. 连锁经营因素　14. 景观与气氛因素　15. 公关因素　16. 活动安排因素　17. 成本控制因素
郑健雄(1998)	休闲农业	1. 地理区位　2. 景观气氛　3. 休闲设施　4. 产品特色　5. 经营规模　6. 品牌声誉　7. 员工的服务质量　8. 人力资源　9. 财务管理　10. 信息服务　11. 公共关系　12. 连锁经营　13. 活动设计与安排　14. 价格　15. 市场区隔与选择　16. 行销通路　17. 顾客满意度
吴碧玉(2003)	民宿业	1. 有形资产：建筑物、地理位置、财务资产、自然景观 2. 无形资产：品牌声誉、经济网络、农业文化资源、独特餐点 3. 专长能力：经营管理、领导风格、解说导览、活动设计
王朝琴(2004)	休闲农业	1. 景观设施　2. 价格花费　3. 口碑品牌　4. 交通便利
林鸿泰(2006)	民宿业	1. 民宿独特性　2. 自然景观与资源　3. 专业行销　4. 地方人文及特产
张志翔(2007)	民宿业	1. 建筑物设计　2. 口碑声誉　3. 视野景观　4. 自然生态资源　5. 服务质量
庄淑敏(2007)	民宿业	1. 民宿设施　2. 积极建立口碑　3. 营造景观特色　4. 推广推销　5. 体验活动安排　6. 贴心服务

（续表）

学者	研究产业	关键成功因素内容
陈美华(2008)	民宿业	1. 经营风格　2. 服务质量　3. 景观 4. 市场区隔　5. 声誉　6. 价格　7. 位置
李经世(2009)	民宿业	1. 建筑物风格　2. 区位佳　3. 业者具有特殊专长　4. 民宿主人人格特质　5. 建置成本低　6. 业者具有全方位导览解说能力　7. 业者有服务国际观光客能力

资料来源：王菀珊与笔者研究整理

研究方法

一、研究架构

本研究根据研究背景、研究动机、研究目的与相关文献探讨之汇整，提出本研究之研究架构（图 1）。研究中采质性研究法，针对民宿业者进行深入访谈、实地观察，进而分析民宿之经营关键成功因素。

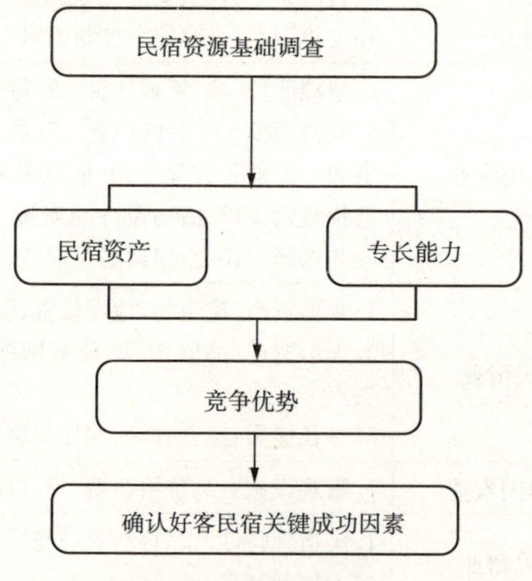

图 1　研究架构图

二、研究方法

本研究采质性研究中的个案研究法进行民宿关键成功因素探讨，民宿经营之关键成功因素，解释性问题多，且具高度复杂性，无法透过问卷获得深入的资料，故本研究以文献分析法、深度访谈法、实地观察法三种方式收集数据。

（一）文献分析法

质性研究中主要透过大量的资料搜集，从中发现、归纳事件的意义。本研究者搜集文件来源如：报纸杂志、民宿相关书籍、政府文宣、网页、部落格……加以整理，以了解个案民宿的环境特色、营运状况，作为本研究分析的辅助资料。

（二）深度访谈法

深访谈前整理文献及个案民宿的资料，以设计结构式的访谈大纲，电访民宿业者告知研究者的身份、研究目的、访谈内容，邀请他们接受本研究的访谈。在访谈进行中，使用录音笔、相机、笔记本、笔，将访谈过程一一记录，访谈后，将资料做整理，再根据所整理的资料做后续分析。

（三）实地观察法

质性研究中，除了访谈之外，另一种主要搜集资料的方法是观察。陈向明认为：在科学研究中，观察是研究者有目的、有计划的一种活动，观察者运用自己的感觉器官或借助科学仪器对自然或社会现象进行感知和描述，从而获得有关的事实材料。在进行观察过程中，研究者不干扰民宿业者工作进行，只在旁静静观察，针对民宿环境设施规划、营运现况，做具体的观察，观察结果以文字描述、记录，将所得数据与访谈数据、文献分析相互印证，进行三角检验，最后再分析归纳。

结果与讨论

一、民宿背景介绍

瑞里地区的海拔高度大约为1200米，常年云雾缭绕，气温凉爽宜人；天气转变时，在山谷间可见大片雪白的云海；除了云海、竹林、瀑布、步道，紫藤花的浪漫与唯美更是全台独有的美景。白天能够赏景，晚上可以观星、夜游。每当萤火虫季，满天尽是飞舞的荧光，无不让人惊艳、赞叹！

茶壶民宿位于瑞里风景区的中继站，而茶壶餐厅则是瑞里地区第一家小吃店（瑞里休息站），早期客源大都以登山客为主，登山客爬完山后，会在茶壶餐厅用餐。因此，茶壶餐厅外面有一把20多年历史的茶壶，是大阿里山区唯一镶有时钟的茶壶，可以让登山客下山时，知道用餐的时间。现在茶壶已成为瑞里的一个地标。

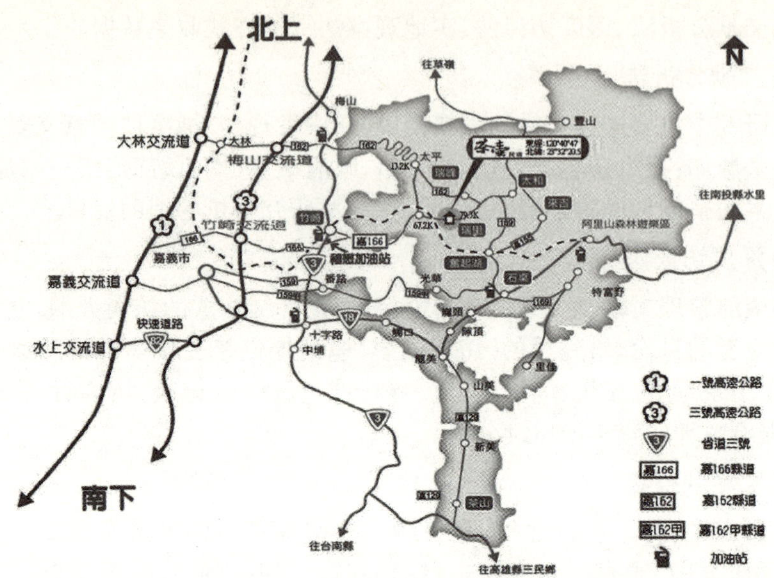

图2　茶壶民宿路径指引

图3　茶壶民宿建筑外观

图4　茶壶民宿露天庭园咖啡

图5　茶壶民宿休闲泡茶区

图6　茶壶民宿咖啡吧

图 7　茶壶民宿温馨套房

图 8　茶壶民宿门前的地标

图 9　茶壶民宿餐厅

数据源:茶壶民宿网页 http://www.ruili.com.tw/

二、民宿经营理念与特色营塑

(一)经营理念

茶壶民宿位于嘉义县梅山乡瑞里风景区,是一栋三层欧式建筑,除有套房、餐厅和会议室等,还有休闲泡茶区、赏星阁楼、露天庭园咖啡座等;在每一层楼都有一个大空间,让每个人来茶壶民宿都可完全放松泡茶、聊天,把这当成自己的另一个家。

茶壶民宿之经营理念为:民宿主人希望打造一个休闲雅致的场域,让住宿的旅客能像茶壶一样,把心中的不愉快的事清空,让心中重新泡出一壶好茶!

(二)经营特色营塑

茶壶民宿位于瑞里风景区,除邻近云潭瀑布、燕子崖、千年蝙蝠洞、圆潭自然生态园区……旅游景点外,茶壶民宿还提供一泊三食和瑞里深度游之套装行程,沿途的导览解说，能使游客更了解与体验瑞里当地的人文风情。故茶壶民宿目前之主要经营项目有：套装行程、特色风味餐和体验活动等一般游客在选择民宿时，除考虑民宿的建筑景观、服务质量等外，亦会考虑民宿是否具备独特的经营特色。

茶壶民宿女主人拥有好厨艺，并曾代表家乡到海外参赛，也曾受邀美食节目料理地方特色风味餐。故茶壶民宿主人以自身能力发展经营特色，民宿餐厅选用当地特色食材、自产蔬菜与鸡鸭……，烹饪出当地特色美食。民宿餐厅不但是当地第一家开设餐厅，其口碑亦深受当地人及游客的肯定与推崇。此外，由于民宿主人自身种植茶园，故提供采茶与制茶体验外，还配合不同季节规划出采笋、洗爱玉等体验活动。每年的四到六月，由于光害少，加上村民的萤火虫复育成功，瑞里山区内满山满谷的萤火虫，可供夜间赏萤导览活动。

三、民宿经营关键成功因素探讨

（一）民宿业者提出之五大经营关键成功因素

表3为民宿经营关键成功因素分析表，表中将民宿经营关键成功因素归纳成“资产”与“专长能力”两大面向，而“资产”面又分为“有形资产”与“无形资产”两部分，在“有形资产”部分，分类出“实体资产”“财务资产”与“自然资产”三项。该民宿经营之关键成功因素在有形资产部分有“自然生态资源”，在无形资产部分有“特色餐饮”，在专长能力部分有“服务质量”“行销能力”“活动的安排”等因素。

林鸿仪认为核心资产、核心能力以及经营者的特质与魅力，才能为民宿经营创造价值。张又立认为民宿的核心资源不尽相同，外部资源及其潜在的竞争优势是否能发挥，经营者的内部资源专长内涵，充分影响其经营策略。

表3　茶壶民宿经营关键成功因素分析表

<table>
<tr><th colspan="3"></th><th>因素</th><th>确认</th></tr>
<tr><td rowspan="9">资产</td><td rowspan="9">有形资产</td><td rowspan="4">实体资产</td><td>1. 建筑物设计</td><td></td></tr>
<tr><td>2. 内部设施、装潢</td><td></td></tr>
<tr><td>3. 地理位置</td><td></td></tr>
<tr><td>4. 经营规模</td><td></td></tr>
<tr><td rowspan="2">财务资产</td><td>1. 自有资金</td><td></td></tr>
<tr><td>2. 营业收入</td><td></td></tr>
<tr><td rowspan="3">自然资产</td><td>1. 视野景观</td><td></td></tr>
<tr><td>2. 自然生态资源</td><td>v</td></tr>
<tr><td>3. 在地人文特色</td><td></td></tr>
</table>

（续表）

			因素	确认
资产	无形资产		1. 口碑声誉	
			2. 顾客经营维系	
			3. 风格特色	
			4. 市场区隔	
			5. 体验活动	
			6. 特色餐饮	v
专长能力	个人专长能力		1. 行销能力	v
			2. 经营管理能力	
			3. 服务质量	v
			4. 危机应变能力	
			5. 活动的安排	v

表 4　茶壶民宿经营关键成功因素自评表

民宿业者		业者自评得分(总分 100 分)	经营竞争优势	经营上的困难
茶壶民宿（林先生）	活动安排	30	热情招待客人、特色餐饮、导览解说	人力不足、聘请工读生困难
	特色餐饮	30		
	自然生态资源	20		
	营销能力	10		
	服务质量	10		

资料来源:笔者研究访谈整理

茶壶民宿业者就本研究提出“民宿经营关键成功因素分析表”自评后,认为该民宿经营之关键成功因素在有形资产部分有“自然生态资源”,在无形资产部分有“特色餐点”,在专长能力部分有“服务质量”“行销能力”“活动的安排”等因素。此外,茶壶民宿业者认为其民宿经营之关键成功因素的排序为:“活动安排”“特色餐饮”“自然生态资源”“服务质量”“营销能力”等五大要素,业者亦进一步提出其经营竞争优势为“热情招待客人”“特色餐饮”“导览解说”。

从业者提出“关键成功因素”与“经营竞争优势”的交叉分析中,我们可以发现两者的一致性高,业者将秉持良好的“服务质量”,擅用当地丰富“自然生态资源”,开发当地“特色餐饮”且安排不同“体验/导览活动”提供住宿民众多样化的游程,业者自身利用网页、媒体“营销能力”,提升茶壶民宿在瑞里地区的知名度,进而提高住房率。

(二)茶壶民宿营收分析

表 5 为茶壶民宿营收分析表,由表中数据分析可知,特色餐饮与套装行程为茶

壶民宿的主要收入来源。由于山区的餐厅选择性少,加上民宿女主人厨艺精湛,餐饮味美价廉,因此许多到瑞里观光的游客,其旅行的醍醐味就是到茶壶餐厅享食一顿,茶壶民宿也就顺理成章为当地大家推荐的美食料理餐厅。

茶壶民宿位于偏僻山区,山区食材运输及取得不便,因此所支出的比例最多。

我们家餐厅餐点,蔬菜采用当地食材,山上蔬菜的价钱会比平地高,鱼肉需要从山下运到山上,食材加运费的支出较多,再加上我们民宿要定期保养,如除虫害,相对成本高。

民宿年营收约100万,扣除人事、成本费用,年净利约50万,把民宿当副业的茶壶民宿来说,多元化的经营,创造出多元产值。

王正贤研究结果指出,台东初鹿民宿业者主要收入为住宿及餐饮,同样位于山区的茶壶民宿,因民宿房间数有限,即使住房率高,也难以提高收入,餐厅提供非住宿客人及游客餐饮服务,以增加收入。

表5　茶壶民宿营收分析表

民宿业者	收入来源	所占比例	支出项目	所占比例	年净利
茶壶民宿（林先生）	住宿费	20%	民宿定期保养	30%	50万
	套装行程	40%	食材	70%	
	餐点	40%			

资料来源:笔者研究访谈整理

四、民宿套装游程与体验活动分析

瑞里风景区位于嘉义县梅山乡,地处海拔1200米左右,观光资源非常丰富,拥有云海、日出、梯田与竹林等美景。表6是茶壶民宿两天一夜的套装行程。由于茶壶民宿位处瑞里风景在线,邻近云潭瀑布、蝙蝠洞、燕子崖、野姜花溪步道等多处旅游景点,因此民宿业者根据其拥有的自然生态资源设计民宿的套装行程,瑞里风景区中三个著名的景点:燕子崖、千年蝙蝠洞以及情人吊桥。燕子崖上半部是凹凸有致的并行线条,下半部则是凹壁,蝙蝠洞是个布满石洞的天成奇景,这种自然奇景,雄伟壮观,令人感叹大自然鬼斧神工之力。野姜花溪步道及绿色隧道等是瑞里著名的步道,每年花季期间,溪畔两旁的野姜花盛开,香气诱人,是赏蝶好去处。每年的四月到六月是瑞里赏萤火虫最热门的季节,业者安排游客夜间赏萤,让游客在无光害环境中,欣赏满天尽是飞舞的荧光。民宿自家种植茶园,安排游客实地走入茶园,参与茶叶制作过程,也教导大家利用简单的器具,泡制出一壶好茶。瑞里地区观光资源非常丰富,一年四季都有不同的风情,民宿业者搭配了多样化的套装行程,带领游客体验瑞里之美。

早期瑞里有八大景，现在增加绿色隧道、野姜花步道、圆潭步道，要全部玩完，至少要三、四天，所以推出深度套装行程，含吃、住、玩，但套装行程也不是固定的，可依客人的体力和想玩的点做个别规划。

茶壶民宿，顾名思义和茶有关。我们推茶文化、学习茶艺、带客人喝茶，举办茶艺嘉年华、安排制茶 DIY 体验等。

表6　茶壶民宿套装行程表

茶壶民宿深度游瑞里套装行程——吃喝玩乐通通包
假日:1800 元台币/人　　平日:1600 元台币/人
假日:1500 元台币/人　　平日:1300 元台币/人(限小学四年级以下小朋友)
含一宿三餐(晚餐、早餐、中餐、下午茶及大屏幕电影)以及导游详细解说
【第一天旅游路线】 2:00 ~ 4:30 阿里山农场(步行千年蝙蝠洞→燕子崖→情人桥→观赏麻竹→孟宗竹→生态林→青年领吊桥) 4:50 ~ 5:30 圆潭溪观赏保育类鲴鱼→茶壶民宿 6:30 ~ 7:20 享受山野晚宴(茶壶妈妈的招牌菜) 7:30 ~ 8:30 看满天星斗的天空 8:50 ~ 9:30 自助式泡茶及聊天 10:30 ~ 自由活动→睡个舒服的好觉 【第二天旅游路线】 7:30 ~ 8:20 欣赏瑞里晨曦之美→享受健康悠闲→自助式中西式早餐 8:30 ~ 11:30 绿色隧道入口→绿色隧道→野姜花溪→瑞太游客中心→返回瑞里茶壶餐厅 12:00 ~ 享用美味午餐→快乐赋归
每年 4 月份起至 11 月份，也可预约参观茶叶制茶过程

资料来源：茶壶民宿网页 http://www.ruili.com.tw/

图 10　瑞里云海

图 11　茶壶民宿夜间赏萤活动

图 12　茶壶民宿制茶体验活动

五、特色餐饮

茶壶餐厅开了二十几年，选用一年四季不同季节的当地特产，自产的茶叶、自种的菜等，都是烹煮美食的基本好料。民宿主人不断开发新菜色，并定期邀请当地相关人士来品尝新菜色，待接受评鉴后才开始对外提供点选。其招牌菜“梅汁豆腐”，用自己酿的梅子，加入茶叶一起烹煮；野姜花季来临时，野姜花也会入菜。

民宿女主人——林王美凤女士厨艺精湛，入围“全世界中国菜厨技大赛——美国纽约总决赛”，餐厅使用在地当季食材，以少油、少盐、少糖的健康理念，料理养生风味餐，因此在当地负有盛名，也荣获台湾百大餐厅，是来到瑞里绝对不可错过的美食餐厅。

图 13　茶壶餐厅菜单

图 14　茶壶民宿女主人参赛得奖荣誉

图 15　茶壶民宿特色风味餐

照片来源:茶壶民宿网页 http://www.ruili.com.tw/

六、民宿营销分析

茶壶民宿之营销管理,由民宿主人的儿子负责。在信息取得迅速的现代,网络已成为民宿经营的首要工具,经营自身的网页,除了常更新网页外,推出优惠行程方案,也是营销民宿的好方法。

最主要是自己经营的网页,让客人更了解、清楚,是主要客群来源。

民宿主人除了以民宿网页营销之外,用心经营的结果也累积了许多客源,透过这些回流的游客亲身体验再介绍给其亲朋好友。好服务质量,不仅能开发新的客群,也增加顾客的回流率。

我们的民宿在山区,瑞里的知名度也不是很高,所以我们要靠热情来招待客人,所以我们客人的回流率很高;

民宿有特色和话题,媒体也能协助推广的宣传营销,而媒体报道、宣传容易吸引读者和观众造访住宿。

之前有一位外国秘密客,在全台湾都有察访,在瑞里选了三家民宿,茶壶是其中一家,后来我们民宿被刊在杂志上,有许多外国人前来住宿,这对于民宿很有帮助。

张本初、谢郁婷、郑怡华研究结果指出,白河地区个案中民宿,以报章杂志宣传方式居多,以网络成效最好,配合相关组织举办折扣活动,加入联盟协会及国际旅展来增加曝光率。吴肇展研究结果指出,宜兰民宿业者均积极地扩展许多行销通路，例如电视购物频道、设立专属网站、与旅行社合作等，使更多的游客能注意到自己的民宿，提升其住宿率。利用报章杂志、网络是许多民宿的营销方式，茶壶民宿可加入国际旅展、与旅行社合作，或者联合其他民宿共同促销，以提高民宿住房率。

七、顾客最满意的地方

（一）服务质量好

只要游客有需求的，会尽力去为游客服务，民宿主人对住宿质量要求高，他希望游客住得安心、开心。而老板也在每个楼层，提供一个让游客可以聚会、聊天空间，希望让大家联系感情、仿佛在家中一般悠闲、自在。庄琬琳、林宗良研究中发现民宿的住客透过亲友同事口耳相传搜集信息的比例相当高，显然游客对于民宿的行销方式仍较信任口碑的建立。倘若民宿主人加强管理民宿周边自然资源、客房环境整洁等第一印象的行销包装，便可得到最大之效益。

我们注重环境整洁，不可以让客人看到一点的脏乱，所以特别注重房间清洁，客人入住前，至少检查三次，确认房间入住质量；有些民宿的房间数多，公共的活动空间小，我们让客人入住时，有家的感觉，一楼大厅，及二楼客厅公设大，让客人可以泡茶、聊天。

（二）套装行程

瑞里风景区自然生态资源丰富，现代人工作压力大，希望来到茶壶的游客能抛开平日的压力。这里吃喝玩乐通通有人安排，有专属的导游，带着大家到此接触大自然，感受森林芬多精的洗礼，体验当地人文风情，享受健康悠闲时光。

（三）特色风味餐

茶壶餐厅名气大，有人冲着餐厅来的。

台湾旅游管理部门办理“2013 台湾团餐大车拼”，茶壶餐厅荣获入选，除了以当令食材入菜，且能以二千五百元一桌的优惠价格，即享用当地特色饮食，吸引许多游客前往用餐，餐厅假日生意总是络绎不绝。

八、从业者观点论政府民宿政策

嘉义地区幅员大，涵盖山与海的资源，在观光景点地区，旅客会选择民宿投宿，藉由民宿产业的发展，可带动嘉义地区的观光产业。每年嘉义县政府结合瑞里民宿业者，推出紫藤花季，政府在推广地方观光，民宿需配合政府活动，相对投入人力、物力资源，才能带动小区观光发展。

政府理念很好，但执行力不足，整个民宿和小区先推，行政资源才会进来，像紫藤花季，去年第一次推，各家都种植紫藤，县政府请来日本女星大久保麻梨子担任紫藤花代言人，拍摄微电影，做营销。

结论与建议

一、茶壶民宿经营关键成功因素探讨

根据第四章研究结果分析，我们可发现茶壶民宿的经营关键成功因素有：活动安排、特色餐饮、自然生态资源、营销能力、服务质量。林鸿仪认为核心资产、核心能力以及经营者的特质与魅力，是民宿经营创造价值的来源。

二、研究建议

（一）对经营民宿业者的建议

经营民宿首先要了解民宿的基础资源，以及所需的专长能力，从个案民宿经营关键成功因素研究发现，除了资产资源外，配合专长能力的发挥，才能创造民宿的竞争优势。民宿市场趋于成熟、饱和，综合本研究所产生的民宿之关键成功因素，特提供如下未来经营民宿业者建议：

1. 活动安排

民宿安排体验活动时，应利用民宿所拥有之基础资源，如民宿所在的文化、产业活动等，不但节省活动设计的成本，更能让游客感受民宿的经营特色，使顾客留下美好的回忆，提升顾客的回流率。尤其以亲子旅游而言，亲子体验已成为一种趋势，让小朋友接触不同的文化、产业、生活形态，也成为吸引顾客的重要因素。

2. 特色餐饮

就嘉义民宿而言，多为山区偏乡，民宿附近餐厅少，游客自然选择民宿为用餐地点，因此民宿业者结合在地的食材，提供新鲜美味的料理，使游客能品尝在地特色美食。茶壶民宿以当季新鲜在地食材，设计地道的美食飨宴，让用餐的客人拥有截然不同的美食体验。以特色餐点为号召，也是民宿的卖点。

3. 自然生态资源

嘉义旅游景点得天独厚，拥有丰富的自然及人文资源。民宿是结合生态旅游的好去处，嘉义民宿的地点多位于山区，有良好的生态环境，推广生态旅游体验也是民宿发展特色的形态。自然环境资源是民宿专有资源，具独特性，难以模仿，为民宿吸引游客重要因素。

4. 服务质量

民宿若有好的服务质量，则能提升游客满意度，增加客人重游的意愿，熟客也可帮民宿推荐宣传,介绍亲友前往投宿,这都显示民宿的住宿质量值得肯定。良好的口碑声誉,建立市场品牌,是民宿长期经营的重要因素。

5. 行销能力

除了民宿自己的网页外,创造特色和话题,促使媒体采访报道,提升民宿的知名度,让脸书、部落格使用普遍盛行,利用网络社群传播也是很好的营销方式。

(二)对政府部门的建议

经营民宿目前最大的问题是房间数不足,以民宿管理办法规定,民宿之经营规模,应客房数五间以下,对民宿业者而言,限定五间房间数不符合经济效益。访谈业者反应,有些民宿业者取得合法认证后,为了增加收入,扩大营业,私自增加房间数,但是不需要像旅馆一样硬性规定做消防安检,建议地方政府应不时地稽查各家民宿,保护游客住宿安全。

参考文献:

[1] 方威尊. 休闲农场经营关键成功因素之研究——核心资源观点. 硕士论文."国立"台湾大学农经所,1997.

[2] 王朝琴. 休闲事业经营成功关键因素之研究——以走马濑农场为例. 硕士论文."国立"成功大学管理学院研究所,2004.

[3] 王正贤. 民宿经营管理策略之研究——以台东初鹿地区为例. 硕士论文. 南华大学旅游事业管理研究所,2007.

[4] 王菀珊. 垦丁地区民宿经营策略之个案研究. 硕士论文."国立"屏东教育大学社会发展学系研究所,2013.

[5] 吴宗播等. 信息管理——理论与实务. 智胜,2000.

[6] 吴千正. 农园的民宿经营[J]. 农业经营管理会讯,2001,(27):10-11.

[7] 吴碧玉. 民宿经营成功关键因素之研究——以核心资源观点理论. 硕士论文. 朝阳科技大学企业管理硕士班,2003.

[8] 吴肇展. 民宿经营关键成功因素之个案研究——资源基础理论观点[J]. 管理实务与理论研究,2010,(4):142-163。

[9] 李宗钰. 台湾民宿业者餐旅营销组合与关键成功因素之研究. 硕士论文. 铭传大学观光研究所,2004.

[10] 李经世. 澎湖地区民宿经营关键因素之探讨. 硕士论文. 朝阳科技大学研究所,2009.

[11] 林世茂. 民宿永续经营因素之研究——以恒春半岛为例. 硕士论文."国立"高雄应用科技大学观光与餐旅管理研究所,2014.

［12］林鸿泰．民宿经营关键成功因素之探讨以台中县新社乡为例．硕士论文．岭东科技大学,2006.

［13］林鸿仪．台湾民宿业经营策略关键成功因素之研究——以垦丁某民宿为例．硕士论文．“国立”中山大学企业管理所,2008.

［14］张志翔．民宿经营关键成功因素研究——以花莲地区为例．硕士论文．“国立”东华大学公共行政研究所,2007.

［15］张立又．垦丁后湾地区民宿业经营成功模式个案研究——以资源基础理论分析．硕士论文．义守大学管理学院研究所,2014.

［16］张本初等．民宿经营管理之研究——以台南县白河镇为例［J］．观光餐旅评论,2008,2(1):71-91.

［17］庄淑敏．金门传统古厝民宿经营关键成功因素之研究．硕士论文．“国立”高雄大学高级经营管理所,2007.

［18］庄琬琳等．民宿业服务质量对游客再住宿意愿之影响研究［J］．嘉大体育健康休闲期刊,2013,12(3):78-88.

［19］郑健雄．民宿经营之道．农业经营管理会讯,2001,(27):6-9.

［20］郑诗华．农村民宿之经营与管理．户外游憩研究,1992,5(3):13-24.

［21］Ansoff & McDonnell, Implanting Strategic Management. New York: Pretice Hall, 1990.

［22］Lanier P. & Berman J., Bed-and-Breakfast Inns Come of Age, Cornell hotel and restaurant administration quarterly, 1993, 34(2), p14-23.

［23］Yesawich, P. C. Marketing in the 1980s, The Cornell Hospitality and Restaurant Administration Quarterly, 1988, p38-45.

［24］Stankus J., How to open and operate a bed and breakfast, 8th ed., Connecticut: The Globe Pequot Press. 2007.

（作者单位：百色学院旅游管理学院）

浅谈互联网+对旅游业的影响及发展机遇

王霞良

摘　要：以互联网为载体的旅游业发展迅猛，创造出新的产品形态、新的生产方式和新的消费模式，为旅游业带来了巨大的经济社会价值。本文通过分析互联网+对旅游业购、食、住、行和对旅游业供需结构、产品结构、旅游管理等的影响，以及对互联网+时代旅游业的发展机遇的梳理，提出互联网+旅游业的发展建议。

关键词：互联网+；旅游业；影响；发展机遇；建议

一、绪论

1. 选题背景及研究意义

(1)选题背景

中国旅游业近年来发展迅速。2016 年，旅游经济实现了较快的增长，旅游业成为“稳增长、调结构、惠民生”的重要力量。国内旅游 44.4 亿人次，比上年同期增长了 11.0%；入出境旅游 2.6 亿人次，增长了 3.9%；全年实现旅游总收入 4.69 万亿元，增长 13.6%。我国旅游市场规模稳步扩大，旅游业在创新发展中继续领跑经济增长榜单。预计 2017 年国内旅游人数将达到 48.80 亿人次，同比增长 10.0%。

然而，在旅游市场以每年 10% 以上增长的同时，传统旅游行业却仍然由于存在低价团、购物团、零团费的恶性竞争，变得利润薄、生意难做。那么既然市场在不断扩大，生意却越来越难做，这不是很矛盾吗，客源都去哪了？这是因为客源都分流到各个在线旅游平台了。

今天互联网迅速的发展，深深地改变了大众的生活方式，包括旅游方式。同样也深刻地改变着旅游业的运行方式。传统的旅游业的经营模式在互联网时代遇到了瓶颈，如何突破这个瓶颈成为旅游业亟须解决的问题。

(2)研究意义

旅游业是国民经济的综合性产业，是拉动经济增长的重要动力。以互联网为代表的全球新一轮科技革命正在深刻改变着世界经济发展和人们的生产生活，给全球旅游业发展带来了全新变革,旅游与互联网的深度融合发展势在必行。只有充分认识互联网+对旅游业的影响及抓住发展机遇,积极运用信息化手段,推动旅游业产品业态创新、全面革新经营管理方式,促进旅游业转型升级,才能实现旅游业在互联网+环境下的持续发展。

本文通过对互联网+对旅游业的影响及发展机遇分析,提出互联网+时代的旅游业发展建议,为旅游企业的发展提供参考。

2. 互联网+旅游业的研究现状

(1)国外互联网+旅游业的研究现状

以美国为例,互联网技术为现代美国旅游业的发展提供了新的动力:一是创建了一种全新的旅游资源整合模式,他们利用互联网的链接功能,将都市群内各个城市相对零散的旅游吸引物链接为一个统一的有机整体,实现了旅游资源的多样性整合,满足了旅游市场的个性化需求;二是创建了一种全新的旅游宣传模式,利用互联网的信息发布功能,全方位、全时段、多视角发布旅游信息,预告旅游活动,大大提升了城市自身的旅游形象。同时,他们还充分利用互联网的交互功能,及时了解市场需求,以便研究市场,制定市场战略;三是创建了全新的旅游销售模式,这些网站纷纷利用互联网的电子商务功能,提供网上预订,销售特色商品等。据美国旅游协会(TIA)调查:2002 年,美国国内游客达 9600 万人次,有 2/3 的人利用互联网制订旅游计划,其中 41% 利用互联网进行旅游预订,达 3900 万人次。

美国市场调查公司加纳集团(Gartner Group)的报告指出网上旅游服务销售额在 2001 年将增至 300 亿美元,较 1999 年的 50 亿美元,预计将上升 6 倍,由于上网预订机票及预订旅行团的费用较便宜,所以越来越受旅游人士欢迎。

旅游业发达国家旅游组织和企业已普遍在互联网上进行宣传促销。据资料介绍,在接受调查的美国经常性出国观光者中,使用互联网服务的占 32%,商务旅行占 50%,网上旅游促销和宣传已受到各国政府旅游部门和各国旅行商的普遍重视。业内人士已发出“在互联网上没有网页的旅行社将无法生存”的感叹。

目前,国外利用互联网做得比较好的旅游网站有 tripAdvisor(全球最受欢迎的旅游社区和旅游评论网站)、Priceline(客户反向定价,在线旅游 C2B 模式开创者)、Expedia(代理+批发商模式为主,业务庞杂,品牌多元化)、travelZoo(美国在线旅游信息服务)等。

1.2.2 国内互联网+旅游业的研究现状

随着旅游与互联网的不断结合,“互联网+旅游”成为新时期旅游业鲜明的时代特征。一方面,互联网的普及使得在线旅游的信息获取渠道更加多元化,旅游消费更加透明,旅游线上线下融合趋势加紧,在线旅游越来越赢得大众认可;另一方面,互联网对旅游业的进一步渗透,给旅游业带来了巨大的冲击,加速了旅游新业态的出现，推动了旅游管理创新，更促进了旅游产品及服务的提升。在创新创业的国家战略背景下，传统旅游业要寻求新的发展机遇，必须进行深入变革，运用互联网思维，顺应“互联网+”的发展趋势，转变对固有模式的依赖，实现旅游业的互联网化改造。

2015 年，全国旅行社实现营业收入 4189 亿元，同比增长 4%；在线旅游市场交易规模达 4326.3 亿元，同比增长 39.9%。移动端在线旅游优势明显，2016 年，全国网民使用手机在线旅行预订比例达 37.7%。由此可见，“互联网+旅游”颠覆了传统的旅游发展模式，传统旅行社的发展受到了强烈的冲击，如何进行创新以适应时代发展，亟待考虑。

学者曾博伟在《互联网时代旅游业的演变趋势》中提出互联网时代旅游业的演变趋势：游客选择多样化、旅游的服务个性化、线上线下的互动频繁化、旅游市场营销精准化、旅游闲置资源利用会更加普遍化、旅游商业模式会更加复杂化、旅游企业之间的竞争会更激烈、旅游目的地管理会更智慧化。

目前，国内互联网旅游做得比较好的有携程旅行网、途牛旅游网、去哪儿网等。“互联网+”对旅游业的推动作用在日新月异的互联网影响下将会获得更迅猛的发展。

二、“互联网+”概念及对经济的影响

“互联网+”代表着一种新的经济形态，它指的是依托互联网信息技术实现互联网与传统产业的联合，以优化生产要素、更新业务体系、重构商业模式等途径来完成经济转型和升级。“互联网+”计划的目的在于充分发挥互联网的优势，将互联网与传统产业深入融合，以产业升级提升经济生产力，最后实现社会财富的增加。

2012 年 11 月，易观国际董事长兼首席执行官于扬在第五届移动互联网博览会首次提出了“互联网+”理念。他认为：在未来，“互联网+”公式应该是我们所在的行业的产品和服务，在与我们未来看到的多屏全网跨平台用户场景结合之后产生的这样一种化学公式。通俗地说，“互联网+”就是“互联网+各个传统行业”，但这并不是简单的两者相加，而是利用信息通信技术以及互联网平台，让互联网与传统行业进行深度融合，创造新的发展生态。它代表一种新的社会形态，即充分发挥互联网在社会资源配置中的优化和集成作用，将互联网的创新成果深度融合于经济、社会各领域之中，提升全社会的创新力和生产力，形成更广泛的以互联网为基础设施和实现工具的经济发展新形态。

2015 年 3 月 5 日十二届全国人大三次会议上，李克强总理在政府工作报告中首次提出“互联网+”行动计划。

“互联网+”行动计划将重点促进以云计算、物联网、大数据为代表的新一代信息技术与现代制造业、生产性服务业等的融合创新,发展壮大新兴业态,打造新的产业增长点,为大众创业、万众创新提供环境,为产业智能化提供支撑,增强新的经济发展动力,促进国民经济提质增效升级。

三、互联网+对旅游业的影响

随着现代科技和信息产业的发展,互联网技术的应用给旅游业带来了新的商机,网络的交互性、实时性、丰富性和便捷性等促使传统旅游业迅速融入互联网的浪潮。通过网络查询信息,进行酒店、机票预订和购买旅游产品早已成为旅游者出行的首选方式。

1. 互联网+对旅游业“购、食、住、行”等的影响

(1)购——旅游购物

对传统旅游业来说,旅游购物本身就是一种旅游资源,发展旅游购物是提高旅游整体经济效益的重要途径,但旅游购物在传统旅游业中存在的矛盾和问题最多:如质量问题、诚信问题、假货问题等,造成购物吸引力下降,出现许多游客宁愿去国外旅游购物。大多数旅游购物点都处在旅游目的地的景区周边,甚至有些分散在景点中,仅靠景区的管理部门以及旅游部门解决这些问题十分有限。针对目前这种情况,随着“互联网+时代”的到来,移动互联网、物联网技术、云计算快速升级,各大电子商务网站纷纷推出了旅游购物服务,其中以“淘宝网 · 特色中国”最为成功。

“淘宝网 · 特色中国”是阿里巴巴集团淘宝网旗下,以地域特色农产品和旅游产品为主打。该平台集合了淘宝网、当地农民、当地政府三方努力,加强品质监督和管理,主打地方特色食品和手工艺品,目标是为全世界消费者提供最地道的地方特色、美食、工艺品。各地方政府把特色中国的地方馆作为一个旅游品牌来进行打造,为游客提供丰富的旅游购物资源,并解决游客担心的质量之忧、价格之忧。

(2)食——旅游餐饮

对传统旅游业来说,旅游餐饮是保证游客旅游行程能够持续进行的基础性支撑要素,游客在旅游目的地的饮食状况直接影响其对该次旅游行程满意度的评价。饮食所具有的强烈的地域性、民俗性等人文特性,又使它成为旅游的重要因素,并在旅游营销中扮演重要角色;但传统的旅游方式往往使得旅客难以找到满意的餐饮,跟团的团餐更是令旅客们诟病。

互联网时代的到来,让游客可以通过网络平台搜索旅游目的地特色餐饮,网络平台可以获取游客对旅游目的地餐饮的评价等来决定餐饮的选择。百度糯米、美团、饿了么等餐饮团购网站纷纷兴起,旅客很容易在网上找到心仪的餐饮。

在旅游目的地，游客还可以通过网络平台提供的外卖 app 来进行餐饮预订。据中国互联网信息中心（CNNIC）2017 年 2 月发布的最新统计数据，使用过网上订外卖的用户人数已达 2.08 亿，而对于外出旅游的客人来说，到了一个陌生的城市，人生地不熟，白天玩了一天比较累了，晚上在旅馆点外卖就成为很多人的选择。

(3)住——酒店住宿

在传统的旅游出行中，游客对酒店的选择和预订只能通过旅行社预订或者到达目的地后再选择，而现在，游客可以通过多种途径、渠道进行预订。据相关调查数据显示，80% 的游客在出游前都会先通过各种旅游在线网络平台搜索了解旅游目的地的住宿以及进行酒店预订。在网络平台上，游客可以通过游客上传的体验评价、酒店设施的相关图片、视频等来了解将要选择的酒店，以决定是否选择入住。

随着智能手机的普及，大部分酒店管理系统都开发了手机 App 及微信订房系统，使得旅客订房更加方便，酒店管理更加便捷。

在中国，旅游酒店预订系统已经被整合在成熟的在线旅行服务提供商当中，艺龙、携程等网站纷纷兴起。他们可以通过网站、24 小时预订热线以及手机客户端等平台，为消费者提供酒店、火车票、机票及旅行团购产品等预订服务。

目前还有一种分享型的住宿体验，就是旅游地居民将个人闲置的房子等通过网络平台转化为接待能力，满足游客的多样化消费需求。例如，有些游客想体验旅游目的地当地人的真实生活，不再满足于星级饭店千篇一律的房间、设备和服务。Airbnb 之类的住宿短租平台为这一类游客提供了选择的途径，可以让旅行者入住旅游地居民的家中，为旅行者提供深度体验当地文化的机会。与星级饭店相比，Airbnb 的房源具备人情味，Airbnb 的创始人已经意识到，房东作为地方导游的角色，给游客带来了不一样的超值体验。

(4)行——交通

① 海陆空票务和景区门票的网上预定

根据中国互联网络信息中心（CNNIC）发布的《2014 年中国在线旅行预订市场研究报告》显示，截至 2014 年 12 月，在网上预订过机票、酒店、火车票或旅行度假产品的网民规模达到 2.22 亿，较 2013 年底增长 4096 万人，增长率为 22.7%，网民使用率由 29.3% 提升至 34.2%。与此同时，手机预订机票、酒店、火车票或旅行度假产品的用户规模达到 1.34 亿，较 2013 年增长 8865 万人，增长率为 194.6%，网民使用率由 9.1% 提升至 24.1%。据不完全统计，到 2017 年使用网上旅游预订服务的人数已经达到了 2.99 亿。

通过互联网预订机票、车票、景区门票已经发展成为一项主要业务，其规模还在继续扩大。互联网有助于方便核查票证的有无，并进行购票和确认。移动电子商务使用户能在票价优惠或航班取消时立即得到通知，在旅行途中临时更改航班或车次。

② 手机地图和导航

据中国互联网络信息中心(CNNIC)2017 年 2 月发布的最新统计数据,使用手机地图查询的网民用户已达 4.61 亿,手机地图用户可以通过移动通信网络,来查找自己当前的位置,并以用户当前位置为中心,查询周边的地理位置信息。这样旅客在人生地不熟的城市中,只要有一台有流量的智能手机,就可以查询到自己所在地附近美食、酒店、风景、银行等各种场所,并可以合理地规划步行、公交、驾车等不同的行进路线,使用手机地图进行导航。这一技术的发展,使得自由行越来越为人们所接受。

2. 对旅游产业经营模式的影响

(1)供需结构

当下,人们对于旅游的需求已不再局限于传统的观光游览,而更注重多元化的体验、个性化的定制等。随着互联网时代的到来,越来越多的消费者可以掌握更多的信息和资讯,同时拥有更多选择的权利,旅游产品供给开始迎合消费者的需求而呈现多样化。

在传统的旅游产业经营中,依靠单一的门店,所供给的旅游产品比较单一,服务质量较差。同时,无法实时了解旅游者的信息反馈。

在互联网时代,旅游企业通过在"互联网+技术"的帮助下,即时了解游客对旅游市场的需求状况,以及对用户偏好和选择、旅游产品和服务的购买、旅游体验后的信息反馈等。通过网络平台整合、分析旅游行业相关数据,从旅游内部着手,提升旅游品质,规范旅游经营,改变营销方式,根据旅游市场的需求设计更多元化的旅游新产品和服务,丰富旅游产品供给,以满足市场的需求,提升企业竞争实力。

(2)产品结构

过去,在旅行商面前,游客的选择是消极的、被动的,旅行商给出什么产品,游客就只能消费什么产品。而在网络时代,游客可以掌握更加多的资讯。游客在旅游过程中会更加主动,哪怕选择团队进行出游,游客也可以在网络上对不同团队旅游的同一条线路的性价比进行比较。

随着游客个性化旅游需求的日益增长,旅游者对旅游产品的需求不再停留于单一的观光游。基于消费者的需求,旅游产品从观光主导向观光与休闲度假等并重转变。如主题游伴随着旅游发展阶段的逐渐成熟后应运而生出更多形态,如自驾游、冰雪游、医疗游、邮轮、商旅等形式都将吸引更多的游客群体。

旅游消费更大众化、个性化、品质化。

"大众化"——周边游、出境游;

"个性化"——自助游、定制游、主题游(如夏令营、医疗、养生等);

"品质化"——中高端旅游、休闲度假游。

旅游产品的市场细分化、专业化越来越高,传统的旅游产业单一的产品结构已不能适应旅游市场的需求。

在"互联网+"时代,游客的各种旅游消费习惯或意愿倾向,将形成旅游大数据资源,通过对获取的大数据的分析,可以精确掌握游客的需求和旅游市场发展趋势,把游客对旅游的体验和需求纳入整体设计中,从而策划出游客真正需要的产品,调整产品结构。

(3)旅游管理模式

"互联网+旅游"的发展不仅可以为游客提供便利的体验,为旅游企业提供数据,还可以通过数据分析为旅游管理者决策提供依据,更重要的是,可以成为旅游管理的工具。浙江省旅游局副局长许澎提到,互联网在管理方面的应用可以体现在建设产业服务平台上,比如对游客动态进行监测。"动态监测不仅可以提供景区流量的数据,引导游客分散旅游,还可以为景区提供客源结构数据,比如游客来自哪里,消费的情况怎么样等等,通过数据分析,我觉得能够为景区管理决策、市场营销决策提供很多科学依据。"

旅游管理上可以通过大数据分析,预知各区域、各景点游客游览情况;可以对游客的来源、成分进行检测和分析,全面掌握旅游的市场情况,细分科学市场,找到潜力客源。使旅游企业以更为有效的方式去发展旅游业务,提高旅游管理服务水平。

2016 年 9 月,住房和城乡建设部首批选取了黄山、武夷山、武当山等十处国家级风景名胜区,启动了门票预约和游客容量监测试点的工作。拟结合现有国家级风景名胜区监管信息系统网络平台的功能,共同构建行业信息共享的发布平台,提升风景名胜区的游客调控与服务能力,有效地缓解高峰期风景名胜区资源保护与游览安全的压力,实现资源保护与公众游览的协调共赢。

(4)个性化服务

去年双十一,在线旅游企业从盲目低价促销,变为推出"亲子游""结婚周年纪念游""闺蜜游""光棍特权"等更有针对性的产品,这背后是利用大数据进行精准的需求分析,提供的个性化服务。

服务标准化是过去推动旅游业发展的重要方式,但是标准化仅是旅游服务的基本要求,旅游业的发展必然会如同所有的服务行业,更加趋于个性化。

互联网技术的应用,为各行业累积了大量有价值的数据,这些数据使得游客的信息更容易被经营者掌握,更有效地倾听、回应消费者旅游需求,对于改善旅游产品和服务提供了重要依据,并有针对性地开展个性化服务。在互联网时代,供应商整合资源的能力会明显提升,同时提供个性化服务的成本也会大幅降低,各种针对游客个性化需要的定制化的旅游将会蓬勃发展。

四、互联网+时代给旅游业带来的机遇

在“互联网+”背景下，国家出台了一系列政策促进“互联网+旅游业”的发展，实现传统旅游业的升级。2015 年 8 月，国务院办公厅公布《关于进一步促进旅游投资和消费的若干意见》，提出要积极发展“互联网+旅游”。2015 年 9 月，国家旅游局发布了《实施“旅游+互联网”行动计划的通知》，明确了互联网将成为旅游业发展的重要载体。

国务院办公厅《关于进一步促进旅游投资和消费的若干意见》，要求积极发展“互联网+旅游”，积极推动在线旅游平台企业发展壮大，支持有条件的旅游企业进行互联网金融探索，放宽在线度假租赁、旅游网络购物、在线旅游租车平台等新业态的准入许可和经营许可制度，到 2020 年，全国 4A 级以上景区和智慧乡村旅游试点单位实现免费 Wi-Fi（无线局域网）、智能导游、电子讲解、在线预订、信息推送等功能全覆盖，在全国打造 1 万家智慧景区和智慧旅游乡村。

2016 年年初，国家旅游局发布了“515 战略”，战略中提到，“要积极主动融入互联网时代，用信息技术武装中国旅游业”。要以国家智慧旅游公共服务平台为载体，将其建立集旅游公共信息服务、文明旅游倡导、旅游企业监管、旅游市场秩序整治、旅游投诉、《全国旅游不文明记录》《旅游企业诚信记录》、旅游目的地警示、旅游国际合作与交流、港澳台旅游合作与交流等于一体的中国旅游服务门户和综合管理平台。此外，还要发行“中国旅游卡”，支持旅游企业信息化建设，综合提升旅游市场推广信息化水平。

9 月 16 日，国家旅游局下发《关于实施“旅游+互联网”行动计划的通知》（征求意见稿），提出了实施“旅游+互联网”行动计划的行动要求，行动要求到 2020 年，旅游业各领域与互联网达到全面融合，互联网成为我国旅游业创新发展的主要动力和重要支撑；在线旅游投资占全国旅游直接投资的 15%，在线旅游消费支出占国民旅游消费支出的 20%。

国家各种文件的相继出台，为“互联网+旅游”的发展保驾护航，这样的大力支持使得在线旅游进入快速发展的阶段，对中国旅游业未来的发展产生了深远的影响。

2015 年，中国旅游业热点、亮点频现，全年共有 41.2 亿人次国内或出境游，相当于全国人口一年旅游 3 次，旅游投资持续强劲增大，全年完成投资 10072 亿元，同比增长 42%，增幅比往年扩大 10 个百分点，在历史上首次突破了万亿元大关，同时在线旅游投资也超过 770 亿元，同比增长 42%。无论是从政府方面，还是从市场来说，“互联网+旅游”都开始迎来了自己的黄金时代。

今年5月,国家旅游局发布的《2016中国旅游投资报告》显示,2016年全国旅游总投资超过1万亿,在线旅游超过1000亿元,且在线旅游投资呈现高度集中,国内旅游44.4亿人次,比上年同期增长11.0%;入出境旅游2.6亿人次,增长3.9%;全年实现旅游总收入4.69万亿元,增长13.6%。

1. 基于互联网+数据分析带来的客源数据分析进行商业决策,得到市场营销解决方案

互联网作为消费者获取行情的主要渠道,必然也会成为商家营销的主阵地。互联网提供的大数据对旅游商业决策和景区管理有着极高的价值参考意义。而对于旅游产品服务的营销推广,基于地区、行为、兴趣等多个维度的用户数据,通过网络平台和多样化的互动方式,能帮助旅游企业了解客源结构,包括游客的来源及去处、消费情况、游客的出行规律和爱好偏向等,为商家带来精准、高效且便捷易用的市场营销解决方案,充分发挥“互联网+”在营销上的价值。

随着网络时代的到来,互联网正在成为旅游营销的新兴渠道,也正在成为旅游营销的主渠道。越来越多的旅游企业选择与互联网企业合作进行宣传营销、市场推广,或者是选择网络媒体作为传播旅游营销信息的主渠道。

2014年9月30日张家界启动与携程的全方位战略合作。携程通过为其制定网络整体营销解决方案的方式开展帮助张家界开展O2O尝试,包括提供OTA线上营销推广、特色旅游产品及重点节庆营销活动策划、在搜索引擎上优先展示合作产品、共建线上旅游旗舰店等。携程与张家界共建线下旅游综合服务体系,包括:携程参与景区交通环线及物流等服务、推介张家界旅游平台及旅游产品。

2. 为旅游产品的交易提供了平台

由于传统旅游业务在时间与空间等因素上的限制,消费者对旅游产品的预定与支付往往大费周折。随着移动互联网的快速发展,无线旅游的出现使得消费者可在智能手机上利用App客户终端直接查询和在线支付购买旅游产品,可以解决旅游交易在时间和空间上诸多不便的问题,提高旅游企业或旅游目的地旅游产品的销售额及拓展销售途径。

3. 促进行业的业务转型升级与整合

传统的旅游模式由于受到时间、距离等因素的影响,不能将信息快速准确地传递给游客,而互联网的特点是信息传播点对点,使这一难题得到解决。随着世界已全面进入信息化时代,云计算、物联网等大数据平台为旅游管理中的管理智能化、服务主动化、旅游个性化和信息对等化提供了支撑,提升了旅游产业的科技含量和服务质量,“互联网+旅游业”的模式成为必然趋势。对于传统旅游业来讲,走“互联网+”的发展道路其实是充分发挥旅游业的综合优势和带动作用,积极运用互联网以推动旅游业发展模式的变革、服务效能的提高,促进旅游业的转型升级。

通过与主流网络技术公司合作、线上旅行社与线下实体店合作、各旅游企业之间的合作，实现资源、信息、利益共享，产生新的预订方式和渠道，促进航空业、旅行社、酒店业等行业的业务转型与整合。

4. 基于“互联网+”数据的政府旅游管理

在政府层面，“互联网+”能够带来基于大数据分析的管理优化和信息预警、引导分流、精准营销等。

通过互联网各个在线平台的数据分析，引导行业、游客和公众舆论，为旅游部门及时有效化解矛盾、应对危机、处置突发事件提供渠道和平台支撑；及时科学地、高效地做好应对旅游自然灾害、突发旅游安全事故、高峰时段重点景区目的地和热门旅游线路引导分流、调节指挥等工作，切实维护游客安全权益和保证旅游活动稳定有序。

调节旅游供给的发展，包括交通设施、旅游基础设施建设等。

利用互联网数据可改进和提高国家或本地区旅游形象宣传推广的精准度与实际效果，做到精准营销，促进旅游经济的迅速发展。

五、互联网+旅游业发展建议

1. 创新旅游营销途径

在旅游大数据平台下，通过区域人口、消费水平、客户消费习惯、市场对产品的认知度、当前的市场供需情况、公众的消费喜好等海量数据基础，形成旅游行业市场调研的大数据。旅游企业及景区可以以此为基准进行精准的市场定位。同时，根据客源市场年龄、兴趣、偏好，进行有针对性的旅游市场细分及项目开发，增加盈利能力；通过对游客量进行精准预测及对景区内部游客实时精准管理，实现精细化的旅游管理，最大限度地节省运营成本，提升管理效率；通过对顾客的消费行为和趋向分析，收集和整理消费者的消费行为数据，制定有针对性的营销方案和营销策略。

2. 完善旅游公共服务体系

建立旅游公共服务保障体系，提供完备的景区网络、游客服务中心、交通、医疗卫生等基础公共服务设施，结合各个旅游景点的特色，整合有关地理信息、人文资源信息，建立相应的智慧旅游信息公共服务平台，为旅游建设提供综合信息服务。

建立健全旅游信息安全保障体系，鼓励行业主管部门和相关旅游企业使用技术先进、性能可靠的信息技术产品，配合第三方安全评估与监测机构，加强政府和旅游企业信息系统安全管理，构建起以网络安全、数据安全和用户安全为主的多层次安全体制，保障重要信息系统互联互通和部门间信息资源共享安全。

3. 推广旅游的O2O模式

O2O模式（在线离线/线上到线下）是旅游业发展的全新商业模式，其重要特点是利用互联网优势，实现旅游的线上线下无缝对接。比如可以和国内携程、同程、骏途、驴妈妈等知名旅游开发公司或旅游网站合作，将闲置的旅游资源进行分级、整合、规模化管理，实现旅游资源的在线展示和网上预订，同时借助平台影响力，通过 APP 与游客进行在线互动；根据市场需求，不断开发和创新旅游产品，满足游客的个性化需求，增强游客的智慧化体验。同时，通过智能平台加大对旅游景点服务的监督，建立以信用管理为核心的市场监管新机制，通过游客网上评价或投诉，提高旅游服务质量。

4. 提高旅游从业者的素质和能力

"互联网+旅游业"的发展涉及旅游、信息网络、管理学、市场营销学等多方面，这要求从业人员具备综合性的知识。近年来旅游从业人员的素质不断提升，旅游教育培训体系日益完善，但既熟悉旅游业务，又精通互联网技术及其他相关行业技术的专业人才仍严重缺乏。这些专业人才的缺乏一方面会影响旅游网站的建设和维护，因为旅游网站的正常运行需要运营支持、营销策划以及维护数据库等方面的专业人才；另一方面会影响旅游网站对游客服务的质量以及和供应商之间及时有效的联系。这种影响会导致旅游网站的信誉度下降，阻碍旅游业在"互联网+"中的发展进程。

综上所述，可见互联网技术在旅游业的应用，给旅游消费者带来了便捷，同时也产生了更多元化的需求，给旅游企业的转型带来了机遇，也给整个旅游业提供了新的发展空间。只有充分利用互联网技术，顺应市场变化需求，推进旅游信息化进程，创新旅游营销途径，线上线下融合，提高互联网时代旅游从业者的素质和能力，才能促进旅游产业及服务的迅猛发展。

参考文献：

[1] 张莎．"互联网+"背景下旅游业发展变化及策略分析．旅游管理研究，(2·下)．

[2] 王德刚．互联网对旅游业创新能力提升的促进作用．旅游学刊，2016，(5)．

[3] 曾博伟．互联网时代旅游业的演变趋势．中国旅游报，2016-09-13．

[4] 乔玥．移动互联网对旅游业的影响研究．现代营销．2017，(3)．

[5] 巫宁．旅游信息化与电子商务经典案例．旅游教育出版社，2011.8．

[6] 雷卫中．互联网对我国旅游业发展的影响．旅游科学，1998(8)．

（作者单位：北海市中等职业技术学校）

“一带一路”倡议与国际化旅游人才的培养探究

周丽芳

摘　要：本文通过分析在“一带一路”背景下，广西作为海上丝绸之路的重要门户，旅游业获得发展的机遇，得出广西旅游业的发展需要国际化旅游人才支撑的结论，对国际化旅游人才进行界定，然后从培养目标和培养策略两方面对“一带一路”背景下广西国际化旅游人才培养进行研究。

关键词：一带一路；旅游业发展；国际化旅游人才

习近平总书记于 2013 年 9 月和 10 月先后提出了发展“丝绸之路经济带”和“21 世纪海上丝绸之路”的战略构想，合称为“一带一路”倡议。该倡议将充分调动东西部地区的比较优势，促进沿线国家多领域全方位紧密合作，国家间的旅游活动也将更加频繁，中国的国际地位大幅上升，这对我国旅游人才来说既是机遇也是挑战。因此，对旅游人才的培养需要顺应时代的变化，因势利导、精准施力，为“一带一路”建设做出贡献。广西与东盟国家陆海相连，已经成为我国西南地区与东盟国家有机衔接的国际大通道，属于“一带一路”圈定的 18 个省（自治区、直辖市）之一，被定为“21 世纪海上丝绸之路”与“丝绸之路经济带”有机衔接的重要门户。广西应该抓住国家推行的“一带一路”战略契机，在“一带一路”建设带来的国际化教育中，既应迎头赶上和适应国际化教育的新需求，也应根据自身的特点凸显区域和民族特色，对国际化旅游人才进行界定，创新国际化人才的培养目标和培养策略，提高旅游人才质量，从而满足“一带一路”战略对旅游人才的需求，进一步推动当地旅游业的健康发展。

一、“一带一路”背景下广西旅游发展机遇的挑战

（一）得天独厚的地理特点使广西成为“一带一路”建设的先行地区

由于广西与东盟各国相毗邻，起到十分关键的纽带地位，广西得天独厚的地理位置在发展战略中的重要性远高于别的省份，其作为连接海上与内陆地区经济发

展的纽带，更是意义非凡。随着"一带一路"战略的深入发展以及中国-东盟博览会永久落户南宁，广西与东盟国家之间的联系更加紧密，双方交流互通更加地频繁。在"一带一路"背景下，我国实行"新丝路、新旅游、新体验"的旅游发展战略，势必会引发沿线国家加快旅游投资建设，并吸引更多游客前往"一带一路"沿线旅游，进而增强旅游发展活力，这将有力地推动广西旅游业的快速发展。但这为广西旅游业带来良好的发展机会同时，也对其基础设施建设及相关服务提出了更高的要求。旅游业的发展面临着巨大的机遇和挑战，旅游业的发展不仅可以提升广西对外的交流水平，使当地的经济水平逐渐与国际接轨，还可以在国际上推广广西的城市形象，实现旅游与其他业态的跨界融合。

（二）旅游业在"一带一路"建设中快速发展，国际化旅游人才需求迫切

世界旅游组织曾预测，到2020年中国将成为世界第一大旅游目的地，并成为世界主要旅游客源国之一。近年来，随着我国旅游行业的快速发展，我国出入境旅游业务发展迅速。国家旅游局官方数据显示：2016年我国出入境游客总人数首超2.5亿人次大关；旅游服务贸易顺差102亿美元，较上年增长11.5%。"一带一路"背景下，旅游出入境的快速发展，也加快了旅游服务接待及相关企业如旅行社、酒店、餐饮、会展、旅游商务等的国际化发展。以酒店行业为例，截至2015年底，已经有超过30多个国家和地区的世界级知名酒店品牌进驻我国，对旅游类专业人才国际化教育的需求不断增长。

随着国家推进"一带一路"建设，以及广西北部湾经济区开放开发、西江经济带"双核驱动"和桂林国际旅游胜地建设等的全面实施，广西的国际旅游业务和市场需求也持续发展，在"一带一路"的战略背景之下，广西旅游行业的发展非常迅速。其中2017年广西接待游客总人数5.23亿人次，实现旅游收入5580亿元，接待入境过夜游客512万人次，实现旅游收入23.96亿美元，一系列数据表明，广西正向健康旅游强区奋力迈进。因此，立足广西地域特色和旅游业快速发展的实际需求，对接国家"一带一路"建设、广西旅游产业发展和桂林国际旅游胜地建设需要，不断推进旅游类专业国际化教育教学改革和人才培养，将广西国际化旅游人才的培养推入新阶段，实现提高人才培养质量，增强服务地方和行业产业发展的能力，是未来旅游类专业提升专业竞争实力和适应国际社会发展的要求和趋势。

二、国际化旅游人才内涵的界定

国际化旅游人才是具有国际化意识、广博知识、多样化技能以及较高综合素质的复合型人才，国际化旅游人才必须适应国际市场，具备较强适应能力和创新精神，在国际旅游生产与服务活动中进行创造性劳动，并创造良好社会价值。

面对"一带一路"旅游发展中的旅游安全、文化冲突、旅游产品和客源结构等

挑战,国际化旅游人才应具备“热爱祖国、吃苦耐劳、诚信守法”的职业道德素质;有“英语+小语种”的语言沟通能力,熟悉沿线特殊文化;有独立工作能力和团队合作精神,掌握信息技术;有国际化视野和开拓创新素质。

培养适合市场和时代需要国际化旅游人才,不是一朝一夕能完成和实现的,在研究市场需求和时代背景的基础上必须明确要培养的国际化人才的真正内涵,以此确定国际化旅游人才的培养目标和制定相应的人才培养方案。只有培养具有国际竞争力的旅游人才,才能切实满足快速发展的旅游业对国际化人才的需求;只有大力培养具有诚实守信的责任能力、跨文化交往的沟通能力、国际视野的创新能力及可持续发展的学习能力的高素质国际化旅游人才,提升专业人才的培养层次,才能为旅游业的发展奠定强有力的人才基础。

三、“一带一路”倡议背景下国际化旅游人才的培养策略

(一)结合广西旅游发展的实际需求,重塑国际化旅游人才培养目标

广西与东盟国家陆海相连,已经成为我国西南地区与东盟国家有机衔接的国际大通道。广西壮族自治区党委政府也已明确:广西将以东盟国家为重点,着力打造面向东盟开放合作的新门户新枢纽。可见,在今后相当长的一个时期里,东盟国家将是广西对外开放合作的重中之重。在“一带一路”国家战略的推动下,广西旅游业实现跨越性发展,客观上对旅游从业人员的数量、服务质量、文化素养等方面提出了更高的标准和要求。在“一带一路”这一大背景下,广西旅游业所需要的是综合素质高的国际化旅游人才,他们既要具备高超的人文素养和深厚的文化底蕴,还要具备较强的语言沟通力、国际化视野的创新能力。因此,广西各职业院校在旅游人才培养的过程中要制定正确的人才培养目标,并在这一教学目标的推动下,努力探索旅游专业有效教学的模式,着力于全面提高旅游专业人才的综合素质,满足旅游业发展的需要。此外,广西各职业院校在制定旅游人才培养目标时,应该充分结合广西旅游业发展的外部环境,以企业实际需求为主导,制定出正确的、适应社会经济发展的旅游人才培养目标。就广西而言,国际旅游人才必须具备高超的人文素养和深厚的文化底蕴,深谙海上丝绸之路的历史背景和发展过程,明确广西在这个大背景中所发挥的独一无二的作用;同时还要具备较强的语言沟通力、国际化视野的创新能力,能够针对游客需要提供一流的产品和服务并在此过程中促进海上丝绸之路系列产品的开发和营销,继续为广西旅游业发展提供有力的支撑。

(二)重建课程体系,符合旅游专业国际化需求

课程是人才培养的落脚点,也是人才培养方案构成的最小单元。而课程教学大纲是人才培养质量建设的基础环节。课程体系是教育的基础,应具备国际视野,

积极借鉴和吸收国外同类高校在课程体系改革、教学内容更新、教学方法创新等方面的先进经验;课程设置注重实用性,引进国际通行的旅游职业资格证书。人才培养注重开放性、实践性,切实打造具有国际竞争力的旅游人才。从素质结构来看,要适应国际旅游岗位,应具备专业的旅游知识功底、开阔的国际市场眼界与跨文化交流和沟通的能力,以及长久的学习能力和创新意识;在人才培养方案及课程设置上,就要充分反映国际化旅游人才培养的这些特征:

1. 培养跨文化能力,打造国际视野。正是生活风俗、生活习惯、宗教信仰、历史背景、文化观念和文化背景的差异,塑造了旅游业中缤纷多彩的文化灵魂。旅游国际化要求旅游从业人员能够理解、包容和接受不同的文化,熟练应用跨文化交流能力,与具有不同文化背景的游客和同事进行平等和谐的文化交流活动。为满足"一带一路"战略背景下对旅游人才的新要求,必须在课程设置中加入《推动共建"丝绸之路经济带"和"21 世纪海上丝绸之路"的愿景与行动》的要求,结合广西的实际,将"一带一路"沿线东盟国家的社会、经济、文化等各领域的背景知识融入到教学中,提高学生的文化素养和跨文化能力。实现跨文化能力培养应从以下几个方面进行:第一,增设专门的跨文化交流、跨文化管理课程,增加学生的跨文化知识;第二,强化文化敏感性训练,使学生真正理解并尊重别国的文化;第三,通过同国外企业事业单位加强交流,选派专业教师或学生进行学术互访等手段,培养教师和学生跨文化背景;第四,引进原版教材,增强学生对其他国家文化习惯的理解和适应能力。

2. 注重课程实用性,引进国际通行的旅游职业资格证书,提升职业素养。在"一带一路"政策的引领下,吸纳企业培训机构的成功经验,将职业资格证书培训完全融入职业学校课程计划中,尤其是国际通用的旅游酒店行业资格证书,例如调酒师、咖啡师、茶艺师、酒店管理师等。在日常教学中,即以行业标准和行业规范要求学生,提升学生的职业素养和职业能力。通过全新的课程教学,帮助学生顺利取得相应的职业资格证书,增强其就业的竞争力。

3. 强化实训基地建设,培养学生创新能力。旅游业是服务性行业,大多数岗位都具有直观性,举手投足都是在顾客的注视中进行,它要求学生具备极其熟练扎实的专业技能。要做到这点,就必须与时俱进,不断改进旅游专业实训条件,如建设具有"一带一路"沿线国家风情的餐厅、客房,让学生多做、多练,提高专业实训在教学中的比例,增加实践教学。

实践教学环节中应不断强化学生的动手能力,注重对他们的实践技能的培养,提高学生培养自己创新能力的主动性和积极性。学生在学校学习中需要掌握与旅游行业相关的基本知识与实践创新能力,学校可以建立产学研相结合的创新人才培养模式,充分利用旅游企业资源,积极建立长期教学基地以及创新教育实验基地，选择高素质、高创新能力的实践指导教师，构建旅游管理专业创新实践平台，推动对学生的创新能力的培养。

（三）国际视野，坚持走出去和请进来，共同培养国际化旅游人才

旅游业在"一带一路"倡议中具有先联先通的独特优势，职业学校旅游专业应当主动作为，先动先行，努力实现"互联互通，旅游先通"。随着中国旅游者和中国旅游企业走出去的步伐不断加快，中国与"一带一路"沿线国家旅游合作日益深化，这将有效拉动我国与有关国家对旅游专业人才的需求。而东盟沿线如菲律宾、柬埔寨、老挝等部分国家，旅游资源丰富但职业教育较薄弱，教育基础设施落后，产教融合程度不高，对高质量旅游专业教育有着旺盛的需求。相对发达国家的旅游人才培养来说，广西有一定的差距；但相对东盟沿线国家来说，广西旅游专业教育又有一定的先进性。因此，广西作为西部民族地区，东盟的重要门户，在国际化教育和人才培养中，应发挥自身优势，结合自身办学特色与走出去的中国旅游企业合作，为学生提供国内境外实习、就业机会，拓展国际视野，培养适应境外工作需要的综合素质高的旅游专业人才；另一方面，可通过共同设立旅游技能培训中心，对接当地旅游教育需求，为"一带一路"沿线国家培养新一代国际化旅游人才。

总之，要发展"一带一路"背景下广西的旅游产业，重中之重还是要加强旅游国际化背景下旅游人才的培养。有了人才旅游产业才能蓬勃发展，才能更好实现将广西打造成为全国一流、世界知名的区域性国际旅游目的地和集散地，才能进一步凝聚城市的精神，展示海上丝路起源的历史文化。

参考文献：

[1] 周璟．"一带一路"背景下旅游专业教育初探．职业，2017-05-15.

[2] 黄月玲．"一带一路"背景下广西地方高校旅游类专业国际化人才培养探讨．广西教育，2017，(39)：104-106.

[3] 鲍艳利，华荷锋．"一带一路"背景下国际化旅游人才培养策略研究．无锡商业职业技术学院学报，2017，17(06)：89-92.

[4] 蔡道成，迟玲玲．国际化旅游人才培养．科技广场，2013，(07)：197-199.

[5] 李静．"一带一路"背景下国际化复合型导游人才培养模式的研究．旅游纵览，2016，(12).

（作者为北海市中等职业学校讲师，主要研究方向为旅游管理教学）

巴马赐福湖休闲养生旅游开发研究

蓝冬梅

摘　要:巴马旅游资源丰富,发展休闲养生旅游的优势明显。巴马旅游资源由观光旅游向观光休闲养生度假型转变,是促进巴马旅游产业转型升级、加快经济发展方式转变的迫切需要。巴马赐福湖景区的开发是巴马旅游业探索转型升级的一个契机。本文围绕巴马休闲养生旅游发展现状及问题分析,赐福湖开发休闲养生旅游的条件和原则等方面来进行阐述,通过对问题的分析来提供相应的发展对策,以期为赐福湖休闲养生旅游开发及巴马旅游转型升级服务。

关键字:巴马;赐福湖;休闲养生;旅游

随着现代社会的高速发展,人们对生活质量的要求愈来愈高:原生态的自然资源和长寿养生,成为人们的第一向往。以巴马为中心的河池市属人类生存环境中,大面积拥有长寿养生的世界垄断性资源地区。

一、巴马休闲养生旅游发展现状及问题分析

巴马大打"养生旅游""绿色、健康"招牌,旅游产业不断壮大。据统计,2010年全县共接待游客146万人次,实现社会旅游总收入9亿元,增长53.6%。以休闲养生度假为主打品牌的旅游业收入,五年成功实现翻十番,创造了广西旅游发展史上的"巴马现象",在全区成功引领市场、抢占先机,已成为全市经济发展的重要窗口,全区旅游业发展的重要品牌,巴马旅游业已上升为全市全区的发展战略。2010年全县服务业增加值达到7.3亿元,年均增长20.3%。2011年,巴马县被评为县域旅游之星,县旅游局被公示为全国旅游系统先进集体。该年全县接待游客176.5万人次,同比增长20%;实现旅游社会总收入13.41亿元,同比增长43.5%。

从以上数据来看,巴马休闲养生旅游是蓬勃发展的,但是深入来看,巴马旅游产业发展存在诸多问题。

（一）休闲养生旅游尚待开发

目前巴马真正的休闲养生旅游开发尚处于探索阶段，长寿养生旅游开发的力度和深度不够，尚缺乏以休闲养生为主题贯穿于旅游产品的设计、开发、宣传、销售等全部环节的养生旅游产品。

（二）旅游产品单一，缺乏高品位的休闲养生旅游产品

旅游产品主要以观光为主，各特色旅游产品、主题旅游产品和专项旅游产品开发较少。休闲养生文化内涵挖掘不够；尚缺乏品位高、特色鲜明、国际一流的品牌休闲养生旅游产品。

（三）旅游商品开发力度不够

巴马休闲养生旅游商品开发有巨大的潜在优势，但到目前为止没有旅游精品一条街或者大型旅游商品市场，旅游者在巴马买不到富有地方特色的旅游商品和纪念品，不能最大限度的满足旅游者的需求。

（四）旅游景区风格同质化，主题建设缺乏养生化

巴马的旅游景区诸如百魔洞都属于溶洞景区的建设，容易导致旅游者对于巴马的旅游景区产生审美疲劳；同时，其景区开发和建设依然定位在观光旅游，缺乏休闲养生主题的构建。根据实地走访和调查，有相当一部分群体的巴马旅游者前往这三大景区观光，从而导致旅游者缺乏对养生内涵、养生旅游的深刻认识。

（五）旅游接待设施不足

感觉是旅游驿站而不是旅游目的地，旅游从业人员素质偏低，在目前以服务质量取胜的市场竞争中，对于巴马旅游的长远发展是不利的。另外，旅游企业规模小、素质不高、开拓性差、竞争力弱，景区经营管理模式还有待提升。这些都是制约巴马休闲养生旅游发展的因素。

综上所述，巴马发展休闲养生旅游的优势并不突出，无非是盘阳河、百魔洞、百鸟岩、赐福湖、好龙天坑、弄友原始森林以及东山瑶族等同质性的山水自然景观，既无法突出其健康长寿的独特性卖点，又无法使规划在逻辑上严丝合缝，还处在著名旅游品牌广西桂林的阴影区之下。受世界长寿之乡美名的影响，游客慕名而来，到巴马探寻、体验长寿养生之道，其实不是真正意义上的养生度假旅游，而是以观光型为主的旅游方式。巴马旅游业想要继续在激烈的竞争中得到更好的发展，则必须进行升级和转型，这样巴马的旅游资源优势、产业发展方向、市场营销策略将会趋于明朗。

因此，巴马赐福湖景区的开发将是巴马旅游业探索转型升级的一个契机。希望通过对赐福湖休闲养生旅游开发的研究，以期为巴马旅游转型升级服务。

二、巴马赐福湖旅游开发现状

(一)赐福湖概况

巴马赐福湖又称“瑶山西湖”,是红水河岩滩电站大坝封水后形成的百里长湖,而被称为“赐福湖”,是因离巴马县城8公里处,一座长396米,高39米,多结构组合型大桥——赐福大桥。该桥雄跨西北,把百岛长湖分为东南湖和西北湖,桥南有海拔600多米的维汉山,桥北有500多米的识立山,两座山拱卫桥头、雄视湖面、气势雄伟。百岛长湖由山、水、泉、瀑、鱼、村、寨、树、竹等组成最佳景点,形成胜景:赐福半岛、赐福三岛、赐福矿泉、四折飞瀑、猫耳山,美女仙等。乘船游览,可欣赏水绕峰回、翠竹古榕等水乡泽国风光;可领略碧水蓝天、波光闪烁、色彩斑斓的天然彩画;可感悟烟雨迷蒙、云雾缥缈,亦幻亦真的朦胧美景;可进入星光点点、如诗如画、轻舟慢渡的世外桃源。其中古榕攀石是一组造型十分优美、雄壮的石树组合景观。巨石为石灰岩构成的柱峰,远看两组,北面一组岩柱高达20多米,石头被侵蚀,中间形成几条纵深裂缝,把石柱分成八瓣,成为“四通八达”之石峰。石柱之间有小“天井”,人们沿石缝可登石顶。古老的槐树沿石面攀上石柱,构成“石上树”的奇峰,盘亘虬曲,构成绝妙的生物造型。赐福矿泉是北山半腰溢出地表的一股清泉,一年四季常涌不息,生成于三叠纪砂岩地层中,含有锶、偏硅酸、碘、锌、硒等十多种对人体有益的微量元素,这在广西尚属首次发现。

(二)赐福湖旅游开发存在的问题

随着巴马旅游业的发展,赐福湖景区内的养生度假业已经慢慢兴起,它是休闲养生、度假、疗养、游览湖光山色的理想胜地,但是在开发的过程中仍然存在很多问题。

1. 开发深度不够。从巴马赐福湖的旅游资源来看,值得深入开发的地方还是很多的。但是就目前开发的程度看,除了赐福湖,最近才开发的长寿岛以及周边一些不成规模的农家乐小餐馆之外,就没有其他值得游客留下脚步的旅游项目了。赐福湖的优势旅游资源没有得到充分的开发。

2. 政府不够重视。就政府的重视程度来看,也是制约赐福湖开发的一个重要因素。巴马旅游业发展还不是很成熟,必须靠政府的力量来引导和支持。政府扶持开发的重点主要集中在盘阳河流域的甲篆、坡月一带,不在赐福湖,即使有开始大力开发的意图,也是相对滞后的,有厚此薄彼的感觉。

3. 开发模式。赐福湖现在的旅游开发模式,继承了传统的旅游开发模式,依然是以观光旅游为主导。其旅游方式依然停留在传统观光型旅游,而非长寿养生旅游。这种观光型旅游方式属于十分典型的以数量规模取胜的方式,这不仅没有让其得天独厚的自然生态条件、长寿养生资源的价值得到最大的发挥,反而是大规模的游客涌入,造成了养生旅游资源的白白浪费和巨大破坏。

(三)赐福湖开发休闲养生旅游的条件

1. 自然资源条件

(1)环境。巴马地属亚热带季风气候区,年平均气温摄氏 20.4 度,冬无严寒,夏无酷暑,人居环境和气候条件十分宜人。赐福湖沿岸有丰富的森林生态群落,覆盖率高达 90% 以上,源源不断地向长寿乡提供大量富含负离子的优质空气,对增强人的机体抵抗力和促进新陈代谢具有特殊的环境功能。巴马属于典型的喀斯特地貌,延绵不断的峰峦峰丛环绕湖面,不仅能让人们欣赏到巴马独特秀丽的自然风光,而且能感受到喀斯特地形地貌经过亿万年变化的地质奇观。

(2)水文。岩滩电站蓄水发电,给巴马造就了广西最大的人工湖。从县城到电站大坝的 40 公里水面景色十分迷人。盘阳河先"四进(地下暗流)四出":一进平乐石门,一出坡心犀牛洞;二进袍里山下,二出好合响水洞;三进响水西山,三出踏月局魔洞和柳羊洞;四进松吉白熊洞,四出烈屯白鸟岩。再流贯巴马,"五进(暗流)五出"汇入赐福湖。盘阳河支流龙洪河,沿河有世界上罕见的田园风光,起伏的石峰、多姿的溶洞、各异的天窗、秀丽的翠竹、错落的村寨、逶迤的水田和谐地连成一体,风景秀丽,为河两岸造就了迷人的山江水色。这里山形特异,是中国独一无二的。许多中外记者说这里是大地美景的新发现,是桃园真境。赐福湖水更是深不可测,湖面平静安宁。右岸丘峻连绵,花木四季不败;左岸石山重叠,千姿百态。

2. 人文条件

(1)民族风情资源。巴马居住着壮、汉、瑶等多个民族,各民族自有丰富多彩的民族文化和特色,共同组成了多姿多彩的民族风情长廊。民族团结、社会稳定、尊老爱幼、热情好客、安居乐业,人际关系极为和谐。赐福湖沿岸的自然村落居住的多为壮家人,他们依然延续着壮族的优良传统和风俗习惯,唱山歌、绣壮锦,日出而作,日落而归,与世无争。

(2)独具特色的渔家灯火。赐福湖沿岸有一群靠湖而生的人,在世世代代的发展历程中形成了独具特色的渔家风情。他们以捕鱼和养鱼为生,春季会用渔网在赐福湖中围成一个天然的鱼塘来养鱼。为了吸引鱼儿前来吃食,渔家会在渔网上方挂一盏灯,夜幕降临就会开启鱼灯,在波光粼粼的湖面上就形成点点星光,平静而安宁。这里也成了小情侣们浪漫约会的地方。

(3)健康的生活习惯。巴马人一直以来都坚持着勤劳朴实、热爱生活、热爱劳动的心态,追求平静恬淡而有规律的生活,终生保持着日出而作、日落而息的传统生活方式,包括衣食住行在内都体现了简朴实用、不奢侈浪费的特点。饮食更是以粗粮素食为主,呈现低脂肪、低动物蛋白、低盐、低糖、低热量和高维生素、高纤维的

“五低二高”的科学特点，并且注意节制，忌暴饮暴食，多具有不挑食、少吸烟等优良习惯。目前世界上最长寿的是一位127岁的老人，就居住在赐福湖旁的龙洪村。这里的老人与世无争，勤劳善良，吃五谷杂粮，喝盘阳河水，心态保持积极向上，这样的生活方式也许才是真正长寿养生之道。

3. 区位优势

赐福湖在巴马—东兰—金城江二级公里路边，距离巴马旅游集散中心（巴马汽车总站）仅有8公里。沿湖二级路况畅通无阻，出租车、公共汽车等交通工具也十分方便，交通便利。

总体说来，赐福湖的条件是非常优秀的。依山傍水，山是丘陵，植被覆盖，绿树成荫；水又特别开阔，烟波浩渺，山水相映，绿野仙踪，构成一幅绝妙的人间天堂。赐福湖许多大小不等的岛屿，两岸古槐翠竹婆娑，坡田甘蔗果园层层，湖中渔网高挂，仿佛人间世外桃源。这里空气清新，含有大量对人体健康有益的阴离子，每立方厘米中的阴离子达数千个，山谷河畔高达2万个以上，真是人间仙境。这里的水文、生物条件好，地质、地貌不复杂，便于开发。

三、巴马赐福湖休闲养生旅游的开发

（一）赐福湖休闲养生旅游开发的原则

1. 以休闲养生市场为导向

旅游产品开发必须以市场需求为导向，针对不同客源地、不同消费群体、不同层次游客的需求，尤其是高端市场的需求特点，结合旅游资源，强调游客的体验与参与，为游客创造一种特殊的环境与经历，形成适销对路、具有特色和竞争力的旅游产品。

长寿养生、休闲度假是旅游业现代新潮的标志，是旅游渗透到日常生活领域的必然趋势。据世界旅游组织统计，长寿养生、休闲度假旅游，在世界范围，每年是以15% ~20%的增幅在发展。人口长寿及其长寿人口密度，正见证了当地社会生活的文明程度和生活质量。一个地区长寿人口的逐年递增，证实社会的进步、人际关系的融洽、生命科学的发达、生活环境的优越。由观光型向休闲、度假、个性化、健康型转变是在现代旅游业发展中最富有特色和发展潜力的项目，休闲养生旅游市场发展前景十分广阔。巴马有着得天独厚的发展优势，是人类长寿、养生、康体、休憩、度假旅游的首要选择。赐福湖的开发也需要以休闲养生市场为导向，针对这一市场的消费需求，来开发设计旅游产品。

2. 深入挖掘长寿养生文化

随着人们的文化素质不断提高，消费观念也日益更新，旅游活动不再是满足于“浮光掠影”“走马观花”“蜻蜓点水”式简单感观需求，而是希望在旅游活动中增加更多的休息、消遣、娱乐、文化等内容，寻求深层次的文化欣赏，获得提高认识能力和审美情趣的、更高层次的心理欲望的满足。

巴马的长寿现象不是偶然。在久远的历史长河中沉淀下来的长寿文化已经成为巴马最珍贵的财富。地处桂西北山区的巴马瑶族自治县，自古以来就有生命超过百岁的老人存在。有史料记载，清朝以前，巴马盘阳河北岸隶属水定土司管辖，清朝嘉庆皇帝闻永定土司境内有位瑶族老人高寿 142 岁，于嘉庆十五年庚午嘉平月（1810 年 12 月）为这位名叫蓝祥的瑶族寿星赐诗一首以祝寿，诗曰："星孤昭瑞应交南，陆地神仙纪姓蓝。百岁春秋卅年度，四朝雨露一身覃。烟霞养性同彭祖，道德传心问才聃。花甲再周衍无极，长生宝录丽琅函。"光绪戊戌年仲冬月（1898 年 11 月）钦命广西提督府给今巴马那桃乡平林村耆民邓诚才赠送寿匾一方，并题贺词"惟仁者寿"。这些史料说明，桂西北一带长寿现象古已知名，尤其以巴马最为著名。当然，巴马的长寿文化除了与历史有关之外，还与当地的自然环境、生活习惯、风俗、饮食等有关。例如：巴马为老人祈福的"补粮"习俗；盘阳河流域盛行的裸浴风情……这些都只是巴马长寿文化的一部分。可以看出，巴马的长寿文化底蕴深厚，值得深入挖掘的长寿文化数不胜数。

在赐福湖的开发中，不能脱离长寿文化这一特色。在旅游产品设计、旅游营销等环节紧紧抓住巴马长寿文脉。用文化来吸引旅游者，更要用文化来留住旅游者，让旅游者不只是领略到巴马优美的景色，更要给旅游者带去更多的养生文化体验，以满足他们更深层次的消费需求。

3. 政府主导原则

政府在当前旅游开发中起着重要的作用，巴马赐福湖休闲养生旅游的开发必须以政府为主导，如此方可使资金能充分利用和合理分配，以使巴马旅游协调发展。其在旅游开发中的主导职能主要体现在以下两个方面：

其一，开展赐福湖休闲养生旅游的宣传工作。这种宣传工作应在乡村、在城市、在客源的开发之中大力开展。其中，最重要的还是为了开发客源而进行的宣传。这种宣传不只是在省内进行，而是要遍及全国。巴马休闲养生旅游的客源应主要来自北京、天津、上海、广州、深圳、重庆等大城市，甚至是日本、韩国等入境市场。巴马休闲养生旅游的宣传应扩大受众面，打出牌子。这就要依靠政府的影响力和坚强的后盾。其二，做好赐福湖休闲养生旅游开发规划的工作。从根本上说，研究工作是必不可少的战略性工作，是提升巴马旅游形象的重要工作。好的规划是赐福湖旅游开发中决定成败的工作，是必须给予极高重视的基础工作。对赐福湖来讲，做好景区的规划工作极其重要。由于这又是一项具有挑战性的工作，所以要重视具有现代市场意识的新一代人。他们是旅游开发的主力，这是一定要明确的。

4. 可持续发展原则

长寿养生的前提和基础是良好的生态环境与和谐的社会关系，旅游的开发建设必须与环境共存，以不破坏生态环境和不牺牲后代人利益为前提，保证环境和资源的可持续利用。赐福湖景区的旅游开发建设必须遵循可持续发展的原则，使旅游资源既得到充分的开发和利用，又确保自然生态环境质量不下降，实现资源的可持续利用和旅游的可持续发展。

（二）赐福湖休闲养生旅游开发的市场定位

随着人们年龄的增长，以及越来越好的富余生活，人们对健康和长寿的关注也随之与日俱增。但是在人们的固定思维中，养生只与老年人有关，实际上并非如此。在生命科学上，“养老”与“养生”表面看来一字之差，实质是属于互为层次的不同概念。长寿从属于养生，长寿、健康是养生的最高境界；养老是人到中年后，才在一部分人中引起重视，而养生则是全民的概念，服务对象是全体人类，在旅游客源市场上，各拥有不同的游客对象。据调查显示：我国大城市居民，尤其是“都市白领”，超过半数处在亚健康状态，而且人数还在呈现上升趋势。因此人们在生活质量得到提高以后，会更多考虑的是身心的健康。在这种形势下，养生休闲及养生旅游在青壮年人群中将成为热点和潮流，有着广阔的市场空间。

1. 中老年人是养生旅游的重点市场

目前国内开展养生旅游的年龄层主要集中于银发族，养生旅游对中老年旅游者具有强大吸引力。人口的老龄化已成为当今世界发展的必然趋势，随着人口老龄化的加剧，对养生或养老的需求日渐增加，以旅游的方式养生或养老已成为中老年人的一种时尚需求。通过空间置换，充分利用异地的养生环境，完善的养生接待条件，以及独特的旅游资源，为旅游者提供一种特别体验的专项旅游产品，已成为市场新推力形成的新趋势。

2. 青年学生是休闲养生旅游的新兴市场和潜力市场

青年学生旅游者是一个富有活力的旅游消费群体，单纯枯燥的养生行为不是他们的理想选择，而只有充满游乐体验性的养生旅游产品才易于列入他们的旅游计划。长寿对现在的年轻人而言，还为时尚早，但现代生活节奏这样的快，健康养生是年轻人应该追求的生活方式。养生对年轻人同样重要和富于吸引力。因此，在旅游产品中，设计一些符合年轻人需求的保健养生、休闲度假项目，让年轻游客在整个旅游过程中，感受、实践，领悟健康、养生之道，尽享健康、长寿之乐。特别是随着时下养生休闲形式逐渐丰富多样，包括了人们生活中的方方面面，更易于使游客产生亲切感和归属感，各种游憩方式更易于大众接受，应形成一种能为游客生活方式所接受的游乐体验性互动旅游养生。

3. 城市“金领”是休闲养生旅游重要的消费群体

随着人们生活水平的不断提高，人们在追求物质生活享受的同时，在保持身心健康方面的需求越来越普遍，养生旅游在这样的大环境下得到了迅速发展。特别是在大中城市中，“金领”“白领”阶层在拥有大量物质财富的同时，所背负的压力也与日俱增，亚健康状态已经成为一个普遍现象，这个群体对保养身体，放松心情有着强烈的愿望和需求，这是一个规模庞大而又有强劲消费能力的巨大市场。每年国内国外负有盛名的休闲度假胜地，都不乏中国消费者的身影，中国高端消费者的消费能力让世界咂舌。

大中城市中的这些高端消费群体，他们有养生的需求，有消费的愿望，他们更有较高的精神追求，对消费层次和产品要求很高，他们是愿意为了保持身心健康而消费的，关键是市场能否提供符合他们需求的高品质的产品。

（三）赐福湖休闲养生旅游开发的对策

1. 因地制宜创新发展模式

赐福湖应重点建设休闲和养生旅游项目。我们需要追求的是一种体验式的发展模式。游客通过在巴马居住一段时间，可以亲身参与体验巴马本地的饮食习惯、生活方式、礼仪习俗、信仰文化等内涵，使游客对长寿养生文化、巴马淳朴的民风民俗有一个较为理性的认识，让他们可以在以后的生活和工作中，真正获得休闲养生长寿的秘诀。同时，在这些居住地，辅之以休闲、养生的附属设施设备，形成休闲、养生服务的产业链。这样的发展模式在促进巴马当地经济发展的同时，也很好地保护了巴马的生态自然环境，可以有效地避免大量观光型游客的进入，造成巴马承载能力和容量的负担，影响其旅游业的可持续发展。

2. 创新旅游产品

巴马旅游要实现转型升级，就必须在旅游产品的开发和设计中进行创新。赐福湖应打造成为国际休闲养生度假区。度假区集旅游观光、休闲度假、长寿养生为一体，重点建设高档度假别墅群、星级标准生态酒店，构建具有特色的长寿休闲养生旅游的体验主题等；开发多元的旅游服务产品，度假区内应提供更多的旅游服务，如：商务会议、温泉疗养、娱乐餐饮、康体保健、长寿文化活动、有氧运动等，不仅要提升度假区的高品位，更要提升整体实力。

3. 注重品牌建设

品牌实质上追求的是消费者对产品质量、价值、文化等的心理认同，是对某种特定商品的消费忠诚及这种忠诚的持续性，一个形象良好的品牌总能为企业带来超高价值的回报。赐福湖的开发必须注重品牌建设，致力打造成为巴马长寿之乡的龙头和精品景区，尤其要注重休闲旅游品牌创建；进一步整合旅游资源，要围绕休闲养生策划旅游项目，围绕休闲养生开发旅游产品；围绕休闲养生开发旅游商品。在规划、整合资源开发过程中，重塑和打造巴马长寿养生探秘游、休闲养生度假游、民族风情游、长寿文化体验之旅等品牌，从而进一步提高巴马旅游的品牌形象和知名度，以此来提升巴马旅游的档次。旅游资源的品位，帮助提高了赐福湖的知名度，使赐福湖在激烈的旅游市场竞争中具有较强的资源优势和独一无二的特色品牌。

4. 加快度假区硬件和软件建设

旅游接待设施不完善和服务质量差已经是制约巴马休闲养生旅游发展的一个大问题。赐福湖的开发必须注重景区内的硬件和软件建设，加快完善较高档次的住宿、餐饮、交通等基本接待条件，完善供电通讯、给排水等基础设施，建设完善的污水排放、垃圾收集设施，保护良好的生态环境，建设高品位的中式园林、随处可见的精致园林、各具特色的园林雕塑、四季缤纷的植被、四通八达的游步道，让游客在度假区内能有最好的休闲体验。同时，加强度假区软件建设，引进有丰富经验的管理团队，采用科学高效的管理方法和系统，培训高素质的旅游服务专业人员，为宾客提供丰富多彩的休闲娱乐活动和全方位、高品质的周到服务。

5. 加大宣传力度，多元化营销

赐福湖应加大旅游宣传促销力度，创新旅游宣传促销方式。现代多媒体的广泛应用，给旅游宣传营销带来很大的机遇和便利。赐福湖可以从构建市场营销网络着手，多形式、高层次、全方位地展示宣传世界长寿之乡的整体形象和特色旅游产品；灵活运用旅游文化节庆活动促销、名人促销、公众传媒促销、互联网促销、展览促销、文艺促销等多种销售手段，提高项目知名度，促进产品销售。同时，应形成鲜明的赐福湖休闲养生文化和形象，设计符合度假区特色的标志，营造浓厚的文化环境。

休闲养生旅游是主动顺应人们旅游观念的改变和对养生休闲的追求，主动拓展养生旅游产品的文化内涵和审美情趣的旅游方式，它丰富了旅游的内涵，是旅游产业发展的一个方向。它的发展有着深刻历史背景，是社会经济发展的必然产物。目前，我国正处于由观光旅游转向休闲旅游的阶段，休闲旅游在我国还是个新事物，旅游市场对其需求量都很大。巴马旅游在这样的大背景下，势必要顺应旅游业的发展潮流和趋势，进行转型和升级，探索出一条适合巴马的旅游发展道路。

参考文献：

[1] 李漫，吴良林，曾令锋. 巴马长寿文化旅游资源开发与可持续利用研究[J]. 河池学院学报，2009，(5).

[2] 李红霞. 巴马长寿之乡旅游资源及开发前景[J]. 计划与市场探究，2003，(10).

[3] 岳朝阳，赵云，吴友强，邱慧. 对广西巴马瑶族自治县特色旅游产业培育实践的思考[J]. 经济研究导刊，2012，(12).

[4] 覃哲．广西巴马发展生态旅游初探[J]．北方经济,2006,(7).

[5] 蓝美凤．浅谈“长寿之乡”发展特色经济的思路[J]．计划与市场探索,2002,(7).

[6] 韦浩阳．乡村生态养生度假旅游模式的研究——巴马盘阳河乡村旅游开发模式探索[J]．经济与管理,2008,(6).

[7] 杨华锋．品牌建设与原生态文化节发展策略——长寿之乡巴马调研报告[J]．大庆师范学院学报,2009,(4).

[8] 滕腾．深度旅游视角的巴马乡村养生旅游业竞争力提升路径[J]．安徽农业科学,2011.

[9] 巴马瑶族自治县财政局．http://www.gxcz.gov.cn/bmczj/jjyx.asp.

[10] 张利燕．巴马养生旅游可持续发展研究[J]．大众科技,2012,(8).

[11] 杨永德,陆军．桂林市旅游产品的转型与休闲旅游的创新探析[J]．广西社会科学,2006,(5).

[12] 王晓焰．旅游资源的开发与可持续发展理论[J]．西南民族学院学报(哲学社会科学版),1998,(10).

[13] 钱津．贵州乡村旅游发展与反贫困战略[J]．贵州财经学院学报,2005,(2).

(本文作者为河池巴马国际养生旅游学校旅游专业教师,主要研究方向为旅游管理)

巴马盘阳河长寿养生旅游产业发展的可行性分析

陆春培

摘　要:长寿养生旅游是现代旅游的热点。巴马是世界上著名的长寿之乡。巴马别具特色的自然风光和良好的气候条件,为发展长寿养生旅游提供了丰富的旅游资源。虽然巴马大多数旅游资源已经逐渐得到了开发,对国内外游客具有较大的吸引力,但是巴马盘阳河长寿养生旅游没有得到系统性发展。本文阐述了巴马盘阳河长寿养生旅游产业发展的意义、发展条件和构想。

关键词:巴马盘阳河;长寿养生;旅游产业

巴马县盘阳河流域风景怡人,长寿旅游资源丰富,是世界上著名的长寿地区之一。2004 年以来,巴马县通过以盘阳河风景区为主体,大力发展了巴马县的长寿养生旅游,对当地的经济发展有一定的促进作用。但是巴马盘阳河的长寿养生旅游还不是很成熟,对其深入研究探讨成为我们当前需要解决的首要任务。

一、巴马盘阳河长寿养生旅游产业发展的意义

(一)促进巴马盘阳河长寿养生旅游产业的结构合理化

巴马盘阳河长寿养生旅游的旅游资源优越,但是开发力度不够,资源共享利用率较低,服务水平也不高,总体呈现是粗放型的增长方式。虽然巴马现在基本上拥有了满足旅游者的吃住行游购娱六个旅游要素,但是从总体来看,主要还是游为主,其他五个要素占的比重不多,产业内的分工不太明确,所以不能满足旅游者日益增长的多样化需求。旅游产业的各行业需要进一步发展,相关的产业(如农业、建筑业、交通运输业等)也需要进一步改善和发挥。因此,通过调整产业带的结构,使其结构合理化,提高资源共享程度,减少不必要的基础设施和盲目开发,才会促进生产手段和技术升级,还能让产业带之间的产业关系更加紧密,让产业带的增长方式转变为集约型,实现最佳效益。

（二）有助于完善长寿养生旅游产品体系，提高巴马的旅游市场吸引力和竞争力

巴马旅游市场的吸引力和竞争力主要体现在长寿养生旅游资源和产品。因此完善巴马的长寿养生旅游产品体系，不断创新该旅游产品，提高服务质量，就能够让该旅游产业带的市场吸引力增加，提高该旅游产业带的竞争力。

（三）有利于当地民族文化的传承和发展

巴马的民族文化保护比较成功。当地的民族文化独特，民俗旅游资源有着与众不同的特点。巴马应重点打造瑶族文化，比如瑶族的盘王节、瑶族的医药、瑶族的服饰等巴马非物质文化遗产。

（四）有助于保护生态环境，实现巴马长寿养生旅游业的可持续发展

研究巴马长寿养生旅游产业，更好地进行资源优化整合，用发展的眼光看问题，让旅游资源得到充分的开发和利用，减少资源浪费，实现旅游业的可持续发展。

（五）提高就业率

旅游产业属于劳动密集型产业，旅游产业在发展的过程中，必然会产生大批的中小企业和个体经营者，需要大量的劳动力去从事相关工作。这会大大解决当地的人口就业困难问题。

二、发展的条件分析

（一）市场广阔，客源稳定

近年来，长寿养生旅游成为了广西旅游的一个热点，每年来巴马旅游的游客逐渐增多，客源相对比较稳定。区内的旅游市场主要来自南宁、柳州等以及靠近巴马的县市；国内旅游市场主要来自广东及东南沿海、长江三角洲、京津唐、东北等地区的大中城市以及其他城市的游客，包括我国港澳台地区；国外旅游市场主要由韩国、日本及东南亚等国家与地区构成。从年龄市场分析，巴马盘阳河长寿养生旅游产业带既有长寿旅游资源，又有养生休闲旅游资源，所以面向的游客群体的年龄应该是40～80岁年龄阶段的人群，同时也适合其他年龄阶段的人。特别是近年来退休职工人数不断增多，中老年人也逐渐喜欢旅游，这些都是巴马今后应该重点开发的潜在客源市场。

（二）政府大力支持

政府在巴马盘阳河长寿养生旅游产业的形成和整合各方面关系中发挥着重要的促进和协调作用。同时，政府还为巴马盘阳河长寿养生旅游产业的发展制定了很多优惠政策。例如2013年9月18日上午，通过评审的《巴马长寿养生国际旅游区发展规划纲要》使得今后广西打造“巴马长寿养生国际旅游区”有了具体的实施

纲要；[1]此外，《巴马长寿养生国际旅游区建设行动计划》明确提出了巴马长寿养生国际旅游区要全力打造一个核心旅游集散中心、两大精品旅游带、三大旅游发展区、六大旅游组团、四条旅游环线的“12364”建设目标任务；[2]政府还不断地老土完善了长寿养生旅游带的基础配套设施，设立了有关旅游发展资金用于长寿养生的品牌宣传、旅游规划编制、人才培养方案等。这些政府政策和行为将很好地保证和促进长寿养生旅游产业的发展。

（三）不受季节性影响

巴马属于中亚热带气候，气候较温和，没有寒冷的冬天和炎热的夏天。另外，巴马的降雨量丰富，湿度适中，阳光充足；人体的状况和大气压位于一种平衡的状态，让巴马的居民受到不利气压因素的影响较小，为长寿养生提供了良好的气压条件等。在这样的气候要素下，人体的毛细血管得到舒张平衡，让人感到精神状态很好，身体得到放松，头脑最敏捷，工作效率高，从而成为了长寿养生的基础条件。巴马四季都可以开展旅游，没有淡季和旺季之区分，旅游舒适期远远长于、优于大连、三亚等著名度假胜地。

（四）基础配套设施齐全，交通便利

巴马的基础配套设置在不断地发展，城市服务功能也日益完善。巴马县拥有的旅游宾馆饭店有 293 家，其中有 1 家五星级酒店，3 家四星级酒店和 8 家三星级酒店，商务酒店和社会旅馆 176 家，农家旅馆 113 家。[3]在巴马的旅游景点都设有停车场、游客购物中心、游客医疗中心。

巴马拥有便捷的交通。公路上，巴马县有国道 323 线和省道 322 线经过，距离南昆铁路 70 千米；此外还有百色巴马机场和正在建设的河池机场。巴马的“两高速一铁路—港口—通用机场”立体交通框架，这些都更好促进了旅游业的发展。

（五）资源的独特性

1. 从生态环境资源的角度来看，巴马在气候、水体、空气、土壤等指标上有着无可比拟的天然优势。该地平均气温 20.5 摄氏度，气候宜人，水体健康生态。盘阳河又被称为长寿河，泉水至今还保持着水的活性，能治百病。巴马森林覆盖率很高（超过 40%），是一个“天然氧吧”。巴马空气中的负氧离子含量较高，空气清新，这里每立方空气中负氧离子含量超过 20000 个以上。土壤中还含有多种微量元素，如锰、锌，能够通过各种食物进入人体。

2. 从景观视觉环境资源的角度来看，巴马亦有不俗之处。由于巴马县位置偏僻、经济发展落后，故生态环境原始性未被破坏，社会环境原生型保持完好。例如，巴马目前仍有裸浴以及孝敬老人的习俗；此外，巴马祖祖辈辈还流传下来利用当地土壤夯砖建房的方法，地方民居与自然环境融为一体；而巴马百岁老人本身就是一

种旅游资源，是活态景观的最好诠释。

3. 在社会环境方面，该地犯罪率低、民风淳朴。巴马的少数民族比较多，民风淳朴、社会稳定、热情好客。巴马各族素来朴实勤劳，不怕辛苦，生活作息都是平静而有规律的，现在还存在着传统的农耕方式。饮食更是以粗粮素食为主，这里的饮食脂肪较低，有高维生素的特征，人们注意节制，忌暴饮暴食，多具有不挑食、少吸烟等优良习惯。

巴马盘阳河长寿养生旅游资源还包括了百魔洞、百鸟岩、赐福湖、好龙天坑、弄友原始森林以及东山瑶族等山水自然景观。

综上所述，我们可知巴马盘阳河长寿养生旅游产业带是一个具有强大的生命力和长远发展的产业带，需要我们合理开发这一带的旅游资源，以造福当地群众和广大游客。

参考文献：

[1] 广西新闻网．巴马长寿养生国际旅游区发展规划纲要通过评审[EB/OL]. http://news.gxnews.com.cn/staticpages/20130923/newgx523fd1f5 – 8597470.shtml. 2013 – 09–23.

[2] 广西新闻网．广西全力推进巴马长寿养生国际旅游区建设[EB/OL]. http://news.gxnews.com.cn/staticpages/20130910/newgx522e8cbf–8504767.shtml. 2013–09–10.

（本文作者为河池巴马国际养生旅游学校助理讲师，主要研究方向为长寿养生旅游与汉语言文学）

巴马长寿养生旅游品牌营销研究

黄晓霞

摘　要:近几年来巴马地区的长寿现象逐渐受到国内外的医学界和科学界的关注,人们对巴马长寿现象的好奇心以及对健康长寿的追求使人们对这里充满了向往。但是巴马的长寿养生旅游发展中还存在营销观念落后,品牌影响力不足,营销方式单一等问题。因此,本文从品牌营销的角度展开对巴马长寿养生旅游的研究,提出巴马长寿养生旅游的品牌营销对策,以期能够为巴马长寿养生旅游的品牌营销提供一点参考。

关键词:巴马,长寿养生;品牌营销

在人们对长寿养生的重视程度越来越高的现代社会,巴马长寿养生旅游的营销情况与其发展有着直接的联系。尽管我们常说“酒香不怕巷子深”,但是从营销学角度来看,对巴马长寿养生旅游的营销是十分必要的,建立良好的品牌形象,进行品牌营销,在人们心中形成良好的品牌印象,对于巴马长寿养生旅游的快速发展具有十分重要的现实意义。

一、巴马长寿养生旅游品牌营销现状

1. 长寿之乡的标示

巴马长寿之乡的正式标志是一个“寿”字,是经过注册而得到的(见下图)。“寿”字由山水相围绕,寓意着寿比山高、寿源远长,与巴马长寿之乡完全契合,能够充分体现巴马长寿养生旅游。

2. 宣传口号

当前巴马的宣传口号是“长寿圣地、养生天堂”。其宣传口号,不仅强调了巴马是长寿之地,也是养生之地。该口号凝结了巴马的长寿文化和养生文化于一体,不仅让人们能够联想到这里的百岁老人,还能让人们联想到这里的养生资源和养生条件。2014 年巴马长寿养生国际旅游区宣传月活动在广西民族博物馆正式启动,而这一口号就是巴马长寿养生国际旅游区最新的宣传口号。

图1　巴马的标示(注册商标)

3. 品牌推广

巴马旅游从开发到现在,当地旅游管理当局逐步意识到营销宣传的重要性,已经在运用品牌营销策略,并逐步扩大其品牌影响。例如,巴马积极参加“世界长寿之乡”的评选活动,使巴马长寿养生旅游在国际上很快就有了品牌知名度,这也成为巴马品牌推广中最为成功的一次;再如,巴马从2005年开始就依托于长寿老人、独特的自然生态环境,制定了系统化、战略化的市场营销策略,积极进行长寿养生品牌推广,在区域内逐步开展围绕“长寿养生为主题”的一系列的长寿旅游品牌宣传活动,打造的“巴马国际长寿养生文化节”在国内已经形成了一定的知名度,且成为巴马品牌营销的一个有力支撑。根据旅游发展的营销战略需要,巴马还经常到各地市进行旅游宣传,目前已经在广东、湖南、云南等地的各地市进行过宣传活动,通过开展旅游宣传推荐会,巴马一方面让更多的人了解巴马的长寿养生旅游,吸引各地的旅游者到巴马进行长寿养生旅游度假,另一方面,还尽力与旅游投资企业合作开发巴马长寿养生旅游资源。近几年,在广西旅游大篷车项目的带动下,巴马长寿养生旅游品牌已经开始走向国内各个省市,而随着中国—东盟自由贸易区的建立,巴马借助于这一区位优势,把巴马的长寿养生旅游也介绍到东盟各国,吸引了不少东盟国家的旅游者到巴马来。可以说,巴马的品牌推广已经从小范围的周边宣传走向国内及国外宣传。

经过多方努力,巴马的“世界长寿之乡”品牌开始从国内走向国际,这些是巴马当前已经或是正在做的品牌营销活动,这些活动虽然还没有达到很理想的程度,但已经为巴马的长寿养生旅游提供了一定的品牌基础。

二、巴马品牌营销中存在的问题

1. 品牌影响力不大

目前有关养生旅游的国内景点较多,例如有杭州西湖养生旅游、海南三亚养生旅游、承德避暑山庄养生旅游、湖北武当山养生旅游、黑龙江五大连池养生旅游等，而这些养生旅游景点中后起之秀更是不断涌出。尽管巴马既有养生旅游也有长寿文化，但是因为品牌影响力不高，国内旅客在旅游时还是很少会选择巴马养生旅游，而其他养生旅游景点有不少已经打造出了自己的旅游品牌，在国内的整体知名度较高，因此，其他养生旅游品牌对巴马长寿养生旅游的替代性就比较强；另外，从巴马长寿养生旅游近几年的发展情况看，其旅游人次在逐年增加，连续7年处于增长态势，尤其是2010年以前，只是近3年的增长速度有所下降，这说明巴马还需持续加强旅游品牌宣传，尤其要突出自身的独特资源优势。

2. 品牌意识和品牌营销的观念不强

巴马是国家特级贫困县，尽管河池市十分重视巴马的旅游业发展，但是作为一个小县城，这里的人文化素质普遍偏低，人们的品牌意识不强，很多人甚至从未想过要进行品牌宣传或是营销活动，所以导致巴马长寿养生旅游的品牌市场竞争力较弱。在国内的养生旅游景点中，可以说巴马的品牌营销观念还没有形成，未形成良好的且广为人知的品牌形象。正是由于这些影响，巴马的一些长寿养生旅游企业，如度假村等也缺乏品牌意识，对于品牌的重视性认识还不够，在行业竞争中，也主要是以价格竞争为主。尽管当前巴马养生旅游也在不断发展提升，但是与其他地区的养生旅游存在较大的雷同处，在旅游产品设计等方面与长寿文化的结合还不是十分紧密。《巴马长寿养生国际旅游区发展规划纲要》中对巴马的未来的发展，指明了指导思想、发展定位，且对长寿养生资源保护等都有说明，但是这些规定更多的是从硬件环境的建设上来规范的，很少涉及到巴马养生旅游的服务软件环境。当前，巴马长寿养生旅游的服务人员主要是当地人，但是这些当地人多是未经过培训就直接上岗，总认为把旅游产品卖出去就可以，没有品牌营销意识。

3. 网络营销利用率不高

当前，巴马主要的旅游宣传网站有："世界巴马（http://www.sj-bm.com/）"、巴马儒礼桃花源养生旅游度假村官方网站（http://www.rulithy.com/）、长寿村龙泉度假山庄——巴马旅游养生网（http://bmlyys.cn）、巴马旅游网（http://www.0778tour.com/）等，但是当前这些网址的宣传效果和利用效果却并不理想。通常人们查询巴马的相关旅游信息时首先就是通过运用网络上的检索工具，如"百度"这样的搜索引擎，但是输入"巴马"为关键词，这些搜索引擎首先检索到的并不是巴马旅游的官网，也不是巴马旅游网，而是一些面对全国的旅游性网站。面对这种检索结果，此时消费者就会直接进入这些网站，但这些全国性的旅游网站，宣传的旅游信息种类较多，要想在这些信息中仍然将注意力放在巴马旅游上，就较为困难，显然这是不利于巴马长寿养生旅游的发展，因为一般的旅游网站会使潜在的消费者分流。另外，巴马的宣传网站内容比较简单的，更新慢，未能突出一些重要活动的特征,内容普通,对消费者的冲击力不够。

三、巴马长寿养生旅游的品牌营销对策

1. 构建文化生态旅游品牌群

巴马要积极推动长寿养生文化和自然生态环境优势优化和整合旅游资源,借助于“长寿之乡”这一具有影响力的独特的品牌效应,形成多个在国内有一定的知名度,在世界旅游市场上也有一定的影响力的旅游区域产品,形成对巴马长寿养生旅游品牌的多方位支持。

要依托巴马长寿养生文化旅游资源的特色对旅游区域进行细分,形成个性鲜明的小区域品牌,综合协调文化、环境及生态,对当前巴马的长寿养生旅游资源进行合理的规划与开发,结合“长寿之乡”这一根本主旨,综合考虑小区域品牌的建设,结合区域旅游建设中的形状、色彩、设计等品牌标志,把长寿养生文化的内涵与特点彰显出来;并且,对巴马的旅游环境的承载力进行密切监测,对于具有较大开展潜力的旅游资源要进行保护性开发,必须努力做到规划、开发、建设的兼顾,在长寿养生旅游成熟区一些龙头效应的影响下,以区域的大品牌带动划分后的小区域品牌的发展,同时小区域品牌也要能够烘托出大品牌的特色,对于旅游品牌建设中得到了的经验与教训要时时加以总结,吸引教训,促进品牌影响力的提升。

2. 发展联合营销模式

旅游营销活动是提升旅游者对旅游地消费需求的主要方式,巴马长寿养生旅游的营销也就显得更为重要。旅游市场的营销并不是简单地进行产品开发和营销就行了,也不是简单的对营销策略进行组合排列,要想提高社会对长寿养生旅游产品的需求,必须要创新营销策略,打造新的产品营销点:挖掘长寿养生文化的内涵和当地生产生活方式的特殊之处,为旅游消费者提供多样的文化享受;尽可能将巴马地区的传统特色体现出来,充分显示出长寿养生的基本特征,从而满足旅游者的个性化需求,在品牌上则要树立综合性特征;在品牌营销的模式上要强调巴马的整个大区域的发展,建立大区域旅游品牌,宣传中应加强“捆绑”宣传和“捆绑”销售。

3. 提高网络营销的利用率

借助于河池市当前提倡的“信息河池”的发展机遇,在巴马长寿养生旅游营销中要加强对网络的利用,开展网络营销宣传活动,在网络上及时公布巴马长寿养生旅游的最新动向,向旅游消费者提供一个信息获得的平台,把这样的平台打造成消费者获得信息、企业发布信息及旅游者交换旅游信息、心得等的一个综合性服务平台。具体来讲,可以建立两大平台:(1)巴马长寿养生旅游网平台。此平台主要是用于政府、企业等来发布区域旅游产品信息,例如发布有关于巴马旅游地的旅馆、餐饮等相关信息,或是对各类的民俗活动进行介绍,并且对这些相关内容的平均价

格进行公布,提升旅游地相关信息的透明度,让消费者做好旅游规划,从而打造良好的旅游地形象。(2)建立相关旅游产品的反馈与建议平台。此平台主要作用就是监督和管理巴马长寿养生旅游,让管理者能够及时发现旅游产品开发中存在的问题,并能够及时改正,建立谦逊的长寿养生旅游文化标杆,从而在国内旅游市场的快速发展中,创立一个“公开、诚意、谦逊、微笑”的巴马网络营销标识。

参考文献:

[1] 熊文慧. 巴马养生旅游产品开发现状及问题分析[J]. 浙江旅游职业学院学报,2012,(4):47-49.

[2] 养生度假成时尚中国十大养生旅游胜地[J]. 旅游时代,2011,(7):65-70.

[3] 马英华,金伟. 黑龙江省养生旅游品牌开发战略[J]. 华章,2011,(26):63.

[4] 郭琨. 景点更名对旅游品牌营销影响的思考[J]. 河北旅游职业学院学报,2010,(2):38-40.

[5] 严双艳. 肇庆旅游品牌营销的探讨[J]. 商丘职业技术学院学报,2010,(3):41-42.

[6] 谭小军,黄勋. 旅游品牌营销研究[J]. 江西科技师范学院学报,2007,(6):35-37.

[7] 何红,张巧宁. 论新兴旅游景区的品牌建设与品牌营销[J]. 山东工商学院学报,2011,(2):58-61.

[8] 孙厚琴,徐颖. 论旅游品牌营销的两个层面,标准化和个性化[J]. 北京电子科技学院学报,2004,(3):26-29.

[9] 秦淑娟. 山西旅游品牌营销策略研究[J]. 太原城市职业技术学院学报,2012,(11):9-11.

[10] 刘建才,肖玉军. 娄底市旅游品牌营销策略研究[J]. 职教与经济研究(娄底职业技术学院学报),2008,(2):20-24.

(本文作者为河池巴马国际养生旅游专业教师,主要研究方向为长寿养生旅游与旅游服务礼仪)

桂林长滩村生态农业旅游开发研究

覃广坤

摘　要:近年来我国生态农业旅游发展迅速,展现出了良好的经济效益和环境效益。桂林作为中国最早一批发展旅游的城市之一,经过30多年的发展,但成为在国内外占有重要地位的旅游城市。近年来,桂林的旅游市场趋于稳定,为了促进桂林旅游的发展,还需丰富桂林旅游产品种类,开发新的旅游市场,如生态农业旅游等。本文以桂林平乐县长滩村为例,探讨长滩村生态农业旅游的开发。通过文献研究以及实地考察法对长滩村生态农业旅游资源进行分析,得出长滩村具备生态农业旅游开发条件的结论。同时,在研究中也发现长滩村在生态农业旅游开发中面临的问题,诸如发展模式不够明确以及发展体系不完善等。本文最后提出了针对长滩村生态农业旅游开发的策略和建议,对促进桂林平乐县长滩村生态农业旅游发展有一定的研究意义。

关键词:生态农业;旅游开发;长滩村

一、绪论

1. 选题背景

农业是我国的基础产业,作为农业大国,我们的一大重任就是解决“三农问题”。党中央在十六届四中全会中明确提出了把解决“三农问题”作为是党的主要工作任务之一,提出了一系列针对“三农问题”的妥善解决办法,同时提出了建设社会主义新农村的目标和基本方案。改革开放以后,党中央先后出台了15个一号文件聚焦“三农问题”,加大对农业基础设施的投入,努力推进新农村的建设,逐步提高农民的经济收入等,在政策、制度、社会舆论上确立了我国“三农问题”的重要地位。近年来,生态农业与旅游业相结合发展使得传统的农业发展模式有了一个新的变化。生态农业旅游的发展为第一产业和第三产业搭建了相互融合发展的桥梁,不仅使得农业走向绿色化、生态化、环保化,同时也丰富了旅游的形式。[1]

2016年12月30日,国务院办公室正式签发了《十三五旅游业发展规划》(以下简称《规划》)。在《规划》中指出"实施旅游扶贫,推进旅游增收富民,在旅游精准扶贫方面取得新突破"。由此可以看出,国家对旅游扶贫的发展越来越重视,进一步加大了对旅游扶贫的投入。生态农业作为农业与旅游业联合发展中的重要旅游资源,它也是吸引人们进行旅游活动的重要因素之一。因此,生态农业旅游开发值得我们更进一步的研究。生态农业旅游作为乡村旅游开发的重要组成部分,它的发展必定会促进旅游扶贫更好更快的发展。

桂林作为我国最早开发旅游业的城市之一,"桂林山水甲天下"的国际品牌已经使桂林的旅游成功走上国际化发展道路,除了吸引中国的大批量游客前来观光游玩,也吸引了欧美国家、东南亚地区等络绎不绝的国际旅游者。桂林旅游业的发展想要经久不衰,在稳定发展当下旅游资源的同时,也应当融入新的旅游方式,开发新的旅游市场,挖掘新的旅游者。就桂林现在的旅游发展而言,相对比较缺乏的是新兴的旅游发展模式。因此,结合桂林现有的旅游资源和旅游品牌,发展桂林生态农业旅游是一个很好的方式,这样可以使得桂林的旅游产品更加丰富,旅游市场更加庞大,才能使得桂林的旅游发展更上一个台阶,保持桂林旅游业的可持续发展。桂林平乐县长滩村位于桂林市平乐县平乐镇的东南部,经过对桂林平乐县长滩村的基本概况以及生态农业旅游资源等实地考察,长滩村不论地理位置,生态环境,农业资源都有很大的旅游开发潜质。长滩湾岛丰富的生态农业旅游开发资源——月柿具有良好的旅游开发前景。目前长滩湾岛的生态农业旅游已经有了初步的发展,相信生态农业旅游的发展势必会在长滩旅游扶贫项目中起到重要的促进作用。

2. 国内外研究综述

(1)国外研究综述

① 整体发展方面的研究

相对于中国,西方国家对于生态农业旅游发展方面的研究比中国要早。大约在20世纪中叶,西方国家的生态农业旅游就已经开始产生,法国的葡萄酒庄园以及普罗旺斯薰衣草庄园等开发利用,都是生态农业旅游的产生以及发展初期的产物。西方国家对于生态农业旅游的理论研究方面也比我们中国要早。[2]西方国家在生态农业旅游的研究上主要有两个方面:一是宏观方面,西方国家对于这方面的研究主要有生态农业旅游相关定义与内涵、生态农业旅游的相关现象、生态农业与生态旅游的关系、生态农业旅游发展的主要作用以及生态农业旅游发展的主要意义等。二是微观方面,大约在20世纪70年代,美国学者首次提出了一个关于农业旅游的问题:在农业旅游的相关研究中学者们研究的不足之处。这一问题引发了很多学者们的激烈讨论,特别是在生态农业的开发所引起的环境问题以及旅游之间的关系问题产生了很多不同的观点和看法，同时对这两者的关系，学者们作出了很多具有开创性的研究。学者们第一次提出了“生态运动”这个词，对生态运动的内涵，以及对生态运动和生态环境这两者之间的关系做出解释，同时分析生态运动对生态环境所产生的影响。此次讨论，学者们的研究重点转变为对生态农业的研究。比如生态农业的生机与活力、多功能性以及产业化的特点。[3]

② 客源市场方面的研究

西方学者 Brittany Russell 在对生态农业旅游的客源市场方面的研究比较有代表性，他做了两个方面的分类：一是对于旅游者的教育水平情况的研究，这部分的消费者一般都接受过比较高的教育，他们的文化素养较其他人来说是比较高的；另一方面，一般情况下这一部分的消费者的收入是比较好的，他们有比较大的可以自由支配的经济能力，但是他们工作压力较大，长期处于节奏比较快的生活环境中，当他们遇上假期，一般都比较喜欢选择相对清静、远离城市喧嚣的地方，亲近大自然，放松心情。而生态农业旅游的产生恰好可以解决这些问题，使得旅游者的这种需求得到满足，这就是生态农业旅游发展的特别之处。

③ 发展模式和旅游建设方面的研究

对于生态农业旅游发展模式的研究，国外学者研究的方向主要是对生态农业旅游的发展模式进行分类以及对其发展模式的总结。西方学者对于这方面的研究认为：生态农业旅游的发展模式可以分为生态农业的示范农场、休闲度假农场以及试验示范农场这三个方面。各类农场产生的不同的旅游产品会转变成不同的生态农业旅游发展方向以及发展模式。日本和韩国对于生态农业旅游开发建设方面的研究是比较有代表性的。[4]日本政府在政治方面给予了生态农业旅游发展强有力的政策支持，使得日本的生态农业旅游的发展速度比较快；较于日本，韩国除了给予政策支持，他们对生态农业旅游开发建设上投入的资金也非常大，并且韩国对于生态农业旅游的开发以及发展还有相关的法律规定。

2. 国内研究综述

(1)概念及内涵方面的研究

我国关于生态农业旅游的概念以及内涵的研究主要分为两个方面：一是“生态+农业旅游”概念。卢云亭、李瑾、郑秀娟等认为“凡是能够引起游客兴趣，具有观赏性、休闲娱乐作用、科研作用、健身以及增加游客阅历的旅游功能的农业都可以称之为生态农业旅游”[5]。这里没有对“生态”一词做出非常明确的解释，只是把“生态”作为农业旅游的一个标签。二是“生态农业+旅游”概念。江金波、崔娜娜、李广宏、任冠文等认为生态农业旅游是在生态农业建设的基础上，建设以农业为主体资源的相关旅游实体，能够为游客提供具有亲身体验以及游客参与性的诸如农业采摘和农产品加工的旅游活动[6]。这里的定义是把“生态”和“农业”相结合起来，强调旅游开发是以生态农业作为基础，把生态农业发展和旅游结合在一起，扩大生态农业的三生功能，即生产、生态以及生活这三生功能。

(2)旅游发展模式方面的研究

田喜洲从我国不同地区、不同资源特点以及各地区不同的经济条件等方面来分析，最早把生态农业旅游的开发模式总结为五个类型；严贤春在这方面的研究做出了较为全面的概括，他把城郊生态农业旅游开发模式分为六种；问建军、汶录凤、张青衫等、伍海琳等研究学者也分别从不同的角度对生态农业旅游的相关发展模式做出分类与总结。

(3)旅游开发的问题以及对策方面的研究

对于生态农业旅游开发中存在的问题方面，舒伯阳、王继权的研究受到了普遍认可，他们的研究被后人广泛引用。他们从诸如生态农业旅游产品开发、旅游管理、旅游交通、社会以及环境效益等不同的方面，总结和概括了生态农业旅游在开发中存在的问题[7]。

石云霞、赵萍等在舒伯阳、王继权等前任的研究基础上，指出了解决生态农业旅游开发以及发展过程中面临的问题的相关措施，如坚持“政府主导，农户参与”的发展机制，激发农户的积极参与性，运用现代先进科技促进发展，多方位促进生态农业旅游的发展等。

二、相关概念的界定和研究方法

1. 相关概念界定

(1)生态农业的概念

最早的关于“生态农业”的概念是由美国学者 Willian Albrecht 提出。1981 年，英国学者 M. worthingter 对生态农业做出了明确的定义，指出生态农业是一种小型农业，在生态方面体现为低输入和可以进行自我表现，在经济方面表现为具有生命力和活力，从审美、伦理及环境等方面来说要能够在社会上被广泛接受。目前我国生态农业的定义是：以保护和改善生态环境为目标，以现代科技和工程管理为基本手段，以生态学及经济学原理为理论基础，在传统农业技术经验中建立的集约经营，具有生态效益的现代农业。[8]

(2)生态农业旅游的概念

生态农业旅游是一种比较高级的农业旅游形式，生态农业旅游的旅游资源主要是以生态农业以及自然资源为主，通过对生态农业的建设来兴建以农业观光体验、农业休闲度假以及农业科技展示等为主的旅游实体，来达到保护自然环境的目的，同时又能够满足游客的参与和体验的需求的新型旅游活动。

其具体包含以下几个方面的内容：

第一,生态农业旅游的基础是生态农业。相较于传统农业而言,生态农业要凸显出“无污染,无化学添加,完全是绿色的”这些特点,而不是传统农业中会使用大量的化肥、除草剂、农药等。在传统形式农业基础上开展的旅游活动只能称之为“农业旅游”而不是“生态农业旅游”。从这里也可以看出生态农业旅游发展跟以前的农业旅游发展是有着本质的区别的。

第二,生态农业是生态农业旅游的主要旅游资源。生态农业旅游较之于乡村旅游而言,生态农业旅游强调的重点在于“生态”,而乡村旅游强调的则是乡土文化。从这一方面来说,生态农业旅游较于其他旅游方式具有更加生态、更加环保以及社会效益更高的特点。这也为在乡村旅游的过程中所产生一系列诸如旅游发展使得环境遭受破坏的问题提供了一种较为有效的处理方式。同时,生态农业使得生态农业旅游的定义更加的明确,把生态农业旅游跟传统农业和乡村旅游相区别开来。

第三,生态农业旅游的发展突出了绿色、环保这一特点。可以说它是一种绿色以及环保的新型旅游方式。生态农业旅游通过其旅游资源和旅游产品来体现它的内涵。因此,我们可以通过以下几种方式来鉴别出生态农业旅游:第一种是看旅游环境,也就是旅游者在参观和体验的过程中所接触到的环境,旅游活动的体验是否有价值,是通过旅游环境来体现的,旅游者可以从对大自然环境的体验来达到放松心情的效果。第二种是旅游活动的内容,除了体验自然环境之外,生态农业旅游可以让游客体验当地的社会活动和社会习俗,同时还可以深层次的了解当地文化。第三种是从生态保护的视角来分析,旅游者可以通过在生态农业旅游的相关活动中了解环保知识,学习环保知识,学会用自身的实际行动去保护自然环境。第四种是生态农业旅游的开展可以提高社区的参与度,生态农业在很大程度上会改变人们的旅游以及生活方式,从本质上来说,生态农业旅游可以说是生态旅游的一种形式。

2. *研究内容以及研究方法*

(1)研究内容

本文的第一章节是关于论文的选题背景,以及生态农业旅游的相关文献综述;第二章是对“生态农业”以及“生态农业旅游”的概念进行界定,同时阐述本文的研究内容以及研究方法;第三章是对桂林平乐县长滩村的概况介绍以及对长滩村生态农业旅游开发现状和旅游资源分类与评价进行分析,主要是对长滩村的生态农业旅游资源进行定性和定量分析,并指出长滩村在开发生态农业旅游时会面临的问题;第四章是探讨长滩村生态农业旅游开发的策略,并对其进行生态农业开发时如何更好地使用当地生态农业旅游资源提出建议;第五章是对前面的论述以及分析做出总结,并对桂林长滩村的生态农业旅游提出展望。

(2)研究方法

① 文献研究法。文献研究法是指根据自己的研究目的,通过对前人研究的成果进行收集和整理,然后从中获取自己所需要的相关信息,从而形成自己研究的理论基础。本文对国内外的生态农业旅游开发以及发展的相关研究进行了分析,为桂林平乐县长滩村的生态农业旅游有效开发提供了理论依据,奠定本文研究的理论基础。

② 实地考察调研法与访谈法。实地考察法主要是通过对桂林平乐县长滩村的基本概况以及生态农业旅游资源等相关研究需求的实际参考材料进行实地考察,同时对平乐县长滩村居民以及当地的地方政府进行访谈,了解当地的居民对长滩村生态农业旅游开发的意见和想法,为本文提供丰富准确的相关研究材料。

三、长滩村基本概况以及生态农业旅游概况

1. 长滩村基本概况

(1)行政隶属关系

长滩村是广西桂林市平乐县平乐镇辖区内的一个行政村。长滩村辖区范围内含12个自然村:凤凰坪村、张家榨村、旺家坪村、羊咀村、四块田村、大兰冲村、小兰冲村、排搂村、横滩坪(邦坝)村、葫芦塘村、六工村、渡船头村、大兰冲村、小兰冲村。其中,羊咀村、四块田村、排搂村、横滩坪(邦坝)村、葫芦塘村、渡船头村这六个自然村位于长滩湾岛。

(2)自然地理位置

长滩村地处桂林平乐县平乐镇的东南部,长滩村到平乐县县城大约8公里。长滩村北面与二塘镇接壤,东面跟桥亭乡相连,南面和大发乡交界,桂江自西向东南穿境而过。巴江大坝蓄水后,长滩湾岛水域形成200米宽阔河面,水流平缓,视野开阔。

(3)道路交通条件

长滩村水路陆路交通方便,150县道南北穿越长滩村,长滩村沿150县道向西行6.5公里即到达323国道。Z106县道纵贯凤凰坪村、张家榨村、旺家坪村三个自然村;大兰冲村、小兰冲村、六工村三个自然村村道与150县道相连;长滩岛上的6个自然村内有村道相连,桂江两旁的自然村靠船只往来。桂江自西向东南穿境而过,上至桂林,下至梧州,水路交通非常便利。

2. 长滩村生态农业旅游概况

(1)长滩村生态农业旅游开发现状

目前,桂林平乐县当地政府已经响应国家对于旅游扶贫的号召和政策支持,初步确立了长滩湾岛的旅游开发方案。生态农业旅游开发是作为长滩旅游扶贫的主要方式之一,现在长滩村的旅游开发规划方案正在初步进行落实。长滩湾岛上面

已经开始有相应的旅游开发行动。例如，长滩湾岛桂江沿岸区域已经种植大面积的桃花；村民组委会成立农业生产合作社，对当地特色的农业产品进行有效生产开发，同时也大力发展当地的特色农业资源——月柿，以及板栗的规模种植。总的来说，现在长滩村的生态农业旅游的开发还处于发展的初始阶段，工作量还很大，工作任务还很重，社会各界还需要投入更多的关注与支持。

（2）长滩村生态农业旅游资源分类与评价

① 旅游资源分类

以《旅游资源调查、分类与评价》的分类标准为依据，通过对长滩村地质地貌、资源特色和开发现状等的实地调研，将长滩村的旅游资源分为 7 主类、19 个亚类、19 个基本类型。具体分布情况见表 1：

表 1　长滩村旅游资源类型表

<table>
<tr><th>主类</th><th>亚类</th><th>基本类型</th><th>单体内容</th></tr>
<tr><td rowspan="4">A 地文景观</td><td>AA 综合自然旅游地</td><td>AAA 山丘型旅游地</td><td>美人山、鸡心山</td></tr>
<tr><td>AC 地质地貌过程形迹</td><td>ACE 奇特与象形山石</td><td>螃蟹岭</td></tr>
<tr><td>AD 自然变动遗迹</td><td>ADA 重力堆积体</td><td>绵羊墩</td></tr>
<tr><td>AE 岛礁</td><td>AEA 岛区</td><td>长滩湾岛</td></tr>
<tr><td rowspan="3">B 水域风光</td><td>BA 河段</td><td>BAZ 河湾</td><td>长滩湾、镰刀湾</td></tr>
<tr><td>BB 天然湖泊与池沼</td><td>BBA 观光休憩湖区</td><td>长滩湾岛湖区</td></tr>
<tr><td>BD 泉</td><td>BDA 冷泉</td><td>羊咀冷泉</td></tr>
<tr><td>C 生物景观</td><td>CA 树木</td><td>CAA 林地</td><td>长滩柿子林、板栗林</td></tr>
<tr><td>E 遗址遗迹</td><td>EB 社会经济文化活动遗址遗迹</td><td>EBA 历史事件发生地</td><td>兔子岭</td></tr>
<tr><td rowspan="3">F 建筑与设施</td><td>FB 单体活动场馆</td><td>FBD 寺庙仪式场馆</td><td>令公庙</td></tr>
<tr><td>FD 居住地与社区</td><td>FDA 传统与乡土建筑</td><td>古民居</td></tr>
<tr><td>FF 交通建筑</td><td>FFC 港口渡口与码头</td><td>长滩码头、长滩渡口码头</td></tr>
<tr><td rowspan="3">G 旅游商品</td><td>GA 地方旅游商品</td><td>GAA 菜品饮食</td><td>清蒸鳜鱼、黄焖剑骨鱼、油炸长寿鱼、豆腐酿、瓜花酿、螺丝酿、豆芽酿</td></tr>
<tr><td>GA 地方旅游商品</td><td>GAB 农林畜产品与制品</td><td>柿饼、柚子、板栗、茶叶、黄片粮、笋干、桃子、李子</td></tr>
<tr><td>GA 地方旅游商品</td><td>GAE 传统手工产品与工艺品</td><td>平乐刀具、农具、传统民居构建</td></tr>
</table>

（续表）

主类	亚类	基本类型	单体内容
H 人文活动	HA 人事记录	HAA 人物	孙中山
	HD 现代节庆	HCB 民间节庆	春节、清明端午节、七月十四鬼节、八月十五团圆节节
	HD 现代节庆	HCF 庙会与民间集会	长滩圩期、长滩农具节、长滩令公庙法会、会期
	HD 现代节庆	HDC 商贸农事节	长滩农贸节、二月二农具节

② 旅游资源评价

A. 旅游资源定性评价

——湾岛风光别具一格。长滩湾岛水域宽阔绵长，岛上自然植被丰富，两岸自然生态环境保护良好，是桂江上难得的自然湾岛景观。长滩湾岛自古以来就是重要的水陆交通要塞，古时陆路交通还不够发达的时候，桂江上往来的船泊经常停靠长滩湾岸进行补给。因此，不论是自然还是人文旅游的开发，长滩湾岛及其所在水域都是不可或缺的重要节点。

——生态风光如诗如画。长滩村西面自然村周围种植有延绵百亩的柿子树，东北面是延绵数里森林景观。长滩东北面的睡美人山顶峰可以俯瞰整个长滩湾岛，两岸景观交相辉映，西面乡野田园如诗如画，自然旅游资源丰富多彩，是开发旅游的绝佳之地。

——长滩餐饮享誉四方。平乐拥有丰富的地方风味美食资源，1921 年孙中山先生来到平乐体察民情，并在长滩街岸边“勾子九”米粉店吃粉。原先的平乐米粉，是用葫芦瓢人工滤制而成的圆条米粉，口味鲜甜爽口，既软且韧，非常符合南方人的口味。先生食用后大加赞赏：“平乐米粉，名不虚传！”此外长滩还有桂北的诸多特色风味美食，诸如清蒸鳜鱼、黄焖剑骨鱼、油炸长瘦鱼、平乐十八酿等。

B. 旅游资源定量评价

——长滩旅游资源单体质量分析：

a. 评价赋分标准。根据《旅游资源分类、调查与评价》（GB/T18972-2003）的标准，按照单体旅游资源共有综合因子评价赋分值的总分，将其分为五级。赋分的标准参照表 2：

表2　旅游资源的评价赋分标准

评价项目	评价因子	评价依据	赋值
资源要素价值（85分）	观赏游憩使用价值（30分）	全部或其中一项具有极高的观赏价值、游憩价值、使用价值	30–22
		全部或其中一项具有很高的观赏价值、游憩价值、使用价值	21–13
		全部或其中一项具有较高的观赏价值、游憩价值、使用价值	12–6
		全部或其中一项具有一般观赏价值、游憩价值、使用价值	5–1
	历史文化科学艺术价值（25分）	同时或其中一项具有世界意义的历史价值、文化价值、科学价值、艺术价值	25–20
		同时或其中一项具有全国意义的历史价值、文化价值、科学价值、艺术价值	19–13
		同时或其中一项具有省级意义的历史价值、文化价值、科学价值、艺术价值	12–6
		历史价值、或文化价值、或科学价值，或艺术价值具有地区意义	5–1
	珍稀奇特程度（15分）	有大量珍稀物种，或景观异常奇特，或此类现象在其他地区罕见	15–13
		有较多珍稀物种，或景观奇特，或此类现象在其他地区很少见	12–9
		有少量珍稀物种，或景观突出，或此类现象在其他地区少见	8–4
		有个别珍稀物种，或景观比较突出，或此类现象在其他地区较多见	3–1
	规模、丰度与几率（10分）	独立型旅游资源单体规模、体量巨大；集合型旅游资源单体结构完美、疏密度优良级；自然景象和人文活动周期性发生或频率极高	10–8
		独立型旅游资源单体规模、体量较大；集合型旅游资源单体结构很和谐、疏密度良好；自然景象和人文活动周期性发生或频率很高	7–5
		独立型旅游资源单体规模、体量中等；集合型旅游资源单体结构和谐、疏密度较好；自然景象和人文活动周期性发生或频率较高	4–3
		独立型旅游资源单体规模、体量较小；集合型旅游资源单体结构较和谐、疏密度一般；自然景象和人文活动周期性发生或频率较小	2–1
	完整性（5分）	形态与结构保持完整	5–4
		形态与结构有少量变化，但不明显	3
		形态与结构有明显变化	2
		形态与结构有重大变化	1

（续表）

评价项目	评价因子	评价依据	赋值
资源影响力（15分）	知名度和影响力（10分）	在世界范围内知名，或构成世界承认的名牌	10-8
		在全国范围内知名，或构成全国性的名牌	7-5
		在本省范围内知名，或构成省内的名牌	4-3
		在本地区范围内知名，或构成本地区名牌	2-1
	适游期或使用范围（5分）	适宜游览的日期每年超过300天，或适宜于所有游客使用和参与	5-4
		适宜游览的日期每年超过250天，或适宜于80%左右游客使用和参与	3
		适宜游览的日期超过150天，或适宜于60%左右游客使用和参与	2
		适宜游览的日期每年超过100天，或适宜于40%左右游客使用和参与	1
附加值	环境保护与环境安全	已受到严重污染，或存在严重安全隐患	-5
		已受到中度污染，或存在明显安全隐患	-4
		已受到轻度污染，或存在一定安全隐患	-3
		已有工程保护措施，环境安全得到保证	3

b. 旅游资源等级划分。根据旅游资源单体评价总分，将其分为五级。从高到低为：

五级旅游资源，得分值域≥90分；

四级旅游资源，得分值域≥75分~89分；

三级旅游资源，得分值域≥60分~74分；

二级旅游资源，得分值域≥45分~59分；

一级旅游资源，得分值域≥30分~44分；

未获等级旅游资源，得分≤29分。

其中五级旅游资源又被称为“特品级旅游资源”，五级、四级、三级旅游资源被通称为“优良级旅游资源”，二级、一级旅游资源被通称为“普通级旅游资源”。

c. 资源评价结果。根据《旅游资源分类、调查与评价》的旅游资源评价等级指标，经过考察组反复推敲评估，并对长滩村重点旅游资源点进行评价，将区内旅游资源进行了概念整合，最终评定出三级资源3个、二级资源有4个、一级资源有8个。详见表3：

表3　长滩村主要旅游资源单体或景点评价表

等级	数量	主要旅游资源单体或景点
三级	3	长滩湾岛风光、十八酿、绵羊墩
二级	4	令公庙、羊咀花廊、美人山、长滩柿子林
一级	8	羊咀登岛码头、鸡心山、百年桂花树、螃蟹岭、大船墩、兔子岭、迎客松、冷泉

——旅游资源综合内在价值评价。根据《旅游资源分类、调查与评价》，并结合《旅游区（点）质量等级的划分与评定》标准，将长滩村作为一个整体旅游目的地，对其整体旅游资源内在价值进行综合评价。旅游资源综合内在价值为73分，按照《旅游资源分类、调查与评价》中关于资源等级划分标准，长滩村旅游资源整体达到国家三级资源标准。评价结果见表4：

表4　长滩村旅游资源综合内在价值评价表

评价项目	评价因子	满分	评价依据	评价等级	赋值
资源要素价值（65）	观赏游憩使用价值	25	有较高观赏/游憩/使用价值	Ⅲ	22
	历史文化科学艺术价值	15	具有省级意义的历史/文化/科学/艺术价值	Ⅱ	8
	珍稀奇特程度	10	景观突出、其他地区少见	Ⅲ	6
	规模与丰度	10	复合型旅游资源单体结构完美、疏密度优良	Ⅲ	7
	完整性	5	形态与结构基本完美	Ⅲ	3
资源影响力（35）	知名度和影响力	10	在本省范围内知名	Ⅲ	6
	美誉度	10	有较好的声誉，受到70%以上游客和相关专业人士的普遍赞美	Ⅲ	7
	开发潜力	10	有较好发展前途	Ⅲ	7
	适游期或使用范围	5	适宜旅游的日期每年超过300天	Ⅱ	4
附加值	环保与安全	5	环境良好，保护较为完整	Ⅲ	3
总计		100		Ⅲ	73

C. 旅游资源总体评价

——自然、人文旅游资源交相辉映。长滩村集乡野田园风光、乡村山水风光等自然旅游资源与特色民俗文化、民间节庆等人文旅游资源于一体，自然资源突出，人文资源显著，各具特色，异彩纷呈，交相辉映。

——旅游资源组合性佳，价值高。长滩村的自然旅游资源，特别是以田园风光为代表的自然旅游资源具有很高的观赏价值；以民族特色文化为代表的人文旅游资源也非常丰富，很适合旅游开发。

——生态农业旅游开发潜力大。长滩村地处生态环境良好的高山地区，空气清新，环境优美，农业产业具有一定基础，生态农业旅游开发潜力巨大。

3. 长滩村生态农业旅游开发面临的问题

（1）发展模式不够明确。长滩村不论地理位置，地理环境，农业资源都有一定的旅游开发潜质，但是长滩村周边的生态农业旅游发展也还不够成熟，基本都还处于旅游发展的起步阶段，该如何把握长滩村的生态农业发展模式是目前当地政府以及当地社会各界所思考和关注的问题。长滩特色的湾岛风情，延绵百亩的生态柿子林，还有当地特色风味的生态佳肴，只有将这些不同的生态旅游资源有机地结合起来形成一个可持续的发展模式，这样才能保证长滩村生态农业旅游的健康发展，才能促进旅游扶贫的发展，真正做到有利于国家，有利于社会，有利于人民的生态农业旅游开发愿景。

（2）发展体系不够完善。应当以一个怎样的体系来规范长滩村生态农业旅游的发展也是目前长滩旅游开发初期所面临的一个重要问题。一方面，完全以政府主导旅游开发的进程和指导生态农业旅游的开发，要考虑是否能够满足当地民众的发展需求的同时保护其他方面的切身利益。另一方面，完全以当地民众自发发展当地生态农业旅游也存在很大问题：一是能否达到旅游开发的目的，二是应当如何满足所需求的开发成本以及技术指导，三是如何有效地进行风险控制。第三种方式，就是政府和当地民众共同进行生态农业旅游的开发，这样也面临着该如何分配任务以及怎样做好上下行动一致等相关问题。因此，如何确立一个良好的发展体系对于长滩村生态农业旅游的发展也是一个重要的问题。

（3）旅游影响力不足。桂林作为最早一批开发旅游的城市之一，经过多年的建设和发展，“桂林山水甲天下”的名声已经成功的打出去[9]。近年来，桂林周边县市也逐步发展起来，例如比较有代表性的龙胜梯田。如今，对于平乐县来说，目前还属于旅游开发的初始阶段，旅游市场还不够大，旅游影响力也不足。长滩村因其独具一格的湾岛风光，景色优美的自然生态环境以及丰富的农业旅游资源都展现出了开发生态农业旅游的巨大潜力和前景。但是，长滩村的旅游开发也将面临着如何提高自身旅游影响力，扩大旅游市场等方面的挑战。

四、长滩村生态农业旅游开发策略

1. 明确长滩村生态农业旅游的发展模式

（1）“旅游+生态农业”的生态农业旅游。长滩村农业条件优越，长滩湾岛气候温和,常年水量充足,河道水流平缓;果园森林覆盖率高达90%;山上松林延绵,柿子红遍山野;水底鱼类丰富多样;但生态农业旅游发展目前还停留在设施农业的阶段。“旅游+农业”的融合发展模式,有助于发挥“1+1>2”的产业发展模式,在旅游发展理念和市场引导下,推动设施农业实现科技化、景观化、规模化、生态化,有效提升农业产出效益,实现农业和旅游双赢局面。

(2)“生态旅游+农村”的生态乡村型休闲旅游。长滩村交通条件方便,150县道、Z106县道经过,距平乐县平乐镇仅八公里。往北与二塘镇交界,往东与桥亭乡接壤,邻近大发瑶族乡,旅游通达性高,具备发展乡村旅游的基础条件。“生态旅游+农村”的乡村生态休闲旅游集聚模式,将其村屯环境资源化、基建景观化、生活资料生产化。长滩村生态环境宜居宜游宜乐,村民友善聪慧、待人热情,开发之后,适宜开展休闲生态乡村旅游,满足周边城镇居民大众休闲需求。

(3)“生态旅游+户外”的拓展体验型生态旅游。长滩村岛内山地沟谷起伏变化,极适合发展户外拓展基地,以户外体验为魂,旅游为载体,通过创意策划设计户外基地,从而加深旅游者对文化的整体感知,加强旅游体验,提升旅游满意度。

2. 完善长滩村生态农业旅游的发展体系

(1)政府统筹建立多元主体旅游开发参与机制。政府统筹旅游开发前期准备工作:编制长滩村旅游开发相关工作方面的规划,加强指导村屯旅游开发工作开展,同时加大投资建设生态农业旅游基础设施,如道路和水利等农村生态旅游发展需要的基础设施。政府积极引导多元主体参与旅游开发:通过招商引资及当地的优惠政策等多方面吸引企业入驻。协助社区组织宣传并提供资金支持吸引社会组织介入当地旅游开发中。同时,政府还可以开展旅游人才培训,为长滩村旅游产业的发展提供人才保障。

(2)构建社会各界相互协作的生态农业旅游开发体系。政府统筹安排相关部门或责任领导进行生态农业旅游开发指导工作。对于当地百姓进行的生态农业旅游开发相关的创新创业工作,要对其进行资金上的帮扶,技术上的指导,例如开发长滩村特色生态农业产品——月柿的电商营销。另一方面,可以从政策上鼓励和支持平乐或者桂林企业入驻当地进行生态农业旅游开发,并多方位的对当地的特色生态农业旅游进行开发。这样真正地起到旅游开发的目的,同时又能丰富桂林旅游产品的种类,促进桂林旅游业的可持续发展。

(3)构建长滩村多元化生态农业旅游产品体系。通过对长滩村旅游资源的实地调查,长滩村的旅游产品开发可以以园艺观花旅游产品、乡村美食旅游产品、采摘体验旅游产品、户外拓展旅游产品为核心旅游产品,以观光亲水旅游产品、休闲度假旅游产品、养生康体旅游产品为重点旅游产品,以民俗节事旅游产品、特产购物旅游产品为辅助的多元化旅游产品体系,涵盖了乡村体验、休闲度假、节事娱乐等多种旅游功能。具体旅游产品体系如图1所示：

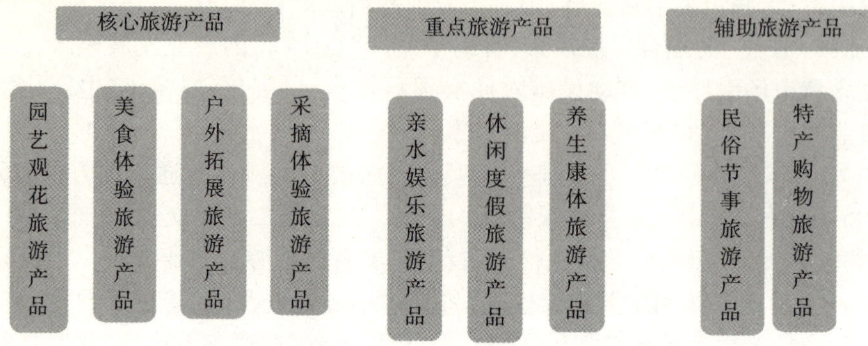

图1　长滩村生态农业旅游开发旅游产品体系

3. 以长滩村特色生态农业为主体，扩大旅游市场影响力

（1）打造“长滩”生态农业产品品牌

其一，长滩是桂江边上非常出名的一个自然村落，平乐县的老辈们，都对长滩有着非常深刻的记忆。在古时候，长滩出产的大米、油、食盐、农具、杂什……都形成了一定的品牌。“长滩”的很多物产都受到了周边非常多的老百姓的赞赏。我们可以借助长滩曾经的历史，打造“长滩”生态农业产品这个品牌，对长滩的各类有特色生态农产品进行加工，然后以特色旅游产品出售，比如“长滩牌月柿”“长滩板栗”等。

其二，盐菜。盐菜在长滩村是非常受到当地百姓的喜爱，也是当地的特产之一，一直以来都是长滩村各种红白喜事以及日常生活烹饪的上好配料。质量上乘的盐菜颜色一般呈淡黄半透明色，色泽光鲜，若是在炒鱿鱼、猪肚、大肠等菜肴中用盐菜作为配菜，口味鲜美，深受当地百姓以及周边人民的喜爱。打造生态水盐菜系列美食，开展特色生态美食餐饮等可以丰富当地旅游文化，同时还可以增加当地旅游收入。水盐菜还可以经过加工，通过网络进行销售，也可以销售给餐馆、游客等。

其三，桂江水产。在桂江适合进行鱼类养殖的生态水域进行批量鱼类和其他水产养殖，打造桂江生态水产特色产业。

其四，长滩土鸡。长滩土鸡由于优质的自然成长环境，肉质鲜美，用来煮汤更是美味。对长滩土鸡进行规范化和批量化养殖，将长滩土鸡打造成类似于岑溪三黄鸡那样的品牌，在销售方面不仅可以对内，也可以对外。

其五，生态水果。长滩村属于丘陵景观地貌，适合种植各类水果，可以考虑建设长滩的生态水果乐园。

（2）打造长滩特色旅游节庆活动，扩大旅游市场影响力

长滩村因其独特的地理环境历史以来就流传着非常具有特色的民俗节庆活

动。我们在进行长滩生态农业旅游开发的时候可以进一步开发这些具有民族特色的节庆活动。

一个是二月二农具节。长滩村因为商业曾繁盛几百年，长滩的商家文化底蕴浓厚，在农历二月二的农具节庆活动中，让游客体验长滩浓厚的商家文化，利用角色扮演的方法，在长滩的羊咀岛上进行长滩古镇再现。当地的村民和附近的村民穿着特色的民族服饰，将自己的农产品或者其他商品前来销售，游客上岛时也需要进行角色扮演。游客也可以通过购买摊位进行经商体验，游客购买的农产品可以直接到附近的餐馆或者农户家中煮，也可以在长滩的美食作坊中用来学习长滩的美食制作。

另一个是令公庙会。在长滩村的旺家坪村，每年的六月十六，会举行令公庙会，庙会由村民一起捐款集资举办。在庙会时间，村民们会进行烧香祈福活动，然后一起吃饭，还会出资请来外来的表演团队进行文艺演出，也有一些抽奖活动。游客可以通过捐款的形式参加到长滩村的令公庙会中，可以体验和村民一起吃千家宴，参与庙会的抽奖活动，奖品为令公庙会活动准备的奖品。为了更好地让游客了解长滩的文化，在庙会期间可以举办唱彩调、演桂剧、扭秧歌、调龙舞狮、对山歌等一系列文化活动。

五、总结与展望

1. 总结

生态农业旅游作为一个新型的旅游方式，它的发展是一个循序渐进的过程。目前我国的生态农业旅游发展还处于提升阶段，很多方面还不够完善，但对于生态农业旅游发展的研究和探索却从未停止过。本文经过对桂林平乐县长滩村生态农业旅游的开发进行研究，总结出了一些观点：一是长滩村生态农业旅游开发是可行的，开发潜力大，但是仍有待于深化研究。目前长滩村还没有比较完善的生态农业旅游开发方案，本文也由于笔者的研究能力有限，会有一定的片面性，需要进一步的深化探讨跟研究。二是长滩村生态农业旅游开发的基础是要保证生态农业的质量。生态农业是生态农业旅游开发的基础，是生态农业旅游开发的根本所在，在开发的过程当中要注意兼顾生态环境效益、经济效益以及社会效益。三是打造富有长滩特色的生态农业旅游产品。要大力挖掘长滩村的生态农业产品资源，生态农业旅游的开发应脱离不了生态农业旅游产品，如何提高生态农业产品的吸引力是长滩村生态农业旅游发展过程中需要思考的问题，要努力通过特色的旅游产品来激发旅游者的亲身体验和参与的欲望，最大限度地发挥出生态农业旅游产品在生态农业旅游发展中的重要促进作用。[10]

本文对桂林平乐县长滩村生态农业旅游开发进行研究，对长滩村的旅游资源进行定性和定量研究,分析了长滩村开发生态农业旅游的优势以及开发过程中会遇到的问题和困难,最后给出了一些长滩生态农业旅游开的建议。本文的研究也存在一定的不足:资料搜集有限,对生态农业旅游的发展认识不够全面;对生态农业旅游的整体开发认识也存在不足,论文研究具有一定的片面性。

2. 展望

生态农业旅游是一种新的旅游方式,通过近几年的发展趋势来看,它的发展势必会在未来旅游业的发展中占有重要的地位。[11]长滩村发展生态农业旅游不仅可以保证当地的农业开发走在可持续发展的道路上,同时还可以增加农民收入,促进旅游开发,提高当地特色农业旅游产品的价值,也有利于帮助第一产业与第三产业的融合发展,实现"1+1>2"的旅游发展模式,推动当地农业和服务业的发展,引进资金和技术人才,带动餐饮、住宿、交通、旅游产品等各个行业的发展,从而真正能实现全民小康的中国梦。生态农业旅游也被认为是第三产业中最具有发展潜力的产业之一。它不仅能够提高经济效益,它所产生的社会效益以及环境效益也是非常巨大的。努力促进长滩村生态农业旅游的开发和发展,是促进当地社会经济发展的重要手段,也是满足现代旅游新需求的重要方式;生态农业旅游的发展还可以加强城乡居民交流、提高当地农民素质,让人与自然环境更加和谐相处,促进具有中国特色的社会主义新农村建设,让村民走上共同富裕之路。[12]

参考文献:

[1] 李伟,江秀辉. 乡镇经济[J]. 乡镇经济,2007,(4):15-17.

[2] 郑秀娟. 延安市宝塔区生态农业旅游开发研究[J]. 安徽农业科学,2005,(01):172-173.

[3] 孙海娜. 桂林"漓江上游"生态农业旅游开发研究[D]. 广西师范大学硕士学位论文,2014.

[4] 王明珠. 生态农业旅游与生态文明建设耦合机理研究——以恭城瑶族自治县为例[D],桂林理工大学硕士学位论文,2015.

[5] 吴莹. 发展生态农业旅游——加快新农村建设的希望之路[J]. 安徽农业科学,2006,(14):3447-3449.

[6] 师杨,商诗雨等. 内江市长江现代农业园生态农业旅游 SWOT 分析[J]. 内江师范学院学报,2012,(10):63-67.

[7] 贾照雪. 城郊生态农业旅游开发研究——以南宁那马生态农业示范园为例[D]. 广西大学硕士学位论文,2012.

[8] 谢雨萍,任冠文. 生态农业旅游内涵及相关概念辨析[J]. 旅游论坛,2009,(3):317-320.

[9] 李莉,朱平. 桂林市旅游业应对金融危机影响的策略与思考[J]. 当代旅游(学术版),2012,(10):10-12.

[10] 高璐. 南充市凤垭山生态农业旅游开发研究[D]. 成都理工大学硕士学位论文,2009.

[11] 张云屏. 我国农业生态旅游中存在的问题及其前景探讨[J]. 商场现代化,2016,(17):234-235.

[12] 刘宝林. SK 生态农业旅游开发研究[D]. 河北工业大学硕士学位论文,2014.

(本文作者为河池巴马国际养生旅游学校助理讲师,研究方向为旅游管理、生态旅游、乡村旅游)

新时代的文旅跨界营销

——以南宁“千车万人游龙谷湾”活动为例

刘亚刚

摘　要:2017 年 4 月的“千车万人游龙谷湾活动”,经过半个月策划组织,周末 6 天活动,组团 51148 人,成果斐然。洞悉游客心理、跨界整合渠道资源、全渠道立体营销是此次活动成功的关键。

关键词:文旅融合;跨界营销;龙谷湾;共赢

按照党的十九大改革要求和国务院部门改组方案,文化部与国家旅游局合并,组成文化和旅游部。2018 年 4 月 8 日,文化和旅游部正式挂牌成立,旅游业正式进入了文旅融合的新时代。新时代,新征程,渴望新思维、新作为。

特别是文旅行业的发展需要有新思维、新作为,满足新时代人民群众对于美好生活的需要。笔者从事旅游行业已有 12 年光景,作为行业资深营销专家,回顾旅游业的发展,文旅融合已是大势所趋,文化是旅游的主题灵魂,旅游是文化的功能载体;文旅融合不仅局限在文旅行业本身,而且需要跨界带动其他产业发展。文旅融合之下的景区营销急需走出线下旅行社、线上 OTA 的传统营销思维,以跨界整合的思维去做渠道营销、立体营销。

笔者(时任广西携程百事通营销总监)以 2017 年 4 月淡季策划组织的“千车万人游龙谷湾活动”为例(半个月策划组织,周末 6 天活动,组团人数 51148 人),创造短时间跨界营销的奇迹,下面简单分享文旅跨界营销的几点看法:

首先,洞悉游客心理人性,淡季团购低价门票。“美食美景美人”,三美需求是大众出游的基本心理,因此在景区前期宣传突出“三美”元素,提升项目关注度;“贪便宜、凑热闹”是大众购买旅游产品的人性特征,项目以三折门票的形式,吸引游客积极参与。四月份是景区淡季,需要为“五一”来的旺季预热,百事通与景区洽谈以较低价格团购门票,推出“99 元游龙谷湾”(平时价是 298 元),为活动开展打好基础。

其次,广泛沟通异业宣传需求,跨界整合渠道资源。从龙谷湾主题乐园的主要目标游客群青少年和亲子家庭入手,发展针对此类客群营销的其他渠道企业,通过沟通找到合作的机会点。笔者组织同事与互联网公司、零售企业、饮料企业和银行等行业领先的企业洽谈沟通,确立了与滴滴出行广西公司、广西国美电器、广西娃哈哈饮料营销公司和桂林银行等四家渠道深度合作关系。滴滴推出旅游的弹窗广告和线上报名,国美电器推出买电器送旅游门票的活动,娃哈哈推出买饮料送旅游门票的活动,桂林银行推出答谢客户送旅游门票的活动,四家渠道企业短时间贡献了近 2 万客流。

再次,整合线下渠道和各类媒体资源,全渠道立体营销。广泛发动广西百事通的 130 多家门店和 50 多家移动微店,作为线下带客渠道。通过纸媒、网媒、电视台、电台等 100 家媒体报道形成媒体立体矩阵的宣传轰炸,使百通事组织的“龙谷湾 99 元一日游”活动铺天盖地通过各种渠道传递给市民,从而达到了短期内较强的宣传效果。

最后,本次跨界营销活动多方共赢,游客获得美好生活体验。一方面广西携程百事通增强了营销能力,扩大了品牌影响力,也让景区以及景区所在地的政府部门,相关的合作渠道滴滴、国美、娃哈哈、桂林银行取得了预期的宣传成果和收益,做到了几家共赢、游客受益的良好效果。

笔者的这次文旅跨界营销活动只是一个小的尝试,在未来的文旅营销活动会继续深化创新,也希望文旅同行能够多与互联网电商、金融零售、教育传媒等行业多一些互动跨界,让文旅作为五大幸福产业之首的行业,带动大家更多的获得感、更多的幸福感。

(作者为桂林兴进集团文旅事业部营销总监、携程渠道事业部广西公司营销总监)

我国西南地区边境旅游市场可持续发展路径和对策研究

熊敬锴

摘　要：为了更好地有针对性地发展西南地区边境旅游，本研究在前期对西南地区边境旅游市场的现状进行实地调研的基础上，提出我国西南地区边境旅游市场的路径和对策，以促进西南边境旅游市场的可持续发展。

关键词：西南地区；边境旅游市场；对策

一、引言

边境旅游是指经批准的旅行社组织和接待我国及毗邻国家的公民或集体从指定的边境口岸出入境，在双方政府商定的区域和期限内进行的旅游活动①。边境旅游市场的发展不仅对繁荣边疆经济、巩固边疆地区的稳定起着积极的作用，而且对我国旅游业的发展以及整个国家的对外开放、国际经贸合作的发展都发挥着重要作用。对西南地区边境旅游市场进行深入研究，制定科学合理的发展策略，对实现西南地区边境旅游的可持续发展、带动边境地区经济的繁荣与稳定具有重大意义。研究探索边境旅游市场可持续发展路径，提出相应对策是推动西南边境旅游业快速发展的客观要求。

二、文献综述

（一）可持续发展

自20世纪工业革命、科技革命以来，全球经济飞速发展，然而随之而来的是城市无序扩张、资源过度开发、超负荷人口增长、环境恶化等一系列不利人类社会发

基金项目：广西高校科学研究项目（KY2015YB359）、桂林旅游学院科研基金项目（2015ZD02）资助，特表感谢。

① 中国海关．边境旅游暂行管理办法[Z]．1998.

展的问题。1987 年,世界环境与发展委员会(World Commission on Environment and Development)第一次将“可持续发展”这一概念引入正式的政治领域,并在《我们共同的未来》(Our Common Future)中将“可持续发展”定义为“既满足当代人的需要,又不损害后代人满足需要的能力的发展”。可持续发展强调社会、经济、自然、人类、文化以及政治的和谐统一,共同发展,形成多维的动态平衡,它的提出,意味着将环境保护放到了与经济发展同等重要的地位。①

(二)旅游可持续发展

可持续发展理论在多种学科的研究中都有相当广泛的应用。世界旅游组织(WTO)在 1993 年提出了旅游可持续发展的理念;1995 年,联合国教科文组织、环境规划署和 WTO 在西班牙召开的“世界旅游可持续发展”会议上,通过了《旅游可持续发展宪章》和《旅游可持续发展行动计划》,标志着可持续发展模式在旅游业中主导地位的确定。②

世界旅游组织((World Tourism Organization,WTO)(1998)③给出的定义为:旅游可持续发展就是既要能满足当前旅游目的地与旅游者的需要,同时又要能够满足未来旅游目的地与旅游者的需要。Hardy 和 Beeton(2001)④从旅游需求的角度来解释可持续发展的基本原理。Miller G(2001)⑤指出,旅游可持续发展是指在政府、企业、社区、景区等等各个利益相关集团之间达到协调发展,以及预期的生活品质、环境质量、政府与企业效益并能够持续下去的发展状态。Tepelus C M(2005)⑥指出大多数旅游活动带来的负面影响或者是不良反应都是由大众旅游造成的,可持续发展理论指导的旅游是一个“小规模的解决办法”。该研究指出生态旅游运营商可以通过在旅游活动过程中对可持续旅游理念执行及对旅游者不良行为监督达到长期保护有效发展的目的。Savage 等(2004)⑦认为必须以全面的观点来理解

① 李晓灿. 可持续发展理论概述与其主要流派[J]. 环境与发展,2018,30(06):221-222.

② 章杰宽,姬梅,朱普选. 国外旅游可持续发展研究进展述评[J]. 中国人口·资源与环境,2013,23(04):139-146.

③ World Tourism Organization. Guide for Local Authorities on Developing Sustainable Tourism[M]. Madrid: World Tourism Organization,1998.

④ Hardy A L,Beeton R J. Sustainable Tourism as Maintainable Tourism: Managing Resources for More Than Average Outcomes[J]. Journal of Sustainable Tourism,2001,9(3).

⑤ Miller G. The development of indicators of sustainable tourism: results of a Delphi survey of tourism researchers [J]. Tourism Management,2001(22):351-362.

⑥ TEPELUS C M. Aiming for sustainability in the tour operating business [J]. Journal of Cleaner Production,2005(13):99-107.

⑦ Savage V R,Huang S,Chang T C. The Singapore River Thematic Zone: Sustainable Tourism in an Urban Context[J]. The Geographical Journal,2004,170(3).

旅游的可持续性，以此论证在城市旅游目的地的可持续性中，关键是要保持原真性以避免被全球化和现代化。Northcote、Macbeth（2006）①则通过旅游综合收益框架对旅游可持续发展进行解释。Lansing、Vries（2007）②认为旅游可持续发展在市场行为之外，更应是一种伦理的选择，并从旅游可持续发展的三个基本维度（经济、环境和社会文化）层面做出伦理的解释。

国内的旅游可持续发展虽然晚于国外，但是可持续发展理论的提出也并不久远，因此国内学者在不断汲取国外研究成果的同时，结合我国旅游发展实际，也形成了丰硕的研究成果。国内学者提出旅游可持续发展是以旅游活动不破坏资源环境为核心以及前提，管住旅游活动的长期发展，要求旅游与自然、文化和人类生存环境成为一个整体，强调自然、文化和人类生存环境之间的平衡关系。③ 许涛、张秋菊、赵连荣（2004）④指出游可持续发展目标是在现实和长远目标中提高旅游目的地居民的生活水准和生活质量，并通过旅游开发满足地方经济发展的需要，对当地经济发展起到积极促进作用。维护旅游发展的环境资源质量（包括自然、人文环境要素），必须以生态环境的承受能力为前提，考虑旅游对自然资源、生物多样性的影响，考虑旅游活动对当地文化遗产、文化传统的影响。要保持并提高旅游业的竞争力和生命力，维护公平的经营环境。满足日益增长的旅游需求，为旅游者提供高质量的旅游感受。崔凤军，许峰，何佳梅（1999）⑤认为可持续发展旅游的原则包括了环境限制性、利益最大化、自然资本原则、预警原则、环境质量原则、污染者付费原则、道德伦理原则等。

三、西南边境地区旅游市场可持续发展对策

（一）加强政策制定及规划引导

西南边境旅游发展需要各级政府制定相关战略与政策规划引导，向边境地区提供政策倾斜。西南边境地区各级政府要适应经济新常态下边境地区的发展需求，一方面要不断优化政府结构及职能，合理配置资源，另一方面更要加强对社会旅游行业企业的引导，充分发挥旅游行业企业的优势和作用，使旅游行业企业能够健康合理的参与到边境旅游开发过程中。旅游相关政府部门要构建良好的开发运

---

① Northcote J, Macbeth J. Conceptualizing Yield Sustainable Tourism Management[J]. Annals of Tourism Research, 2006, 33(1).

② Lansing P, Vries P D. Sustainable Tourism: Ethical Alternative or Marketing Ploy? [J]. Journal of Business Ethics, 2007, 72(1).

③ 卢晓龙，周志宏．旅游可持续发展文献综述[J]．时代农机，2015，42(02)：91-93+100.

④ 许涛，张秋菊，赵连荣．我国旅游可持续发展研究概述[J]．干旱区资源与环境，2004(06)：123-127.

⑤ 崔凤军，许峰，何佳梅．区域旅游可持续发展评价指标体系的初步研究．旅游系列，1999，(04).

用环境和机制，使旅游行业企业能够相互促进，相互学习，互利共赢，形成良性竞争，在竞争中提高自身实力，以市场为标尺，逐渐加强市场的主导作用。此外，西南边境地区应具备全域旅游的贯通和实施，要打破壁垒，建立西南边境的省市各级政府沟通和协商机制，以旅游市场需求为导向加强各边境地域之间合作关系，建立健全资源、信息共享机制和协调融合机制等，相互扶持、相互促进，共同建设边境旅游业。

（二）加强西南边境口岸核心带动能力，推进边境旅游发展

西南边境口岸城镇是展示自己国家形象的窗口和门户，在边境旅游中发挥着重要作用。因此应重视边境旅游口岸城镇建设，优化边境口岸城镇发展模式，发挥边境口岸城镇的辐射带动效应。要在建设过程中，完善口岸城市的信息化手段，升级口岸城市硬件水平和技术水平，打造智慧旅游、旅游云平台，推广自助过境通道，加强过境联检能力，减少旅游者通关时间，清理中介服务和收费，规范出入境程序，提升口岸城镇旅游形象，确保边境旅游者在境内逗留时间，促进当地旅游业、娱乐业和经济发展。同时要加强口岸城镇基础设施建设，提高城镇旅游服务水平，加强西南边境免税店、特色购物街区等的规划建设，加强对边境城镇特色风貌的保护和传承，不断挖掘文化内涵，提升我国边境旅游城镇文化品位，建设西南边境一流的边（跨）境旅游目的地和集散地以及商贸、旅游、宜居的国际化边境口岸城镇。

（四）强化跨区域多边多层次旅游合作机制

加强西南边境地区与东南亚各国边境区域内外合作、域内联动，积极深化跨区域跨国旅游合作。在国家层面，建立边境国家旅游合作开发协调组织，建立跨国旅游合作对话平台，对边境旅游相关问题进行定期或不定期双边或多边会晤研讨，解决跨境旅游合作开发问题，如通过依托跨国跨区域交通体系如高速公路、铁路、水道等的建设，完善交通、信息、产品、市场等组带进行跨区域的深化合作，共同开发跨境旅游，逐步推进跨区域旅游经济一体化，共同打造游客往来便利、服务优良的国际旅游目的地。在地区层面，根据不同的需要，可以建立双边省市级别的旅游合作开发协调组织，解决区域资源统一整合、多元特色旅游产品培育、国际化边境旅游景点景区建设、跨境旅游线路开发、境区域旅游形象打造等问题。

（五）建立西南边境地区与境内腹地、沿海旅游发达地区的区域合作机制

加强西南边境地区与境内腹地、沿海旅游发达地区的跨区域性旅游合作，通过建立政府推动机制、协商调解机制、对口帮扶保障机制等，利用旅游工作会议、旅游交流会议、旅游推介会等形式将合作内容落到实处，实现西南边境地区与境内腹地、沿海旅游发达地区形成一对一互补帮扶对子，在旅游人才教育培养、景点景区规划、旅游产品开发、旅游宣传营销等方面形成合作共赢模式。具体来

说，西南边境县市之间应就边境旅游发展加强合作和交流，相互融合，优势互补，客源互流，共同分享旅游相关信息，各县市旅游相关部门领导定期举行旅游商讨会议，共同协商重大旅游发展决策，协同规划跨区域旅游线路，开发全域性的独具特色的旅游产品，就旅游规划、旅游产品开发、旅游宣传营销等进行商讨合作。边境地区城市要加强与境内腹地城市之间的交流合作，利用省内外著名旅游城市（桂林、成都、昆明、大理、丽江等）的现有优势，辐射带动边境区域发展，增强区域旅游竞争力，实现跨地域合作，进行优势互补，达到合作共赢，合力打造西南边境旅游良好形象。

（六）加强扶持，促进旅游基础和服务设施建设

由于西南边境地区属于少数边穷地区，国与国交界地带，经济不发达，道路基建等不够完善，基础和服务设施落后，存在一定的边境安全问题，旅游发展相对发达城市较为落后。要加快发展边境旅游市场，要根据各地旅游发展情况，制定相应的财政政策，对边境地区的旅游开发提供专项资金扶持。西南边境地区一般是山地，整体交通网络不发达，交通状况与全国相比偏低，应该重点完善交通网络建设，构建城市与城市、城市与景区、景区与景区以及景区内部所组成的立体交通网络。要想富先修路，交通是发展旅游最重要的基础因素，交通便利，则有利于游客合理安排时间，减少路途消耗，增加游玩时间，提高旅游舒适度，进而促进当地经济发展。建议由中央财政设立边境旅游发展专项资金，以项目补助的形式对边境地区的道路等基础和旅游服务设施建设给予资金支持；各地银行也应设立专项扶持贷款政策，以低息或无息贷款支持当地边境旅游基础设施的兴建。着力打造边境旅游通道，构建跨境通道体系，实现边境无障碍旅游。

（七）注重边界边民边城边贸的开发与利用

西南边境地区的边界边民边城边贸等涉边特色旅游资源非常丰富，良好的开发与利用能充分突显边境旅游特色。西南很多边境地区曾被封锁，由界碑串联起来的边界凸显神圣和神秘氛围。如中越边境线被认为是设立界碑最密集和最清晰的陆地边界线线，共埋设 1537 座界碑，建议设立界碑公园，展示边界特色。西南边境地区分布着很多别具民族特色的边境城镇，每年都有相当多的游客前往广西的“东兴”“凭祥”、云南的“天保”等这些独具特色的城镇旅游。这些城镇的旅游开发应避免同质化现象，而是要突出当地独特性，采取差异发展原则，成为推动边境旅游发展的重要前沿阵地。西南边境地区主要由壮族、苗族、瑶族等少数民族跨境而居，形成了丰富多彩、特色鲜明的民族文化，因此应依托于边民特有的文化气质，开发民族风情旅游产品。随着西南边境经济合作区、重点开发开放试验区以及跨境合作试验区建设步伐的加快，边贸市场的规模不断扩大，今后要着力打造边境商贸旅游发平台，规范边贸市场，使边民互市互贸发展愈加繁荣稳定。

(八)完善旅游人才发展体系,保证旅游人才供给

根据西南边境地区旅游行业和旅游市场发展特殊需求,对旅游发展人才需求进行实地调研,在此基础上制定西南边境地区旅游人才发展规划。首先,政府要制定资金扶持、人才培养和人才引进政策,重点支持边境地区的旅游院校,如通过与世界名校合作工程,引入世界著名的瑞士洛桑酒店管理学院的学术体系,将桂林旅游学院打造成国际知名的旅游院校;鼓励边境地区旅游院校和有旅游专业的其他院校加入世界旅游组织的质量论证体系和知识网络,加强国际合作,推动边境地区跨境旅游人才的培训和交流,全面提升西南边境地区旅游教育的国际化水平。其次,各地要促进旅游中职教育、高职教育和本科教育贯通制,打通学历上升通道,提升生源质量;再次除了政府资金扶持,还要调动社会各界对边境地区的旅游职业教育的投入的积极性,充分发挥市场调节机制,培养一批应用型旅游人才,充实到边境旅游从业人员中,全面提升当地旅游从业人员的学历和素质。

(作者单位:桂林旅游学院　复旦大学旅游学)

我国西南地区边境旅游市场现状分析

熊敬锆

摘　要:为了更好地有针对性地发展西南地区边境旅游,本研究在对国内外边境旅游研究进行总结的基础上,对西南地区边境旅游市场的现状进行了实地调研,分析了西南边境旅游在开放和开发方面存在的问题,为下一步提出我国西南地区边境旅游市场可持续发展的路径和对策打下基础。

关键词:西南地区;边境旅游;市场分析

一、引言

边境旅游是指经批准的旅行社组织和接待我国及毗邻国家的公民或集体从指定的边境口岸出入境,在双方政府商定的区域和期限内进行的旅游活动①。随着我国经济飞速发展、综合国力不断增强,国民生活水平大幅提高,特别是国家对边境地区开放力度的加大,我国的边境旅游迅速升温,边境旅游市场也呈现出全面发展格局。我国西南边境地区一般指云南、广西、西藏、新疆等省区。国家"十二五"发展规划纲要提出"要把新疆建成向西开放的重要基地,把广西建成与东盟合作的新高地,把云南建成向西南开放的重要桥头堡,不断提升沿边地区对外开放的水平"。广西防城港在2018年3月30日被国务院十部委联合发文批准设立国家边境旅游试验区。怎样更科学更合理地对西南地区边境旅游市场进行定位、规划与营销,怎样更快更好地发展西南地区边境旅游,带动西南边境地区经济发展,都亟须对我国西南地区边境旅游市场进行实证分析和深入研究。为了更好地有发展西南地区边境旅游,本文主要对西南地区边境旅游市场的现状和存在的问题进行了分析。

基金项目:广西高校科学研究项目(KY2015YB359)、桂林旅游学院科研基金项目(2015ZD02)资助,特表感谢。

① 中国海关. 边境旅游暂行管理办法[Z]. 1998.

二、文献综述

(一)国外边境旅游研究进展

在国外边境旅游的研究者中,加拿大的 Livid Di Motto 和 Rosanna Di Mateo (1999)对加拿大边境旅游资源及其特征进行了详尽分析,为加拿大边境旅游的发展提供了强有力的理论保障;Darren J. O' Byrne(1987)则对护照及边境控制进行了研究,列举了边境旅游中存在的相关问题并提出了解决对策;文莱学者 KwabenaA. An amen 与 RoseA minahI smail(2001)总结了影响跨边境旅游者数量的因素,对此地区边境旅游的发展大有裨益;Askew Marc 和 Cohen Erik(1984)对泰国南部的边境旅游进行了研究,提出了一系列展望及构想;还有 Leiser Ronald(2003)对法国阿尔卑斯山边境地区边境旅游进行研究并指出其开展边境旅游业存在的相关问题;此外 IaArreola Daniel 和 Madsen Kenneth(2001)对与美国交界的墨西哥边境地区的边境旅游特征进行了分析研究,指出了墨西哥边境城镇地区的旅游功能是在历史优势、殖民地时代、可进入性、鼓励措施实施的程度等多种因素的综合作用下形成了完备的旅游功能。

(二)国内边境旅游研究进展

1988 年 4 月 18 日,辽宁丹东国际旅行社组织的第一批中国公民旅游团赴朝鲜新义州"一日游"的旅游活动拉开了我国边境旅游的序幕。而后,随着我国经济实力的增强,边境旅游迅速发展,先后在内蒙古、辽宁、吉林、黑龙江、广西、海南、云南和新疆 8 个边境省与毗邻 8 个国家开展边境旅游,开通线路 57 条,使得这些原本落后的边境城镇迅速繁荣起来,旅游业迅猛发展,带来巨大的经济效益,成为边境城镇的支柱产业之一。

与国外相比,我国对边境旅游的研究不过 10 多年的时间,但已有专家和学者从不同方面对边境旅游进行了多角度概括与研究,其中以张广瑞(1996)完成的中国社会科学院重点课题"中国边境旅游发展的战略选择"论述最为详尽。课题通过对边境旅游发展的国际经验、中国边境旅游的发展过程的总结和叙述,将边境旅游限定为"人们通过边境口岸所进行的跨越国境的旅游活动",并分析了中国边境旅游的基本特征、对边境地区社会经济发展的作用和影响,以及提出了中国边境旅游未来发展的战略选择和政策建议。姚素英(1998)以对边境旅游的特点和类型的研究基础上,从经济效益这一角度探讨了边境旅游的作用和意义;孙永刚(2001)对发展黑河中俄边境旅游进行了多角度的思考;邓鹏、门冬(2002)对黑龙江中俄边境旅游的现状、问题进行了分析,并提出了相应的对策;刘滨谊(2006)以新疆"四地州"边境旅游规划为例来分析西部边境旅游规划的特性、原则和程序等等。

总的来说,学者们都认为发展边境旅游对政治、经济、文化和社会等方面具有积极的意义。谢莉(2004)在分析了我国西部边境旅游开发的基础条件和优势后，提出了西部边境旅游开发有利于促进西部边境地区经济的快速发展；有利于优化资源配置；有利于实现“内联外拓”大战略；杨洪(2001)认为目前西部边境旅游开发存在“思想观念滞后、可进入性差、旅游资源开发不够、旅游设施与服务质量亟待提高”等一系列问题，对此，他提出了相应的对策措施；王德根、陆林(2004)等在分析了内蒙古边境旅游的市场结构后，指出了其存在问题，并提出了内蒙古入境客源市场的开发战略，以促进内蒙古边境旅游的发展。

杨丽(2001)以云南边境旅游市场为个案进行分析，就边境旅游发展提出了管理层面上的建议；谢婷等(2006)从空间竞争的角度来谈中越边境旅游产品的开发，对此地区边境旅游产品的开发有一定的指导意义；古小松(1999)认为中越要简化入境手续，减少关卡，大力发展边境旅；黄伟生(2000)强调广西与越南应加强旅游管理上的合作；余小军(2003)指出中越边境旅游的发展需要做好八方面的工作，出应从五个方面来加强对边境旅游市场的管理；周素勤、张昕华(2003)指出中越边境旅游虽然发展很快，但还存在很多的问题，并就问题的解决提出了相应的措施；广西区旅游局和广西社会科学院主持的课题“广西与东南亚旅游合作研究”(2004)稍稍涉及了中越边境旅游管理的内容。

通过以上对国内外边境旅游研究进展的综述，可以看出，边境旅游作为一种新生旅游形式，与一般国际旅游相比既有相同之处，又有自身特殊之处，需要学者们拓宽研究领域和范围，不断地完善理论，总结实践经验，为我国的旅游业发展构建更强的理论体系。目前国内对西南地区边境旅游市场的研究甚少，也不够深入，还处于研究的发展阶段；边境旅游理论的建设较为薄弱，其他相关学科，如地理学、经济学等学科中的最新研究成果很少被用来分析我国的西南地区边境旅游市场及发展问题。

三、西南边境地区旅游市场存在的问题

(一)易受政策政治因素影响

我国边境地区的旅游市场直接受到我国与邻国的政治关系的影响。广西边境旅游主要涉及我国与越南的经济、政治、社会等因素的影响，而南海地区纷争又加剧中越关系复杂化，因此两国政策的不稳定使中越边境旅游市场受到很大影响，中越双方的旅游合作项目难以推进。如 2014 年，广西东兴、凭祥、靖西等地的边境旅游业务受南海问题导致的中越关系紧张的影响而被迫暂停，广西边境地区旅游市场受到重创。

(二)出入境手续繁杂

我国西南边境地区出入境手续便捷性问题十分突出。首先，在自驾车跨境旅游方面，旅行社不能直接办理自驾车跨境旅游出入境手续。目前，自驾车跨境旅游

只能按临时出入境货物报关,不允许旅行社直接向海关申报办理手续,必须委托报关企业办理。而且自驾车跨境手续繁杂,还要按车价缴纳几十万元的押金担保,费时费力费钱,出境后驾照也存在认可问题。其次,在停留时间和停留范围方面,目前我国邻国边民进入我国境内,对停留时间和停留范围都有严格限制,入境游客只能在我国境内规定范围游玩。如由于政策限制,广西靖西入境的持边民证的越南游客最远只能到百色市,不能深入到更远的地方旅游;而东兴口岸,每天通关开放时间是早上8点到晚上8点,入境游客无法过境旅游尽享旅游购物乐趣。最后,在互联互通方面,目前西南边境地区大多口岸的海关、边检、公安、边境口岸还没有实现互联互通,出境游客不能在边境口岸站式办理出入境证件,往往因为某个环节或者某个证件出现差错就会等待好久,耽误整个出境旅游团的行程。还有很多边境地区如广西宁明县、大新县等还没有旅游口岸,严重影响了跨境游客的便利性。

(三)中外旅游合作推动不平衡

边境旅游的发展需要边境国家整合双方资源,密切合作。但我国西南边境国家都是发展中国家,这些国家经济比较落后,社会问题也较多,对边境地区的经济发展不够重视,要么缺乏足够资金投入,导致边境旅游市场开发的诉求不够,开发渠道也不够通畅。因此,导致中外对旅游开发项目的推动出现不平衡的现象——中外双方往往只有共识,没有行动;中方急于推进,外方却不能同步,甚至出现一些中外不对等的开放政策。如2013年10月,中越两国达成共识,决定在北仑河的两岸,两国各规划10平方公里左右的特殊监管区,建设中国东兴—越南芒街跨境经济合作区,2017年广西东兴又提出中国东盟自驾游总部(东兴)基地等项目,中方积极推进,但越方迟迟没有行动响应。

(四)中外政府缺乏双边或多边协商机制

由于边境旅游涉及边境和主权等复杂而敏感的问题,因此需要相邻两国政府高层达成共识,通过建立双边会谈通道协调解决相关问题,共同推动边境旅游健康可持续发展。目前我国与一些邻国已成立了一些诸如双边合作指导委员会、双边高层定期会晤机制等机构,但还没有设立专门的就旅游合作问题进行定期沟通的旅游合作机构。与西南邻国政府各层级的旅游合作协调机制的不完善或缺乏严重制约着我国西南地区边境旅游中旅游签证便利性、旅游合作项目的落地性以及通关条件的改善等诸多问题。

(五)权责不清影响边境旅游政策落实

边境旅游涉及海关、公安、边防、工商、交通、环保等多个部门,而这些部门之间的协作机制不够健全,存在多头管理、职责不清、职能部门交叉、权责分离等问题。甚至有些部门存在中央事权与地方事权交叉现象,导致政策执行过程中缺乏权威的协调机构，而主管部门又由于自身利益或者行政级别不够等现实困难导致政策无法贯彻执行，最终影响了边境旅游的可持续发展。如，凭祥友谊关的金鸡山炮台是中法战争镇南关大捷后兴建，在炮台上可以一揽中越边境方圆数里迷人的风景，不仅地理位置重要，而且拥有丰富的历史人文景观资源。但是由于此处历来是兵家必争之地，属于军事防区并未向游客开放，导致边境旅游资源闲置，使得景区吸引力下降。

（六）旅游基础和服务设施落后

近些年，虽然西南边境旅游基础设施建设方面有了较大投入，但仍不能较好满足旅游发展的需要。边境口岸设施比较陈旧落后，缺少智能读取设备，急需更新升级；高速公路和铁路设施目前无法实现旅游交通无缝对接；景点景区设施不够完善，离“无障碍旅游”还有较大差距。不少边境旅游景区景点及周边的旅游标识导引、旅游厕所、自驾车营地等服务设施不够完善，分布地点也不太合理；酒店数量及质量档次方面也不能较好满足旅客需求；游客服务中心建设滞后，服务便利性不够。

（七）旅游资源整合度和产业融合度低

我国西南地区与越南、缅甸、老挝、印度、尼泊尔等多个国家接壤，拥有绵长的边境线。边境地区旅游资源丰富，拥有优美的自然风光、浓郁的民族风情、独特的旅游产品、活跃的边民互市活动。但目前大多处于发展粗放阶段，没有得到充分有效的开发，更没有进行多种旅游资源的整合，而且旅游业与体育、文化、工业、农业、林业等相关产业和行业也没有较好地融合发展。例如，广西边境地区有壮族、瑶族、侗族等多个少数民族，形成了特色鲜明的民族文化，但这些民族文化还没有完全融入旅游资源开发以及旅游商品创新设计中，从而降低了对旅游者的吸引力。

（八）旅游人才供给不足

西南边境地区经济普遍落后，加上受边境政治及国家政策影响，该地区的旅游企业经营状况不够稳定，旅游从业人员收入较低，不仅难以吸引旅游人才来此服务，而且旅游人才流失率高。过境地区的旅游从业人员一般以当地居民为主，知识积累和从业素养都无法满足旅游发展的需要。在实地调查中发现，西南边境旅游从业人员大部分以高中和中专学历为主，而且不少从业人员没有经过旅游行业培训。旅游营销、旅游电商及旅游资本运营等高端管理人才更是严重缺乏。

综上所述，我国西南边境旅游市场因起步晚等诸多原因，发展尚未完善，存在诸如边境通关体制不健全、旅游基础和服务设施落后、旅游资源整合度差、旅游人才缺乏等一系列问题，急需针对具体问题提出相应的解决策略，建立边境旅游可持续发展的新路径、新模式。

参考文献:

[1] Livio Di Matto, Rosanna Di Matteo, Madsen Kenneth. Variability of Tourist Attraction on an International Boundary: Sonora, Mexico Border Towns[J]. Visions in Leisure&Business; Winter 1999,(17) 4:19-32.

[2] Dallen J. Timothy, Richard W. Bulter. Promoting Alpine CROSS BORDER TOURISM But Without a Major Player[J]. HSMAI Marketing Review; Winter2002/2003 ,(20):73-76.

[3] Dallen J. Timothy, Cevat Tosun. Towards all alternative theory of resource-based town development[J]. Economic Geography, 1985, 61.

[4] KwabenaA . An aman, RoseA minahI smail. the Kidston gold mine: goodbye to mining town[J]. Geography 1987, 72: 162-165.

[5] Darren J. O'Byrne. An Empirical Study of Tourism into the Pearl River Delta [J]. Pacific Tourism Review; 2001,(5):33-42.

[6] AskewMarc, Cohen Erik. A resource-based view ofthefirm [J]. Strategic Management Journal ,1984,(23) 3:93-98.

[7] Leiser Ronald. Corporate Effect sand Dynamic Managerial Capabilities [J]. Strategic Management Journal. 2003, 24(10):1011-1025.

[8] 1aArreola Daniel, Madsen Kenneth. Community Integration Island Tourism in Peru [J]Annals of Tourism Research, 2001, 28(1):113-139.

[9] McKercher Bob. Winding down in a Qubic town: a case study of Schefferville [J]. The Canadian Geographer, 1983, 27(2):128-144. 61

[10] 张广瑞. 中国边境旅游发展的战略与政策选择[J]. 财贸经济 1997,(3):55-58.

[11] 姚素英. 试谈边境旅游及其作用[J]. 北京第二外国语学院学报, 1998,(3):16-21.

[12] 孙永刚. 发展黑河中俄边境旅游新思路[J]. 东欧中亚市场研究, 2001,(8):34-38.

[13] 邓鹏, 门冬. 黑龙江省对俄边境旅游的现状、问题及对策[J]. 西伯利亚研究, 2002,(2):23-26.

[14] 刘滨谊. 旅游发展战略规划理论与实践:兼述新疆四地州旅游发展战略规划[M]. 南京:东南大学出版社, 2006:152-153.

[15] 谢莉. 边境旅游在西部开发中的意义及策略研究[J]. 经济学院学报

2004,(12):47-51.

[16] 杨洪,陈长春,袁开国．我国西部边境旅游开发研究[J]．世界地理研究,2001,(9):6-7.

[17] 王德根,陆林．我国边境省区入境客源市场结构及开发战略研究——以内蒙古自治区为例[J]．干旱区地理,2004,(12):616-617.

[18] 杨丽．边境旅游市场分析与开发战略,思想战线,2001,(5):63-65.

[19] 谢婷,钟林生,张宪玉．基于空间竞争关系的中越边境旅游产品开发研究[J]．社会科学家,2006,(9):123-127.

[20] 古小松．桂越经贸关系的现状与展望[J]．东南亚纵横,1999,(2):1-2.

[21] 黄伟生．桂越旅游合作的现状和前景[J]．东南亚纵横,2000,(12):26-28.

[22] 余小军．在西部大开发中大力发展广西中越边境旅游[J]．桂林旅游专科学校学报,2003,(1):9-10.

[23] 周素勤,张昕华．浅谈桂越边境旅游的发展[J]．北方经贸,2003,(5):74-75.

（作者单位:桂林旅游学院　复旦大学旅游学系）

附　　录

广西旅游职业教育集团章程

第一章　总　则

第一条　为更好地服务广西旅游强区建设，实现广西旅游职业教育与旅游产业相互融合，资源共享，满足广西全域旅游发展对高素质、高素质应用型人才的需求，以“合作双赢、共同发展”为基本原则，特组建广西旅游职业教育集团（下文简称“广西旅游职教集团”），并制定本章程。

第二条　广西旅游职教集团是在广西壮族自治区教育厅、广西壮族自治区旅游发展委员会等主管部门及地方旅游行业主管部门的指导下，以旅游人才培养和旅游产品研发为纽带，由各级各类旅游职业教育、行业企业单位及政府旅游管理机构，本着平等互惠的原则，自发、自愿而组建的跨区域的旅游行业内多功能、多层次、非营利性的社会组织。

第三条　广西旅游职教集团由桂林旅游学院牵头，采取自愿加盟方式吸纳各理事单位，与各理事单位的管理体制、隶属关系、人事关系、财政渠道等无关，将在旅游人力资源开发、旅游创新创业、继续教育培训、实习实训基地建设、旅游课题研究、旅游产品研发及应用、旅游市场开发等方面进行有效的业务合作，最大限度地发挥“集团性社会效应”。加盟单位的地域范围目前暂限定在广西壮族自治区区内，随着业务的不断扩大，加盟单位可适当扩展至西南地区的省份；其理事单位的性质暂定为开设旅游类专业的高等院校、高职院校及中职院校，区域内著名A级景区、三星级以上旅游饭店、各级各类旅行社、四星级及以上乡村旅游区、农家乐以及其他与旅游相关的行业企业。

第四条　广西旅游职教集团合作行为准则：

联盟互助、自愿参与；完全平等、互相尊重；友好互信、求同存异；积极合作、互不干涉；共建共享、共赢共长。

第二章　广西旅游职教集团主要任务内容

第五条　集团的主要任务内容：

1. 组建由旅游职业教育院校、旅游企业和旅游管理部门共同参与、信息沟通和资源共享的平台，形成规范化、高效率的旅游职业教育工作联动机制，满足旅游行业对高素质、应用型旅游人才需求，促进旅游行业的创新创业，提升广西旅游职业教育的发展水平。

2. 结合旅游企业的需求和集团院校的实际情况，开展院校生产性实习基地的规划、立项和建设工作，发挥资源的最大效益。

3. 建立集团内部人才柔性制度，加强校企专任和兼职"双师"结构队伍建设、使用和管理。

4. 协助集团企业制定和建设内部员工培训制度，加强和改善企业职前、职后教育培训服务工作，满足企业员工发展的需要。

5. 鼓励企业员工和院校师生积极开展创新创业活动，制定政策，形成机制，将创新创业的成果与旅游企业发展紧密结合并迅速形成生产应用能力。

6. 进一步拓展技术科研服务，实现旅游职业教育教学和企业职业技能标准的融合，开展面向行业、企业需要的应用技术科学研究。

7. 建立广西旅游职业教育集团网站，为信息沟通、对外宣传、工作交流和资源共享创造条件。

8. 开展与国内外同类职教机构的多方面交流与合作，扩大集团行业影响和社会辐射力。

第三章　集团理事单位的权利与义务

第六条　广西旅游职教集团由单位成员组成，凡拥护集团章程，愿意履行章程规定义务的学校、旅游企业或行政事业单位均可申请加盟，经理事会通过后即可成为广西旅游职教集团理事单位。

第七条　广西旅游职教集团理事单位享有的权利与义务：

各理事单位享有下列权利

1. 享有集团内对重大问题的讨论、研究、决策和参加各项活动的权利；

2. 有权获得集团活动信息；根据集团运作的实际情况，有权提出指导性建议或意见；

3. 享有合作培养、延伸办学的权利，同类同层次的学校可以协助制定统一的人才培养目标、培养方案，统一质量考核标准，实现规范化教学；不同层次的学校之间可以通过有效途径，进行联合培养；

4. 可以共享集团内的就业信息，优先参加由集团举办的毕业生就业洽谈会；

5. 有权使用广西旅游职教集团统一的标志和品牌并开展合理、合法性活动；

6. 有权享受教育及行业主管部门给集团的各项优惠政策。

各理事单位承担的义务

1. 遵守本章程，执行集团理事会决议，并向集团通报相应情况；

2. 积极宣传理事单位的办学优势、旅游产品优势，共同维护集团整体形象；

3. 为集团争取社会各界对集团建设与发展的关心和支持，尤其对集团职业技术教育的关心和支持；

4. 有共同研发、修订人才培养方案，参与学校理事单位专业建设的义务；

5. 根据相关协议，提供学校理事单位的创新创业和教学实习实训基地，同时为教师和学生提供实践锻炼机会；

6. 有积极为集团发展建设提供咨询服务，并主动参与策划的义务。

第四章　集团组织机构

第八条　广西旅游职教集团为互助型联盟机构，设理事会和秘书处，理事会为最高权力机构，秘书处负责处理日常事务。

第九条　广西旅游职教集团加盟单位为理事单位，理事长、副理事长由理事会选举产生，每届三年，理事长在常务理事单位中产生。首届常务理事单位及秘书处组织构成由主要发起单位按校企合作情况及区域性原则提名。

第十条　理事会秘书处的主要职责是：

（一）制定和修改集团章程；

（二）组织选举理事长、副理事长；

（三）制定集团年度活动方案；

（四）组织各理事单位有关专业建设、人才培养研讨会；

（五）协调产学研结合实施计划；

（六）组织集团内院校毕业生就业洽谈会；

（七）组织旅游产品营销与策划活动。

第十一条　常务理事会每年召开一次会议，讨论并决定集团的主要工作和重大事项，会期、会议地点由秘书处确定。

原则上凡是常务理事单位连续两次没有代表参加常务理事会者，自动丧失常务理事资格。

原则上凡是理事单位连续两次没有代表参加集团会议、培训和活动者，自动丧失理事资格。

第十二条 理事会权力运行实行民主集中制。

第十三条 理事会设理事长一名，为广西旅游职教集团的法定代表，副理事长若干名，常务理事单位若干名，秘书处设秘书长一名，副秘书长若干名。

第十四条 秘书处是集团常设办事机构，办公地点设在秘书处所在单位，其日常职责是：

（一）收集发布人才培养及人才供求信息；

（二）负责集团宣传、档案管理及文件起草等工作。

（三）负责集团财务管理。

（四）负责执行和落实集团的各项会议、培训和活动。

第五章 经费及使用

第十五条 集团活动经费主要来自上级部门拨款、集团理事单位缴纳年费，以及集团理事自愿捐赠、社会捐赠及其他合法收入。

第十六条 集团经费由秘书处专人管理。其经费必须用于本章程规定的业务活动，专款专用，并每年向理事会作财务报告。

第六章 附件

第十七条 本章程由首次理事会通过后生效。

第十八条 本章程解释权属集团秘书处。

广西旅游职业教育集团大事记

2018 年 5 月 8 日，为了贯彻国家“大众创业、万众创新”的战略部署，推进广西旅游职业院校的创新创业教育，结合旅游企业需求，根据教育部、教育厅的文件精神，为了展示和促进旅游专业“互联网+”大学生创新创业成果，在区级赛事和国家级赛事中取得好成绩，特举办本项赛事。暂定在区赛之前，由集团成员单位选出 20 个团队，按照国家和教育厅的赛事评审标准，进行决赛并予以奖励。

2018 年 5 月 10 日，广西旅游职业教育集团理事成员单位——广西职业技术学院举办“职业教育活动周”。集团秘书处单位桂林旅游学院党委书记林娜受邀同广西职业技术学院党委书记李卫东与院长梁裕、广西农垦茶叶集团董事长唐永宁、广西茶文化研究院副院长黄孙祝、金砖茶城总经理罗振平为“民族文化传承与创新教育基地”揭牌，并参观了陶艺制作与创业展示馆、茶叶综合实训中心，观看了民族传统技艺展示馆开馆仪式、茶文化主题活动表演、中国—东盟烹饪艺术展。林娜在参观的过程中与广职院的领导和师生进行了广泛而深入的交流，并对今后集团旅游职业教育的发展进行了初步的探讨。

2018 年 5 月 15—16 日，“2018 民族村落旅游学术论坛”在桂林旅游学院举行。本次论坛聚焦民族村落旅游和乡村旅游发展。平行论坛环节由广西旅游职业教育集团常务副秘书长周其厚主持，周其厚教授在论坛中作了“桂北古商道、古村落旅游资源开发”主旨发言，来自香港和内地的 7 所高校 12 位学者分享了个人研究成果。圆桌研讨环节，围绕主旨演讲专家报告中的相关问题，与会嘉宾和参会人员进行了深入研讨。来自美国、加拿大、南非、日本、泰国，中国香港、台湾地区和广西区内外的近 30 所旅游院校、科研院所的研究人员参加了本次论坛。

2018 年 6 月 12 日，“昊华股份杯”2018 年“互联网+”大学生创新创业大赛校赛决赛在我校图文信息中心银桂厅举行。桂林旅游学院党委副书记林业江、副校长林伯明、校长助理李建林等校领导出席本次活动，广西旅游职业教育集团成员代表、桂林旅游学院师生代表、参赛选手、指导老师等出席、参加了本次大赛活动。

2018 年 6 月 20 日，集广西旅游职业教育集团全体成员的智慧，围绕着十九大精神、产教融合和校企合作方针，结合广西旅游产业发展，广西旅游职业教育集团论文集《产教融合育人才》一书于2018年5月正式出版。

2018年11月24—25日，由中国自然辩证法研究会休闲哲学专业委员会、中国艺术研究院休闲文化研究中心和桂林旅游学院共同主办的“2018中国休闲与社会进步学术年会”在桂林旅游学院举行。集团常务副秘书长周其厚受邀主持分组报告会。年会吸引了来自中山大学、上海交通大学、哈尔滨工业大学、北京大学、浙江大学等“985”高校及台湾游憩学会、上海社科院、河南社科院等研究机构的专家学者参加。

2018年12月6日至8日，由广西旅游职业教育集团主办、桂林旅游学院和北海市中等职业技术学校承办的广西旅游职业教育集团2018年年会在北海市召开。自治区文化和旅游厅巡视员贾玉成，桂林旅游学院校长、广西旅游职教集团副理事长程道品，桂林旅游学院副校长林伯明，北海市旅发委党组书记陈鸿立，北海市教育局副局长汪卫星，桂林电子科技大学（北海分校）校长陈名松，北海市中等职业技术学校校长穆家庆、党总支书记张艳等出席了会议。来自集团的常务理事、理事和院校、企业单位的代表共120余人参加了会议。